教育部经济管理类主干课程教材

Foundation Accounting

基础会计

（第6版）

张　捷　刘英明　编著

中国人民大学出版社
· 北京 ·

总　序

从教材体系的角度看，基础会计、中级财务会计和高级财务会计三者既相对独立又相互衔接，系统完整地呈现了财务会计确认、计量与报告的理论与实务。

基础会计是财务会计知识体系的基础，由浅入深地讲解会计学的基本知识，循序渐进地介绍财务会计确认、计量与报告的基本原理和基本方法。基础会计将引导学习者步入财务会计知识的殿堂。

中级财务会计是财务会计知识体系的核心，系统地介绍有关资产、负债、所有者权益、收入、费用、利润等会计要素的确认、计量与报告的理论与实务的相关内容，完整地阐述企业利用财务报告列报企业的财务状况、经营成果和现金流量信息的原理与方法。中级财务会计承前启后，是连接基础会计和高级财务会计的桥梁。

关于高级财务会计应涵盖的内容，目前并无统一规范。是侧重于已经受到严峻挑战的四个会计前提的交易或事项有关的会计理论与实务，还是聚焦于有别于一般交易或事项的"特殊"会计专题，见仁见智。但有一点是毋庸置疑的，即高级财务会计是在中级财务会计的基础上，对财务会计教学内容的补充与延伸，并且随着不断变化的经济环境对财务会计教学理念与体系随时提出新的要求，其补充与延伸的内容也在日益更新与丰富。

如果说读者通过基础会计的学习，主要是了解会计确认、计量与报告的基本原理和基本方法，那么，通过中级财务会计的学习，应该掌握将企业的财务状况、经营成果和现金流量信息以财务报告的形式呈报给会计信息使用者的理论体系与方法体系；通过高级财务会计的学习，应能把握某些较为复杂的交易或事项的会计确认、计量与报告的理论与实务，从而进一步全面掌握财务会计知识体系的深层次内容。

基于以上思考，我们精心设计、编写了这组《基础会计》《中级财务会计》《高级财务会计》教材。本组教材既能够作为高等财经院校会计学专业、高等学历教育及其他经济类专业会计教学的必修课教材，也可以作为广大财会人员、企业管理人员及有志于从事或研究财务会计学的自学者的参考用书。

本组教材的编写以财务会计概念框架为理论基础，以《企业会计准则》及其讲解和应用指南等为主要依据，结合国际财务报告准则的最新动态，参照了我国财政部颁发的《企业会计准则解释第 1 号》至《企业会计准则解释第 12 号》等最新规范；在框架设计和内容板块的取舍上，本着既系统又实用的原则，既考虑企业尤其是上市公司常见会计实务的处理要求，又兼顾三本书的协调与衔接。其中，《基础会计》包括 11 章，系统介绍财务会计的基本理论和基本方法；《中级财务会计》包括 12 章，系统介绍一般企业对资产、负债、所有者权益、收入、费用和利润等会计要素的确认、计量与报告的基本理论、流程与方法；

《高级财务会计》则主要按照非货币性资产交换、债务重组、股份支付、外币折算、租赁、所得税、企业合并以及合并财务报表 8 个方面，紧密结合相关交易或事项的理论与方法进行专题介绍。

本组教材的编写除了在体系与板块安排上着力实现衔接与一贯，在内容组织上也特别注意做到由简到繁、由浅入深；在写作方法上，则既有对同类优秀教材的经验借鉴，又有作者本人多年从事财务会计教学的经验总结。《基础会计》《中级财务会计》《高级财务会计》分别由东北财经大学的张捷教授和刘英明副教授、陈立军教授、傅荣教授编著。

本组教材从编写立项、结构安排到具体写作的每一个环节，都得到了中国人民大学出版社编辑的热情鼓励与支持。在此，我们表示衷心的感谢。

对于本组教材中可能存在的不足甚至错误，恳请老师、学生及各界读者不吝指正。

编者

前　言

历经前五个版次的实践应用，《基础会计》教材的内容体系结构日臻完善，其编写风格也日益得到读者的广泛认可。近年来，随着我国企业会计准则的新增或修订，会计理论和方法日益丰富。特别是2016年12月，财政部颁发了《增值税会计处理规定》，对会计处理产生了较大影响。为完善增值税制度，2018年5月，我国调整了增值税税率；为深化增值税改革，推进增值税实质性减税，2019年4月，我国再次调整了增值税税率；2019年4月，财政部发布了《关于修改印发2019年度一般企业财务报表格式的通知》。为适应这些变化，现再次对《基础会计》教材进行修订，力求进一步提升教材质量，更好地服务于热心的读者。

本次修订保留了原教材内容体系结构，承续了原教材独特的编写风格。本教材力求在如下诸方面有所创新和突破。

第一，强调会计理论对会计方法与实务的指导作用。财务会计理论、方法和技术构成了“基础会计”课程的完整内容体系。综观国内同类教材，几乎都要用较多篇幅阐释会计基本理论内容，足见会计理论在这门课程内容中的重要地位。但在教学过程中，对会计理论的讲授往往为部分教师所忽视。笔者认为，会计理论应是“基础会计”课程内容的核心部分，是学习者必须掌握的重点和难点内容。难度越大，越应当对这部分内容给予特别重视。为此，本书对相关的财务会计理论进行了必要整合，并采用图解、例示及文字描述等多种方式，对财务会计理论内容进行了深入浅出、通俗易懂的阐释，力求做到以会计理论贯穿全书，使其与会计方法和技术的应用等内容有机地融为一体，使学习者处处感受到会计理论对会计实务的巨大影响力及其指导作用，进而达到对会计既知其然更知其所以然，并能熟练加以运用的目的。

第二，突出会计目标在财务会计概念框架中的导向性作用，并使用规范的会计表述。在传统的《基础会计》教材中，形成了会计的任务、会计的作用、记账、算账、报账和经济业务等特有的概念或表述。这些表述在一些教材中甚至一直沿用至今。当今世界范围内会计准则趋同的现实表明，以会计目标为核心的财务会计概念框架已经得到了普遍认可，国际上通行的“会计目标”这一概念完全可以取代原来的“会计的任务”或“会计的作用”之说；会计确认、会计计量、会计记录和会计报告等表述，也完全可以取代既有的“记账、算账、报账”之说。此外，“经济业务”表述也有以“交易或事项”取代之必要。在本书的编写过程中，笔者尝试尽可能使用企业会计准则中规范的会计表述方法。同时，还根据企业会计准则的相关规范，建立了账务处理的概念，以区别于会计处理的表述。

第三，尝试建立以财务报表改革趋势为导向的新的内容体系。根据国际会计准则理事会（IASB）和美国财务会计准则委员会（FASB）发起的财务报表列报合作项目的成果，国际会计准则第 1 号（IAS 1）（修订稿）将资产负债表更名为财务状况表、利润表更名为综合收益表，IASB 和 FASB 发布的《财务报表列报初步意见》（讨论稿）提出的报表格式与内容的列报也发生了较大变化。我国在这方面也进行了一些新的尝试。可见，对企业的财务报表进行改革已是不可扭转的趋势。为此，本书打破了过去同类教材中对相关内容的写作思路，力求使教材内容与《财务报表列报初步意见》（讨论稿）提出的财务报表的变革趋势相吻合。例如，在一些基础会计教材中，“企业主要经济业务的核算”（本书称“一般企业主要交易或事项的账务处理”）为必写内容，但对这部分内容一般是按“供应过程——生产过程——销售过程”这样的业务处理顺序来写的，与财务报表改革的构想并不一致。为此，本书在写作中对这部分内容进行了重新构架，改按“筹资活动——经营活动——投资活动”的账务处理过程编写。这种写作思路与财务报表可能进行的改革趋势一致，体现了教材内容体系安排上的创新性和教材编写上的前瞻性。

第四，树立以人为本和切实为读者着想的理念。《基础会计》的读者群主要是讲授这门课程的老师和学习这门课程的学生，教材的编写也是在为这个读者群服务。为此，应牢固树立以人为本的理念，从读者群的特殊需要出发进行内容结构体系的安排，力求使教材重点内容突出，好用好学。切实为读者着想，主要体现在为刚刚接触会计课程的学生着想。在本书的编写过程中，一是对内容的文字表述尽量做到言简意赅、准确清楚、通俗易懂；二是在内容的表现形式上尽量做到新颖活泼、直观形象、表义精准。为达到这样的良好预期，在每一章的开篇采用了统领全章的“内容导图”，概括而清晰地交代全章的主要内容，指出各部分内容的相互联系，提出学习的基本要求。对比较难以理解的会计理论、方法和技术等内容，绘制了大量形象直观的图示或图表，借以调动读者的形象思维和抽象思维两个方面的能动性，助其提高学习效率和效果。对一些重点和难点问题设立了“特别提示”专栏，给予特别强调和深入阐释，便于读者抓住重点，突破关键。

本书图文并茂，以图释文，直观易懂，宜教宜学。此外，本书还配有通俗易懂的学习指导书和形象生动、特色鲜明的教学用课件，适合普通高等教育、高等职业教育和在职人员培训等各层次教学的需要，也可满足自学者学习会计知识的需要。

由于本书在编写过程中进行了多方面新的尝试，某些方面可能会因考虑不周而存在这样或那样的问题，欢迎热心读者及时予以指正。

本书的编写从立项、体系结构安排到具体内容的写作，乃至多次修订再版，一直得到中国人民大学出版社陈永凤、李文重等同志的热情鼓励与支持，各位编辑也对书稿中存在的问题及时予以指正，他们的有力支持使得书稿质量不断提升。在此，对他们的支持一并表示诚挚的谢意。

编著者

目　录

第1章

会计发展与会计目标

学习会计知识应以了解会计的产生及其发展历程为起点。以史为镜，可知会计之兴替，传承会计之文明，理解会计之现状，创造会计之辉煌。为此，本章以会计的发展历程为主线，循序渐进地介绍会计目标与会计定义、会计假设与会计对象，以及会计信息及其质量要求等内容。

本章绝大部分内容为财务会计基本理论。这些理论产生于会计实践，反过来又用以指导会计实践。其中，会计目标是企业财务会计理论体系的核心概念，其他相关理论都是以会计目标为基础建立起来的。在学习会计知识的过程中，应特别注意会计目标的重要地位与作用。

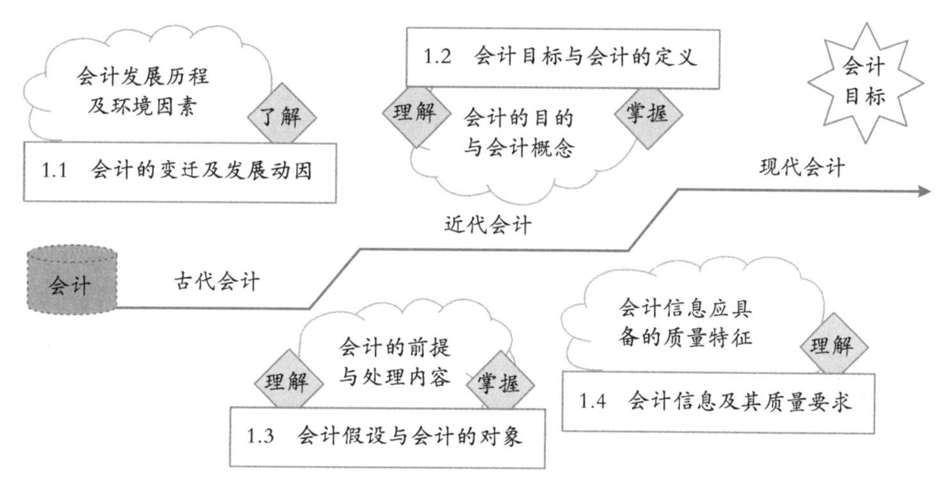

1.1 会计的变迁及发展动因

1.1.1 会计的历史变迁

一般认为，会计的发展主要经历了古代会计、近代会计和现代会计三个历史时期（见图1-1）。

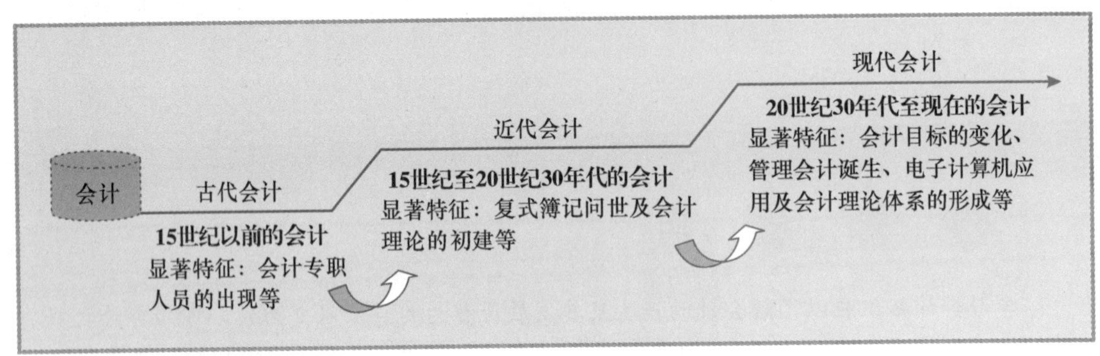

图1-1 会计的三个发展时期

1. 古代会计

古代会计是指从奴隶社会至封建社会这一时期的会计。其主要标志有：会计专职人员的出现、会计机构的建立，以及“会计”名词的形成等。

据史料记载，在我国的西周王朝就已经建立起为世人所称道的严密的财计组织。在这个组织中设立大宰、司会、小宰和宰夫等官职，其主要职责就是掌管国家和地方的“百物财用”。此外，还设有司书、职币、职岁等负责账簿记录的会计人员。① 将“会”与“计”二字组合为“会计”一词也是始于那个时期。② 此外，在一些庄园中，奴隶主为管理其个人的钱粮收支等，也聘用了一些专门的保管和记账人员。据称，孔子就曾受聘管理庄园的钱粮等收支，并留下了“会计，当而已矣”的传世名言。

古代会计是会计的开创阶段，当时的会计技术和方法非常简单。例如，在记账方法上主要采用文字叙述的方式记录有关交易或事项，这种做法称为单式簿记；在计量单位上主要采用实物计量单位。另外，在古代会计阶段，尽管已经有了一些会计实践，并产生了一定的会计思想，但还没有形成系统的会计理论。但是，这一时期的会计实践为会计的进一步发展奠定了良好的基础。

2. 近代会计

近代会计一般是指15世纪以后的会计。近代会计的显著标志是复式簿记的创建与传播。在复式簿记中，对某一交易或事项至少应从两个不同的方面，运用两个或两个以上的账户加以记录，这是一种优于单式簿记的科学记账方法。

在古代会计发展的后期，对复式簿记的探索为世界各国所重视。我国在唐宋时期

---

①② 郭道扬. 会计史研究：第一卷. 北京：中国财政经济出版社，2004.

创建的“四柱结算法”，在明末清初创立的“龙门账”等，都充分体现了复式簿记的基本思想，是世界会计发展史上的辉煌成果。但由于缺乏对会计变革的迫切需求，缺少热心人士的及时总结，这些成果逐渐退出了历史舞台。在国外，13 世纪前后的欧洲成为当时世界经济发展的中心，意大利等国家的商人创建了流传至今的复式簿记方法，即借贷记账法。1494 年，意大利数学家卢卡·帕乔利（Luca Pacioli）从理论和实务两个方面总结了已经在民间流行 200 余年的借贷记账法，并写入其专著《算术、几何、比与比例概要》① 中，使复式簿记知识在欧洲乃至全世界迅速传播。卢卡·帕乔利也因其对复式簿记方法传播上的重大贡献而被后人誉为“近代会计之父”。

应予强调的是，复式簿记的诞生不仅是会计记账方法的历史性变革，而且是会计理论体系建立的起源。卢卡·帕乔利在其著作中，不仅系统地介绍了会计科目、会计账户和会计账簿等基本知识，以及复式簿记的技术方法，还提出了会计中心论、会计主体和会计分期、会计目的和会计要素等概念，这是早期财务会计理论研究的重要成果，为后人进行会计理论体系的构建提供了初步框架。为此，复式簿记方法的诞生被誉为会计发展史上的第一个里程碑。

3. 现代会计

现代会计一般是指 20 世纪 30 年代以后的会计，这是会计的一个跨越式发展时期。现代会计的主要标志是会计目标的重大变化，管理会计形成并与财务会计分离，电子计算机在会计上的应用，以及财务会计理论体系的形成和完善，以及会计准则的国际趋同等。

（1）会计目标的重大历史性变化。20 世纪 30 年代，现代经济的发展加速了企业组织形式的变革，股份公司这一新的企业组织形式如雨后春笋般在世界各地涌现。与此前的会计主要服务于私人、合伙企业内部管理者的目的不同，股份公司的会计目标转变为主要服务于企业外部的投资者等会计信息使用者。这是由于股份公司的经营资金主要来源于为数众多的股东和债权人等，公司管理层既应承担有效使用资金并保证其保值增值的责任，也应承担向股东和债权人等报告相关会计信息的义务。

（2）管理会计与财务会计分离。20 世纪 50 年代起，随着管理科学的发展，如何利用会计提供的信息分析企业经营活动现状，预测经营活动前景，为经营决策提供依据等，成为会计研究的重要课题，在传统的财务会计中逐渐分离出一门新兴学科——管理会计，管理会计主要承担向企业管理层提供有助于他们进行经营预测和决策的相关信息的职责；而财务会计则主要承担向投资者等财务报告使用者提供企业相关信息的职责，进而有助于他们进行投资等经济决策。管理会计与财务会计在企业经营管理中并驾齐驱，增强了会计作为一项经济管理活动的功能。

（3）电子计算机等在会计上的应用。20 世纪 50 年代以来，科学技术的飞速发展为会计的发展提供了新的动力，引发了会计技术手段的巨大变革。电子计算机和互联网

---

① 卢卡·帕乔利. 簿记论. 上海：立信会计出版社，2009. “这部著作的真正贡献在于它的珍贵的学术价值，即人类历史上对复式簿记的第一次理论概括。”（译者语）原著中关于会计的部分称为《簿记》，1494 年 11 月 10 日在意大利威尼斯出版。全书由 5 个部分组成：（1）算术与代数；（2）商业算术的运用；（3）簿记；（4）货币与兑换；（5）纯粹的应用几何。该书的出版开创了会计历史的新纪元。

等在会计上的应用，不仅极大地提高了会计工作的效率和质量，而且把会计人员从过去繁重的手工簿记中解放出来。电子计算机和互联网等在会计上的应用堪称会计发展史上的又一里程碑。

（4）财务会计理论体系的形成与会计准则的国际趋同。现代会计阶段是现代财务会计理论发展的繁荣时期。在近代会计理论框架的基础上，逐步形成了以会计目标为核心，包括会计定义、会计假设、会计对象、会计要素、会计基础、会计确认、会计计量和会计报告等概念在内的完整的财务会计理论体系（见图1-2），并以此为指导建立了系统具体的会计准则，用以指导会计实务的处理。

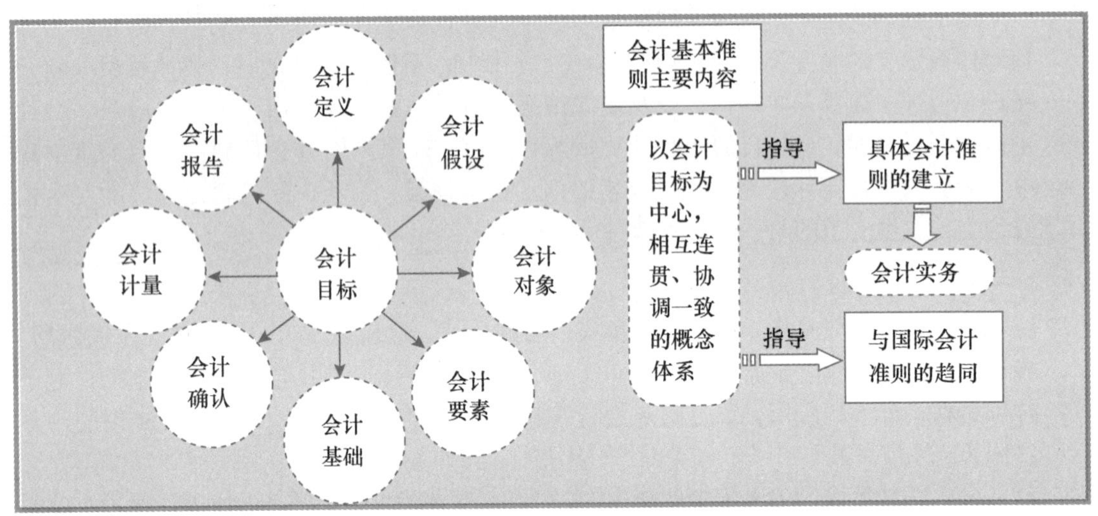

图1-2　现代财务会计理论体系

从20世纪后半叶开始，特别是进入21世纪以来，世界经济一体化进程加快，会计的发展也不再仅限于一个国家或地区，建立全球高质量会计准则体系的呼声越来越高，会计准则在越来越多的国家和地区实现了与国际会计准则的实质性趋同。这些变化也给会计理论的进一步发展和完善提供了新的契机，作为“世界商业语言”的会计必将会有日新月异的发展。

对图1-2中的现代财务会计理论内容，将在本书的后续章节进行深入学习。

1.1.2　会计发展的动因

1. 影响会计发展的主要社会环境

影响会计发展变化的主要社会环境包括经济环境、政治环境、科技环境、教育环境、法律环境和文化环境等（见图1-3）。

会计的发展是诸多因素共同作用的结果，其中有些环境因素在会计特定的发展阶段甚至会起到决定性的作用。例如，政治环境的改善能够为会计发展提供宽松的氛围；簿记著作的问世改变了人们学习会计知识的方式；财经教育事业的发展为会计队伍提供源源不断的人才资源；科技的发展为会计发展提供技术支持等。这些都充分体现了政治环境、教育环境和科技环境等对会计发展的强有力推动作用。

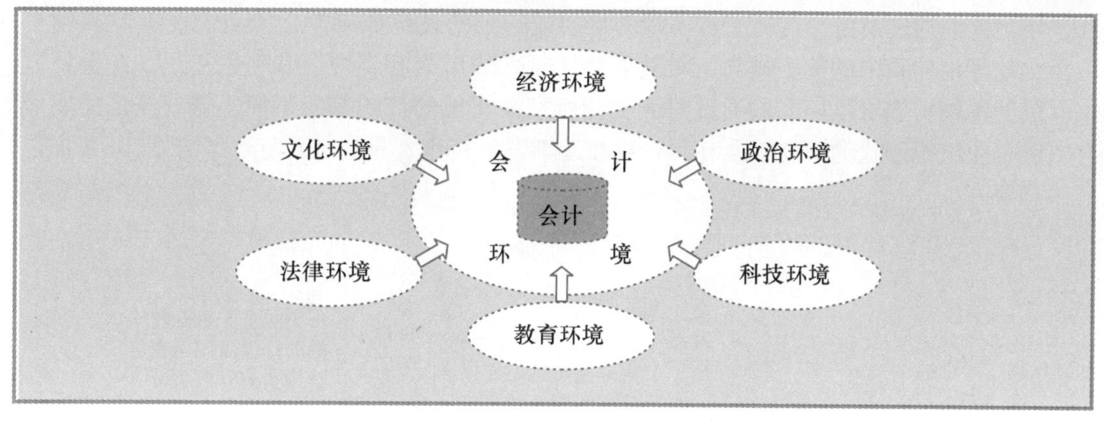

图1-3 影响会计发展的主要社会环境

2. 影响会计发展的根本动因

尽管影响会计发展的因素是多方面的，但经济环境对会计各个发展时期都具有普遍的影响。会计产生和发展的历史变迁表明，会计是为适应人类对经济活动管理的需要而产生的，又是随着社会经济的发展而不断发展的。在近代会计阶段，复式簿记诞生并取代单式簿记就是商品经济发展的必然结果。在现代会计阶段，企业的组织形式越来越呈现出多元化，要求会计既要服务于企业自身的经营管理，又要服务于为企业提供资金支持的广大投资者和债权人等。我国自1978年改革开放至今，已经完全融入世界经济发展的行列，会计也发生了前所未有的变革。从20世纪90年代起，我国逐步采用国际上通行的利用准则规范企业会计行为的做法。经过30来年的探索，已经实现了与国际会计准则的实质性趋同，并将逐步实现与国际会计准则的全面趋同。

分析可见，经济环境的变化对会计的发展具有巨大推动作用，是会计发展的根本动因。正如马克思在《资本论》中所指出的：生产“过程越是按社会的规模进行，越是失去纯粹个人的性质，作为对过程的控制和观念总结的簿记就越是必要；因此，簿记对资本主义生产，比对手工业和农民的分散生产更为必要，对公有生产，比对资本主义生产更为必要”①。对马克思的精辟论述可以通俗地理解为“经济越发展，会计越重要”。总之，经济的发展必然会推动会计向更高层次发展，会计的发展也必然会对经济发展提供强有力支持。

1.2 会计目标与会计的定义

1.2.1 会计目标

1. 会计目标的概念

会计目标一般是指企业财务会计目标，“财务会计的目标是指在一定的历史条件

① 马克思. 资本论：2卷. 北京：人民出版社，1975：152.

下，人们通过财务会计所意欲实现的目的或达到的最终成果”①。会计目标是现代财务会计理论体系中的核心概念，对其他会计概念的形成起到统驭和引领作用。在会计发展的不同历史阶段，人们通过财务会计所意欲实现的目的有所不同。随着经济的发展和企业组织形式的演变，会计目标也在逐渐发生变化。对会计目标可结合图1-4加以理解。

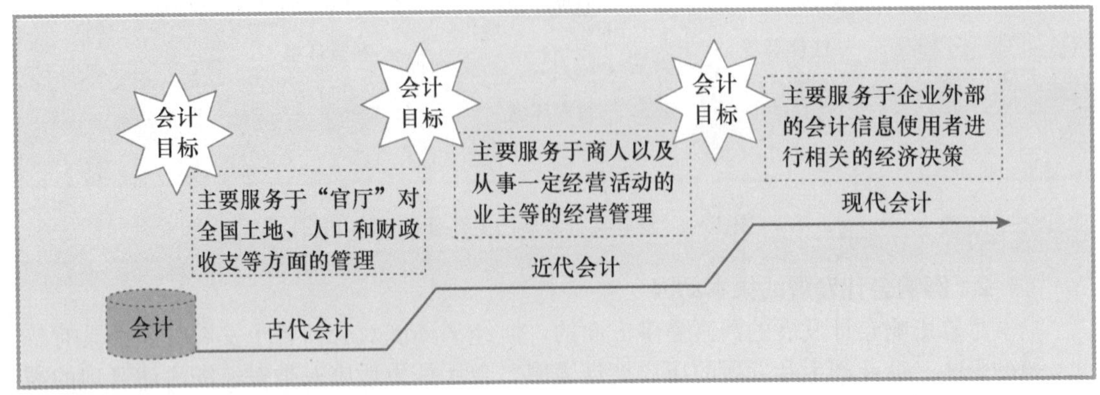

图1-4 会计目标

2. 现代企业的会计目标

在股份公司等新型企业组织中，其经营资金主要来源于众多的投资者（股东），这些投资者往往是将其资金投向企业，委托企业的管理层用于企业经营并进行管理。在这种情况下，就产生了投资者对其资金的所有权与经营权的分离。而对于企业管理层而言，他们既要利用会计为企业的经营管理服务，也要通过会计向投资者和债权人等提供与其投资或贷款等经济决策相关的信息。这些信息主要包括企业的财务状况、经营成果和现金流量等，可统称为财务会计信息。同时，这些信息也反映了企业管理层履行受托责任的情况。我国现行《企业会计准则》规定：“企业应当编制财务会计报告。财务会计报告的目标是向财务会计报告使用者提供与企业财务状况、经营成果和现金流量等有关的会计信息，反映企业管理层受托责任履行情况，有助于财务会计报告使用者作出经济决策。财务会计报告使用者包括投资者、债权人、政府及其有关部门和社会公众等。”

编制财务报告是对外报告财务会计信息的主要方式。企业的财务状况、经营成果和现金流量等有关会计信息的报告，需要通过编制专门会计报表完成。其中，财务状况信息主要说明企业的经营资金来源（如投资者投入和负债借入等），以及这些资金在企业的存在形态；经营成果信息主要说明企业在一定会计期间实现的收入、发生的费用，以及实现的利润或发生的亏损等；现金流量信息主要说明企业在一定会计期间产生的现金流入和现金流出。企业提供以上信息的目的有二：一是作为评价企业管理层受托责任履行情况的重要依据；二是有助于财务报告使用者作出经济决策。这也是现代财务会计的主要目标，在会计学术界，分别称为“受托责任观”和“决策有用观”。

① 会计准则研究组. 最新会计准则重点、难点解析. 大连：大连出版社，2006：12.

对现代企业的会计目标可结合图1-5加以理解。

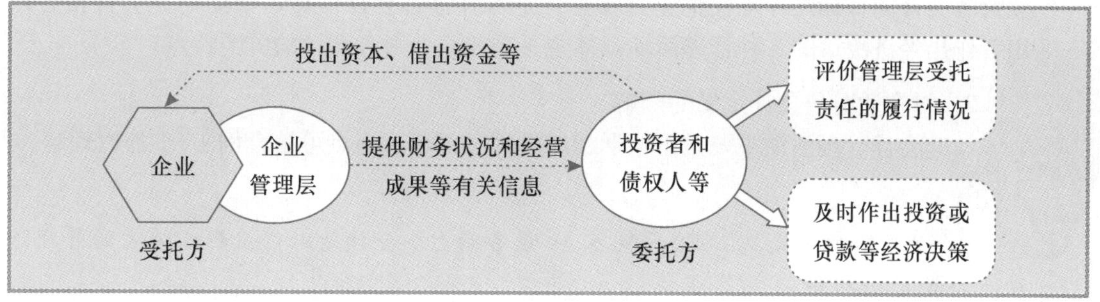

图1-5　现代企业的会计目标

1.2.2　会计的定义

1. 有关会计定义的代表性观点

在会计发展的不同阶段，人们对会计的认识有所不同。目前，在我国关于会计的定义主要有两种代表性的观点。

（1）管理活动论。这种观点认为："会计这一社会现象属于管理范畴，是人的一种管理活动。会计的功能总是通过会计工作者从事的多种形式管理活动实现的。"①该观点充分肯定了会计管理活动中的人的因素，即会计人员的主观能动性，与过去的工具论、技术论等观点相比，是对会计本质认识的一种飞跃。也有观点认为：会计是以货币为主要计量单位，对企事业、机关单位或其他经济组织的经济活动进行连续、系统、全面的反映和监督的经济管理活动。以上表述都强调会计是一项管理活动，因而被称为"管理活动论"观点。

（2）信息系统论。这种观点认为："从本质上讲，会计是一个信息系统。"②当这种观点在20世纪80年代引入我国以后，一些会计学者将其表述为："会计是旨在提高企业和各单位活动的经济效益，加强经济管理而建立的一个以提供财务信息为主的经济信息系统。"③信息系统论观点将会计视为一个经济组织中整个经营管理系统的组成部分，并且强调会计的目标（目的）是向预定的会计信息使用者提供其进行经济决策所需的信息。根据会计信息使用者的不同，这种观点又将会计信息系统划分为功能各异的两个部分：为企业外部会计信息使用者（如投资者和债权人等）提供财务信息的系统，即财务会计信息系统；为企业内部经营管理层提供信息的系统，即管理会计信息系统。

根据我国现行《企业会计准则》关于企业财务会计目标的规定，以上两种观点都有进一步完善的必要。对企业财务会计可作如下定义：企业财务会计是会计人员以货币为主要计量单位，对企业的交易或事项进行连续、系统、全面的核算和监督，以便向财务会计报告使用者提供企业相关会计信息，并有助于其作出经济决策的一种管理

① 杨纪琬，阎达五．论会计管理．经济理论与经济管理，1982（8）．

② 美国会计学会（AAA）．会计基本理论说明书，1966。

③ 葛家澍，唐予华．关于会计定义的探讨．会计研究，1983（4）．

活动。该定义既强调了会计人员在会计管理活动中的这一重要因素，也强调了现代企业财务会计的目标，即现代企业财务会计是对外报告会计信息，帮助财务会计报告使用者作出经济决策的一种管理活动，体现了现代企业财务会计的鲜明特点。

2. 对企业财务会计定义的理解

（1）会计管理活动主要是价值形式的管理。对于这一点可结合例1－1加以理解。

例1－1

企业用银行存款100 000元购入W设备两台。会计是以价值形式为主的管理活动，如图1－6所示。

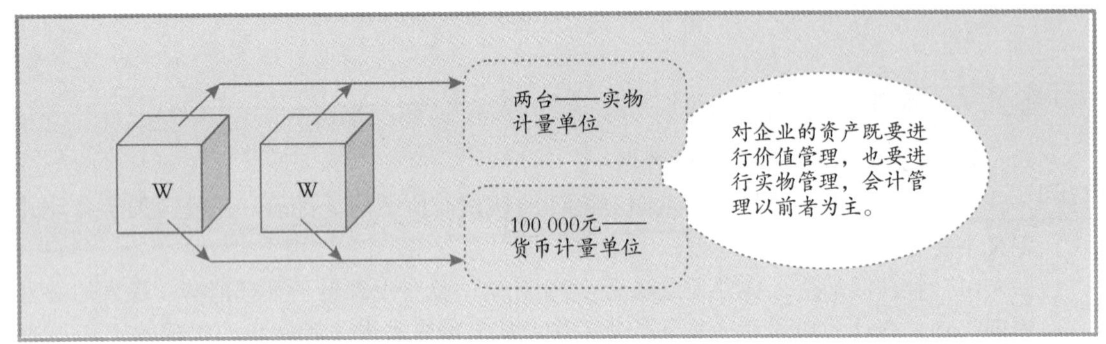

图1－6　会计管理活动

在会计上处理交易或事项的过程中，总要采用一定的计量单位对其进行计量和记录。对有些交易或事项的计量和记录，虽然有时既要采用货币计量单位，又要采用实物计量等单位，但首先要做到的是能够以货币单位计量。例如，企业建造了一栋房屋、购入了一台设备、采购了一批材料，虽然也要用到栋、台和千克等实物计量单位，但并不是以这些实物计量单位为主，而是以货币计量单位为主，即会计上更关注的是建造的房屋、购入的设备和采购的材料价值是多少。因此，会计是一种以价值形式为主的管理活动。

（2）会计管理活动具有核算与监督两种基本职能。会计的职能即会计在经济管理活动中所具有的功能，具体地说，会计主要通过核算和监督两种基本职能的发挥对经济活动进行管理。核算的职能是指会计对企业发生的交易或事项在确认和计量的基础上所进行的记录和报告，即通常所说的记账、算账和报账。监督职能是指会计在处理交易或事项的过程中对其真实性、合理性和准确性等所进行的审核。在上述两项基本职能中，核算职能是会计的基本职能，监督职能是使会计核算能够符合一定质量要求，进而实现会计目标的重要保证。会计基本职能的理论依据源于马克思关于簿记职能的论述，即簿记的“观念总结”（核算）和“过程的控制”（监督）职能。会计的基本职能及其理论依据见图1－7。

（3）会计管理的具体内容是企业发生的交易或事项。对交易或事项可称会计事项，或简称业务，具体是指企业在其经济活动中发生的需要进行会计处理的事项。其中，交易包括外部交易和内部交易。① 外部交易是指发生在两个企业之间的价值交换。例

① 约翰·J. 怀尔德，克米特·D. 拉森. 会计学原理：第18版. 北京：中国人民大学出版社，2008：12.

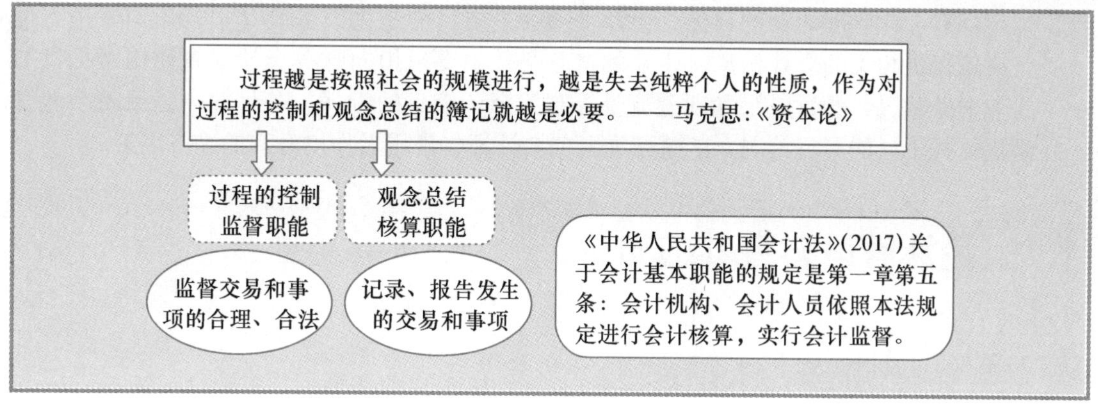

图1-7　会计的基本职能及其理论依据

如，企业之间的销售和购买行为，企业与银行之间的借贷行为等。内部交易是指发生在企业内部各部门之间的价值交换。例如，企业产品生产部门从材料保管部门领取材料等。事项一般是指企业内部发生的事件。例如，山洪、火灾和地震毁坏资产造成的损失等。我国会计学术界也有观点认为，企业内部交易和发生的事件可统称为事项，本书作者持相同观点。

（4）会计管理具有连续性、系统性和全面性。会计是一种以提供财务会计信息为主的管理活动。而财务会计信息的提供是建立在日常会计活动中对这些信息进行收集、整理和加工基础上的。为此，会计管理就要切实做到：1）连续性。连续性是指会计要按照企业交易或事项发生的时间顺序连续收集和积累相关信息，并对这些信息进行有序的存储记录。2）系统性。系统性是指会计对于交易或事项所产生的信息应分门别类地进行收集、整理和存储记录，以便为会计信息的加工整理提供方便条件。3）全面性。全面性是指会计对交易或事项产生的信息应全面完整、毫无遗漏地进行收集，以便使企业提供的财务状况和经营成果等信息内容完整、真实可靠。关于会计管理的连续性、系统性和全面性可结合图1-8加以理解。

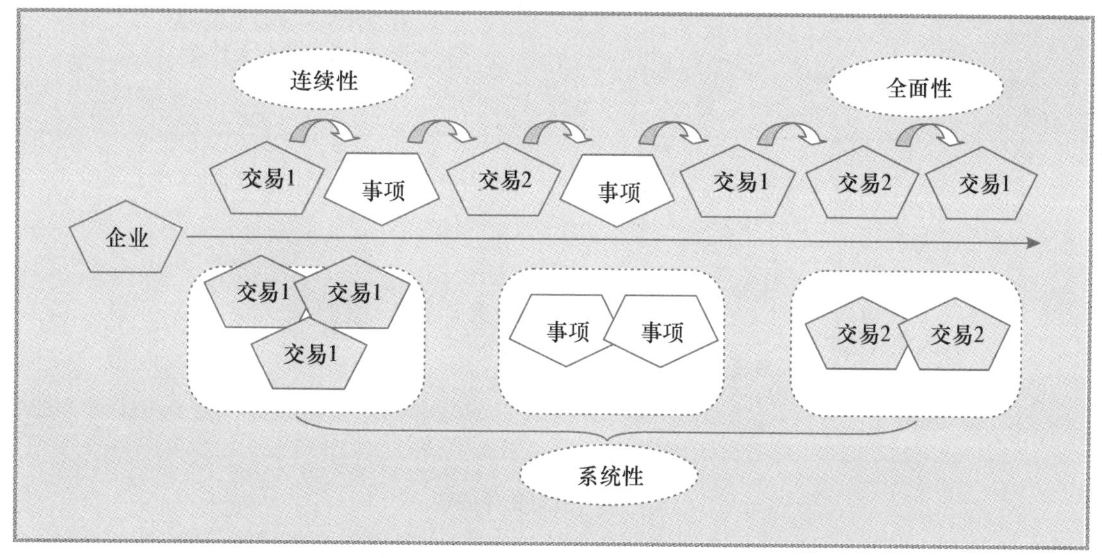

图1-8　会计管理的连续性、系统性与全面性

（5）会计管理活动的目标。会计管理的主要目的是为财务会计报告使用者进行经济决策提供相关的会计信息。企业的财务会计主要承担向财务会计报告使用者提供与企业财务状况、经营成果和现金流量等有关会计信息的责任，其目的一是反映企业管理层受托责任的履行情况，二是帮助财务会计报告使用者作出合理的经济决策。

1.3 会计假设与会计的对象

1.3.1 会计假设

1. 会计假设的概念

会计假设也称会计基本前提，或会计前提，是企业对交易或事项进行会计确认、计量和报告的必备前提，具体是指对会计核算所处的空间范围、时间范围、基本程序和计量单位等做出的合理设定。

会计假设是人们在会计实践中通过不断摸索和验证形成的合理推断，并在会计实践中长期奉行，普遍为人们所接受的前提。其所处的空间范围是对会计活动服务的对象做出的基本设定；时间范围是对会计服务对象经营活动的持续性做出的基本设定；基本程序是对会计服务对象经营活动的持续性进行合理的期间划分做出的基本设定；计量单位是对会计活动服务对象处理发生的交易或事项时采用的计量单位做出的基本设定。只有这些基本前提完全具备，才能保证会计管理活动的顺利开展。

2. 会计假设的内容

根据我国现行《企业会计准则》的规定，企业会计假设包括会计主体、持续经营、会计分期和货币计量四项内容。

（1）会计主体假设。对会计假设可结合图1-9加以理解。

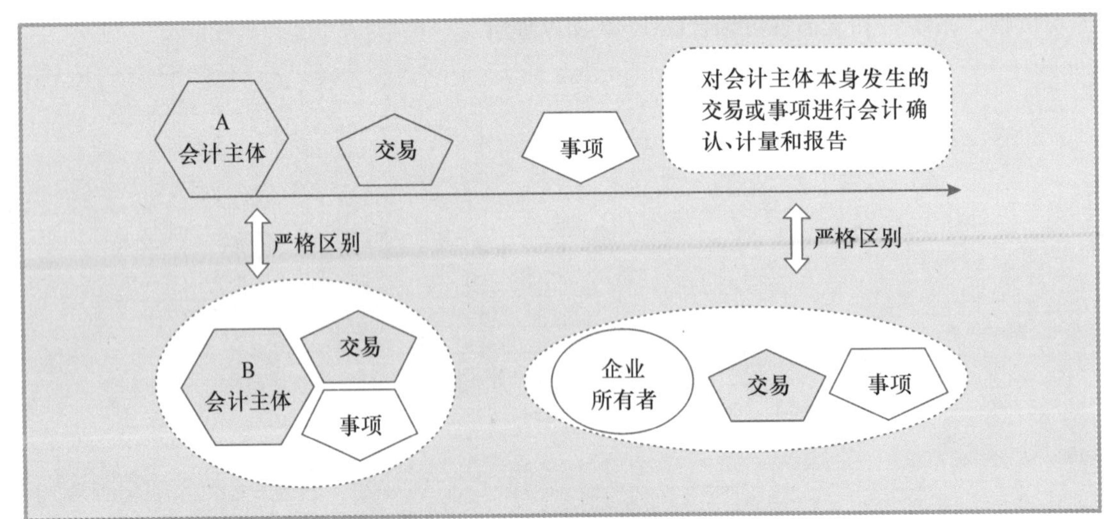

图1-9 会计主体假设

会计主体假设要求企业对其本身发生的交易或者事项进行会计确认、计量和报告。为了向会计信息使用者提供对其决策有用的信息，会计确认、计量和报告应当集中反映特定会计主体所发生的交易或事项，需要切实注意以下两点：一是应将企业本身经营活动所发生的交易或事项与其他企业发生的交易或事项区别开来，即不能对与本企业无关的其他企业所发生的交易或事项进行确认、计量和报告；二是应将企业本身经营活动所发生的交易或事项与企业所有者个人的交易或事项区别开来，企业所有者个人的交易或事项，如企业所有者购买个人生活用品发生的支出等就不能作为企业的交易或事项进行确认、计量和报告。只有明确划清以上交易或事项的界限，才能切实反映企业自身的财务状况和经营成果。由此可见，明确界定会计主体是进行会计确认、计量和报告的重要前提。

特别提示

会计确认、计量和报告是企业财务会计处理交易或事项的主要环节。会计确认是明确是否需要对发生的交易或事项进行会计处理的过程；会计计量是对经过确认需要进行处理的交易或事项变动的价值量加以确定的过程；会计报告则是在确认、计量和记录的基础上，对交易或事项进行报告的过程。

明确界定会计主体假设的意义在于：

第一，只有明确会计主体，才能划定会计所要处理的各项交易或事项的空间范围。只有那些影响企业本身经济利益的各项交易或事项才能予以确认、计量和报告。会计上通常所讲的资产的确认、负债的确认、收入的实现和费用的发生等，都是针对特定的会计主体而言的。

第二，只有明确会计主体，才能将该会计主体的交易或事项与其他会计主体的交易或事项，以及会计主体所有者个体的交易或事项区别开来。这样，会计才能紧密围绕会计应予处理的核心内容，根据会计目标的要求做好确认、计量和报告。

第三，只有明确会计主体，才能对该主体所发生的交易或事项的经济性质进行正确判断和处理。例如，A 与 B 两个企业间发生了一笔赊销、赊购商品的交易。对于两个企业来说，该交易具有截然不同的两种性质，会分别引起两个企业的债权（应收账款（资产））和债务（应付账款（负债））的不同方面的变化。作为销售、购买企业双方必须站在各自的角度进行确认、计量和报告，对这一点可结合图 1-10 加以理解。

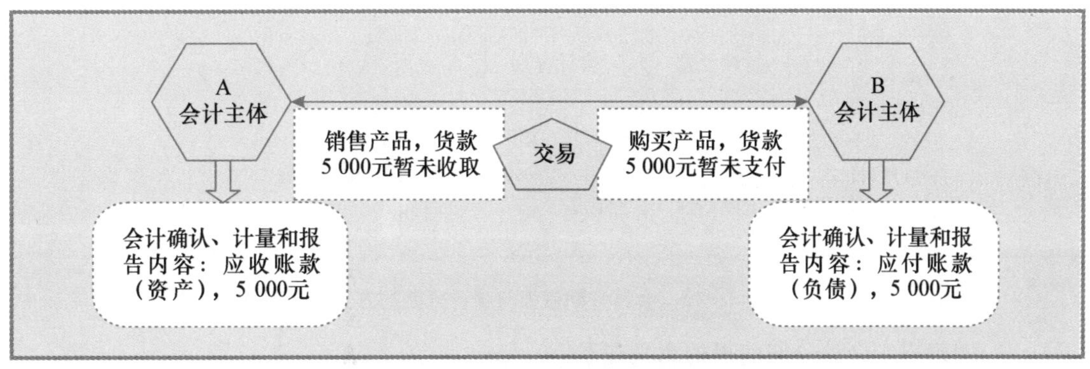

图 1-10　会计主体的界定

（2）持续经营假设。持续经营是指在可以预见的未来，企业将会按当前的规模和状态继续经营下去，不会停业，也不会大规模削减业务。持续经营假设强调，会计确认、计量和报告应当以企业持续、正常的经营活动为前提。尽管企业的生产经营活动随时面临激烈的市场竞争，甚至会遭遇停业清理和破产清算等经营风险，但会计确认、计量和报告不应以这种异常的经营趋势为前提，而应以企业持续经营这种正常的经营趋势为前提。我国的企业会计准则体系就是以企业持续经营为前提而建立的，适用于持续经营企业的会计确认、计量和报告。对持续经营假设的定义可结合图1－11加以理解。

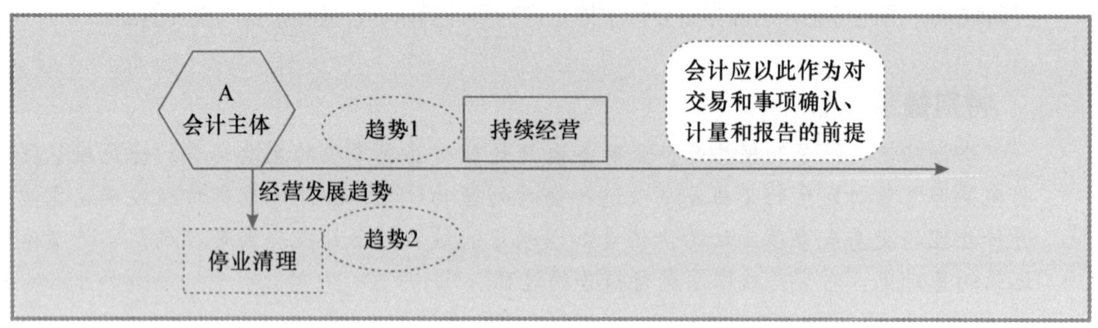

图1－11　持续经营假设

明确界定持续经营假设的意义在于：

第一，只有明确持续经营，才能划定会计所要处理的各项交易或事项的时间范围。即会计所确认、计量和报告的应当是企业正常经营活动期间发生的交易或事项。

第二，只有明确持续经营，才能为会计分期假设提供必要的基础。会计分期假设是建立在持续经营前提基础上的另一种假设。如果企业不能够持续经营，也就不可能进行会计分期。

（3）会计分期假设。会计分期假设强调，企业应当划分会计期间，分期结算账目，并编制财务会计报告。在持续经营的企业，其生产经营活动是持续不断地进行的，企业应根据及时报告会计信息的要求，将持续经营的生产经营活动划分为一定的会计期间，以便按照会计期间分期结算账目，并在此基础上编制财务会计报告，及时地向会计信息使用者提供与其进行经济决策相关的会计信息。会计期间可按公历起讫日期划分为年度、半年度、季度和月度。其划分方法见图1－12。

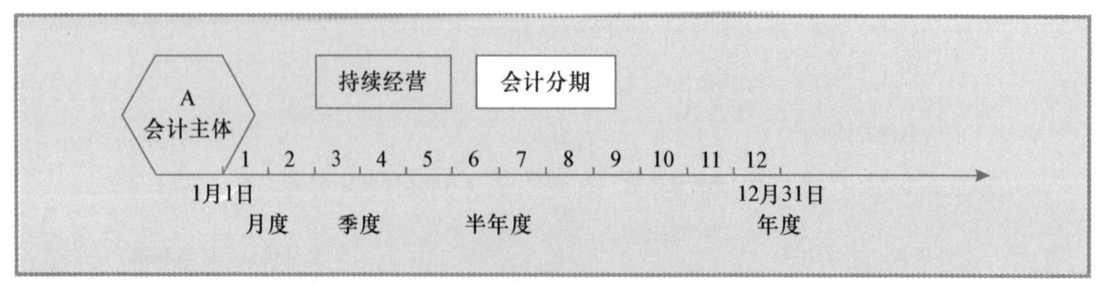

图1－12　会计分期假设与会计分期的方法

明确界定会计分期前提的意义在于：

第一，只有明确会计分期，才能有利于建立有条不紊的会计工作基本程序，便于及时结算账目，并以此为依据编制财务会计报告，向会计信息使用者及时提供相关会计信息。

第二，只有明确会计分期，才能合理地处理那些可能跨越若干会计期间的交易或事项，如固定资产折旧和无形资产摊销等。

第三，只有进行会计分期，才会有会计上的当前会计期间（本期）、以前会计期间（前期）和以后会计期间（后期）的差别，使会计主体拥有记账的基准。

（4）货币计量假设。货币计量假设强调，企业会计应当以货币计量。在会计计量中，可能用到的计量单位有货币计量单位、实物计量单位和劳动计量单位等，但货币计量单位以外的计量单位都属于辅助性计量单位，凡会计上所计量的交易或事项，首先必须能够以货币单位进行计量。如果不能以货币单位进行计量，就不能确定这些交易或事项的变动金额，也就无法对其进行会计记录和报告。对货币计量假设的定义可结合图 1－13 加以理解。

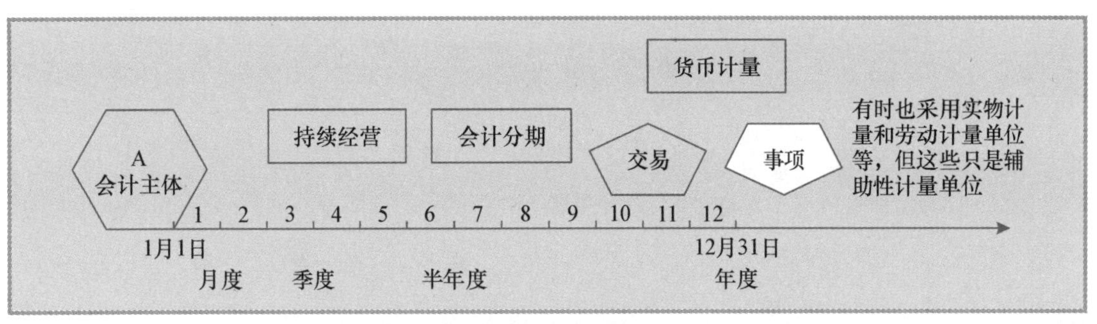

图 1－13　货币计量假设

明确界定货币计量假设的意义在于：

第一，只有明确货币计量，才能统一会计计量的基本单位。货币是商品的一般等价物，具有价值尺度、流通手段、贮藏手段和支付手段等特点，作为衡量一般商品价值的共同尺度，货币能计量所有交易或事项的全部内容，具有极强的适用性。

第二，只有采用货币计量，才有可能进行汇总和对比分析。企业采用统一的货币单位对所发生的交易或事项进行计量，反映的是这些交易或事项共有的价值方面的属性。因而，采用货币计量便于进行企业财务状况、经营成果和现金流量等的计量和报告，也便于对企业发生的所有交易或事项进行汇总和比较分析。

1.3.2　会计对象

1. 会计对象的定义及其基本内容

（1）会计对象的定义。会计对象是指企业财务会计所应核算和监督的基本内容，一般认为，会计对象的基本内容是社会再生产过程中的资金运动，在企业中则具体是指企业经营资金的运动。

由会计的管理特征可知，会计所反映的主要是企业在经营活动中发生的各种交易或事项所引起的价值方面的变动，但企业的经营活动不是孤立进行的，任何一个企业的经营活动都与整个社会再生产过程中的资金运动有着密切联系，构成整个社会再生产过程中的资金运动的一个有机组成部分。

（2）会计对象的基本内容。对于一个企业而言，会计对象的基本内容是其经营资金的运动。经营资金是指企业所拥有和控制的各种财产物资的货币表现。随着企业经营活动的进行，这些资金相应地会发生价值以及形态上的变化。当资金被用于生产经营活动时，会产生资金的消耗，例如，企业用筹集到的资金购买材料、设备和支付员工薪酬时，会引起企业资金的减少。企业资金或转化为一种新的资产，或直接转化为成本费用。而在有些情况下，企业的资金在被消耗之后会形成新的资产，引起企业资金的增加。例如，企业将生产的产品对外销售收回现金时，一方面会使库存商品这种资产减少，另一方面会使现金这种资产增加。事实上，对于持续经营的企业来说，其经营资金总是处在不断的运动和变化之中的。在会计上，一般把交易或事项发生以后所引起的资金的增减变动称为资金运动。对会计对象的基本内容可结合图1-14加以理解。

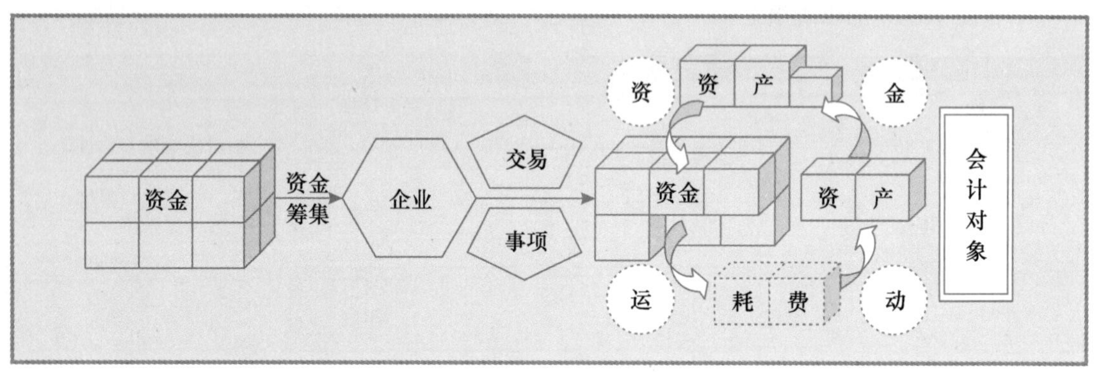

图1-14　会计对象的基本内容

2. 会计对象的具体内容

会计对象的具体内容是指在将资金运动做进一步划分后所形成的内容，是资金运动的具体表现形式。由于各类企业的经营活动内容不尽相同，资金运动的具体形式也存在较大差别，这里着重对产品生产企业的会计对象具体内容进行探讨。

产品生产企业是指组织一定产品的生产和销售的企业。这类企业组织生产经营活动的基本目的是尽可能多地赚取利润，创造更多的经济效益，因而也被称为营利性组织。企业要组织经营活动，首先必须拥有和控制一定的经济资源即资产，这些经济资源的取得主要有吸收投资者投资和负债两种方式。当投资者向企业投资以后，对企业的资产就有了法定的要求权利，即权益，如分享利润等，因而，这部分资金来源在会计上也称为所有者权益。负债是指企业向银行或其他金融机构借入款项等。企业利用这些经济资源开展经营活动，会发生一定的费用支出，也会给企业带来一定的收入。企业取得的收入与发生的费用之差为经营成果，在收入大于费用时即为企业实现的利润。综上所述，产品生产企业会计对象的具体内容可概括为资产、负债、所有者权益、收入、费用和利润，这六个方面即为企业类经济组织的资金运动所呈现的具体形式，在会计上也称为企业会计要素。

 **内容扩展**

非营利组织会计对象的具体内容　非营利组织主要包括政府机构、事业单位和社会团体等。其业务活动内容主要是负责社会事务或某些社会事业方面的管理。其所需资金一般来自财政预算拨款或借款，开展业务活动的目的也不是为了盈利。因而，其会计对象的具体内容可概括为以下五类：资产、负债、净资产、收入和费用。

3. 对产品生产企业资金运动的深入探讨

（1）产品生产企业资金运动的基本状况。产品生产企业的资金运动过程可划分为资金筹集、资金使用和资金退出三个阶段。在资金筹集阶段，企业通过吸引投资者向企业投资或从银行借款等方式获取经营所需资金。一般而言，企业筹集的资金最初是以货币资金形态进入企业的，具体表现为库存现金或银行存款等。资金使用阶段可分为供应、生产和销售三个过程。供应过程也称生产准备过程，企业运用筹集的资金进行产品生产的各项准备，包括购买产品生产所需材料和设备等，在这一过程中，货币资金形态会转化为储备资金和固定资金等形态。在生产过程中，企业要用货币资金支付生产经营的有关费用，利用储备的材料和购入的设备等进行产品生产，货币资金、储备资金和固定资金等会相应地转化为生产资金形态。产品生产完工以后，生产资金会转化为成品资金形态。在销售过程中，企业销售产品并收回货币资金，成品资金又转化为货币资金形态。资金的退出主要是由企业依法缴纳税费、按约定偿还债务和向投资者分配利润等引起的，这些交易或事项的发生会导致一部分资金退出企业资金运动过程。产品生产企业资金运动的基本状况如图 1-15 所示。

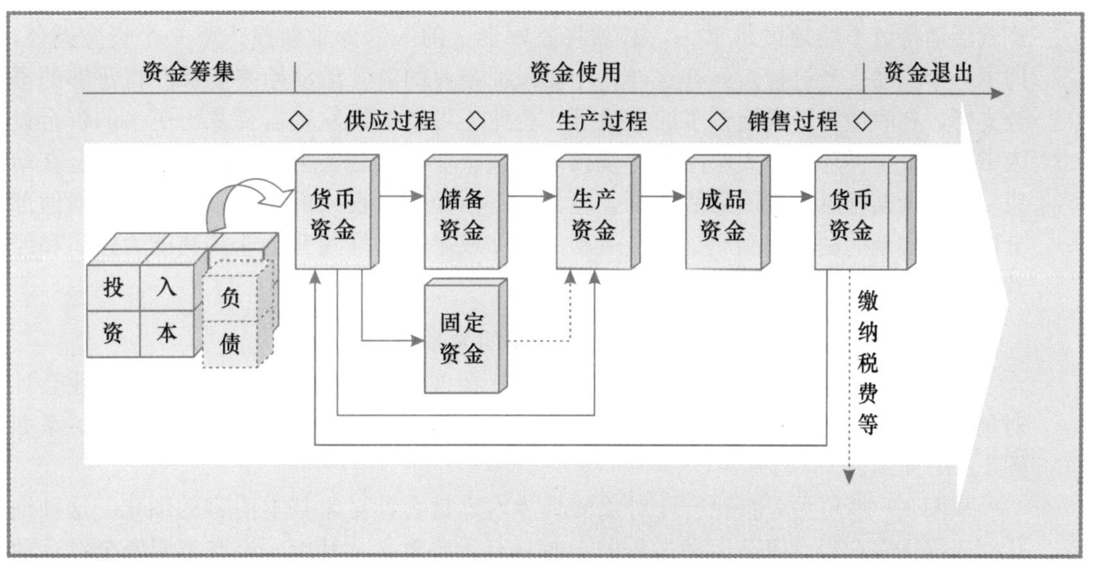

图 1-15　产品生产企业资金运动基本状况

（2）产品生产企业资金运动的特点。与非营利组织的资金运动相比，产品生产企业的资金运动具有如下特点。

1）体现为循环与周转方式。随着产品生产企业经营活动的展开，资金从货币资金形态开始，依次转化为储备资金、固定资金、生产资金、成品资金等形态，经过一个运动周期以后，资金又回到其初始的货币资金形态。企业经营资金经过一系列形态变化，最终又回到货币资金状态的过程称为资金循环。在正常经营的企业，其经营活动是持续不断进行的，其经营资金也是不断循环的，资金的不断循环称为资金周转。而非营利组织的资金运动往往是直线式的一次性运动方式，不具有循环和周转的特征。

2）具有并存性和继起性。并存性是指企业经营资金的各种存在形态，如货币资金、储备资金、固定资金、生产资金和成品资金等，应在资金的运动过程中同时存在，缺一不可。任何一种资金形态的缺失，都将对企业资金运动过程产生不利影响。继起性是指资金在每次发生形态上的变化以后，都会转化为对企业经营更为有利的新的资金形态，进而向重新转化为货币资金形态接近一步。企业资金运动的并存性和继起性既是企业持续经营的具体体现，也是企业最终获取一定经济收益的保障。

3）各种资金形态按比例并存。按比例并存是指企业的各种资金形态在运动过程中应保持大体适当的比例。只有各种资金形态按比例并存，企业经营资金的运动才有可能正常进行，企业的经营活动才可能顺利开展。例如，根据产品生产计划，企业本期需要储备 100 000 元的材料，相应地就应有 100 000 元的货币资金准备。又如，本期进行产品生产计划使用 50 000 元的原材料，相应地就应有 50 000 元的材料储备。如果相互接续的两种资金形态比例失调，就会影响资金形态的顺利转化，影响企业经营活动的正常开展。

4）具有补偿性和增值性。补偿性是指企业在完成每一次资金循环以后，为保证其经营活动持续不断地进行下去，必须将收回资金的一部分重新投入下一个资金循环，即下一个产品生产过程。只有这样，才能保证企业的经营活动始终能够获得足够的资金支持。在收回货币资金较多的情况下，企业还可以根据发展需要拿出更多的资金投入下一个资金循环，扩大产品生产规模，增强企业的经营实力。增值性是指资金在结束一个资金循环后，收回的货币资金应大于开始循环时投入的货币资金数额，增值部分即企业实现的利润。利润是资金运动的最终成果，也是判断企业获利能力强弱和经营管理水平高低的标志之一。

4. 企业会计对象具体内容与其资金运动的关系

如前所述，企业会计对象的基本内容是社会再生产过程中的资金运动，企业会计对象的具体内容是资产、负债、所有者权益、收入、费用和利润。两者之间的关系如图 1－16 所示。

从图 1－16 可见，企业会计对象的具体内容是会计对象基本内容的细化。这种细化对于描述企业经营资金运动过程的全貌具有重要意义。其中，资产表明资金在运动过程中的具体存在形态，如货币资金、储备资金和固定资金等；负债和所有者权益表明企业资金的来源方式，如企业借款和投资者投入资本等；费用表明资金在运动过程

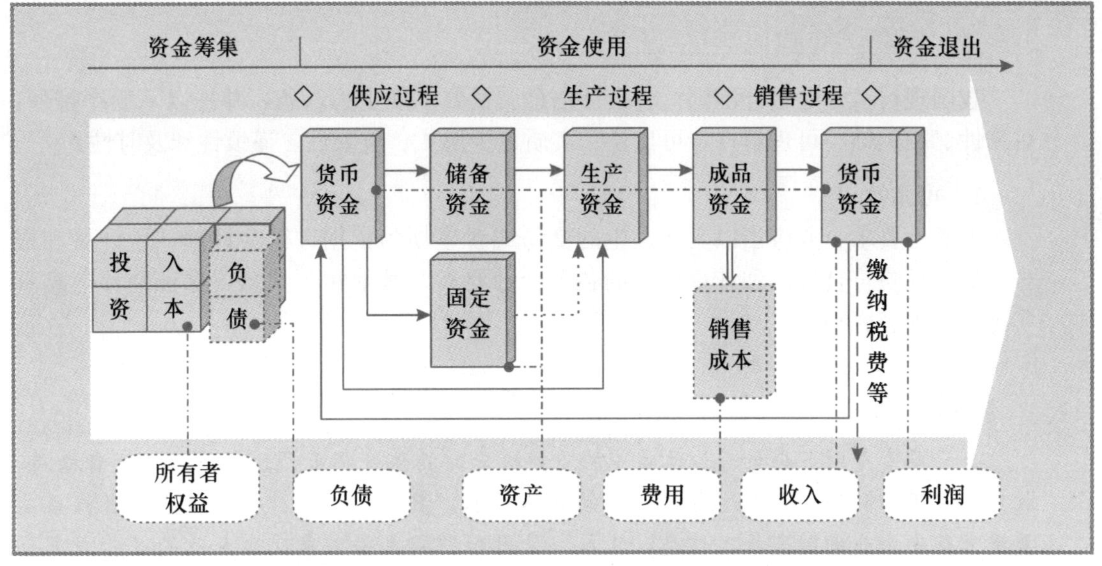

图 1 - 16　会计对象具体内容与会计对象基本内容的关系

中的耗费；收入表明资金在运动过程中的收回；利润则表明企业资金运动的成果。会计对象的具体内容既可以各自独立地反映资金运动的某一个方面，又可以相互配合地从整体上反映企业资金运动的全貌。需要强调的是，会计对象的具体内容也称会计要素，会计要素的相关内容将在第 2 章中重点讨论。

1.4　会计信息及其质量要求

1.4.1　会计信息及其质量要求的含义

1. 会计信息的含义

会计信息有狭义与广义之分。狭义的会计信息是指某一会计主体（如某一企业）所提供的财务状况、经营成果和现金流量等方面的财务会计信息。这类会计信息是由会计人员通过编制有关会计报表，如资产负债表、利润表和现金流量表等对外提供的会计信息。广义的会计信息除上述信息外，还包括处于加工整理过程中的会计信息，如在会计记录环节生成的、呈现于会计凭证和账簿等载体中的信息等。本书重点介绍企业对外提供的财务会计信息。

2. 会计信息质量要求的含义

会计信息质量要求是指对企业对外提供的会计信息质量的基本要求，是使会计信息对投资者等各类使用者的经济决策有用而应具备的基本特征；因而，也称会计信息质量特征。会计信息质量要求是财务会计理论的构成内容之一，也是企业会计准则应予规范的重点内容。

1.4.2 会计信息质量要求的内容

我国现行《企业会计准则》将会计信息质量要求规定为八条，并按以下顺序排列：可靠性、相关性、可理解性、可比性、实质重于形式、重要性、谨慎性和及时性。

1. 可靠性

可靠性要求企业应当以实际发生的交易或者事项为依据进行会计确认、计量和报告，如实反映符合确认和计量要求的各项会计要素及其他相关信息，保证会计信息真实可靠、内容完整。

特别提示

会计要素是财务会计理论体系中的重要概念，具体是指资产、负债、所有者权益、收入、费用和利润，即前述会计对象的具体内容。其中，资产、负债和所有者权益主要用来反映企业的财务状况信息，收入、费用和利润主要用来反映企业的经营成果信息，这些信息是企业财务报告的主要内容。

为使财务报告中所提供的会计信息具有可靠性，要求企业应以实际发生的交易或事项为依据进行确认、计量和报告，不得根据虚构的或尚未发生的交易或事项进行确认、计量和报告；各项会计要素都具有其各自的经济特征、确认条件和计量方法，只有符合定义的经济特征和确认条件，并采用合理的计量方法，所确认和计量的结果才是真实可靠的，才能如实反映各项会计要素及其他相关信息。对会计信息质量的可靠性要求可结合图1-17加以理解。

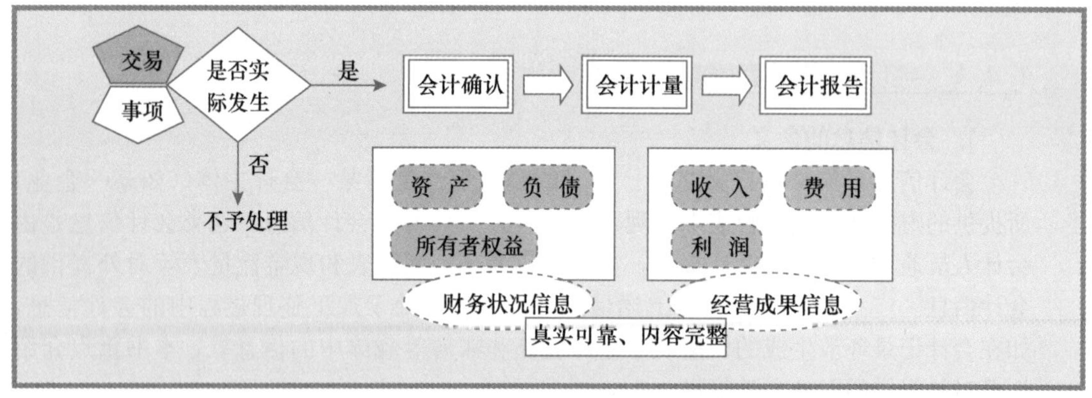

图1-17 会计信息质量的可靠性要求

会计信息的可靠性是会计信息的生命线。只有可靠的信息才有利于财务报告使用者据以作出合理的经济决策。虚假的会计信息只能对财务报告使用者产生误导，致使其作出错误的决策，不仅会给信息使用者造成重大经济损失，而且会影响正常的社会经济秩序，甚至会危及社会的稳定。近些年来国内外频繁发生的会计信息失真的案例表明，保证会计信息的可靠性，具有极其重要的现实意义。

2. 相关性

相关性要求企业提供的会计信息应当与财务会计报告使用者进行经济决策的需要相关，有助于财务报告使用者对企业过去、现在和未来的情况作出评价和预测。

为使财务报告中提供的会计信息具有相关性，企业应切实做到：

（1）向使用者提供相关的会计信息。如企业的财务状况、经营成果和现金流量信息是与经济决策直接相关的信息，企业应当如实地报告这些信息，以利于使用者分析比较，作出合理的经济决策。

（2）向使用者提供具有反馈价值的会计信息。相关的会计信息应能够帮助使用者评价企业的过去和现在，证实或修正原来的决策方案，即具有反馈价值。为便于信息的使用者对企业过去和现在的经营状况进行评价，企业不仅应向使用者提供本期的信息，而且应当提供以前会计期间的信息，以便使用者根据企业经营状况的变化证实或修正原来的决策方案。

（3）向使用者提供具有预测价值的会计信息。相关的会计信息应能够帮助使用者根据财务报告所提供的会计信息预测企业未来的财务状况、经营成果和现金流量，即具有预测价值，以便作出是否继续向所投资企业投资等方面的决策。

对会计信息质量的相关性要求可结合图 1-18 加以理解。

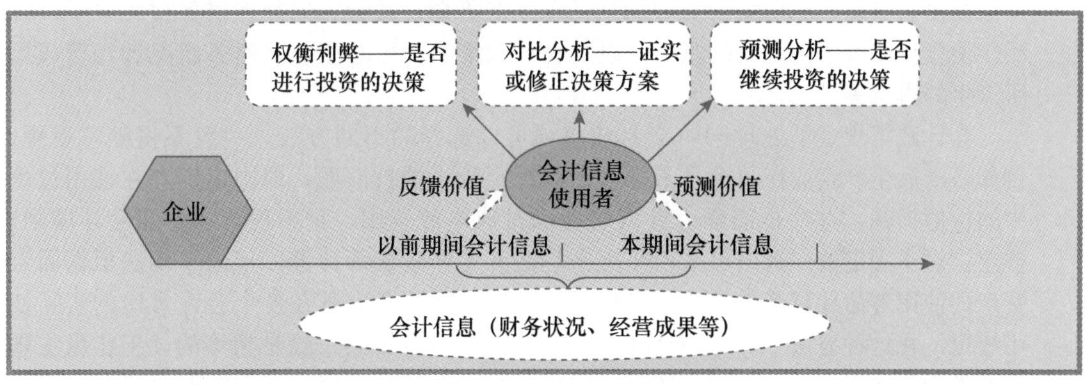

图 1-18　会计信息质量的相关性要求

会计信息质量的相关性要求是建立在可靠性的基础之上的，是以会计信息的可靠性为前提的相关性。若会计信息不具有可靠性，则难以达到使其与信息使用者的决策相关的目的。企业提供的会计信息应在保证可靠性的前提下，尽可能地符合相关性要求，以最大限度地满足财务报告使用者进行经济决策的需要。

3. 可理解性

可理解性要求企业提供的会计信息应当清晰明了，便于财务报告使用者理解和使用。

企业提供会计信息的目的在于帮助信息的使用者作出合理的经济决策。这就要求企业所提供的会计信息清晰明了，以便于信息的使用者充分理解会计信息的内容。只有这样，才能增强会计信息的有用性，满足财务报告使用者进行经济决策的需要。对会计信息质量的可理解性要求可结合图 1-19 加以理解。

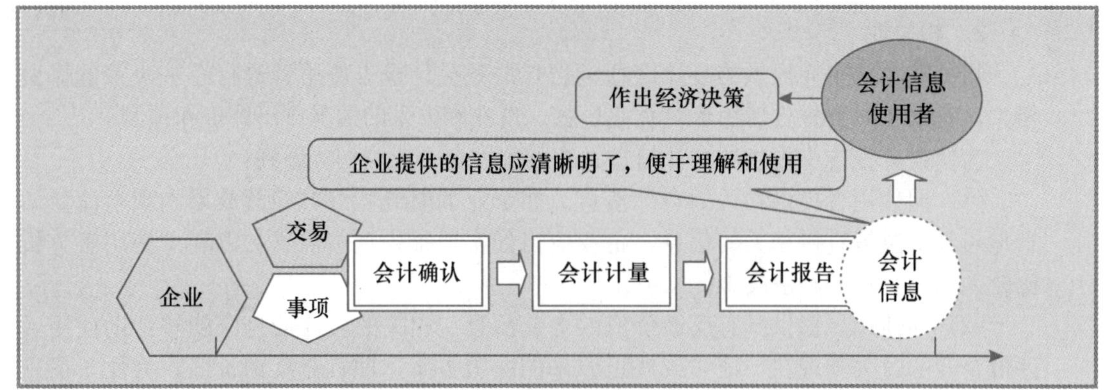

图 1-19　会计信息质量的可理解性要求

4. 可比性

可比性要求企业提供的会计信息应当具有可比性，包括两层含义。

（1）同一企业不同期间会计信息的可比。也称纵向可比。要求同一企业对不同期间发生的相同或相似的交易或者事项，应当采用一致的会计政策，不得随意变更，以便使各会计期间的同类信息具有可比性。确实需要变更的，如企业在会计政策变更后可以提供更可靠、更相关的会计信息，可以变更会计政策，但须在财务报告中予以说明，便于使用者了解变更的原因，以及会计政策的变更对企业的财务状况和经营成果所产生的影响等。

会计政策规定了处理同一交易或事项可以选择的不同方法，一般不得随意变更。例如，产品生产企业在每个月末都应计算固定资产的折旧额，即固定资产在使用过程中的价值损耗，这些折旧额应计入企业当月成本或费用。我国现行《企业会计准则》规定，对于固定资产折旧可采用年限平均法和工作量法等计算。年限平均法根据固定资产的使用寿命计算其各个会计月份的折旧额，而不考虑其在各个会计月份的实际使用情况。在这种方法下，各个会计月份计算出来的折旧额一般是相等的；工作量法则需要考虑固定资产的实际使用情况，即在某个会计月份多使用固定资产时应多计算折旧额，反之则少计算折旧额。在这种方法下，各会计期间所计算出来的折旧额一般是不相等的。对《企业会计准则》规定的不同的折旧方法，企业可根据其固定资产的种类或用途等具体情况选择使用。但是，企业一旦选用了其中的某一种方法，就应在相互接续的各个会计期间连续使用，一般不得随意变更。只有这样，同一企业前后各期的折旧额信息才具有可比性。对同一企业不同期间会计信息质量的可比性要求可结合图 1-20 加以理解。

（2）不同企业相同会计期间会计信息的可比。也称横向可比。要求不同企业对于同一期间发生的相同或相似的交易或者事项，应当采用统一规定的会计政策，确保会计信息口径一致、相互可比。

各个产品生产企业发生的交易或事项存在诸多相同或相似之处。可比性要求当这些交易或事项发生时，不同企业采用的会计政策也应基本相同。如企业在财务报告中所提供的财务状况信息，包括企业的资产总量及其构成情况、负债和所有者权益的总额及其构成情况等基本内容。不同企业都应按照统一的确认、计量和报告要求进行处

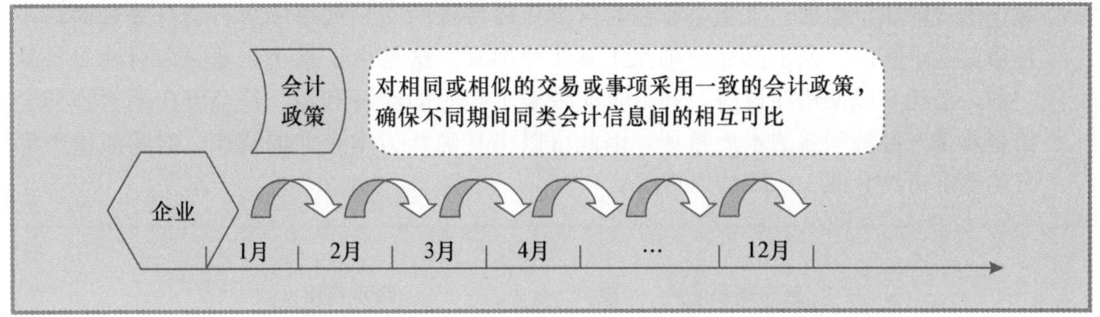

图 1-20　同一企业不同期间会计信息质量的可比性要求

理，各企业都应采用统一的报告格式，共同遵循企业会计准则统一规定的确认和计量要求。只有这样，各个企业所提供的会计信息才能做到口径一致，具有可比性。对不同企业相同会计期间会计信息质量的可比性要求可结合图 1-21 加以理解。

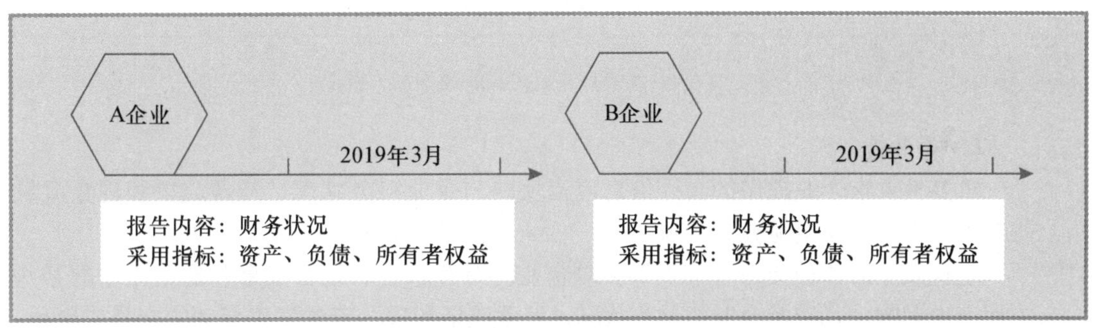

图 1-21　不同企业相同会计期间会计信息质量的可比性要求

5. 实质重于形式

实质重于形式要求企业应当按照交易或者事项的经济实质进行会计确认、计量和报告，不应仅以交易或者事项的法律形式为依据。

经济实质是指交易或事项所具有的经济特质。企业发生的交易或事项会影响企业的资产、负债和所有者权益等会计要素发生某些方面的变动，说明交易或事项总是体现资产、负债和所有者权益等会计要素所具有的经济性质。法律形式是指交易或事项所引发的所有权、使用权和处置权等方面的权利或义务。如资产是企业所拥有或控制的经济资源，表明企业对其资产的所有权、使用权和处置权等方面的权利；负债则是企业对于其负债应当承担的偿还义务，须以企业的资产或劳务进行清偿等。

经济实质与其法律形式构成了交易或事项相辅相成的两个方面。一般而言，交易或事项的经济实质与法律形式是统一的。如企业用自有资金购入的材料和设备等，其经济性质属于能够预期为企业带来经济利益的资产；从法律形式来看，企业对其具有所有权、使用权和处置权。但在有些情况下，交易或事项的经济性质和法律形式会产生一定的分离。如企业在采用融资租赁方式租入设备时，根据双方的协议，承租方应以租金形式分期向出租方支付设备款。在设备款未付清之前的会计期间，从法律形式上看，设备的所有权并没有完全转移给承租方，会产生承租方对该设备是否具有所有权的争议；从经济实质上看，也会产生该设备是否属于承租方资产的争议。按照实质重于形式的质量要求，承租企业在对这类比较特殊的交易或事项进行会计处理时，应注重其经济实质，而不必完全拘泥于其法律形式。这是由于承租企业在未付清设备款之前，已经实际使用该设备，并给企业带来了相应的经济利益，符合资产要素预期会给企业带来经济利益的本质特征，因此可以将其确认为本企业的资产。对实质重于形式的要求可结合图1-22加以理解。

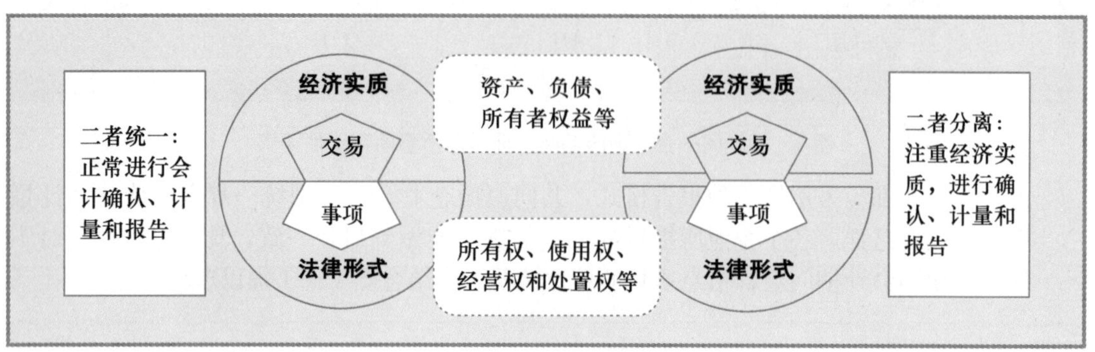

图1-22　会计信息质量的实质重于形式要求

6. 重要性

重要性要求企业提供的会计信息应当反映与企业财务状况、经营成果和现金流量等有关的所有重要交易或者事项。

企业发生的各种交易或事项都会对企业的财务状况、经营成果和现金流量的某些方面产生影响，凡涉及企业的财务状况、经营成果和现金流量发生变动的交易或事项，企业都应如实报告。但在提供相关信息时，应判断项目的重要性。项目是对大量的交易或事项按其性质或功能汇总以后形成的在财务会计报表中列示的内容。判断项目重要性的基本标准是：如果财务报表中某项目的省略或错报会影响使用者据此作出经济决策，该项目就具有重要性。企业提供会计信息时，应区分其重要程度，对重要信息应在财务报告中突出反映。如前述企业财务状况信息中的资产、负债和所有者权益信息，经营成果信息中的收入、费用和利润信息等，都是与财务报告使用者进行经济决策密切相关的信息，企业应当作为重要信息，按照这些信息的组成内容进行全面完整的报告，不得省略，更不能错报。而对于与财务报告使用者的经济决策关系不大的次要信息，则只需在报告文件中综合反映即可。如企业库存材料、在产品和产成品信息一般不为财务报告的使用者所关心，属于次要信息，不必逐项做出报告，可将这些信息进行综合，在财务报告中以“存货”一个项目反映。对会计信息质量的重要性要求可结合图1-23加以理解。

7. 谨慎性

谨慎性要求企业对交易或者事项进行会计确认、计量和报告时，应当保持应有的谨慎，不应高估资产或者收益，也不应低估负债或者费用。

处于市场经济环境中的企业，其经营活动面临诸多风险，其交易或事项也具有极大的不确定性。例如，企业对于其应收账款中可能收不回来的部分所占的比重、各类固定资产的使用寿命和售出产品可能发生的退货数或返修数等，都应根据企业在以往

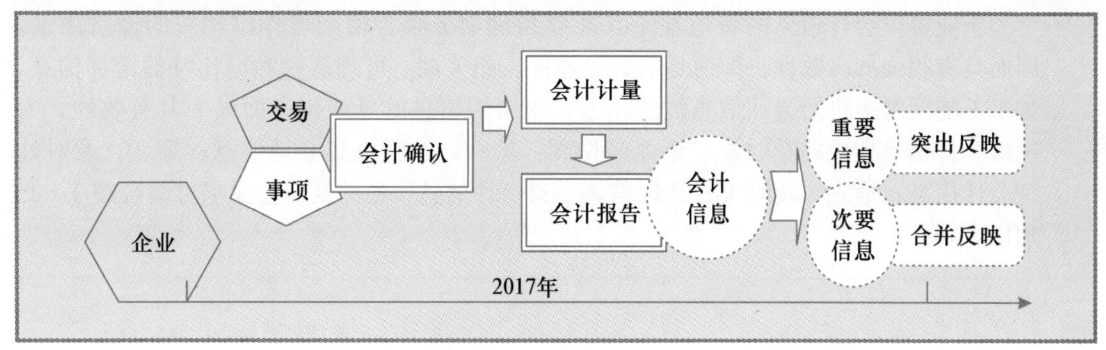

图1-23 会计信息质量的重要性要求

经营过程发生的实际情况进行合理的判断或估计，并需要保持应有的谨慎。具体地说，就是不应高估资产或者收益，也不应低估负债或者费用。这是因为资产是企业重要的经济资源，收益是企业经济利益的流入，必须如实进行会计确认、计量和报告。如企业的有些资产已经失去其使用价值，预期不能再为企业带来经济利益，就不能再确认为企业的资产，即不能高估资产；同理，对企业可能实现的收入（收益）也不应高估，因为高估的结果往往会使会计信息使用者产生盲目乐观情绪。谨慎性要求的另一个方面是不应低估负债或者费用。负债总是要偿还的，而负债的偿还往往会使经济利益流出企业，即不能低估负债；费用的发生往往是以企业资产的消耗为代价，特别是对那些由于不确定因素而给企业带来的损失，如不可收回的应收账款形成的损失，企业更应宁可高估而不可低估。只有这样，才能对有可能在未来发生的损失保持清醒的认识，并采取严密的应对措施，不至于在风险来临时措手不及。对会计信息质量的谨慎性要求可结合图1-24加以理解。

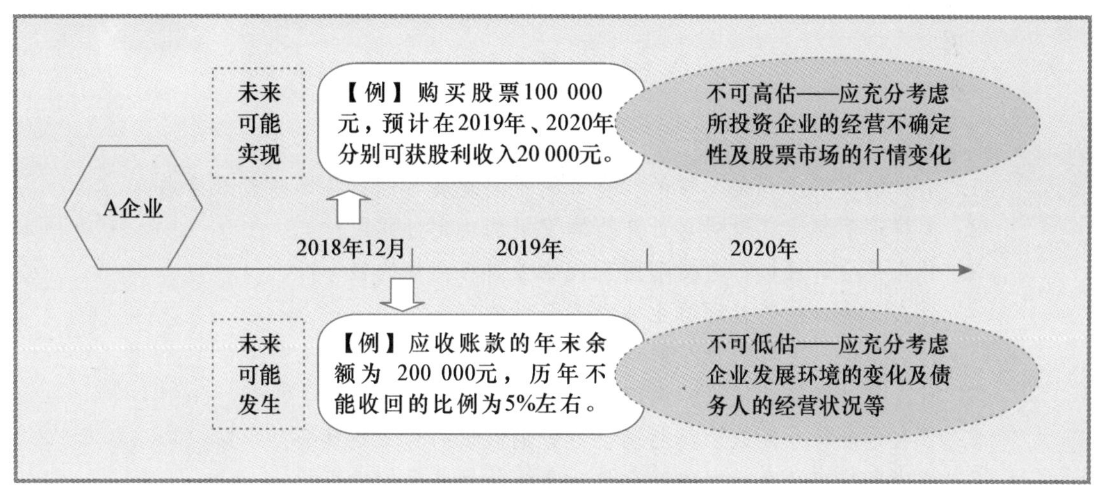

图1-24 会计信息质量的谨慎性要求

8. 及时性

及时性要求企业对于已经发生的交易或者事项，应当及时进行会计确认、计量和报告，不得提前或者延后。

企业提供会计信息的价值在于其能够帮助财务报告使用者作出相关的经济决策，因而具有很强的时效性。即使是具有可靠性、相关性、可理解性和可比性的会计信息，如果不能及时提供给会计信息的使用者，也会因信息的延误传递而失去其有效性。为确保会计信息提供的及时性，企业应做到：第一，及时收集会计信息；第二，及时处理会计信息；第三，及时报告会计信息。对会计信息质量的及时性要求可结合图1-25加以理解。

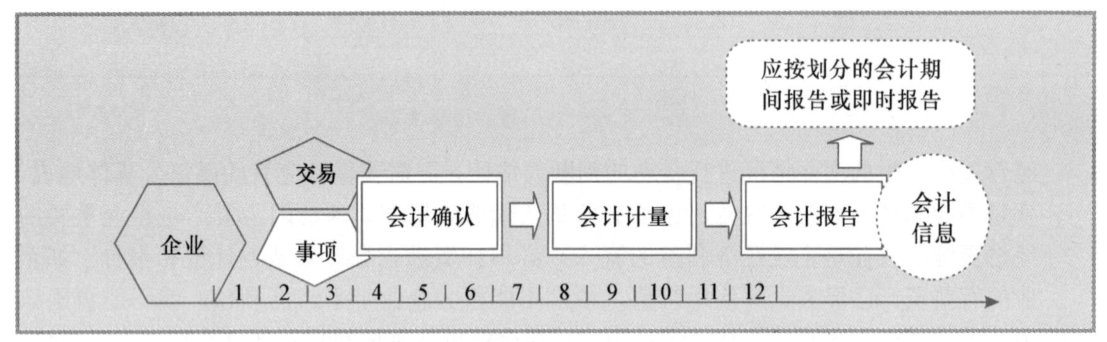

图1-25　会计信息质量的及时性要求

上述会计信息质量要求是企业在报告会计信息时必须遵循的要求。其中，可靠性、相关性、可理解性和可比性是企业编制财务会计报告所提供的会计信息应当具备的基本质量要求；实质重于形式、重要性、谨慎性和及时性是对可靠性、相关性、可理解性和可比性等质量要求的补充。在对某些特殊交易或事项进行处理时，需要根据这些质量要求来把握处理原则，这些质量要求的贯彻需要会计人员具有较强的职业判断能力。

思考题

1. 会计的发展历程是怎样的？会计的不同发展时期各有哪些显著标志？
2. 怎样理解经济环境对会计产生和发展的决定性作用？
3. 什么是会计目标？怎样理解现代企业财务会计的目标？
4. 什么是会计？怎样理解企业财务会计的定义？
5. 什么是会计主体假设？明确会计主体假设的意义是什么？
6. 什么是持续经营假设？明确持续经营假设的意义是什么？
7. 什么是会计分期假设？明确会计分期假设的意义是什么？
8. 应当怎样定义会计对象？会计对象包括哪些具体内容？
9. 产品生产企业的资金运动有哪些特点？
10. 怎样理解会计信息质量的可靠性要求和相关性要求？
11. 怎样理解会计信息质量的可比性要求？
12. 怎样理解会计信息质量的实质重于形式要求？

第2章

会计要素与会计等式

内容导图

本章内容是第1章中会计对象相关内容的延续和拓展。会计要素是会计对象具体构成内容的别称，也是具有深刻内涵的会计术语，更是不可或缺的财务会计概念。为此，本章重点研究会计要素的定义、作用和特征，以及体现这些要素相互之间数量上相等关系的会计等式，并初步介绍在会计上处理这些要素的变化所采用的基本方法。

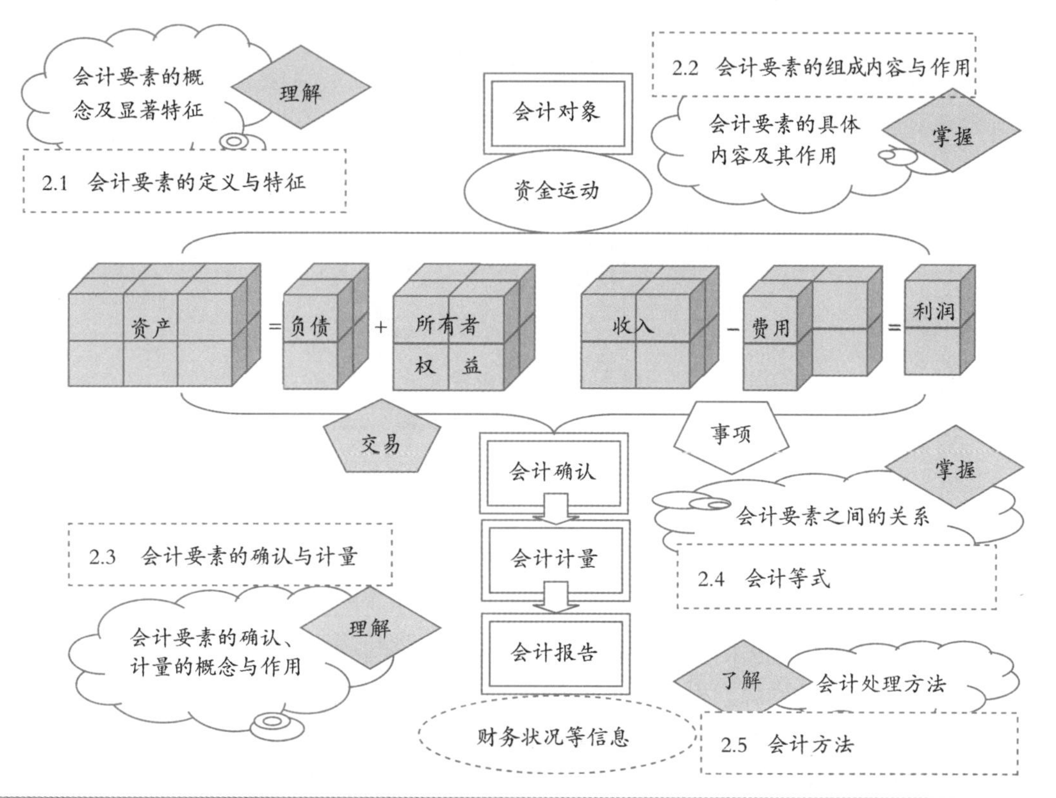

2.1 会计要素的定义与特征

2.1.1 会计要素的定义及构成内容

1. 会计要素的定义

会计要素是根据交易或事项的经济特征确定的财务会计对象的基本内容，即资金运动进行分解归类，使之形成独立的范畴，并用会计术语加以描述的具体内容。

2. 会计要素的构成内容

我国现行《企业会计准则》规定："企业应当按照交易或者事项的经济特征确定会计要素。会计要素包括资产、负债、所有者权益、收入、费用和利润。"

通过第1章的学习可知，会计要素的构成内容与企业经营资金的运动有着密切的关系。会计对象的基本内容可概述为企业经营资金的运动，由于资金的这种运动是由企业在经营活动中发生的各种交易或事项引起的，因而可以从交易或事项经济特征的角度对资金运动进行分类，使资金运动这一较为抽象的概念具体化，进而形成了资产、负债、所有者权益、收入、费用和利润等会计要素内容。对会计要素的定义及构成内容可结合图2-1加以理解。

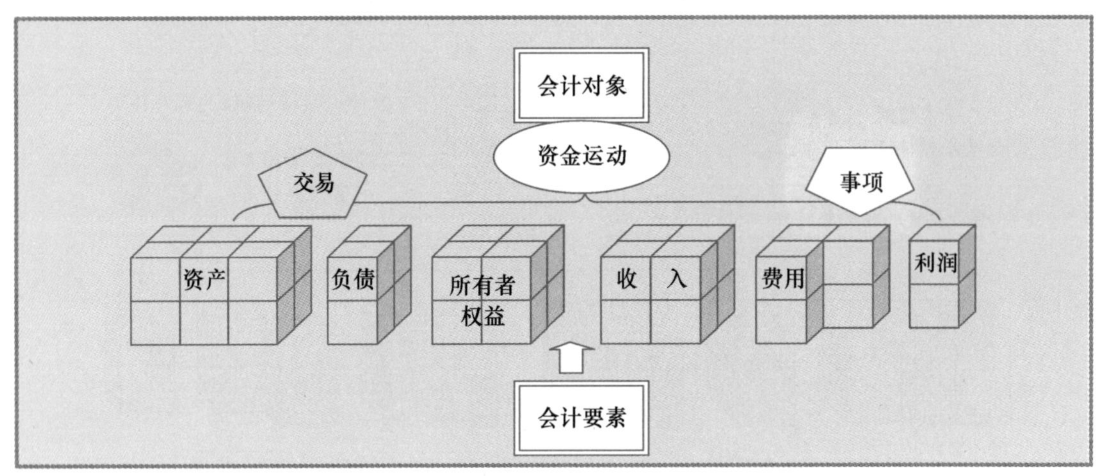

图2-1 会计要素的定义及构成内容

2.1.2 各会计要素的定义与特征

1. 资产的定义与特征

资产是指企业过去的交易或者事项形成的、由企业拥有或者控制的、预期会给企业带来经济利益的资源。根据资产的定义，该要素具有如下特征。

(1) 资产是由企业过去的交易或事项形成的。过去的交易或事项是指企业业已完成的交易或事项，具体包括购买、生产和建造等行为以及其他交易或事项。如果是预期在未来发生的交易或事项将会形成的资源，则不能作为企业现实的资产予以确认。

例如，企业制定了一项准备购买一批生产经营所需设备的计划，但实际购买行为尚未发生。这种预期可能增加的设备不符合资产的这一特征，就不能确认为企业的现实资产。

（2）资产应为企业拥有或控制。拥有是指企业享有某项资源的所有权。例如，企业对于用其自有资金购入的设备等享有所有权。控制是指企业对某些资源虽然不享有所有权，但该资源能为企业所控制。例如，企业融资租入的设备，其所有权并不属于企业，而是属于出租方，但企业可以控制使用这部分资源。企业享有资产的所有权，通常表明企业能够排他性地从资产的使用过程中获取经济利益。

（3）资产预期会给企业带来经济利益。即资产具有在未来直接或间接导致现金和现金等价物流入企业的潜力，这是资产的本质特征。例如，企业购入的材料和设备可用于产品生产，产品出售以后可收回货款等。如果某些项目预期不能给企业带来经济利益，就不能再确认为企业的资产。例如，企业在财产清查过程中发现的已经毁损的设备或材料，就不再符合资产的这一特征，应从企业现有的资产中予以剔除。

2. 负债的定义与特征

负债是指企业过去的交易或者事项形成的、预期会导致经济利益流出企业的现时义务。负债反映的是企业债权人对企业资产的索取权，因此也称债权人权益。根据负债的定义，该要素具有如下特征。

（1）负债由企业过去的交易或事项形成。如果不是由企业过去的交易或事项形成的义务，就不能确认为其现时的负债。例如，企业计划从银行借入一笔新的借款，计划从供应商处再赊购一批产品，由于交易尚未实际发生，因此不能确认为企业的负债。

（2）负债是企业应当承担的现时义务。现时义务是指企业在现行条件下已承担的义务。如通过与银行签订合同已经借入和使用借款，通过与供应商签订合同赊购了产品产生的应付账款等，都属于企业在某种约定条件下应予承担的现时义务。未来发生的交易或事项可能形成的负债不属于现时义务。例如，计划从银行借入款项，计划从供应商处赊购产品等，都不构成企业应当承担的现时义务。

（3）负债预期会导致经济利益流出企业。预期会导致经济利益流出企业是负债的本质特征。例如，企业在偿还借款和应付账款时，可以用其现金偿还，也可以用其实物资产偿还。但不管采用何种偿还方式，最终都会导致经济利益流出企业。

3. 所有者权益的定义与特征

所有者权益是指企业资产扣除负债后，由所有者享有的剩余权益。在股份制企业，所有者权益称为股东权益。

所有者即向企业投入资本的投资者。所有者权益是指投资者在向企业投资后形成的对企业资产的要求权，包括对经营成果的分享权和对经营活动的管理权等。但所有者并非对企业的全部资产都具有要求权，这是因为企业的资产一般由所有者投入的资金和向债权人借入的资金两部分构成。所有者只对其投资所形成的那部分资产具有要求权，对于负债所形成的那部分资产则不具有要求权。企业的全部资产扣除负债后的部分，在会计上称为净资产，所有者只对企业的这部分资产具有要求权。对由负债形成的资产的要求权则归属于债权人。根据相关法律的规定，在企业同时面临偿债和退还投资者投资的情况时，其资产应首先用于偿还负债，之后才能用于退还投资者投资，因而所有者权益也称剩余权益，这是所有者权益的基本特征，对这一点可结合图2-2加以理解。

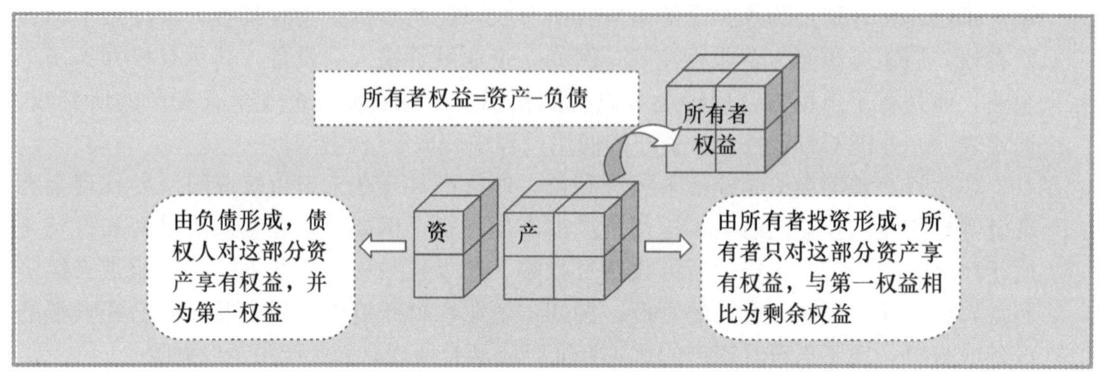

图2-2 所有者权益的要素特征

4. 收入的定义与特征

收入是指企业在日常活动中形成的、会导致所有者权益增加的、与所有者投入资本无关的经济利益的总流入。根据收入的定义，该要素具有如下特征。

（1）收入是在企业的日常活动中形成的。日常活动是指企业为完成经营目标所从事的经常性活动以及与之相关的活动，例如产品生产企业从事产品的生产和销售，商品流通企业从事商品的销售，安装公司提供安装服务等。明确界定企业的日常活动，目的是将收入与企业在非日常活动中产生的利得区分开来。企业日常活动产生的经济利益的流入是收入的内涵。而偶发的一些事项，如企业接受捐赠所产生的经济利益流入（净收益）称为利得，或营业外收入，是企业经济利益流入的外延。

（2）收入会导致所有者权益增加。收入之所以会导致所有者权益增加，是由收入与利润及所有者权益之间的关系决定的。一般而言，企业开展日常活动实现的收入与其发生的相关费用之差为利润，而利润的所有权归属于所有者。在费用一定的情况下，实现的收入越多，利润就越多，进而导致企业所有者权益的增加。对于不会导致所有者权益增加的经济利益流入，则不应确认为收入。例如，企业从银行借款，尽管也导致了企业经济利益的流入，但该经济利益流入不会导致企业所有者权益增加，而是使企业承担了一项现时义务，这种经济利益的流入就不应确认为收入，而应确认为负债。

（3）收入与所有者投入资本无关。尽管所有者向企业投入资本也会导致经济利益流入企业，但该经济利益流入来自投资者，并不是在企业的日常活动中产生的，会增加企业的所有者权益。因而，投资者投入企业的资本不能确认为企业的收入。

5. 费用的定义与特征

费用是指企业在日常活动中发生的、会导致所有者权益减少的、与向所有者分配利润无关的经济利益的总流出。根据费用的定义，该要素具有如下特征。

（1）费用是企业在日常活动中形成的。企业因日常活动而产生的费用通常包括主营业务成本、其他业务成本和投资损失等。例如，企业销售商品本身的成本（主营业务成本）就是企业在其日常活动中形成的，是产品生产企业的一项主要费用。将费用明确界定为企业的日常活动形成的，目的是将费用与企业在非日常活动中形成的损失加以区分，企业日常活动产生的经济利益的流出是费用的内涵。而偶发的一些事项，如企业进行债务重组所产生的经济利益流出（净损失）称为损失，或营业外支出，是企业经济利益流出的外延。

（2）费用会导致所有者权益的减少。费用的本质特征是会导致所有者权益减少，这是由费用与利润及所有者权益的关系决定的。在企业实现的收入一定的情况下，发生的费用越多，则实现的利润越少，进而导致所有者权益的减少。对于不会导致所有者权益减少的经济利益流出，则不应确认为费用。例如，企业偿还银行的借款，尽管也导致企业经济利益的流出，但该经济利益流出会使企业的负债减少，而不会导致企业所有者权益的减少，就不应确认为企业的费用。

（3）费用与向所有者分配利润无关。企业向所有者分配股利或利润，是企业将其实现的经营成果分配给投资者的一种分配活动，虽然在分配利润的某些情形下（如分配现金股利）会导致经济利益流出企业，但该经济利益的流出导致的是企业利润的减少，而不会导致企业费用的增加，因而也不应将其确认为企业的费用。

6. 利润的定义与特征

利润是指企业在一定会计期间的经营成果，包括收入减去费用后的净额、直接计入当期利润的利得和损失。

企业在一定会计期间的日常活动中实现的收入与发生的费用之差为经营成果，当实现的收入大于费用时，即为企业的营业利润，体现了利润的本质特征。根据我国现行《企业会计准则》的规定，企业产生的利得和损失，有些应直接计入当期利润，其中利得可增加企业的利润总额；损失则会减少企业的利润总额。

2.2 会计要素的组成内容与作用

2.2.1 会计要素的组成内容

将会计对象划分为资产、负债、所有者权益、收入、费用和利润，为会计确认、计量和报告提供了基本依据，但将会计对象划分到这种程度，还不能够满足会计上处理交易或事项的要求。因而，有必要更详细地了解会计要素的组成内容。

1. 资产的组成内容

企业的资产按其流动性可分为流动资产和非流动资产两类，具体组成内容如图 2－3 所示。

（1）流动资产。流动资产是指企业可以在一年或者超过一年的一个营业周期内变现或耗用的资产。具体包括库存现金、银行存款、交易性金融资产、应收票据、应收账款、其他应收款、预付账款、原材料、生产成本（在产品）和库存商品等。

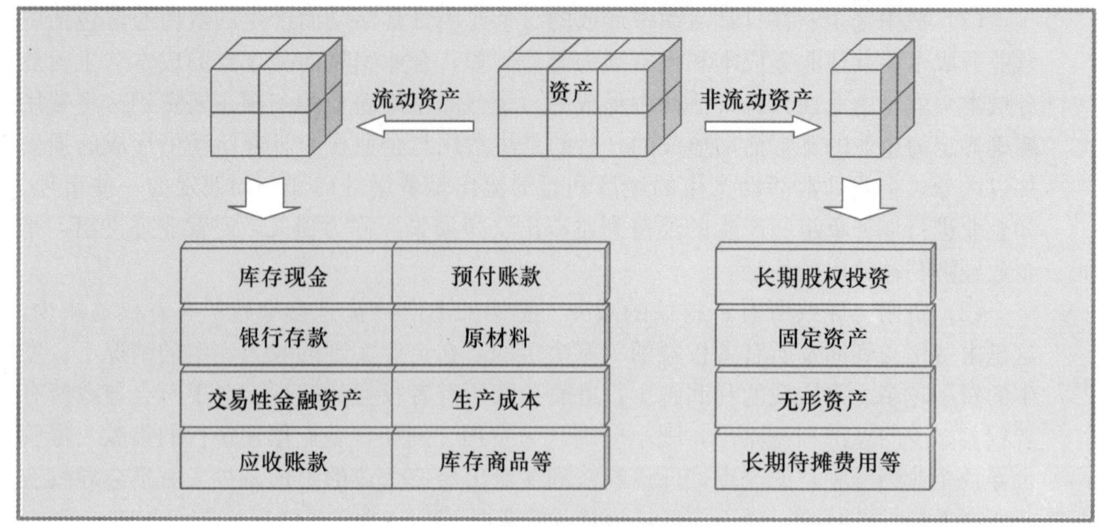

图 2-3　资产的分类及组成内容

1）对营业周期的理解。在产品生产企业，营业周期通常是指企业从购买用于加工的材料和设备等，实际进行产品生产，到销售产品实现现金或现金等价物的流入所经历的期间。在一般情况下，营业周期通常短于一年，即在一年内有若干营业周期。正常营业周期不能确定的，应当以一年（12 个月）作为正常营业周期，这类企业单件产品的生产周期一般不会超过一年，在同一生产周期内可以多批次地组织某一种产品的生产。在实务中，也存在营业周期超过一年的情况，如房地产开发企业以出售为目的而兴建的房屋，航空制造企业生产的飞机等，其单件产品的生产周期往往超过一年，因而这类企业也可以以单件产品的生产周期作为一个营业周期。

2）流动资产的主要构成内容。

库存现金是指存放在企业准备随时支用的现款，主要用于企业日常经营活动中发生的小额零星支出，如支付因公出差职工的借款，支付小额的办公费用支出等。

银行存款是指企业存放在其开户银行的款项，这些款项主要来自投资者投入企业的资本、通过负债借入的款项和销售产品收到的货款等。银行存款可用于企业在其日常经营活动中发生的大额支出，如购买材料、购买设备和支付职工薪酬等。

交易性金融资产是指企业持有的以公允价值计量且其变动计入当期损益的金融资产。例如，企业购入以交易为目的而持有的债券投资、股票投资和基金投资。

应收票据是指企业由于销售产品或提供劳务而收到的商业汇票，包括银行承兑汇票和商业承兑汇票。

应收账款是指企业由于赊销产品等应向购买方收取而暂未收到的款项。

其他应收款是指企业在日常生产经营过程中产生的应收票据和应收款项以外的其他应收款项。

预付账款是指企业由于购买销售方的产品等，按照合同规定预先支付给供应商的款项。

特别提示

应收账款和预付账款之所以属于企业资产，是由这些款项的所有权所决定的。在企业产生应收账款时，虽然暂未收到款项，但已经具有了向购买方收款的权利，因而可确认为企业的资产。在企业产生预付账款时，虽然款项已经付出，但预收款方尚未提供产品，该款项的所有权仍属于预付款企业，因而可确认为预付款企业的资产。

原材料是指企业库存的各种材料，包括原料及主要材料和辅助材料等。

生产成本是指企业进行产品生产所发生的各项成本，包括生产各种产品、自制材料、自制工具和自制设备等发生的成本，表示存货中的在产品。

库存商品是指企业库存的各种商品，包括产成品、外购商品、存放在门市部准备出售的商品、发出展览的商品以及寄存在外的商品等。

(2) 非流动资产。非流动资产是指企业不能在一年或者超过一年的一个营业周期内变现或耗用的资产，包括长期股权投资、固定资产、无形资产和长期待摊费用等。

长期股权投资是指企业在对外投资过程中，以获取对被投资方的控制权，或对被投资方产生重大影响为目的而进行的权益性投资。企业持有长期股权投资的时间往往超过一个会计年度，是企业的一种长期投资行为。

固定资产是指企业拥有的同时具有下列特征的有形资产：第一，为生产商品、提供劳务、出租或经营管理而持有；第二，使用寿命超过一个会计年度，如企业在生产经营过程中使用的房屋及建筑物、机器设备和运输设备等。

无形资产是指企业在生产经营过程中拥有或控制的没有实物形态的可辨认非货币性资产，主要包括专利权、非专利技术、商标权和土地使用权等。

长期待摊费用是指企业已经发生（一般是指已经实际支付了货币资金）但应由本期和以后各期负担的分摊期限在一年以上的各项支出。如新建企业在筹建期间发生的各种管理性质的支出，以经营租赁方式租入的固定资产发生的改良支出等。

特别提示

长期待摊费用虽然属于企业已经先行支付了货币资金的支出，但该支出仍可在企业的经营活动中继续发挥效益，并为企业带来经济利益，符合资产的本质特征，因而应确认为企业资产。另外，应特别注意：长期待摊费用虽带有“费用”字样，但其本身并不属于费用性质，而是属于资产性质，只有在将此类支出于其受益期间摊销后才会转化为企业的成本或费用。

2. 负债的组成内容

企业的负债按其流动性可分为流动负债和非流动负债两类。基本组成内容如图2-4所示。

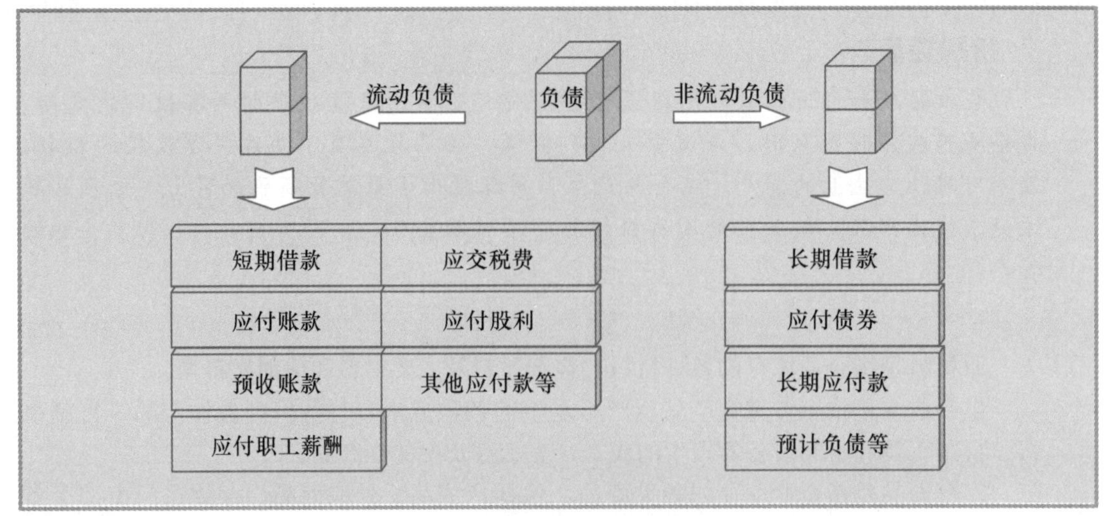

图2-4 负债的分类及组成内容

（1）流动负债。流动负债是指企业将在一年或者超过一年的一个营业周期内偿还的债务。包括短期借款、应付票据、应付账款、预收账款、应付职工薪酬、应交税费、应付股利（或应付利润）和其他应付款等。

短期借款是指企业从银行或其他金融机构借入的偿还期在一年以内（含一年）的各种借款。企业借入短期借款的主要用途是满足临时性支出的需要。

应付票据是指企业因购买商品等开出并承兑的交由销售方持有的商业汇票而承担的债务。

应付账款是指企业由于赊购商品等而产生的应向销售方支付但暂未支付的款项。

预收账款是指企业由于销售商品等根据有关协议预先向购买方收取款项而形成的债务。

特别提示

预收账款之所以是预收款企业的负债，是因为其在向对方收款后应承担向预付款方提供产品等的义务。在没有履行该义务之前，该款项的所有权仍属于预付款企业。预收企业虽然已经实际收到款项，但只能将其确认为企业的一项债务，而不是确认为企业收入。

应付职工薪酬是指企业根据有关规定应付给本企业职工的薪酬。如应付工资和福利费等。

应交税费是指企业按照税法规定应缴纳的各种税费。如应交增值税和应交所得税等。

应付股利是指股份企业应支付给股东的现金股利（在非股份制企业，应支付给投资者的利润称为应付利润）。

其他应付款是指企业除上述各种应付款项以外的其他各种应付和暂收款项。

（2）非流动负债。非流动负债是指企业将在一年或者超过一年的一个营业周期以

上偿还的债务。包括长期借款、应付债券、长期应付款和预计负债等。

长期借款是指企业从银行或其他金融机构借入的期限在一年以上（不含一年）的各种借款。企业借入长期借款的主要用途是进行施工期比较长的工程项目建设。

应付债券是指企业在采用发行企业债券方式筹集经营资金时，按规定应付给购买者的本金和利息而形成的负债。债券的发行往往有一定的期限，为此，企业在既定的债券发行期满后应将债券本金归还给债券的持有者；此外，在债券发行期间，发行债券的企业还应按规定的债券利率向债券持有者支付利息。以上两项均构成企业对债券购买者的负债。

长期应付款是指企业除长期借款和应付债券以外的其他各种长期应付款项，如企业融资租入固定资产时产生的长期应付款等。

预计负债是指企业确认的对外提供担保、未决诉讼和产品质量保证等产生的预计负债。

3. 所有者权益的组成内容

企业的所有者权益包括投入资本、直接计入所有者权益的利得和损失、留存收益等，通常由实收资本（或股本）、资本公积（含资本溢价或股本溢价等）、其他综合收益、盈余公积和未分配利润等构成。其中，实收资本和资本公积统称为投入资本；盈余公积和未分配利润统称为留存收益。所有者权益的主要组成内容如图 2－5 所示。

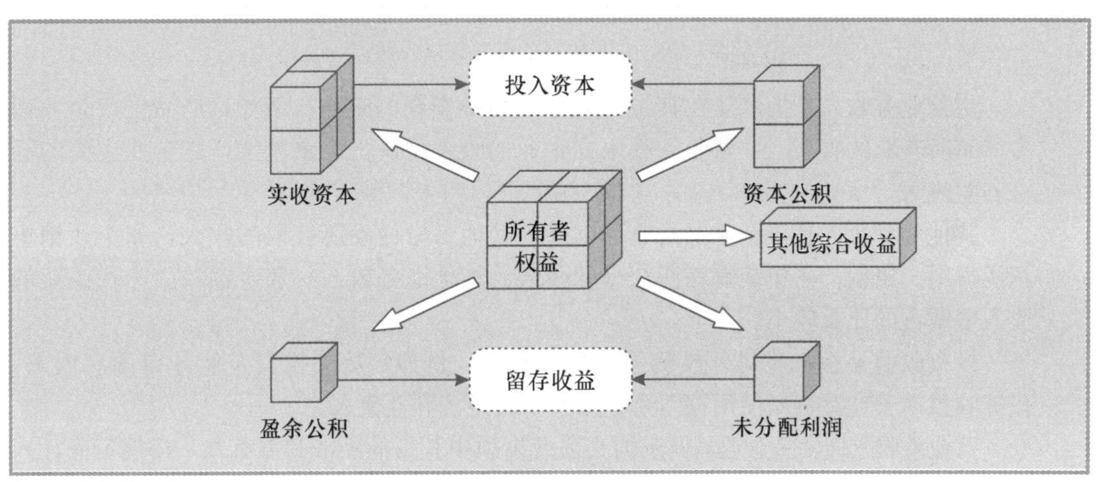

图 2－5　所有者权益的主要组成内容

实收资本是指所有者投入企业的资本中构成企业注册资本（或股本）的部分。

资本公积是指所有者投入企业的资本超过注册资本（或股本）的部分，即资本（或股本）溢价。这部分投入资本可按规定的程序转增资本金。

盈余公积是指企业从实现的利润中提取后留存于企业的部分。包括法定盈余公积和任意盈余公积。盈余公积可按规定的程序转增资本金，或用于弥补亏损。

未分配利润是指企业已经实现但本年度尚未分配而留待以后年度分配的利润。

其他综合收益，是指按照规定应直接计入所有者权益的利得和损失，这部分利得和损失不计入当期利润，而是直接增加或减少所有者权益。

4. **收入的组成内容**

收入有狭义和广义之分。狭义的收入即企业的日常活动带来的经济利益流入，主要包括企业的主营业务收入、其他业务收入和投资收益。其中，主营业务收入和其他业务收入统称为营业收入。广义的收入除以上内容外，还包括企业非日常活动产生的非经常性经济利益流入，即营业外收入，也称利得。广义收入的基本组成内容如图2-6所示。

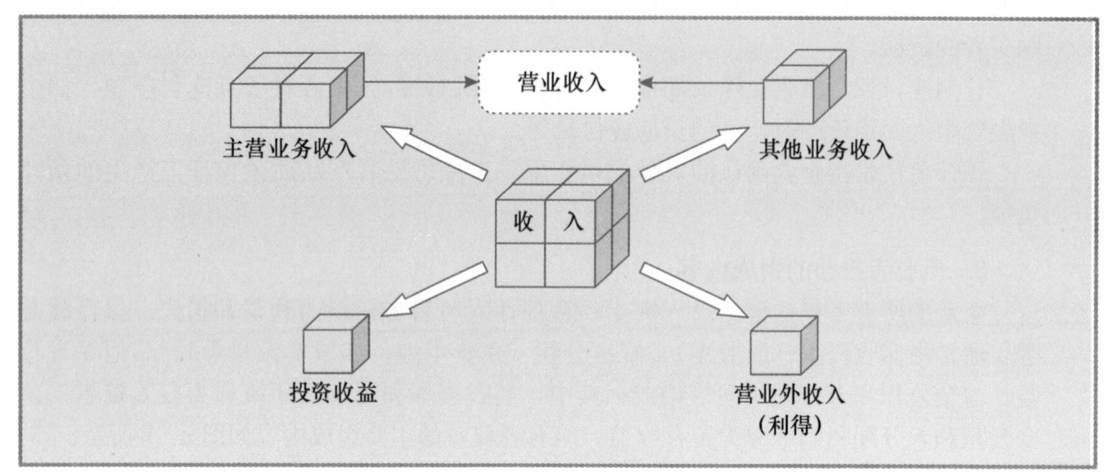

图2-6 广义收入的基本组成内容

主营业务收入是指企业在其主营业务活动中实现的收入。例如，产品生产企业销售产品所获取的收入。主营业务收入在企业的收入中所占比重较大，是企业主要的经济利益流入。

其他业务收入是指企业主营业务以外的其他日常活动所获取的收入，如企业销售积压材料、出租产品包装物等所获得的收入。其他业务收入一般金额较少，在企业的收入中所占的比重较小。

投资收益是指企业对外投资等带来的收益，例如，从被投资企业分得的利润等。投资收益属于让渡资产使用权而给企业带来的经济利益流入。

营业外收入通常是企业从偶发的交易或事项中获得的经济利益流入，按规定应计入当期利润，如企业在财产清查中发现的无法查明原因的现金盘盈、获得的捐赠收入等。

5. **费用的组成内容**

费用也有狭义和广义之分。狭义的费用即企业在其日常活动中形成的经济利益流出，主要包括主营业务成本、其他业务成本、税金及附加、投资损失、销售费用、管理费用、财务费用和所得税费用等。其中，主营业务成本和其他业务成本统称为营业成本。广义的费用除以上内容外，还包括企业在非日常活动中产生的计入当期损益的非经常性经济利益流出，即营业外支出，也称计入当期损益的损失。广义费用的基本组成内容如图2-7所示。

主营业务成本是指企业在其主营业务活动中产生的成本，属于与主营业务收入相匹配的费用。例如，企业在销售产品后确认的已销售产品的成本，即属于主营业

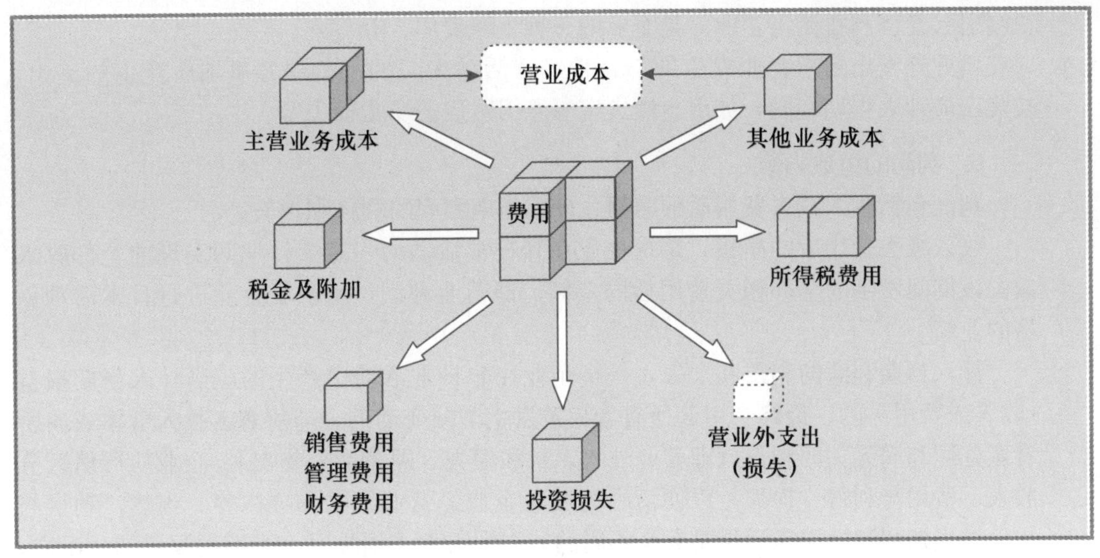

图 2-7 广义费用的基本组成内容

务成本。在产品生产企业，主营业务成本是根据产品在生产过程中发生的各种费用计算确定的，是生产成本的一种转化形式。主营业务成本在企业的全部费用中所占比重较大。

税金及附加是指企业开展经营活动依法应当缴纳的除企业所得税和增值税以外的其他各种税费，包括消费税、城市维护建设税、教育费附加、房产税、土地使用税、车船税和印花税等相关税费。

其他业务成本是指企业在开展其他业务活动中产生的成本，属于与其他业务收入相匹配的费用。例如，企业在销售积压材料、出租包装物后确定的材料或包装物本身的成本。其他业务成本实质上是已销售材料、已出租包装物的买价或制作成本。其他业务成本在企业的费用中所占的比重一般较小。

销售费用、管理费用和财务费用统称为期间费用，是指企业在日常活动中发生的不能计入有关成本，而直接计入所发生会计期间费用的各种耗费。

(1) 销售费用，是指企业在销售产品过程中发生的各种费用。包括专设销售机构人员的工资及福利费，为推销产品而发生的广告费和展销费等。

(2) 管理费用，是指企业为组织和管理整个企业的生产经营活动而发生的各种费用。包括企业在筹建期间发生的开办费、公司经费（包括行政管理部门职工工资及福利费等职工薪酬、物料消耗、低值易耗品摊销、办公费和差旅费等）、董事会费（包括董事会成员津贴、会议费和差旅费等）、聘请中介机构费、咨询费（含顾问费）、诉讼费、业务招待费、技术转让费、矿产资源补偿费、研究费用等。

(3) 财务费用，是指企业为筹集和使用生产经营资金而发生的各种费用。包括利息支出（减利息收入）、汇兑损益以及相关的手续费等。

投资损失是指企业对外投资时所产生的损失。在发生投资损失时，应冲减投资收益。

所得税费用是指企业根据其经营所得采用适用的税率计算确定的税金。缴纳所得税会引起经济利益流出企业，是企业的一种主要费用。

营业外支出是指企业发生的与日常经营活动无关的一些偶发事项所产生的支出，按规定应计入当期利润，如由自然灾害等原因造成的非常损失等。

6. 利润的组成内容

利润包括收入减去费用后的净额、计入当期利润的利得和损失。

收入减去费用后的净额，是指企业在其日常活动的一定会计期间实现的全部收入减去该期间发生的全部相关费用后的差额，即营业利润，反映了企业进行日常活动创造的业绩。

计入当期利润的利得和损失，是指企业在非日常活动中产生的应当计入当期损益（收入或费用）的、最终会引起所有者权益发生增减变动的、与所有者投入资本或向所有者分配利润无关的利得（即营业外收入）和损失（即营业外支出）。企业应严格区分收入、费用与利得、损失，以便清晰地反映企业经营业绩的构成内容。当然，利得与损失对当期利润的影响后果是完全不同的。当利得大于损失时，当期利润增加；反之，当期利润减少。利润的基本组成内容如图2-8所示。

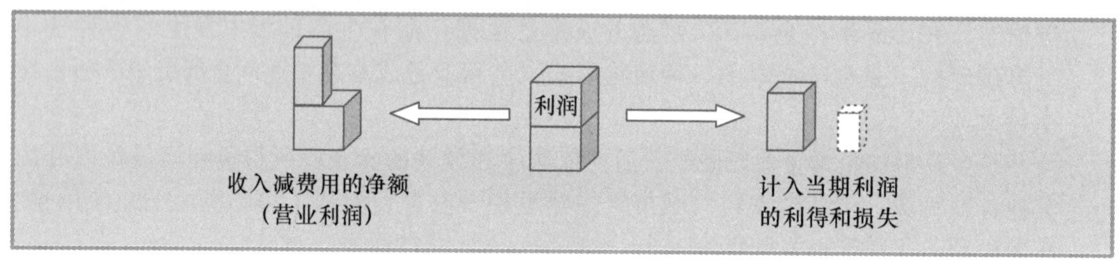

图2-8 利润的基本组成内容

2.2.2 会计要素的重要作用

1. 会计要素为交易或事项的处理提供基本依据

会计要素是对企业的交易或事项按其经济性质进行科学分类以后形成的，为交易或事项的处理提供了基本的参照依据。各种会计要素的严格定义是进行交易或事项确认、计量和报告的衡量标准，当交易或事项发生后，会计上首先应将其与会计要素联系起来加以确认。如果经过确认，所发生的某些事项与会计要素并无关联，该事项就不应属于会计上所处理的内容。由此可见，会计要素是处理交易或事项时须臾不可离开的。

2. 会计要素为交易或事项的报告提供基本框架

企业编制财务会计报告对外提供的相关会计信息，实际上是企业在一定时点或一定会计期间发生的交易或事项的综合信息。企业在编制财务会计报告时，利用资产负债表集中反映资产、负债和所有者权益要素信息，即企业的财务状况信息；利用利润表集中反映收入、费用和利润要素信息，即企业的经营成果信息。由此可见，会计要素为交易或事项信息的报告提供了基本框架，是财务会计报告必不可少的内容。如果没有会计要素，就难以进行会计信息的提供，财务会计的目标也就难以

达成。

会计要素的重要作用如图 2－9 所示。

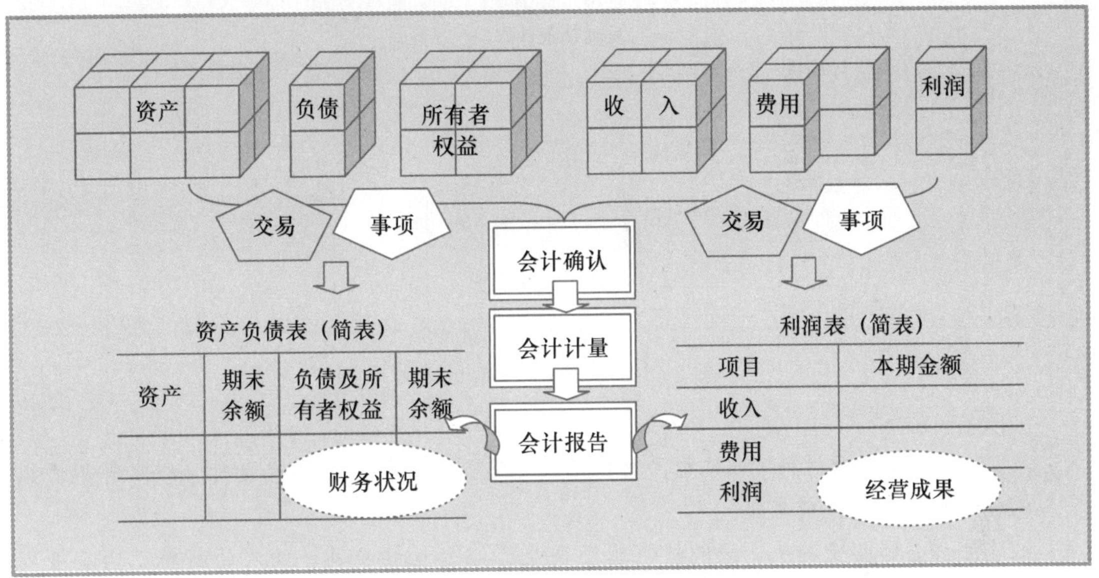

图 2－9 会计要素对企业日常交易或事项的处理及报告的重要作用

由图 2－9 可见，会计报表是企业报告财务状况、经营成果等信息的重要载体，因而，会计要素又可分为资产负债表要素和利润表要素两类；另外，会计要素是对会计对象基本内容（资金运动）的分类，其中，资产、负债和所有者权益要素是资金运动在某一特定时点（一般指每个会计期间的最后一日）的具体表现形式，而收入、费用和利润要素则是资金运动在某一会计期间（如一个月或一年等）的具体表现形式，是在资金运动过程中新产生的要素。因而，会计要素又可分为静态会计要素和动态会计要素两类。

2.3 会计要素的确认与计量

2.3.1 会计要素的确认

1. 会计要素确认的定义

会计要素确认也称会计确认，是指将企业发生的交易或事项与资产、负债、所有者权益、收入、费用和利润等会计要素联系起来加以认定的过程。

会计确认是会计计量、记录和报告的前提，也是会计处理交易或事项的起点。这是因为，企业任何交易或事项的发生都会导致会计要素发生增减变动。当交易或事项发生以后，首先应将其与会计要素联系起来加以分析判定，辨明该交易或事项的发生涉及哪些会计要素，以及是否符合要素的定义和确认条件。对会计要素确认的定义可结合图 2－10 加以理解。

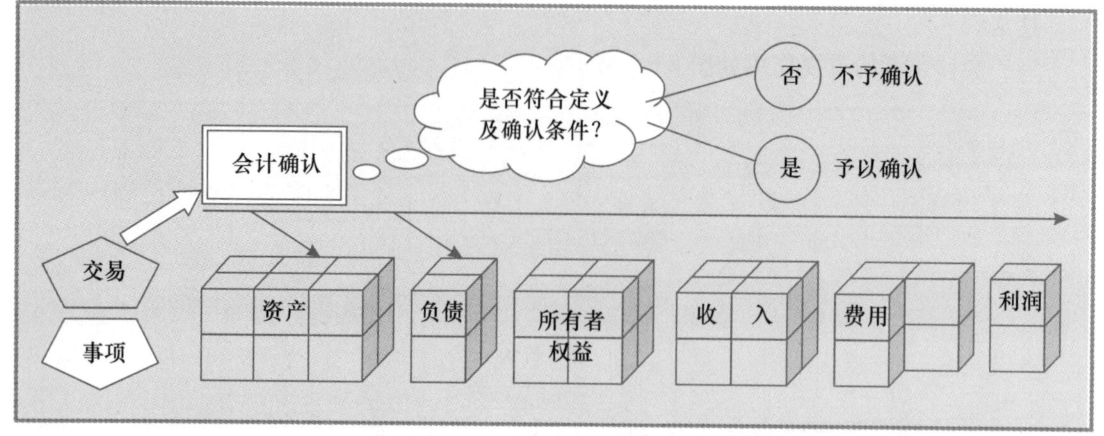

图2-10　会计要素确认的定义

例2-1

企业采购原材料5 000元。材料已经运达企业，但货款尚未支付（假定暂不考虑已缴纳的增值税进项税额）。

进行会计要素确认：采购材料属于企业已经发生的交易，购入的材料已为企业所拥有，该材料通过产品生产预期能够给企业带来经济利益，符合资产的定义，因而可以确认为企业的资产。另一方面，企业购入材料而货款未付，是已经发生的交易形成的，预期会导致经济利益流出企业，即未来偿付应付账款会导致企业的现金或现金等价物流出企业，是企业应当承担的一项现时义务，符合负债的定义，因而可以确认为企业的负债。由以上分析可见，该项交易涉及企业的资产和负债两个要素，可以作为会计上应当处理的交易予以确认。

企业发生的其他交易或事项还可能涉及所有者权益、收入、费用和利润等要素。相关内容将在后续章节中予以介绍。

需要注意的是，将一项交易或事项确认为企业的资产或负债等，除应符合会计要素的定义外，还需要符合各项要素的确认条件。

2. 会计要素的确认条件

（1）资产的确认条件。将一项资源确认为企业的资产，除应符合资产的定义外，还应同时满足以下两个条件。

第一，与该资源有关的经济利益很可能流入企业。能够给企业带来经济利益是资产的本质特征，但由于受各种因素的影响，与资源有关的经济利益能否流入企业，或能够流入多少具有很大的不确定性。因此，对资产的确认还应与对经济利益流入确定性程度的判断相结合。如果与资源有关的经济利益不可能流入企业，则不能确认为企业的资产。例如，企业为了推销产品将产品销售给了暂时根本没有付款能力的企业，并且货款收回的可能性很小，在这种情况下，即使已经将产品提供给了购买方，也不能确认为企业的资产（应收账款）。

第二，该资源的成本或价值能够可靠计量。成本或价值的可计量性既是交易或事项确认的继续，也是所有交易或事项得以记录和报告的前提。在实务中，企业取得的许多资产都发生了相应支出，即构成这些资产的成本。例如，企业购买原材料，购置房屋和设备等，只要实际发生的支出能够可靠计量（如已经取得了购物发票），就可视为符合资产确认的可计量条件。如果某资源的成本或价值不能够可靠计量，则不能将其确认为企业的资产。

（2）负债的确认条件。将一项义务确认为企业的负债，除应符合负债的定义外，还应同时满足以下两个条件。

第一，与该义务有关的经济利益很可能流出企业。预期会导致经济利益流出企业是负债的本质特征，但对负债的确认还应与对经济利益流出确定性程度的判断相结合。在实务中，企业履行法定义务时，如归还借款和缴纳税费等，经济利益流出企业的确定性无疑。反之，如果企业承担了现时义务，但是导致经济利益流出企业的可能性已不复存在，则不仅不应确认为负债，而且应减少负债。例如，经过与债权人的协商，债权人已同意将其原来借给企业的款项转为对企业的投资，这部分负债就不再会导致经济利益流出企业，也不再符合负债的确认条件。

第二，未来流出的经济利益的金额能够可靠计量。对负债的确认在考虑经济利益流出企业的因素时，应考虑其可计量性。对于与法定义务有关的经济利益的流出，通常可以根据合同或法律规定的金额予以确定。对于与推定义务有关的经济利益的流出，例如，企业预期为售出商品提供保修服务可能产生的负债等，企业应当根据履行相关义务需要支出的最佳估计数进行推定。

（3）所有者权益的确认条件。所有者权益体现的是所有者对企业资产所享有的剩余权益，因此，所有者权益的确认主要依赖于资产的确认，所有者权益金额的确定也主要取决于资产的计量。例如，企业在接受投资者投资，并且投入的资产符合企业资产确认条件时，也就相应地符合了所有者权益的确认条件；当该资产的价值能够可靠计量时，所有者权益的金额也就相应地得以确定。

值得注意的是，所有者权益反映的是所有者对企业资产的索取权，而负债反映的是企业债权人对企业资产的索取权，两者有着本质的区别。因此，企业在会计确认、计量和报告中应当严格区分负债和所有者权益，以便如实反映企业的财务状况，尤其是企业的偿债能力和产权比率等。

（4）收入的确认条件。将一项经济利益流入确认为企业的收入，除应符合收入的定义外，还应同时满足以下三个条件。

第一，与收入有关的经济利益应当很可能流入企业。有关的经济利益是指在销售商品等过程中企业可能收到的商品销售价款等。由于多种因素的影响，企业销售商品的价款能否收回有多种可能性。即使确认收入的其他条件均已满足，但价款收回的可能性不大，也不能确认为企业收入。

第二，经济利益流入企业的结果会导致企业资产增加或者负债减少。经济利益流入企业的结果导致企业资产增加的情况在企业的日常活动中经常发生。例如，企业收到销售商品货款，既会增加企业的收入，又会增加企业的资产。而在某些情况下，经济利益流入企业的结果会导致企业的负债减少。例如，企业向原已预付货款的客户实际提供商品时，一方面会增加企业的收入，另一方面会减少企业的负债（预收账款）。

第三，经济利益的流入金额能够可靠计量。企业对实现的收入能否可靠地计量，是收入能否得以确认的重要条件。如果收入的金额不能可靠计量，就不应确认为收入。例如，企业提供给购货方的商品销售价格可能发生变动，在新的售价未确定之前，就不能确认为企业的收入。

（5）费用的确认条件。将一项经济利益流出确认为企业的费用，除应符合费用的定义外，至少还应当满足三个条件：一是与费用相关的经济利益很可能流出企业。二是该经济利益流出企业的结果会导致资产减少或者负债增加。前一种情况，如企业用现金支付销售费用和管理费用等，一方面表现为费用增加，另一方面表现为资产减少；后一种情况，如企业本期应当负担的短期借款利息可能是在下一个会计期间支付，应将这部分应付利息确认为本期费用的同时又确认为企业的负债。三是经济利益的流出金额能够可靠计量。

（6）利润的确认条件。利润反映的是企业一定会计期间的收入减去费用后的净额加上当期利得、减去当期损失的最终结果。因此，利润的确认主要依赖于收入和费用的确认，以及利得和损失的确认。利润金额的确定也主要取决于收入、费用、利得和损失金额的计量。

2.3.2 会计要素的计量

1. 会计要素计量的定义

会计要素计量简称会计计量，是将符合确认条件的会计要素进行会计记录继而列报于财务报告文件并确定其金额的过程。

在例2-1中，企业采购材料5 000元，材料已经运达企业，但货款尚未支付，此交易事项所涉及的资产和负债要素各增加了5 000元。其会计计量过程参见图2-11。

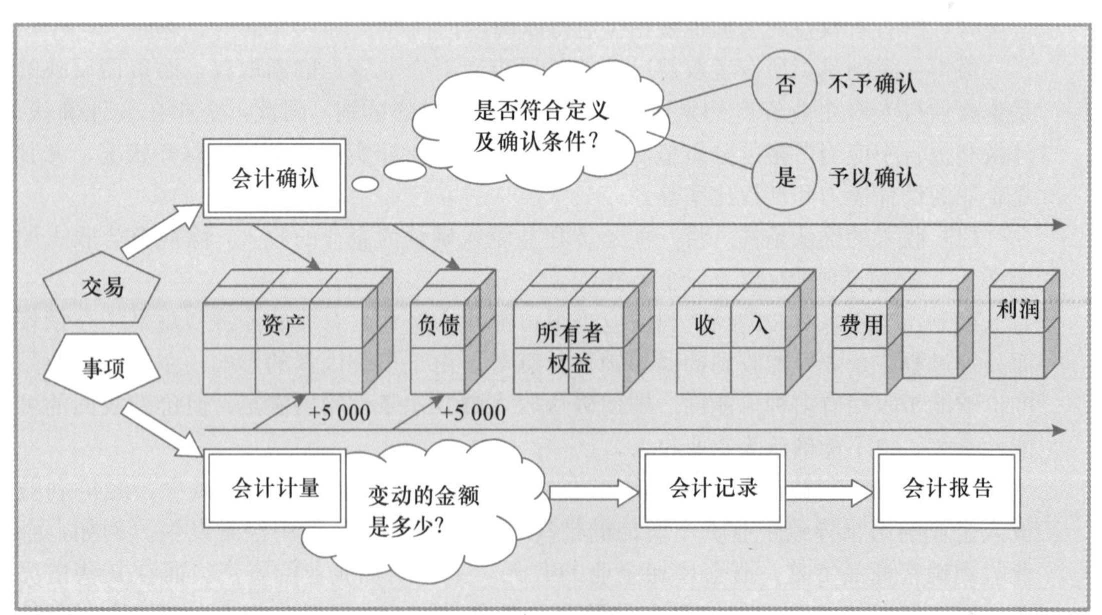

图2-11 某企业的会计要素计量过程

2. 会计要素的计量单位与计量属性

（1）计量单位。进行会计要素的计量应以货币作为主要计量单位。

（2）计量属性。计量属性反映的是会计要素金额的确定基础，主要包括历史成本、重置成本、可变现净值、现值和公允价值等。

历史成本又称实际成本。在历史成本计量属性下，资产按照取得或制造时所实际支付的现金或者现金等价物的金额计量，或者按照购置资产时付出的对价的公允价值进行计量；负债按照因承担现时义务而实际收到的款项或资产的金额，或者承担现时义务的合同金额，或者日常活动中为偿还负债预期需要支付的现金或现金等价物的金额计量。

重置成本又称现行成本，是指按照当前市场条件重新取得同样资产所需支付的现金或者现金等价物的金额。在重置成本计量属性下，资产按照现在购买相同或者相似资产所需支付的现金或者现金等价物的金额计量；负债按照现在偿付该项债务所需支付的现金或者现金等价物的金额计量。重置成本多用于盘盈的存货、固定资产的计量。

可变现净值。在可变现净值计量属性下，资产按照其正常对外销售能收到的现金或者现金等价物的金额扣减该资产至完工时估计将要发生的成本、估计的销售费用以及相关税费后的金额计量。可变现净值通常应用于存货资产减值等情况下的后续计量。

现值是指对未来现金流量以恰当的折现率进行折现后的价值，是考虑货币时间价值的一种计量属性。在现值计量属性下，资产按照预计从其持续使用和最终处置中产生的未来净现金流入量的折现金额计量；负债按照预计期限内需要偿还的未来净现金流出量的折现金额计量。现值通常应用于非流动资产（如固定资产、无形资产）可收回金额的确定。

公允价值是指资产和负债按照市场交易者在计量日发生的有序交易中，出售资产所能收到的或者转移负债所需支付的价格计量。在公允价值计量属性下，资产按其在有序交易中出售资产所能收到的价格计量，负债按其在有序交易中所需支付的价格计量。

我国现行《企业会计准则》要求：“企业在对会计要素进行计量时，一般应当采用历史成本，采用重置成本、可变现净值、现值、公允价值计量的，应当保证所确定的会计要素金额能够取得并可靠计量。”

2.4 会计等式

2.4.1 会计等式及其变化规律

1. 会计等式的定义

会计等式也称会计恒等式，或会计方程式，是运用数学方程的原理描述会计要素之间数额相等关系的表达式。

各种会计要素既是各自独立的，相互之间也有着密切关系。这种关系不仅体现在交易或事项发生时会导致相关要素之间产生此增彼减，或同增同减等变化，而且体现在它们在一定时点或一定会计期间的金额相等。利用数学方程原理，将会计要素之间的数额相等关系加以描述，就形成了各种非常具有实用价值的会计等式。

2. 会计等式的种类

会计等式是由会计要素的不同组合方式形成的。如前所述，企业的会计要素可分为静态会计要素和动态会计要素，这两类会计要素可分别组合为以下两个主要会计等式。

（1）静态会计等式。静态会计等式是由静态会计要素组合而成的反映企业一定时点的财务状况的等式。该等式也是会计等式中的基本会计等式，或称第一会计等式。其组合方式为：

资产＝负债＋所有者权益

静态会计等式的模型如图2－12所示。

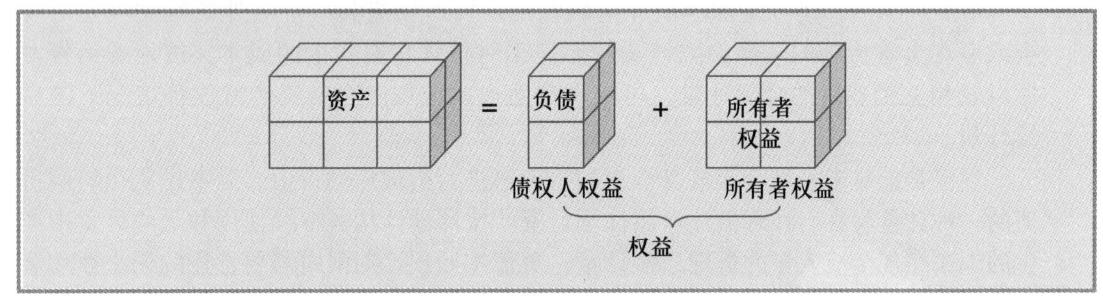

图2－12　静态会计等式的模型

对静态会计等式应从以下几个方面加深理解。

第一，静态会计等式实质上体现了企业资金的两个不同侧面。等式右边的要素说明企业资金的来源渠道。企业要开展生产经营活动，首先必须拥有一定数量的资金。现代企业主要通过吸引投资者投资和向债权人借款等途径筹集资金，这两条筹资渠道在会计要素上分别被称为负债（债权人权益）和所有者权益。等式左边的要素说明企业资金的存在形态，如货币资金、储备资金、固定资金、生产资金和成品资金等。资金来源和资金存在形态构成了企业经营资金相辅相成的两个不同侧面。

第二，等式双方的会计要素金额应当是相等的。尽管企业的资金来源方式有多种，其存在形态也各异，但在会计上都可采用货币计量单位加以计量，而且双方的总额一定相等，即企业有多少资金存在形态，必定有多少与之相对应的资金来源；反之，有多少资金来源，也必定有金额相等的资金存在形态与之对应，双方金额应当相等。

静态会计等式体现的资金两个不同侧面的金额相等关系如图2－13所示。

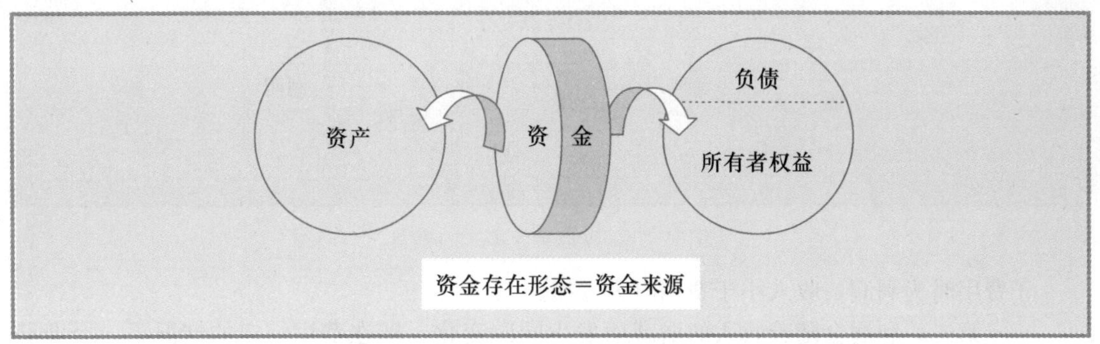

图 2－13　静态会计等式体现的资金两个不同侧面的金额相等关系

第三，资产会随着负债和所有者权益的增减变动而发生相同的变化。即企业的资产会随着负债的增加（如企业购入材料产生应付账款）或所有者权益的增加（如收到投资者向企业的投资）而增加；资产也会随着负债的减少（如企业用银行存款归还借款）或所有者权益的减少（如退还投资者投资）而减少，如图 2－14 所示。

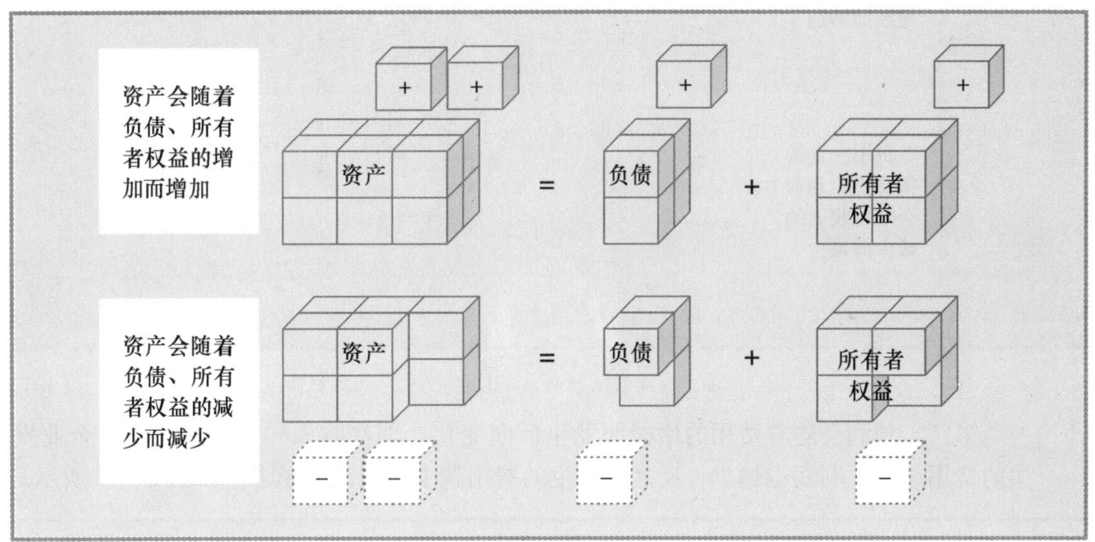

图 2－14　静态会计等式双方会计要素之间增减变化的关系

（2）动态会计等式。动态会计等式是由动态会计要素组合而成的反映企业一定会计期间经营成果的等式。该等式是会计等式中的另一个主要等式，或称第二会计等式。其基本组合方式为：

收入－费用＝利润

根据我国现行《企业会计准则》的规定，利润要素的组成内容除收入减费用后的净额，还应包括直接计入当期利润的利得和损失。为简便起见，本书以“收入－费用＝利润”作为动态会计等式，暂不考虑利得和损失因素。

动态会计等式的模型如图 2－15 所示。

对动态会计等式可从以下几个方面加深理解。

第一，利润的实质是企业实现的收入与其相关的费用进行配比的结果。当收入大

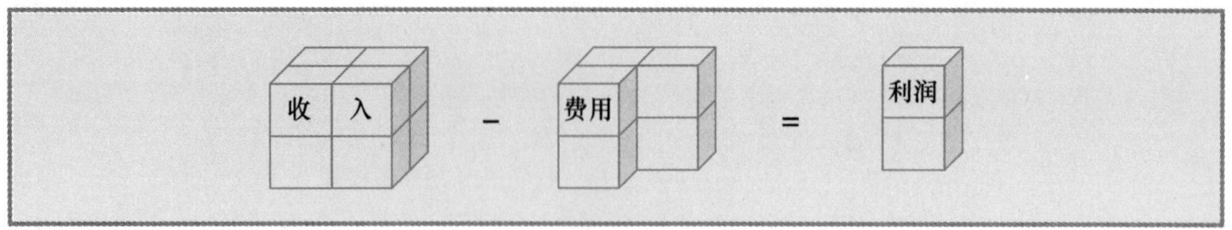

图2－15 动态会计等式的模型

于费用时为利润，收入小于费用时为亏损。

第二，利润会随着收入的增减而发生同向变化。即在费用一定的情况下，企业获得的收入越多，利润也越多；反之，收入越少，利润也越少。如图2－16所示。

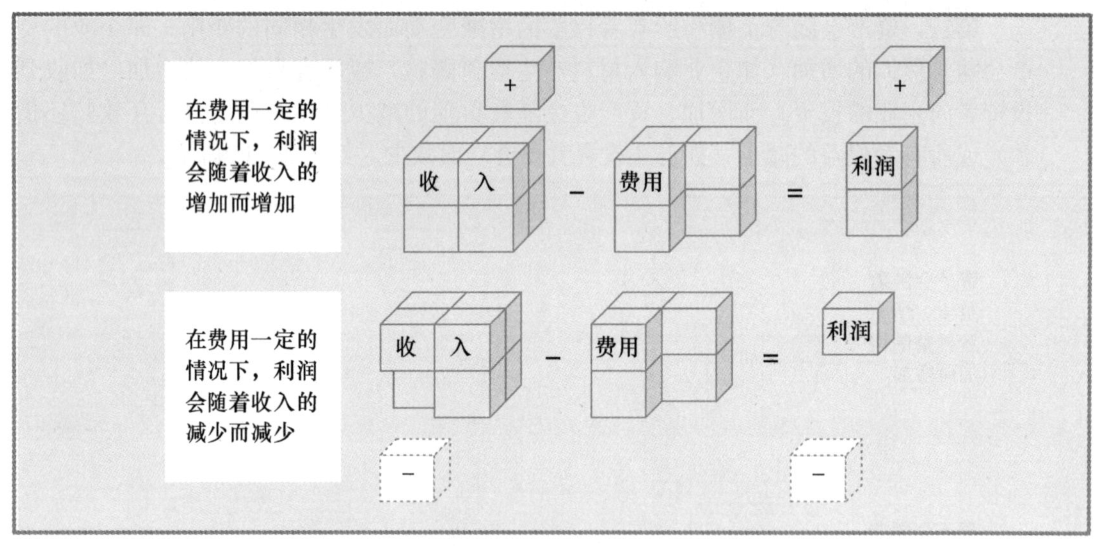

图2－16 利润会随着收入的增减发生同向变化

第三，利润会随着费用的增减而发生反向变化。即在收入一定的情况下，企业发生的费用越多，利润也越少；反之，发生的费用越少，利润也越多。如图2－17所示。

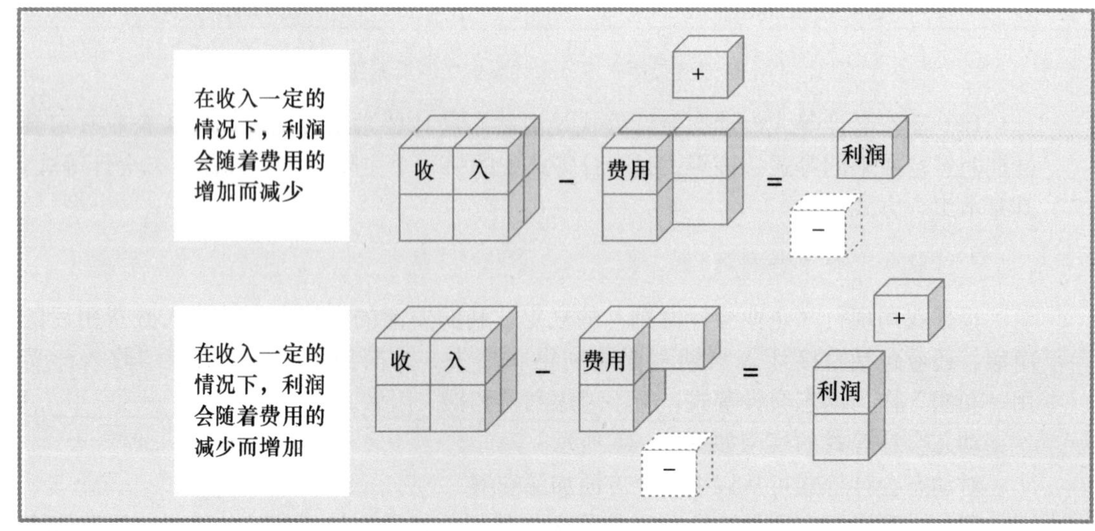

图2－17 利润会随着费用的增减发生反向变化

除以上两个主要会计等式外，也可以将更多的会计要素组合在一起，形成综合会计等式。

(3) 综合会计等式，也称扩展会计等式，是由静态会计等式和动态会计等式综合而成的会计等式。综合会计等式的组合方式为：

资产＋费用＝负债＋所有者权益＋收入

综合会计等式的模型如图 2－18 所示。

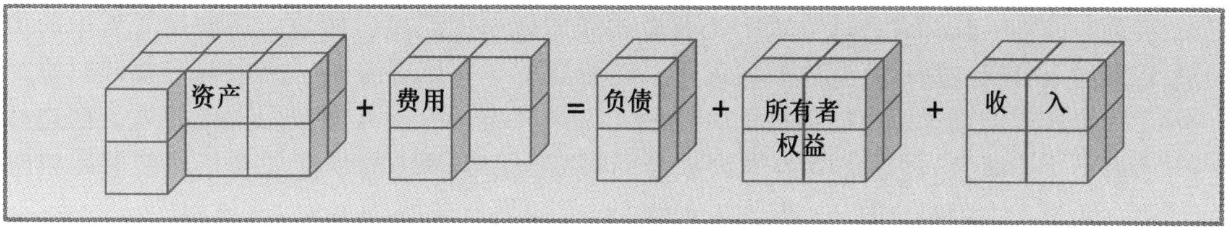

图 2－18　综合会计等式的模型

从理论上讲，综合会计等式是将静态会计等式和动态会计等式综合而形成的，但采用不同的综合方法，又可形成以下两个综合会计等式：

资产＝负债＋所有者权益＋利润

资产＝负债＋所有者权益＋收入－费用

其中，第二个综合等式包含的会计要素较为全面，也具有较大的实用价值。为了更清晰地体现该等式中会计要素之间的依存关系，可根据数学方程的基本原理，将该等式右边的“费用”一项移至等号左边，就形成了如图 2－18 所示的综合会计等式。即

资产＋费用＝负债＋所有者权益＋收入

对综合会计等式应从以下几个方面加深理解。

第一，综合会计等式两边的内容是企业资金两个不同侧面的扩展，即该等式双方反映的仍然是企业的资金存在形态与资金来源渠道，但内容比静态会计等式“资产＝负债＋所有者权益”更为丰富。一方面，在等式左边既反映了企业现时存在的资产，又反映了企业在生产经营过程中对资产的消耗，将费用视为资产的一种特殊存在形态；另一方面，在等式右边既反映了企业主要资金来源渠道中的负债和所有者权益，又反映了企业通过生产经营活动带来的收入这种新的资金来源。对这一点可结合图 2－19 加以理解。

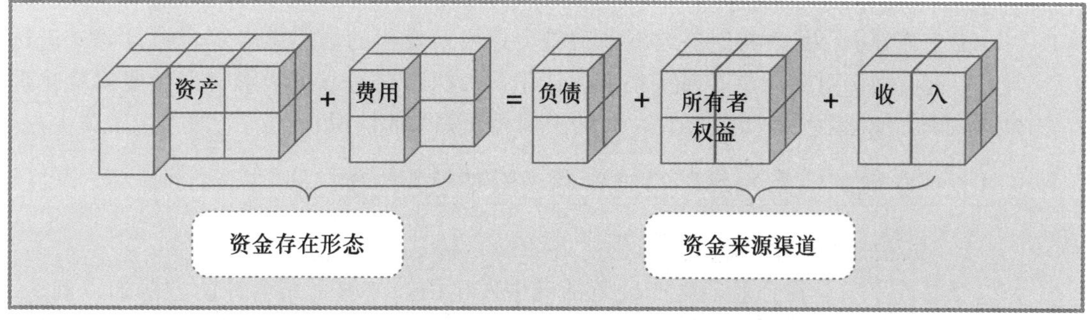

图 2－19　综合会计等式是对资金两个不同侧面的扩展

第二，综合会计等式两边在金额变动的基础上达到了新的平衡相等。首先，从等式右边看，在收入大于费用的情况下，收入中实质上包括了企业已经实现的利润，这使等式的右边在原来的基础上产生了一个增量。根据实现的利润属于所有者的原理，实现的利润在会计期末可以加到所有者权益中去，进而引起所有者权益的增加。其次，从等式左边看，资产要素受收入和费用的影响，也会有新的增量，因为企业发生的费用会消耗企业的资产，使资产减少；实现的收入则会增加企业的资产。在收入大于费用的情况下，二者之间的净增量与等式右边所有者权益要素的增量在金额上应当是相等的。因而，在综合会计等式中，两边相等的关系仍然得以保持。在假定等式中的负债和所有者权益都没有变化的情况下，这种新的平衡相等关系正是由双方都同时增加了一个相等的增量而得以保持的。当然，如果发生了亏损（即费用大于收入，两边都会有一个净减量），等式两边的数额会同时减少，但两边的平衡关系仍然能够得以保持。对这一点可结合图 2-20 加以理解。

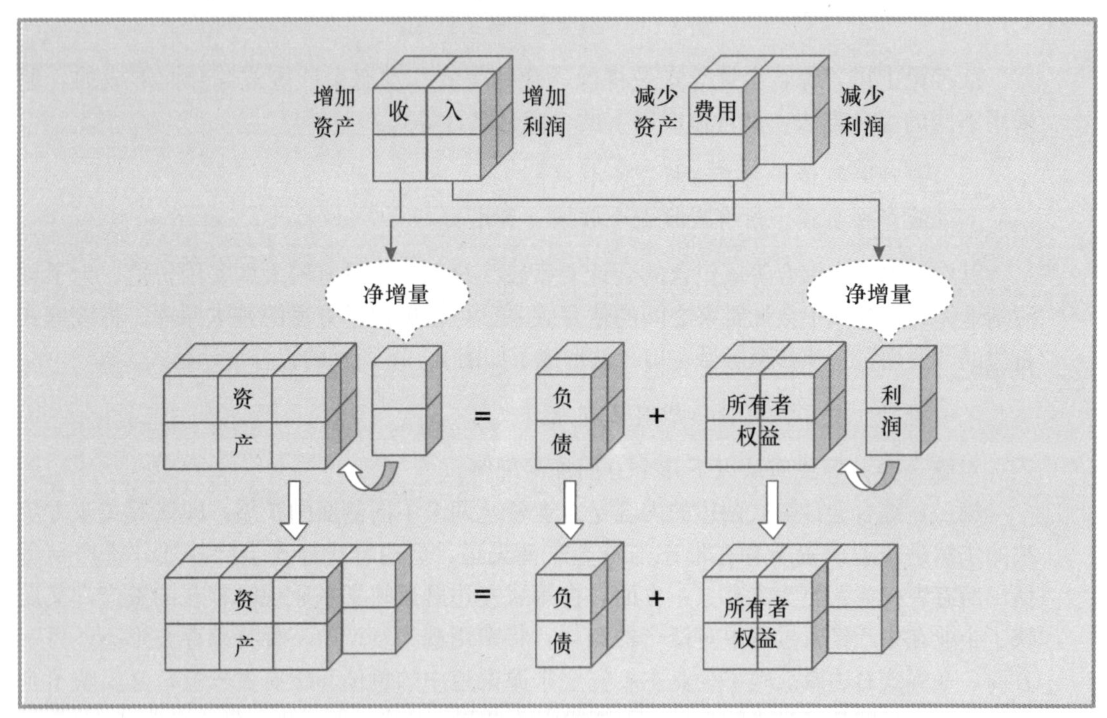

图 2-20　综合会计等式两边在金额变动的基础上达到新的平衡相等

由上述分析可见，将交易或事项影响会计要素变化的情况结合综合会计等式进行研究，能够加深对会计要素相互关系的认识，加深对交易或事项影响会计要素变化规律的认识，加深对会计等式客观存在的平衡相等关系的认识。

2.4.2　交易或事项的类型及其影响会计等式的规律

1. 交易或事项的定义

交易或事项是在企业的生产经营活动中发生的，能够采用会计的方法加以确认、计量、记录和报告的经济活动。其中，交易一般是指企业与外部的其他企业或有关部门之间发生的经济往来。例如，企业从其他企业购入材料或设备，向客户销售产品，从银行借款和向税务机关缴税等。交易体现企业与供应商、客户、银行和政府有关部门之间的经济联系和利益关系。事项一般是指企业内部发生的、与其他企业或部门没有关系的经济活动。例如，企业的产品生产部门从材料的保管部门领取材料，进行财产清查和向员工发放薪酬等。事项体现企业内部的相关部门、相关人员之间的经济联系和利益关系。此外，事项还包括由于自然灾害等事件引发的企业资产损失等。

2. 交易或事项的类型及其对会计等式的影响

根据交易或事项发生以后对会计等式中的会计要素产生的影响，可将其划分为如下四种类型。

(1) 影响会计等式两边的会计要素，使双方要素同时增加，增加金额相等的交易或事项。

例2-2

盛荣公司收到投资者投入企业的货币资金投资500 000元，已存入银行。

会计确认：企业收到投资者投资存入银行，一方面涉及等式左边的资产要素（银行存款），另一方面涉及等式右边的所有者权益要素（股本，或实收资本），并使这两个要素同时增加。

会计计量：按实际成本计量，双方均增加500 000元，增加金额相等。

对以上交易进行确认及计量的结果如图2-21所示。

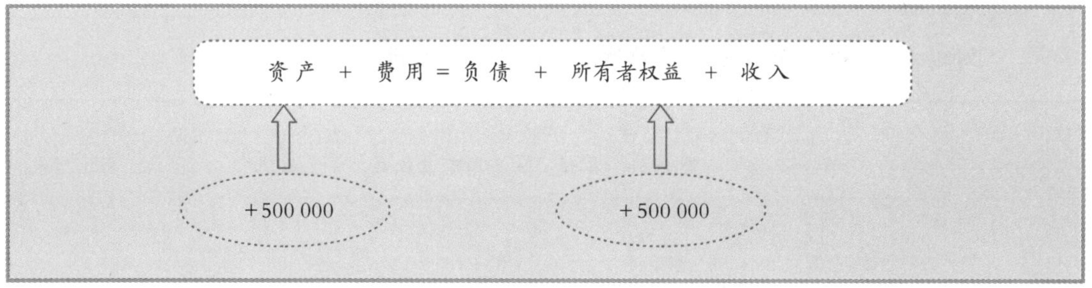

图2-21　影响会计等式两边要素同时增加，增加金额相等的交易或事项

此外，在这种类型的交易或事项中，还有资产与负债同增、费用与负债同增等情况，同样是增加金额相等。

(2) 影响会计等式两边的会计要素，使等式双方要素同时减少，减少金额相等的交易或事项。

例2-3

盛荣公司用银行存款80 000元偿还以前拖欠某供货企业的货款。

会计确认：企业用银行存款偿还前欠货款，一方面涉及等式左边的资产要素（银行存款），另一方面涉及等式右边的负债要素（应付账款），且这两个要素同时减少。

会计计量：按实际成本计量，双方均减少80 000元，减少金额相等。

对以上交易进行确认及计量的结果如图2-22所示。

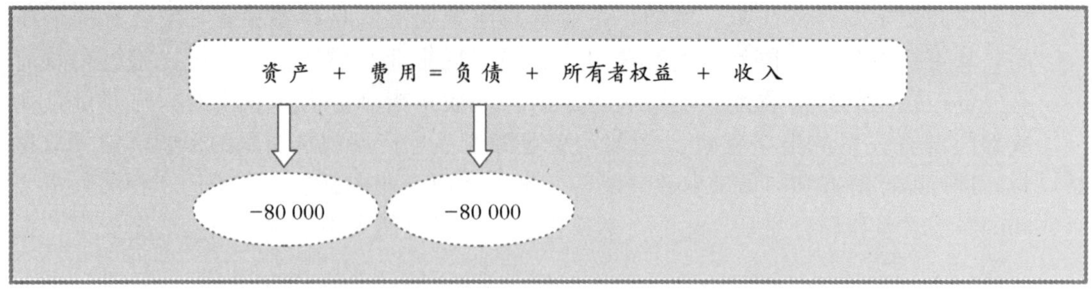

图 2-22　影响会计等式两边要素同时减少，减少金额相等的交易或事项

此外，在这种类型的交易或事项中，还有资产与所有者权益同减以及资产与收入同减等情况，同样是减少金额相等。

（3）只影响会计等式左边的会计要素，使这些要素有增有减，增减金额相等的交易或事项。

例 2-4

盛荣公司用银行存款 2 000 元向电业公司支付本公司管理部门本月发生的水电费。

会计确认：企业用银行存款支付本公司管理部门发生的水电费，分别涉及会计等式左边的资产要素（银行存款）和费用要素（管理费用）。其中，资产为减少，费用为增加。

会计计量：按实际成本计量，资产要素减少 2 000 元，费用要素增加 2 000 元，增减金额相等。

对以上交易进行确认及计量的结果如图 2-23 所示。

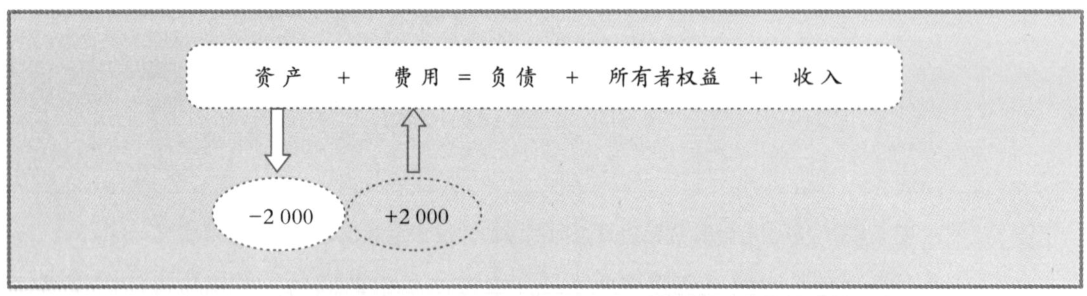

图 2-23　只影响会计等式左边要素有增有减，增减金额相等的交易或事项

（4）只影响会计等式右边的会计要素，使这些要素有增有减，增减金额相等的交易或事项。

例 2-5

盛荣公司向已在上月预付货款的客户发送产品，实现销售收入 90 000 元（假定暂不考虑应缴纳的增值税销项税额）。

会计确认：企业向原已预付货款的客户提供产品，分别涉及会计等式右边的负债要素（预收账款）和收入要素（主营业务收入）。其中，负债为减少，收入为增加。

会计计量：按实际成本计量，负债要素减少 90 000 元，收入要素增加 90 000 元，增减金额相等。

对以上交易进行确认及计量的结果如图2－24所示。

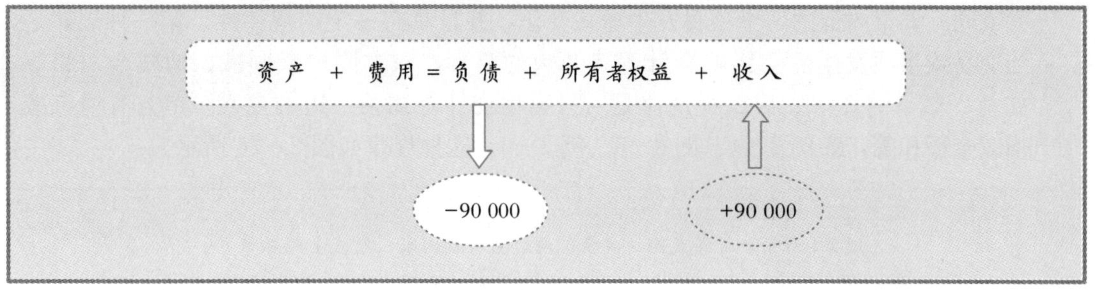

图2－24 只影响会计等式右边要素有增有减，增减金额相等的交易或事项

从以上举例可见，在每项交易发生以后，至少会影响会计等式中的两个会计要素发生增减变化，这是交易或事项影响会计等式的一般情况。在实务中，有些交易或事项可能只影响某一个会计要素自身发生增减变动，但一定是该要素内部的至少两个项目之间发生变动，如果其中的一个项目是增加，那么另一个项目必定是减少，并且增减金额相等。

例2－6

盛荣公司用银行存款4 000元购买材料，材料尚未验收入库（假定暂不考虑已缴纳的增值税进项税额）。

会计确认：企业用银行存款购买材料，只涉及会计等式左方的资产要素，具体的项目为“在途物资”和“银行存款”。其中，“在途物资”为增加，“银行存款”为减少。

会计计量：按实际成本计量，“在途物资”项目增加4 000元，“银行存款”项目减少4 000元，增减金额相等。

对以上交易进行确认及计量的结果如图2－25所示。

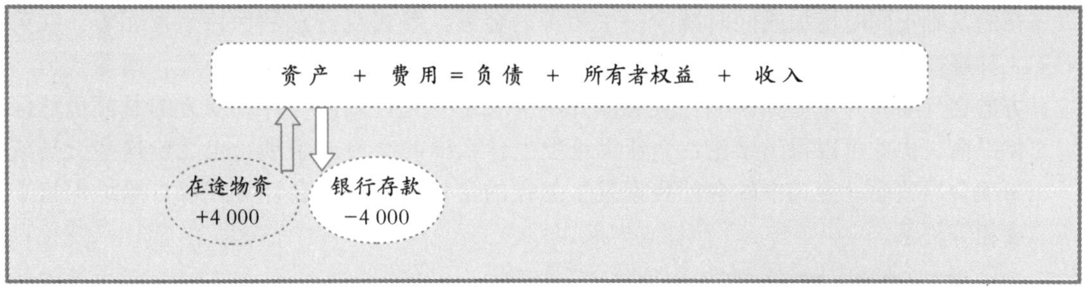

图2－25 只影响会计等式中某一要素有增有减，增减金额相等的交易或事项

特别提示

例2－6显示的这种情况可归入上述四种交易或事项的第三种类型。此外，有些交易或事项可能只影响会计等式右边的某一会计要素（如负债或所有者权益）内部发生增减变化，增减金额相等，这种情况可归入上述四种交易或事项的第四种类型。

3. 交易或事项类型影响会计等式的规律及结论

从上述可见，当交易或事项发生以后，总是会引起会计等式中的至少两个会计要素或同一要素内部的两个项目发生增减变化，并且具有一定的规律性。第一种规律是，当交易或事项发生后会影响会计等式两边的要素，双方同增或同减，增减金额相等，如例2-2、例2-3；第二种规律是，只影响会计等式某一边的要素，单方有增有减，增减金额相等，如例2-4、例2-5、例2-6。这种规律如图2-26所示。

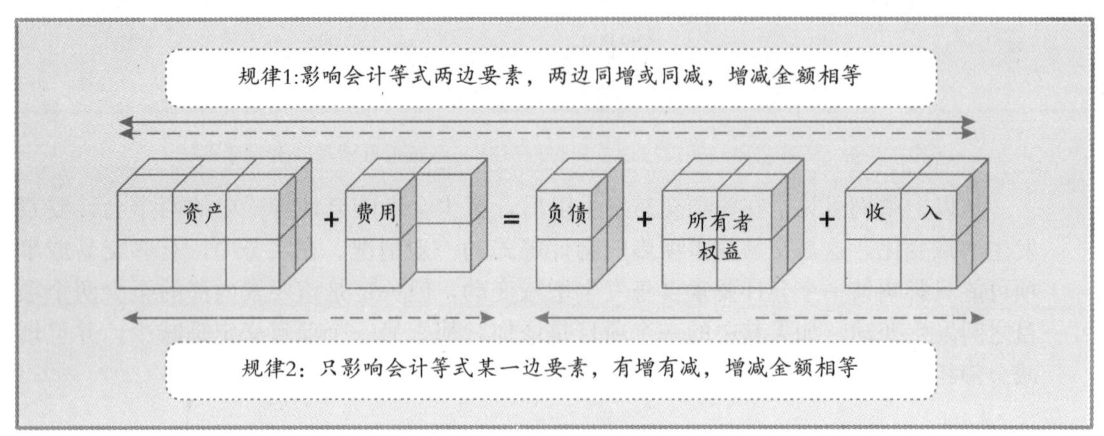

图2-26 交易或事项影响会计等式的规律

通过分析交易或事项影响会计等式中各要素变动的规律，可得出如下结论。

第一，交易或事项的发生必然会引起会计等式中的会计要素发生增减变动。这种变动具体表现为同增同减，或有增有减，正因为如此，才有可能在会计上对同一交易或事项的变动情况至少从两个方面进行记录和反映。

第二，交易或事项的发生不会破坏会计等式的平衡关系。企业发生的所有交易或事项对会计等式的影响具有两大规律。在第一种规律下，等式双方的总额会在原来平衡的基础上同时增加或同时减少一个相等的金额，等式双方总额保持平衡相等。在第二种规律下，会计要素发生变化的某一方增减金额相抵，总额保持不变，而等式另一方的会计要素并未受到影响，其总额并不会发生变化，因此，等式双方的总额仍然保持平衡。由此可以得出结论：企业无论发生什么样的交易或事项，也无论这些交易或事项会导致会计等式中的会计要素发生怎样的变化，都会使会计等式双方始终保持平衡相等关系。

4. 建立会计等式的重要意义

会计等式的平衡原理是财务会计基本理论的重要组成内容，它深刻地揭示了会计要素之间内在的联系，清晰地描述了各会计要素之间存在的平衡相等关系，为财务会计方法特别是会计记录和会计报告方法的建立提供了科学的理论依据，是财务会计进行会计确认、计量、记录和报告赖以存在的基石。建立会计等式的重要意义可结合图2-27加以理解。

企业财务会计是一个完整而缜密的确认、计量、记录和报告系统。在这个系统中，无论是进行会计确认、会计计量、会计记录，还是进行会计报告，都需要有专门的方

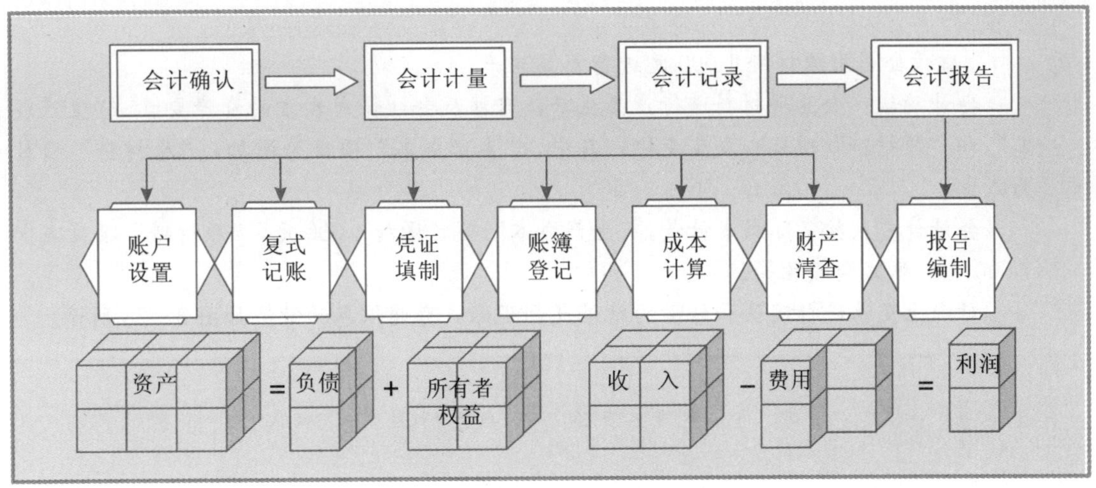

图 2-27　建立会计等式的重要意义

法。关于会计确认与会计计量方法，此前已经做了介绍。进行会计确认和计量是会计记录和会计报告的基础环节，会计记录和报告是会计确认和会计计量的延续。其中，会计记录是采用专门方法将经过确认和计量的交易或事项利用一定的载体进行反映的过程。会计报告是根据会计记录的资料编制财务报告文件，将相关的会计信息传送给信息使用者的过程。在会计记录和会计报告环节，需要采用依据会计等式的平衡理论建立起来的多种会计方法。

2.5　会计方法

2.5.1　会计方法的定义及基本构成

1. 会计方法的定义

会计方法是指会计人员用来处理企业发生的交易或事项，记录和报告会计信息，并保证会计信息真实可靠的具体手段。

会计在经济活动的管理过程中要充分发挥其职能，实现其目标，采用科学的会计方法是重要保证。在长期的财务会计实践中，会计人员创造性地探索出一整套适用于交易或事项处理的有效做法。这些方法的应用不仅能够使会计管理活动可以更具体地履行核算和监督职能，而且能够保证为提供高质量的会计信息提供技术上的支持。

2. 会计方法的构成

会计方法由账户设置、复式记账、会计凭证填制和审核、账簿登记、成本计算、财产清查和财务报告编制七种具体方法构成。

（1）账户设置。账户是用以记录交易或事项发生后所引起的会计要素增减变动情况及其结果的载体，账户设置是对交易或事项分类进行处理的一种专门方法。

例 2-7

盛荣公司用原材料 4 000 元进行产品生产。

会计确认：企业用材料进行产品生产，只涉及会计等式左方的资产要素（“生产成本”和“原材料”项目）发生变化。其中，“生产成本”项目为增加，“原材料”项目为减少。

会计计量：按实际成本计量，“生产成本”项目增加 4 000 元，“原材料”项目减少 4 000 元，增减金额相等。

对以上交易进行确认和计量的结果及利用账户存储信息的做法如图 2-28 所示。

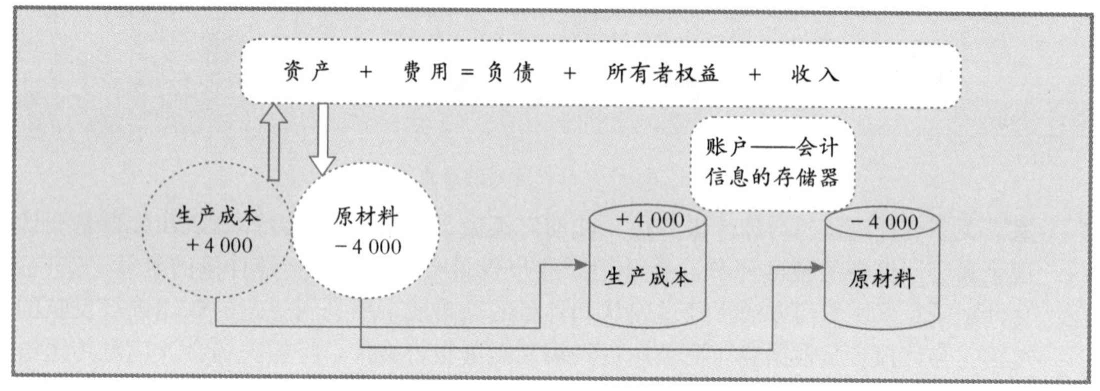

图 2-28 账户设置及存储信息的基本做法

对企业的每一种会计要素都可以根据其构成内容设置若干个账户，设置的每一个账户都可以用来反映某一会计要素中的一部分特定内容。

（2）复式记账。复式记账是对发生的每一项交易或事项都要通过两个或两个以上账户进行双重记录的一种专门方法。例如，在例 2-7 中，既要在“生产成本”账户记录增加 4 000 元，也要在“原材料”账户记录减少 4 000 元。

（3）会计凭证填制和审核。会计凭证填制和审核是保证交易或事项的账户记录准确可靠、合理合法的一种专门方法。会计记录必须做到有凭有据，取得和填制凭证是会计上日常大量进行的一项必要工作，审核会计凭证的真实性、完整性、合法性和合理性是会计人员的一项重要职责，实质上是在履行会计的监督职能。会计凭证的填制和审核方法如图 2-29 所示。

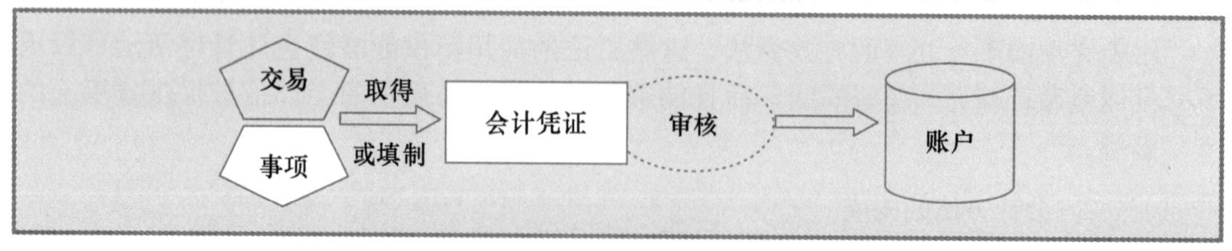

图 2-29 会计凭证的填制和审核方法

（4）账簿登记。账簿登记是指根据审核无误的会计凭证在账簿中连续、系统、全面地记录交易或事项内容的一种专门方法。账簿是会计上用来设立账户的一种载体。在实务中，前述账户就是设立在账簿当中的。因而，从一定意义上说，登记账簿就是

登记账户，但二者也有一定的区别，有着不同的要求。会计账簿的登记方法如图 2-30 所示。

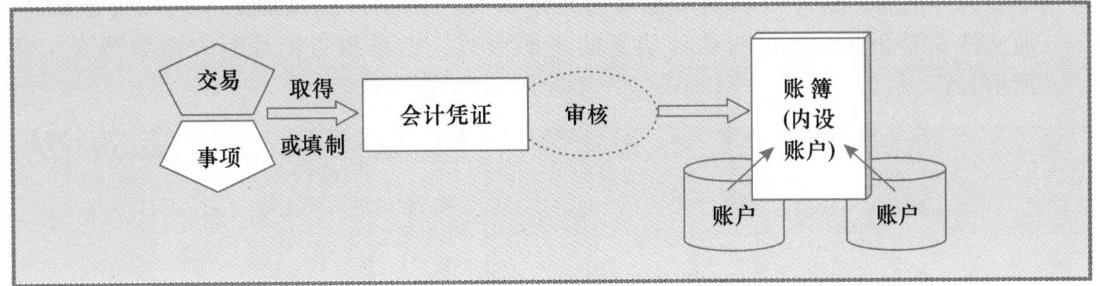

图 2-30　会计账簿的登记方法

(5) 成本计算。成本计算是归集一定计算对象所发生的全部费用，进而确定其总成本和单位成本的一种专门方法。以产品生产企业为例，在其经营活动的供应过程、生产过程和销售过程中，都需要对一定的对象（如采购的材料、生产的产品等）进行成本计算。采用一定的方法将发生的费用计入一定的计算对象，即形成该计算对象的总成本。在此基础上，根据计算对象总成本与其数量之间的关系计算出单位成本。成本计算的方法如图 2-31 所示。

例 2-8

盛荣公司本月购入 A 材料 4 件。发生买价 2 000 元，运费 400 元，货款尚未支付。

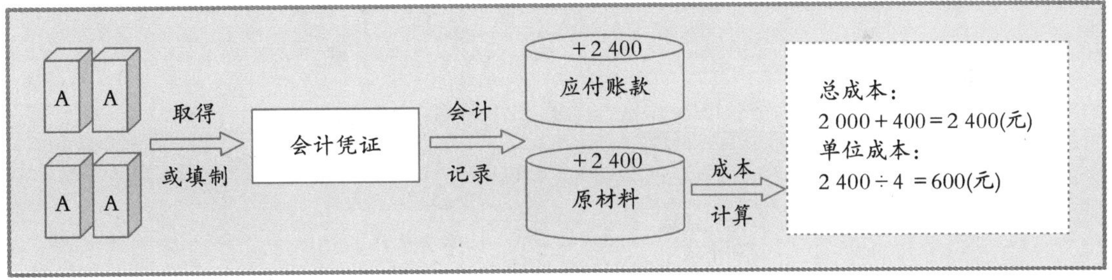

图 2-31　成本计算的方法

(6) 财产清查。财产清查是通过盘点实物，核对账目，查明财产物资的实际结存数量与其账面结存数量是否相符的一种专门方法。进行财产清查的目的是保证账户记录真实准确，保证账实相符。财产清查的方法如图 2-32 所示。

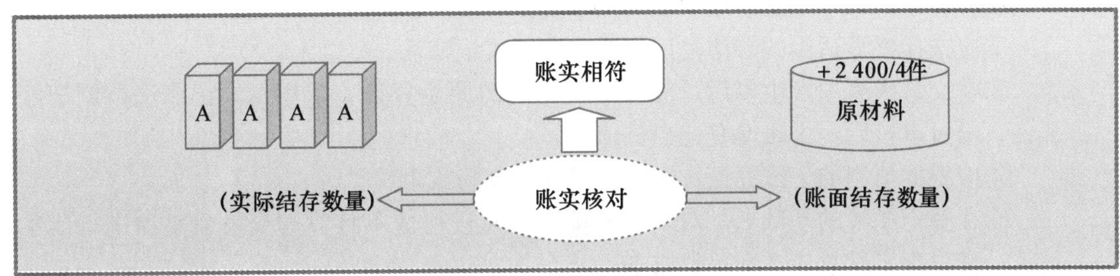

图 2-32　财产清查的方法

（7）财务报告编制。财务报告又称财务会计报告，财务报告编制是定期总括反映企业的财务状况和经营成果等信息的一种专门方法。编制财务报告的主要工作是编制会计报表。会计报表是以账簿的记录资料为依据，经过加工整理而形成的书面文件，是企业对外报告会计信息的主要形式。财务报告的编制方法如图2-33所示。

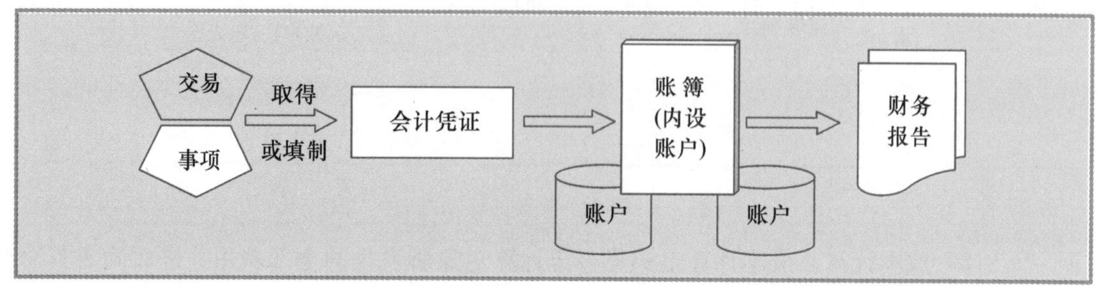

图2-33　财务报告的编制方法

2.5.2　会计方法的基本应用程序

以上各种会计方法是一个完整的方法体系，相互之间存在密切联系，在交易或事项的处理过程中应相互配合使用。各种会计方法的应用程序如图2-34所示。

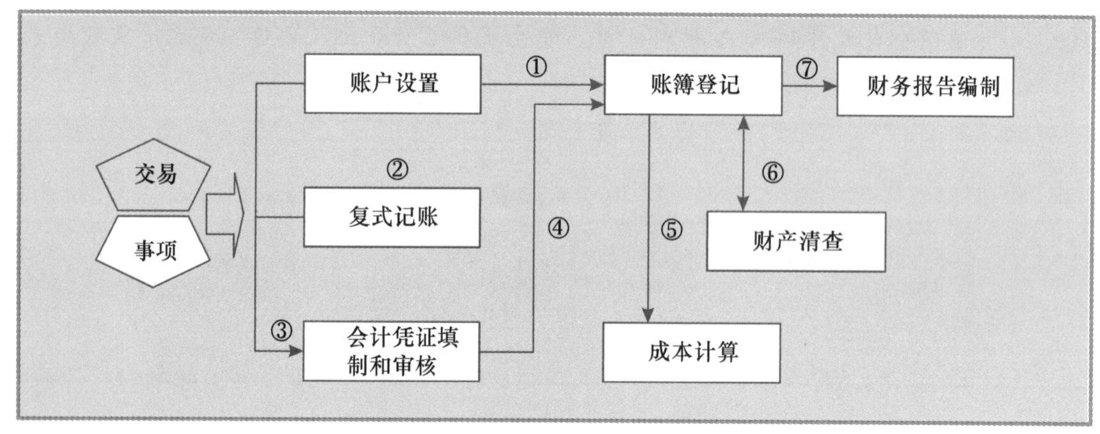

图2-34　各种会计方法的应用程序

在对交易或事项进行处理的过程中，以上七种会计方法的大体应用程序如下：

①应根据企业可能发生的交易或事项建立完整的账户系统，并将应当设立的账户开设在各类账簿中，为交易或事项的记录提供必要的载体。

②应选择科学适用的账簿登记方法，即复式记账法。

③在交易或事项发生以后，应当取得相关的原始凭证，采用复式记账法填制记账凭证，经过审核后，为账簿登记提供依据。

④应根据填制的记账凭证，在账簿中登记交易或事项。

⑤在登记账簿的基础上，对于有些按要求应进行成本计算的交易或事项进行成本计算，借以确定其总成本和单位成本。

⑥为保证账实相符，应采用财产清查的方法对企业财产物资等的实有数进行清查盘点，并将清查盘点结果与相应账户的记录情况进行核对。

⑦会计期末，在保证账实相符的基础上，根据账簿记录所积累的资料定期编制财务报告。

思考题

1. 什么是会计要素？企业会计要素有哪些？
2. 资产要素有哪些特征？包括哪些基本内容？
3. 负债要素的特征有哪些？包括哪些基本内容？
4. 怎样理解所有者权益的定义？所有者权益要素包括哪些基本内容？
5. 收入要素有哪些特征？包括哪些基本内容？
6. 费用要素的特征有哪些？包括哪些基本内容？
7. 利润要素包括哪些基本内容？怎样理解利得和损失？
8. 什么是会计确认？资产要素的确认应满足哪些条件？
9. 负债要素的确认应满足哪些条件？
10. 收入要素的确认应满足的条件有哪些？
11. 静态会计等式是怎样组成的？如何理解静态会计等式？
12. 动态会计等式是怎样组成的？如何理解动态会计等式？
13. 什么是交易或事项？从对会计等式影响的角度，可以将交易或事项分为哪些类型？
14. 为什么在交易或事项发生以后不会破坏会计等式双方的平衡相等关系？
15. 建立会计等式的重要意义是什么？
16. 会计的方法有哪些？这些方法的应用程序是怎样的？

练习题

一、会计要素

［目的］　熟悉会计要素的组成内容。

［资料］　假定鸿达公司 2018 年 8 月的资产、负债和所有者权益的具体内容如下图所示。

［要求］　分析各项具体要素内容应归属于哪一种会计要素，并将要素的具体内容与相应的会计要素用线条连起来。

二、会计等式

［目的］　熟悉交易或事项类型及其影响会计等式的过程、结果，总结其规律性。

［资料］　假定鸿达公司 2018 年 8 月初的财务状况以及本月发生的交易或事项如下：

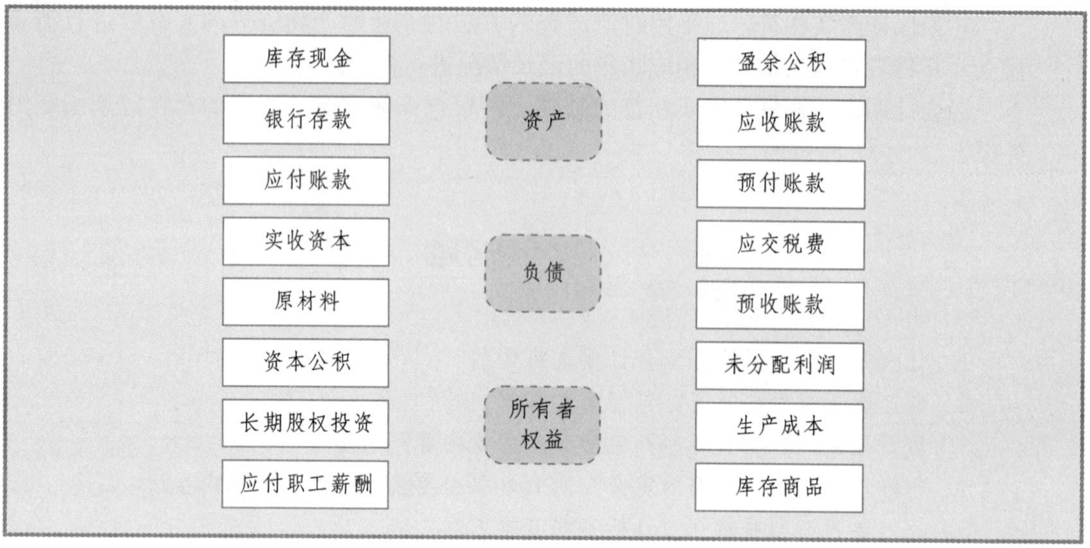

库存现金
银行存款
应付账款
实收资本
原材料
资本公积
长期股权投资
应付职工薪酬

资产
负债
所有者权益

盈余公积
应收账款
预付账款
应交税费
预收账款
未分配利润
生产成本
库存商品

1. 2018年8月初的资产为2 000 000元，负债为500 000元，所有者权益为1 500 000元。

2. 该公司当月发生如下交易或事项（假定交易或事项涉及的税金部分暂不考虑）：

(1) 预收南方公司购买本公司商品货款58 500元，已存入开户银行。

(2) 用银行存款200 000元购买设备一台。

(3) 销售产品一批，价款150 000元已收到，并存入开户银行。

(4) 用库存现金600元购买企业管理部门使用的办公用品。

(5) 从北方公司购入材料一批，价款12 000元，尚未支付。

(6) 用银行存款偿还短期借款90 000元。

(7) 销售产品一批，价款100 000元暂未收到。

(8) 收到投资者投资1 500 000元，已存入银行。

［要求］

(1) 根据资料，利用下表判断交易或事项的类型，分析每一笔交易或事项影响综合会计等式的过程及结果。

交易或事项序号	作业要求	综合会计等式				
		资产 +	费用 =	负债 +	所有者权益 +	收入
2018年8月1日余额						
(1)	交易或事项类型					
	会计确认					
	会计计量					
	等式变动结果					
(2)	交易或事项类型					
	会计确认					
	会计计量					
	等式变动结果					

续前表

交易或事项序号	作业要求	综合会计等式				
		资产	+ 费用	= 负债	+ 所有者权益	+ 收入
(3)	交易或事项类型					
	会计确认					
	会计计量					
	等式变动结果					
(4)	交易或事项类型					
	会计确认					
	会计计量					
	等式变动结果					
(5)	交易或事项类型					
	会计确认					
	会计计量					
	等式变动结果					
(6)	交易或事项类型					
	会计确认					
	会计计量					
	等式变动结果					
(7)	交易或事项类型					
	会计确认					
	会计计量					
	等式变动结果					
(8)	交易或事项类型					
	会计确认					
	会计计量					
	等式变动结果					

(2) 用文字总结出交易或事项影响会计等式的规律。

第3章

账户设置

内容导图

从本章开始，学习内容将转向对会计方法的探讨。会计方法一般是指会计记录和会计报告的方法。本章中的账户设置方法属于会计记录方法之一，也是六种会计记录方法中的首要方法。为此，本章重点讨论账户的设置依据——会计科目，账户的定义、结构和功能，以及账户的设置原则、账户体系的构成及分类方法等。

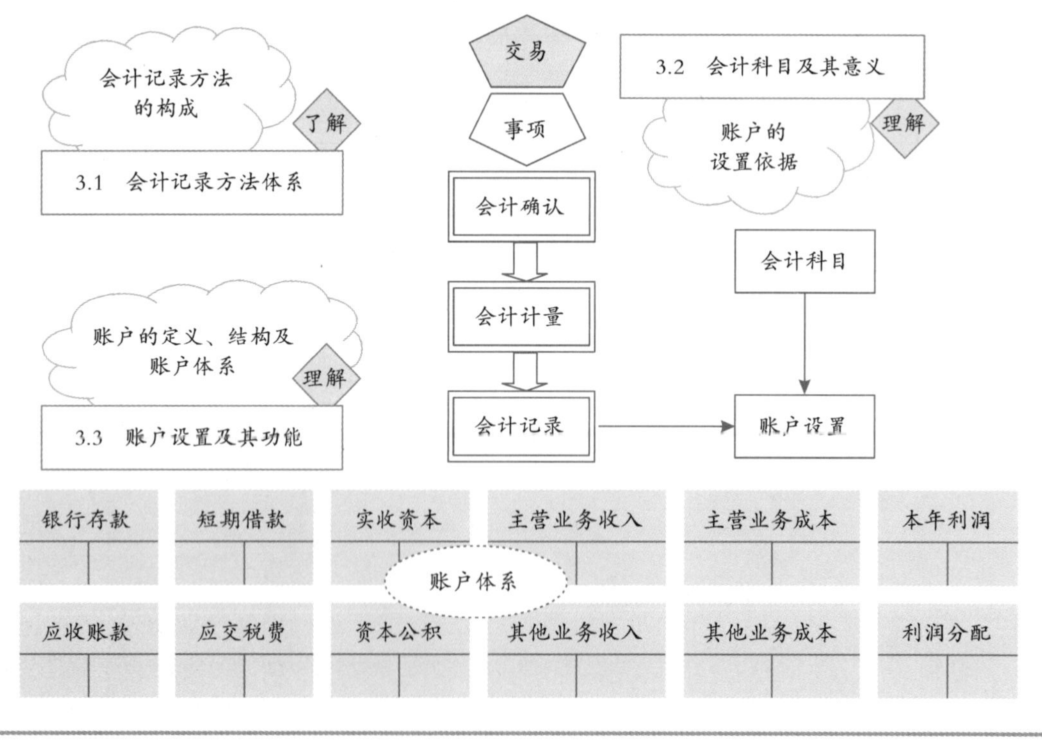

3.1　会计记录方法体系

3.1.1　会计记录的定义

会计记录是将交易或事项确认和计量的结果采用专门的会计方法和载体进行记录的过程。

当交易或事项发生以后，在会计上首先要进行会计确认和计量。在实务中，对于确认和计量的结果还应采用会计的专门方法和一定的载体记录下来，这一过程即为会计记录。会计记录采用的首要方法是账户设置，账户是记录交易或事项具体内容的主要载体。对会计记录的定义可结合图3-1加以理解。

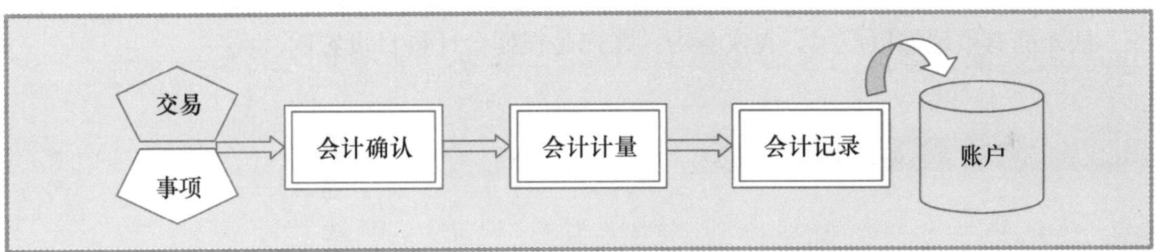

图3-1　会计记录的定义

内容扩展

会计记录是财务会计处理系统的一个重要环节。但在世界各国的会计准则中，对会计记录方面一般不作规范要求，这是由于准则制定机构认为，会计记录属于技术层面的问题，应由企业根据各自的实际情况自行决定，无须作出统一规范。我国现行《企业会计准则》从我国的现实出发，兼顾会计记录方面的规范，如要求企业的会计处理采用借贷记账法，规定了会计科目和主要交易或事项的账务处理方法等，这是我国企业会计准则的特色之一。

3.1.2　会计记录的方法

1. 会计记录方法

会计记录方法是指在对企业发生的交易或事项进行记录过程中所采用的方法。包括账户设置、复式记账、会计凭证填制和审核、账簿登记、成本计算和财产清查六种方法。

按以上六种方法在会计记录各个环节所发挥作用的不同，可分为如下两类。

（1）存储会计信息的基本方法。包括账户设置、复式记账、会计凭证填制和审核以及账簿登记。这四种方法是处理企业日常发生的各种交易或事项所采用的专门方法。其中，账户设置和账簿登记可以为交易或事项的记录提供必要的载体，复式记账可以提供记录交易或事项的技术方法，会计凭证填制和审核可以为交易或事项的处理提供可靠凭据。通过以上方法的结合运用，可以将应予记录的交易或事项的相关信息进行合理、有序的加工和存储。

（2）保证会计记录质量的方法。包括成本计算和财产清查两种方法。企业发生的有些交易或事项，不仅应在有关账户中加以记录，而且应根据账户提供的资料进行加工处理，计算其总成本和单位成本，即成本计算。此外，为保证交易或事项的账户记录与其反映的实物资产等情况完全相符，还需要定期或不定期地进行财产清查，保证会计信息资料的真实性和完整性，这就要求会计采用财产清查方法。以上两种方法的应用对会计记录质量可起到保证作用。

2. 账户设置的重要地位

在会计记录的六种方法中，账户设置方法是其他方法应用的基础，在整个会计记录方法体系中占有重要地位。只有采用账户设置方法建立起完整的账户体系，其他方法才能有效地加以应用。在实务中，账户是根据会计科目设置的。

3.2 会计科目及其意义

3.2.1 会计科目的定义及其规范

1. 会计科目的定义

会计科目是对会计要素进行分类所形成的具体项目，是设置会计账户的依据，也是会计报表项目的主要构成内容。设置会计科目，并在此基础上设置账户，是会计的一种专门方法。

会计要素是会计上进行交易或事项的确认、计量和报告不可逾越的范畴，但资产、负债和所有者权益等要素只能概括说明会计对象的基本内容，仅仅将会计对象划分到这个层次仍然难以满足会计上处理交易或事项的要求。例如，企业收到投资者投资交易的发生，会涉及资产和所有者权益两个要素，但在会计上不能以会计要素为单元进行处理，还应具体考虑这一交易究竟影响了会计要素的哪些具体方面。如前所述，资产要素包括库存现金、银行存款、应收账款、原材料和固定资产等；所有者权益要素包括实收资本（或股本）、资本公积、盈余公积和未分配利润等。当交易或事项发生以后，只有结合这些具体内容进行确认，才能提供更为详细具体的相关信息。因此，在划分会计要素的基础上，还需要采用一定的方法，根据各个要素的组成内容分别划分为若干具体项目。例如，对资产要素可在将其划分为流动资产和非流动资产两大类的基础上再作进一步划分，如流动资产可再划分为库存现金、银行存款、原材料和库存商品等。对划分出来的各个项目分别规定一个合适的名称就是会计科目。另外，会计科目也是会计报表项目的主要构成内容。对会计科目的设置方法可结合图3-2加以解释。

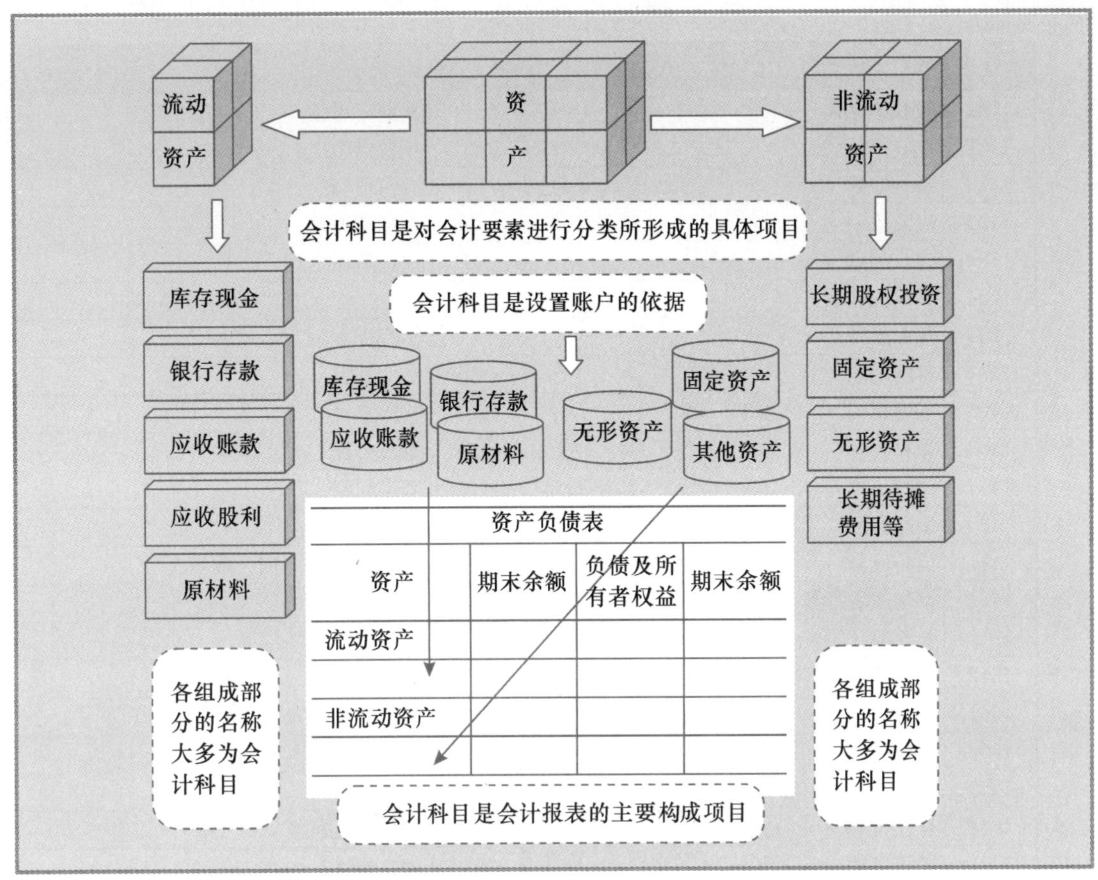

图3-2　会计科目的设置方法

2. 会计科目的规范

会计科目的规范是指设置会计科目的规定和要求。设置会计科目是进行交易或事项处理的前提，是企业组织财务会计重要的工作内容之一。一般而言，企业会计部门应根据本企业交易或事项的经济性质划分会计要素，并在此基础上设置会计科目，以便为会计账户的设立提供依据。在我国，考虑到会计人员素质的现实状况，也为了使不同企业提供的会计信息口径统一、相互可比，财政部颁发的《企业会计准则——应用指南》对各类企业的会计科目作出了统一规范，企业可以根据实际需要有选择地使用这些会计科目，作为设置账户的依据。一般企业应设置的主要会计科目如表3-1所示。

表3-1　《企业会计准则——应用指南》统一规范的一般企业部分会计科目

编号	会计科目名称	编号	会计科目名称
	一、资产类	2211	应付职工薪酬
1001	库存现金	2221	应交税费
1002	银行存款	2231	应付利息
1101	交易性金融资产	2232	应付股利

续前表

编号	会计科目名称	编号	会计科目名称
1121	应收票据	2241	其他应付款
1122	应收账款	2501	长期借款
1123	预付账款	2502	应付债券
1131	应收股利	2701	长期应付款
1132	应收利息	2801	预计负债
1221	其他应收款		三、所有者权益类
1231	坏账准备	4001	实收资本
1401	材料采购	4002	资本公积
1402	在途物资	4003	其他综合收益
1403	原材料	4101	盈余公积
1404	材料成本差异	4103	本年利润
1405	库存商品	4104	利润分配
1411	周转材料		四、成本类
1471	存货跌价准备	5001	生产成本
1511	长期股权投资	5101	制造费用
1512	长期股权投资减值准备		五、损益类
1601	固定资产	6001	主营业务收入
1602	累计折旧	6051	其他业务收入
1603	固定资产减值准备	6111	投资收益
1604	在建工程	6115	资产处置损益
1605	工程物资	6301	营业外收入
1606	固定资产清理	6401	主营业务成本
1701	无形资产	6402	其他业务成本
1702	累计摊销	6403	税金及附加
1703	无形资产减值准备	6601	销售费用
1801	长期待摊费用	6602	管理费用
1901	待处理财产损溢	6603	财务费用
	二、负债类		信用减值损失
2001	短期借款	6701	资产减值损失
2201	应付票据	6711	营业外支出
2202	应付账款	6801	所得税费用
2203	预收账款	6901	以前年度损益调整

注：尚未有相关规范明确“信用减值损失”科目编号。

3.2.2 设置会计科目的意义与原则

1. 设置会计科目的意义

（1）有助于系统全面地核算会计要素内容。系统全面地反映交易或事项所引起的会计要素具体内容的增减变化是会计管理活动的基本要求。将会计要素进一步划分为一个个具体项目，就会形成若干反映会计要素内容的子系统，既便于在会计上对会计要素内容进行分门别类的处理，也可以从整体上全面反映企业会计要素内容的变动状况。

（2）有助于设置账户，记录交易或事项。会计记录的最基本方法是账户设置，设置账户相当于建立会计信息的存储器，可以方便地记录所发生的交易或事项内容及其增减变动情况。而会计科目则是账户设置的依据，显而易见，设置会计科目是设置账户的必要前提。

（3）有助于提供相关信息，实现会计目标。为会计信息使用者提供对他们的经济决策有用的会计信息，是企业财务会计的基本目标。根据他们获取相关信息的需求设置会计科目，进而设置账户，不仅能够提供信息使用者所关心的企业财务状况、经营成果和现金流量方面的总体信息，而且能够提供作为对总体信息进行具体说明的详细信息，能够满足信息使用者进行经济决策的需要，更好地实现财务会计的目标。

2. 设置会计科目的原则

设置会计科目的原则是指对会计上设置会计科目的基本要求。

（1）全面地反映企业会计要素的内容。企业在确定需要设置哪些会计科目时，必须从其会计要素内容的实际状况出发。企业应根据其资产、负债、所有者权益、收入、费用和利润会计要素内容设置数量足够的会计科目，使这些会计科目能够全面地反映会计要素的全部内容，为完整账户体系的建立提供充分保证。

（2）满足使用者掌握企业信息的需求。会计信息使用者不仅需要了解企业资产、负债和所有者权益等要素反映的财务状况总体信息，以及收入、费用和利润等要素反映的企业经营成果总体信息，而且需要了解这些要素的具体分布或构成的详细信息。企业在设置会计科目时，应从便于使用者了解不同层面信息的角度予以全面考虑。

（3）既满足账务处理需要又相对稳定。企业应根据其自身经营活动的特点，设置能够满足其进行交易或事项账务处理需要的会计科目。例如，产品生产企业的主要经营活动是进行产品的生产和销售，除了应设置与其他会计主体具有共性的一些会计科目外，还应专门设置反映产品生产成本和反映产品销售收入等特有内容的会计科目。此外，设置的会计科目一般应保持相对稳定，不宜经常变动。

（4）体现统一性与灵活性的密切结合。统一性是指企业在设置会计科目时，应严格按照我国相关会计规范的规定进行会计科目的设置，使各个企业之间在会计科目的设置上保持高度统一。灵活性是指在不违反会计准则关于确认、计量和报告规范的前提下，各企业可根据实际情况自行增设、分拆和合并会计科目。例如，在预收账款不多的企业，可以将预收账款内容合并入应收账款科目等，以便减少会计科目的设置数量。

（5）会计科目简明清晰且使用方便。每一个会计科目都包含了特定的核算内容，在设置会计科目时，应对每个科目的核算内容加以明晰界定，会计科目的名称应当文字简明、含义明确、通俗易懂，以便于会计人员在进行交易或事项的处理过程中准确应用。

3.2.3　会计科目的级次

按照会计要素的具体内容进行多层次的分类设置会计科目，形成了完整的会计科目体系，会计科目的级次是指企业设置的会计科目在整个会计科目体系中所处的层次。会计科目按其提供会计信息的详细程度不同可分为如下两类。

1. 总分类科目

总分类科目是对会计要素内容进行总括分类形成的项目，也称一级科目或总账科目，是会计上对会计要素的具体内容进行总分类核算的依据，利用总分类科目设置的账户可以提供总括的会计信息。例如，“库存现金”“银行存款”“原材料”“库存商品”“应收账款”等科目，都是对资产要素进行基本分类以后形成的科目，即总分类科目。我国《企业会计准则——应用指南》中规定的会计科目都属于总分类科目。根据规范要求，产品生产企业主要应设置资产、负债、所有者权益、成本和损益五类会计科目。会计科目的这种分类方法与会计要素之间的关系如图3-3所示。

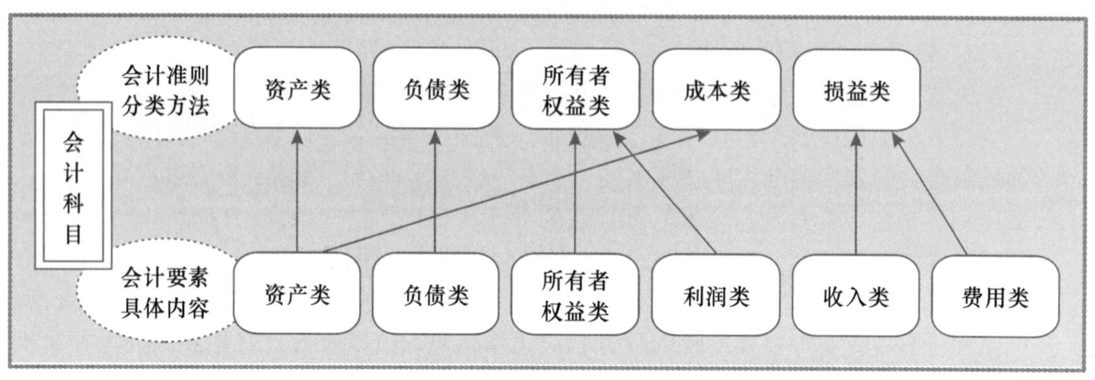

图3-3　企业会计准则中会计科目的分类方法及其与会计要素的关系

在上述分类方法中，负债类科目反映的内容与负债要素的内容相同。而其与会计要素之间的不同点在于：其一，利润类科目（如“本年利润”和“利润分配”科目）归并入所有者权益类科目，体现了利润的所有权属于所有者这一经济实质；其二，收入类和费用类科目（如属于收入性质的“主营业务收入”和“其他业务收入”，属于费用性质的“主营业务成本”“其他业务成本”“税金及附加”“管理费用”等）被合并为损益类科目，这样的合并有利于企业进行利润（或亏损）的计算；其三，将资产要素中的一部分科目（如“生产成本”“制造费用”“在途物资”等）独立出来专门设立成本类科目，这样做体现了产品生产企业对各类成本计算对象进行成本计算的特殊需求。

特别提示

怎样理解会计科目的不同分类方法　在本书中，采用的是按会计要素的内容对会计科目进行分类的方法，在这种方法下，会计科目被分为六类，与六个会计要素一脉相承，便于理解。初学会计知识的人，可以按照这样的方法理解会计科目的分类方法。例如，“主营业务收入”按其反映的会计要素内容即为收入类科目；“主营业务成本”按其反映的会计要素内容即为费用类科目。待熟练掌握这种分类方法后，再理解企业会计准则对会计科目的分类方法就比较容易了，例如，所谓损益类科目就是收入类科目与费用类科目的合并而已。

2. 明细分类科目

明细分类科目简称明细科目，是在对会计要素内容进行总括分类的基础上再进行详细分类而形成的项目。明细分类科目是在会计上对会计要素的具体内容进行明细分类核算的依据，利用明细分类科目设置的账户可以提供更为详细的会计信息。

明细科目可比照《企业会计准则——应用指南》中关于“会计科目和主要账务处理”的规定，由企业根据交易或事项处理和提供会计信息的需要自行设置。例如，企业要全面完整地反映应收账款情况，提供应收账款的总括信息，应设置“应收账款”科目；而要具体反映应收账款的明细情况，提供应收账款的详细信息，就应对所有的应收账款按欠款单位（债务人）作进一步分类，在“应收账款”总分类科目下，按照债务人的名称设置相应的明细科目，以便具体反映是哪个单位所欠的款项。

会计科目的级次及其关系如图3-4所示。

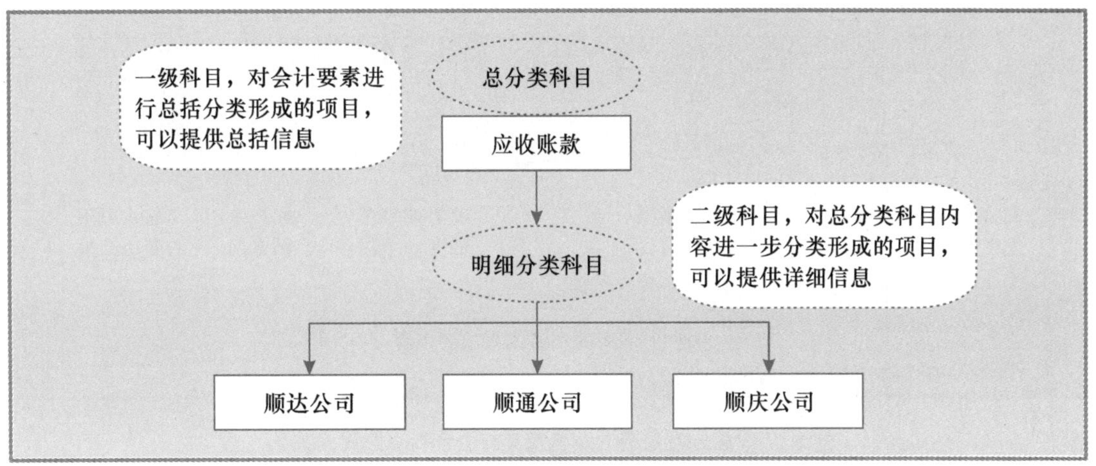

图3-4 会计科目的级次及其关系

3.3 账户设置及其功能

3.3.1 账户的定义及含义

1. 账户的定义

账户是根据会计科目设置的，具有一定结构形式，用以连续、系统、全面地记录交易或事项，反映会计要素增减变动及其结果，并为财务报告的编制提供数据资料的一种工具。

2. 账户的含义

（1）账户设置的主要依据是会计科目。会计科目是对会计要素具体组成内容的各个部分规定的名称，设置会计科目的主要目的是为账户的设置提供依据。在一般情况下，会计科目应由企业自行设置；如果在会计规范中已对会计科目作出了相应规定，企业可根据需要从中选用，并利用这些会计科目设置相应的账户。例如，根据“银行存款”科目可以设置“银行存款”账户等。这样，企业就可以根据设置的会计科目设置由若干账户组成的完整账户系统。

（2）账户具有一定的结构形式。与会计科目不同，为满足记录交易或事项的需要，账户必须按要求设计成一定的结构形式。账户的结构一般由账户名称和一定的格式组成。账户的名称根据会计科目命名；账户的格式一般由所记录交易或事项具体内容的若干栏次组成。例如，在借贷记账法下通常设置的总分类账户的结构及其与会计科目之间的关系如图3-5所示。

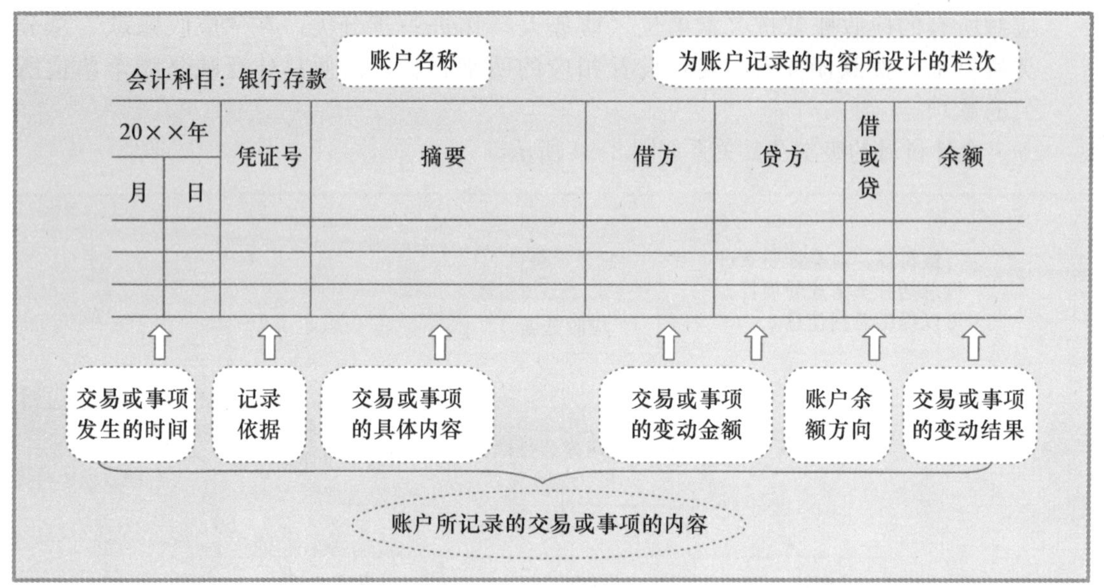

图3-5 总分类账户的结构及其与会计科目之间的关系

（3）设置账户的基本目的是用来记录交易或事项。在会计上，每个账户都是根据反映各会计要素特定方面内容的需要而设置的。因此，对每个账户所记录的内容都有清晰的界定。例如，“银行存款”账户只能用来记录企业银行存款的增加额、减少额及余额等。利用完整的账户系统，就可以对交易或事项所引起的会计要素的增减变动进行连续、系统和全面的记录。

（4）设置账户的主要目的是为财务报告的编制提供数据资料。在账户中记录企业所发生的交易或事项的过程，是收集并分类汇集相关会计信息的过程，也是为企业编制财务报告积累数据资料的过程。在实务中，账户所记录的增加额、减少额和余额等资料，是企业编制财务报告文件所必需的数据资料。关于这一点将在“财务报告”一章中予以具体介绍。

3.3.2 设置账户的基本原则

企业在设置账户时，总体上应把握以下基本原则。

（1）应根据会计科目设置账户。一个企业需要设置哪些账户，应以所设置的会计科目作为基本依据，进而建立起完整的账户系统。只有这样，才能保证当各种交易或事项的发生影响会计要素发生变动时，能够有适合的账户对其加以记录，也才有可能对交易或事项产生的信息毫无遗漏地进行收集和存储。

（2）便于进行会计信息的加工。从编制财务报告的目的是为财务报告使用者提供与其进行经济决策相关信息的角度看，设置账户只是收集会计信息的一种手段。因此，在设置账户时，必须充分考虑财务报告使用者对会计信息的相关性和及时性等方面的需要，使设立的账户既能够提供各种详细信息，也便于对这些信息进行加工和整理，形成对财务报告使用者进行经济决策有用的总体性信息。

3.3.3 账户的基本结构及其功能

1. 账户的基本结构

账户的基本结构是指在账户的全部结构中用来登记增加额、减少额和余额的那部分结构。

对发生的交易或事项，需要在账户中记录的内容很多，包括交易或事项的发生时间、记录的依据、基本内容、增加额、减少额和余额等。其中的增加额、减少额和余额尤为重要，因为这些信息是交易或事项以货币为主要计量单位计量所形成的信息，对于反映各账户的增减变动情况及其结果，以及最终报告会计信息是不可缺少的。因而，在会计上一般将账户中用来记录增加额、减少额和余额的那部分结构称为账户的基本结构。将账户的基本结构部分从账户中截取下来，并做进一步的处理，可简化为如图 3－6 的简单形式，这种形式的账户一般被称为 T 型账户。

借方	库存现金（账户名称） 贷方
期初余额	

图 3－6 账户基本结构的简化形式——T 型账户

从 T 型账户的结构来看，它把账户分为左、右两方，在借贷记账法下分别称为借方和贷方，其中一方用来登记增加额和余额，另一方用来登记减少额。

账户的基本结构也可简化为以下形式，如表 3－2 所示。

表 3－2 账户基本结构的另一种简化形式

会计科目：银行存款

日期		凭证号	借方	贷方	余额

在简化了结构的账户中，增加额、减少额和余额各有其记录的栏次，与正规账户

的记录内容没有差别，使用起来也比较方便。需要强调的是，简化结构的账户在会计实务中较少使用，主要用于会计教学。

2. 账户的主要功能

账户的主要功能是提供一系列有用的信息数据，这些信息数据主要是以价值形式体现出来的，包括期初余额、本期增加发生额合计、本期减少发生额合计和期末余额。以“库存现金”账户为例，账户提供的主要信息数据如图3－7所示。

借方	库存现金		贷方
期初余额	1 500	（2）	500
（1）	900	（4）	300
（3）	800	（5）	1 400
本期增加发生额合计	1 700	本期减少发生额合计	2 200
期末余额	1 000		

图3－7 账户提供的主要信息数据

图3－7中，在借贷记账法下，是在“库存现金”账户的借方记录增加额，在贷方记录减少额。为简便起见，利用T型账户记录交易或事项时，可只填写交易或事项发生的顺序编号及其变动的金额。在该举例中是假定某企业本月发生了两笔库存现金的收款交易，即（1）、（3）；发生了三笔库存现金的付款交易，即（2）、（4）、（5）。

从账户所记录的内容及结果来看，以下四个信息数据很有实用价值。

（1）期初余额。期初余额是指在某一会计期间开始时该账户的结余金额，这个余额一般是从上一个会计期末结转而来的。例如，在图3－7中，假定“库存现金”账户登记的是某企业某年10月发生的交易或事项，那么，其中的“期初余额1 500”就应是本年度该账户9月末的余额。期初余额也是在账户中记录本会计期间发生的交易或事项的起点。

账户如有期初余额，一般应登记在账户中用来记录增加额的那一方。在借贷记账法下，“库存现金”账户是用借方记录增加额的，从上月结转过来的期初余额（月初余额）相应地应登记在借方。而在有些账户中是用贷方记录增加额的，该账户的期初余额就相应地登记在贷方。

（2）本期增加发生额合计。该发生额合计是指在本会计期间新发生的若干交易或事项所引起的该账户增加额的合计数。例如，在图3－7中，“本期增加发生额合计1 700”就是本月发生的（1）、（3）两项交易增加额的合计数。提醒注意，在“本期增加发生额合计1 700”中并不包括期初余额。

（3）本期减少发生额合计。该发生额合计是指在本会计期间新发生的若干交易或事项所引起的该账户减少额的合计数。例如，在图3－7中，“本期减少发生额合计2 200”就是本月发生的（2）、（4）、（5）三项交易减少额的合计数。

（4）期末余额。期末余额是指在某一会计期间终了时（假定为10月31日），经过计算而得到的该账户的结余金额。基本计算公式为：

期末余额＝期初余额＋本期增加发生额合计－本期减少发生额合计

例如，在图 3－7 中，“库存现金”账户的“期末余额 1 000”就是利用“期初余额 1 500”加上“本期增加发生额合计 1 700”，再减去“本期减少发生额合计 2 200”而得到的。可见，期末余额是本会计期间该账户增减变动的结果。将本会计期间该账户的期末余额结转下期（如 11 月）就是下一会计期间该账户的期初余额（即 11 月 1 日该账户期初余额为 1 000）。

账户如有期末余额，一般也应登记在账户中用来记录增加额的一方。

3.3.4 账户体系及其分类

1. 账户体系

账户体系是指按照全面反映企业会计要素的要求，根据设置的会计科目而建立的账户系统。

与会计要素和会计科目一脉相承，账户体系的形成依赖于会计科目体系的设置，即企业的会计科目体系决定了所建立的账户体系。账户体系与会计科目、会计要素的关系如图 3－8 所示。

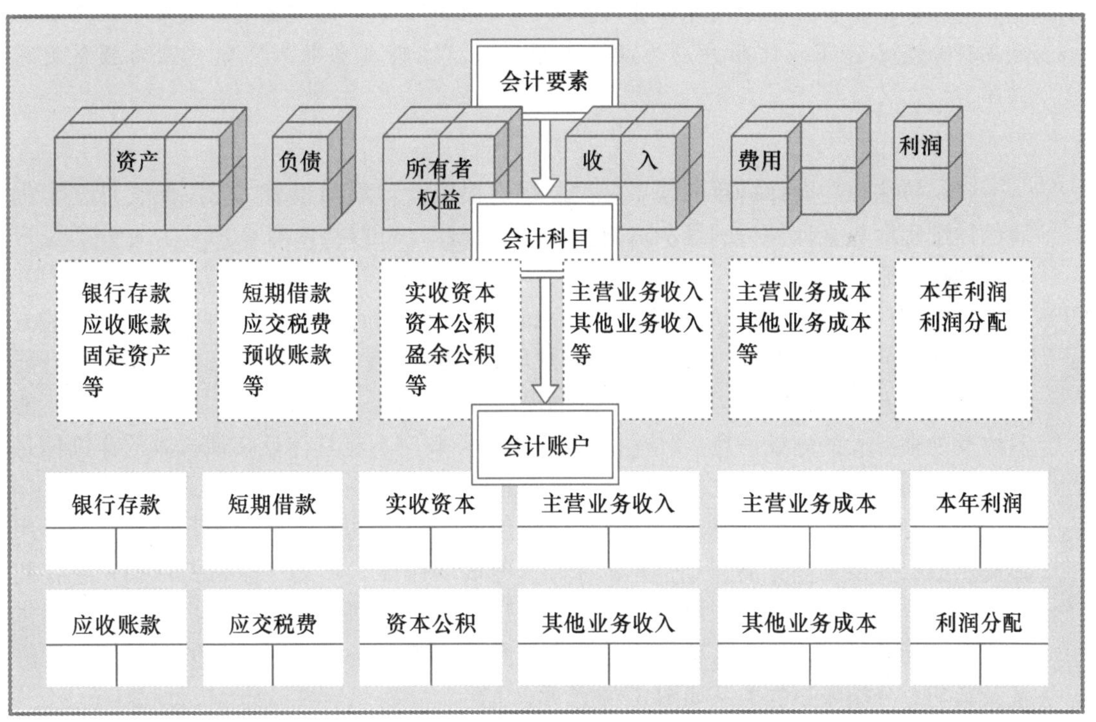

图 3－8 账户体系与会计科目、会计要素的关系

2. 账户体系的分类

为全面理解和把握账户体系的构成，可以对企业所有的账户采用一定的标准进行分类。

（1）按账户反映的经济内容分类。账户反映的经济内容是指账户所体现的会计要素的经济性质，在这种分类方法下，可将账户分为资产类、负债类、所有者权益类、收入类、费用类和利润类六类，能够清晰地体现各个账户所反映的经济内容，明确账户的基本用途。采用这种分类方法时，每一个账户都具有特定的经济性质，即该账户所反映的会计要素的经济性质。例如，"库存现金""银行存款""应收账款"等账户用以反映资产要素，就具有了资产要素的性质。其他类别账户的内容和性质可依次类推。按账户反映的经济内容分类是一种简便易懂的方法，也是一种重要的方法。因为在交易或事项的账务处理过程中，必然会用到各种账户，只有对每一个账户反映的经济内容和性质具有清醒的认识，才能熟练掌握和应用账户。

特别提示

怎样理解账户分为五类的方法 由于账户是根据会计科目设置的，按照《企业会计准则——应用指南》中会计科目的分类方法，账户也可以相应地分为五类，即资产、负债、所有者权益（包括利润）、成本（部分资产要素）和损益（包括收入要素和费用要素）账户。在这种分类方法下，某些账户的性质可能会有不同的称谓。例如，在按账户反映的六种会计要素内容分类的方法下，"生产成本"账户为资产类账户，而在上述五种分类方法下，该账户应为成本类账户；"主营业务收入"账户则为损益类账户等。

（2）按账户与会计科目的联系分类。账户根据会计科目设置，它反映会计要素内容的详细程度与会计科目的级次有直接关系。据此，可以将所有账户分为总分类账户和明细分类账户两类。

1）总分类账户。总分类账户是根据总分类科目设置的，用以提供会计要素某些方面总括信息的账户。图3-8所列示的账户均为总分类账户。总分类账户在反映会计要素变动信息上具有总括性，也存在一定的局限性。例如，"应收账款"总分类账户不能具体反映债务人的详细信息，"应付账款"总分类账户不能具体反映债权人的详细信息等，都说明了总分类账户在会计信息反映上的局限性。

2）明细分类账户。明细分类账户也称明细账户，是根据明细分类科目设置的，用以提供会计要素某些方面详细信息的账户。有的明细账户，如"原材料"和"库存商品"等总分类账户的明细账户，不仅能够提供价值量方面的详细信息，而且能够提供实物量方面的详细信息，这种优势是总分类账户所不具备的。明细分类账户的设置方法及其与总分类账户的关系如图3-9所示。

（3）按账户与会计报表的关系分类。会计报表是企业财务会计报告的主要构成部分，是提供与企业的财务状况、经营成果相关信息的载体。会计报表中的信息是以账户提供的各种数据资料经过加工整理形成的。具体地说，编制资产负债表主要借助资产类、负债类和所有者权益类账户提供的余额资料；编制利润表则主要借助收入类、费用类和利润类账户提供的发生额资料。会计账户提供的信息数据与会计报表编制的关系如图3-10所示。

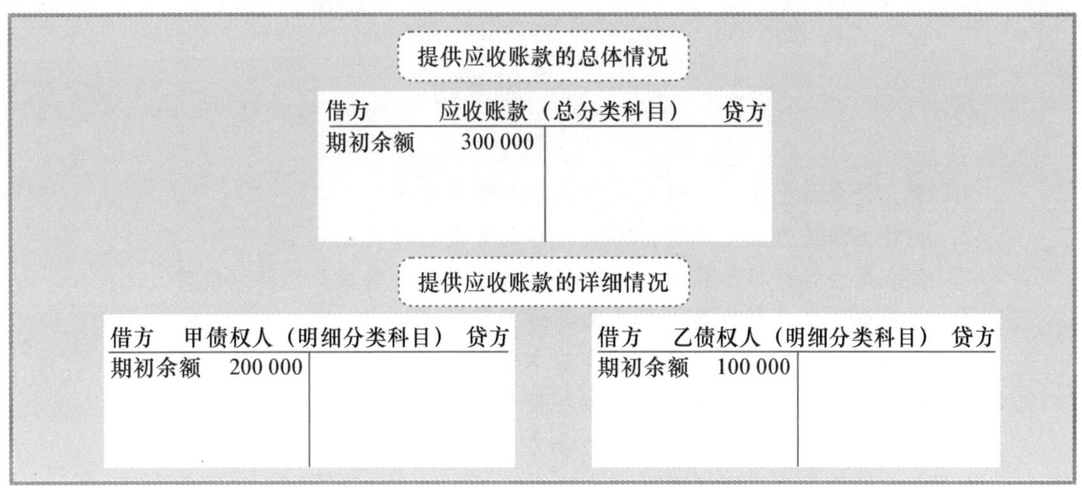

图 3-9　“应收账款”明细账户的设置及其与总分类账户的关系

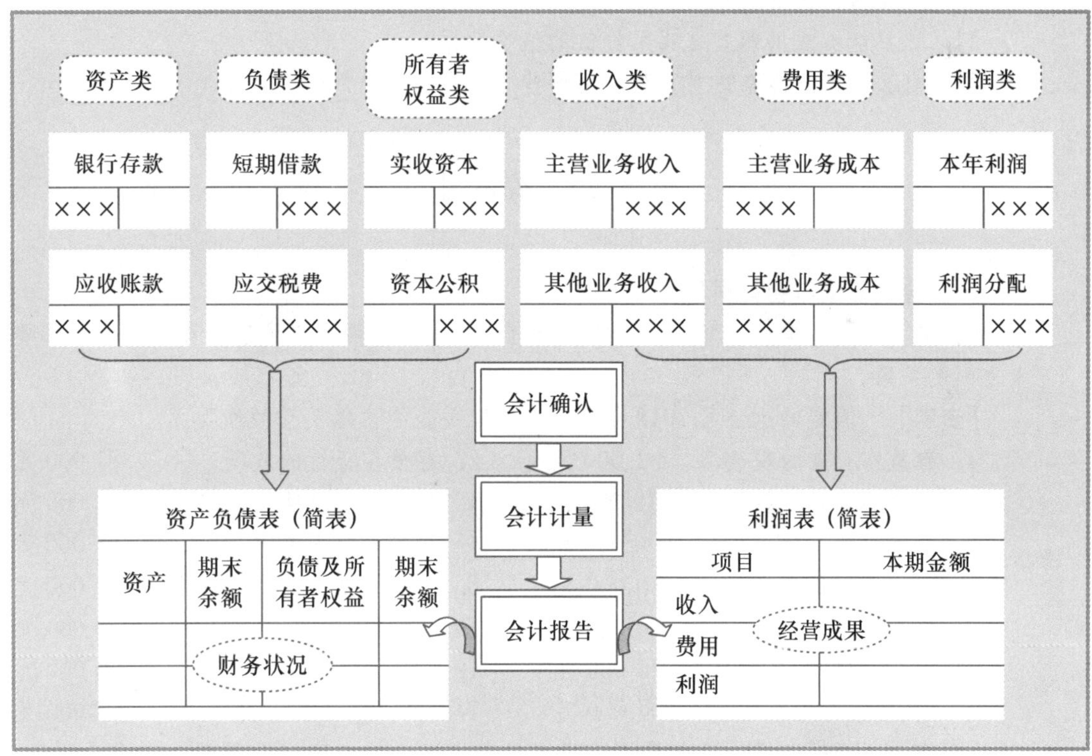

图 3-10　会计账户提供的信息数据与会计报表编制的关系

说明：此图账户中的“×××”分别表示账户的余额或发生额，至于为什么会处在账户中的不同方向，不是本章要搞清楚的问题，待学完下一章借贷记账法的有关知识内容以后自然会理解的。

思考题

1. 什么是会计记录？会计记录的主要载体是什么？
2. 会计记录的方法主要包括哪些？可怎样进行分类？
3. 什么是会计科目？我国的企业会计准则对会计科目是怎样分类的？
4. 企业设置会计科目的重要意义有哪些？
5. 企业设置会计科目应遵循哪些基本要求？
6. 什么是会计科目的级次？具体可分为哪两个级次？其含义是什么？
7. 什么是账户？怎样理解账户的含义？
8. 企业设置账户应遵循哪些基本要求？
9. 什么是账户的基本结构？主要包括账户中的哪些部分？
10. 设置账户有哪些作用？
11. 账户能够提供哪些有实用价值的信息数据？
12. 什么是账户体系？对其可采用哪些方法进行分类？

练习题

一、会计要素与会计科目

［目的］ 进一步熟悉资产、负债和所有者权益要素内容，了解会计科目与会计要素之间的关系。

［资料］ 假定鸿达公司2018年8月1日有关资金内容及金额如下：

1.	存放在企业的现款	1 000元	2.	存放在银行的款项	387 000元
3.	库存的各种材料	19 000元	4.	房屋及建筑物	900 000元
5.	机器设备	800 000元	6.	投资者投入资本	1 755 000元
7.	客户拖欠货款	80 000元	8.	从银行借入的半年期借款	120 000元
9.	库存的完工产品	50 000元	10.	拖欠供应商货款	350 000元
11.	企业留存的盈余公积	75 000元	12.	在产品占用资金	150 000元
13.	预收客户货款	204 000元	14.	预付供应商货款	117 000元

［要求］ 根据资料，填表具体说明资料中的每一项内容应属于哪一类会计要素，应归属哪一个会计科目。

资料序号	所属会计要素类别及其金额			应归属的会计科目
	资产	负债	所有者权益	

续前表

资料序号	所属会计要素类别及其金额			应归属的会计科目
	资产	负债	所有者权益	
合计				—
				—

二、账户

［目的］　熟悉账户的基本结构和期末余额的计算方法。

［资料］　假定鸿达公司 2018 年 9 月有关账户的月初余额和本月发生额如下表所示。

账户名称	月初余额	本月增加发生额	本月减少发生额	月末余额
银行存款	180 000	②30 000	①10 000　③1 000 ⑤20 000　⑥80 000	
应付账款	40 000	④50 000　⑧60 000	⑥80 000	
原材料	25000	①10 000　④50 000	⑨80 000	
短期借款	10 000	②30 000	⑤20 000	
销售费用	0	③1 000	⑦1 000	
本年利润	50 000		⑦1 000	
固定资产	300 000	⑧60 000		
生产成本	30 000	⑨80 000	⑩100 000	
库存商品	0	⑩100 000		

［要求］　根据资料计算各账户的期末余额，并将计算结果填入表中的“月末余额”栏。

第 4 章

复式记账

第 3 章中学习的账户设置虽然是会计的一种重要方法，但这种方法只解决了交易或事项的记录载体问题，而采用什么技术方法进行交易或事项的记录，则是需要进一步解决的问题。本章将重点讨论会计的第二种方法——复式记账。主要介绍复式记账的定义及理论依据，并重点介绍为当今世界各国所通用的复式记账方法——借贷记账法，在此基础上，介绍账户平行登记的方法。

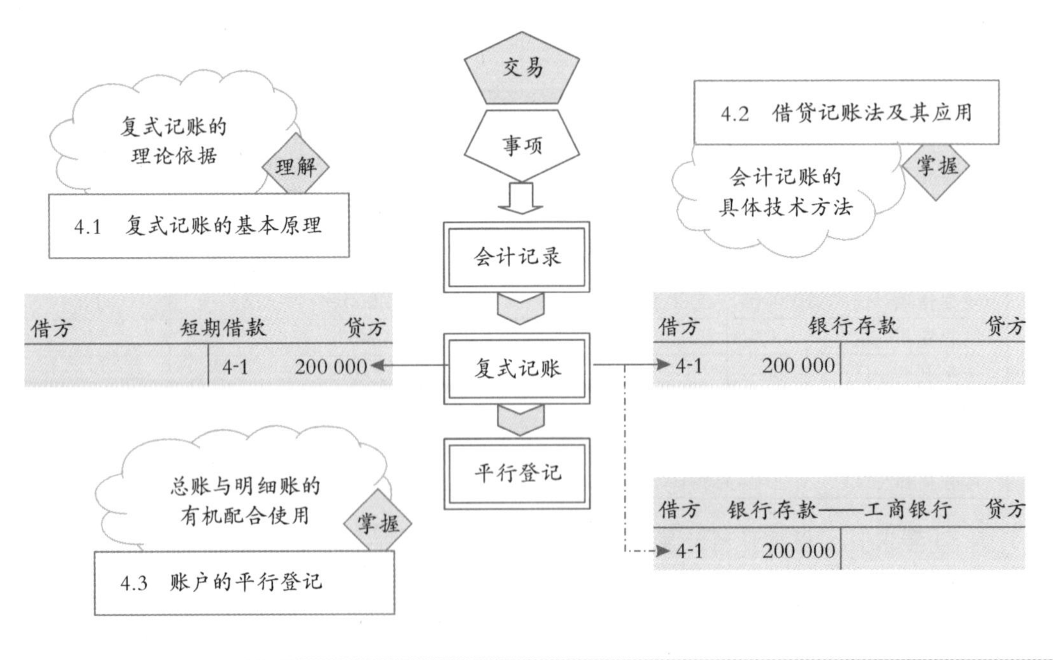

4.1　复式记账的基本原理

4.1.1　复式记账的定义及理论依据

1. 复式记账的定义

复式记账是指对企业发生的任何一项交易或事项都以相等的金额在两个或两个以上相互联系的账户中进行平衡记录，借以反映会计要素具体内容增减变化的记账方法。

对复式记账的基本做法可结合图4－1加以理解。

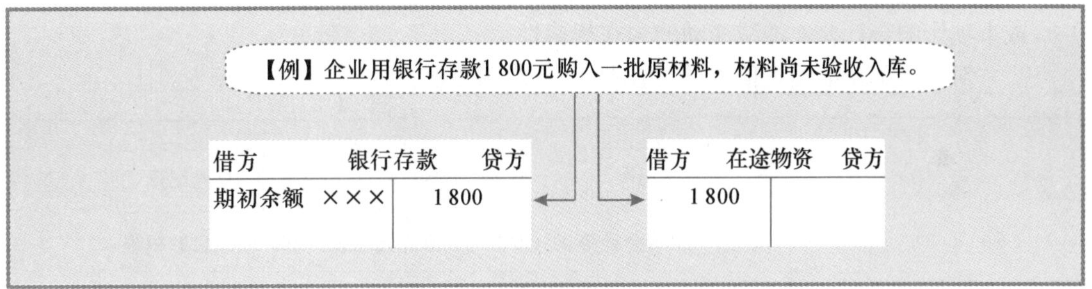

图4－1　复式记账的基本做法

注：本例中假定暂未考虑已经缴纳的增值税进项税额。

内容扩展

单式记账　与复式记账有所不同的另外一种记账方法是单式记账。单式记账一般是指在交易或事项发生以后，只在一个账户（一般是反映货币资金或债权、债务的账户）中对其变动的某一个方面进行记录的方法，只有在同时涉及货币资金或债权（债务）账户时才进行复式记账。而不像复式记账那样对所有交易或事项都做全面完整的记录。单式记账方法早已为复式记账方法所取代，在会计实务中已极少采用。

对复式记账的定义应从以下几个方面加深理解。

（1）对发生的交易或事项至少应在两个账户中进行记录。上例属于简单交易或事项采用复式记账方法在两个账户中记录的情况，这样的记录方法能够比较全面地反映该交易引起的企业资金增减变动的全貌。当企业发生较为复杂的交易或事项时，需要记录的账户可能会有三个或者更多，但仍属于复式记账。

（2）对发生的交易或事项必须在相互联系的账户中记录。相互联系的账户是指在某一特定的交易或事项发生以后应当记录的所有账户。例如，当企业用银行存款购买材料且尚未验收入库交易发生以后，只能记录在“在途物资”和“银行存款”这两个账户。这样，“在途物资”和“银行存款”两个账户就在同一项交易中建立起了必然联系。如果随意变更这种必然联系，将这项交易记入其他账户，就会发生账户记录的错误。

（3）对发生的交易或事项必须在相关账户中以相等金额平衡记录。即在相互联系的双方账户中记录的金额应当相等。简单交易或事项的账户记录体现这种平衡关系，复杂交易或事项的账户记录情况也是这样。

（4）交易或事项的记录实质上体现了会计要素内容的变动状况。在交易或事项发生后所记录的各个账户，它们所反映的都是一定会计要素的内容特定部分。因此，账户的记录也从某个方面体现了该账户所反映的会计要素内容的增减变动情况。

2. 复式记账的理论依据

对发生的交易或事项进行复式记账是有科学的理论依据的，该理论依据就是交易或事项影响会计要素增减变动的内在规律性。

对复式记账的理论依据可结合图4-2加深理解。

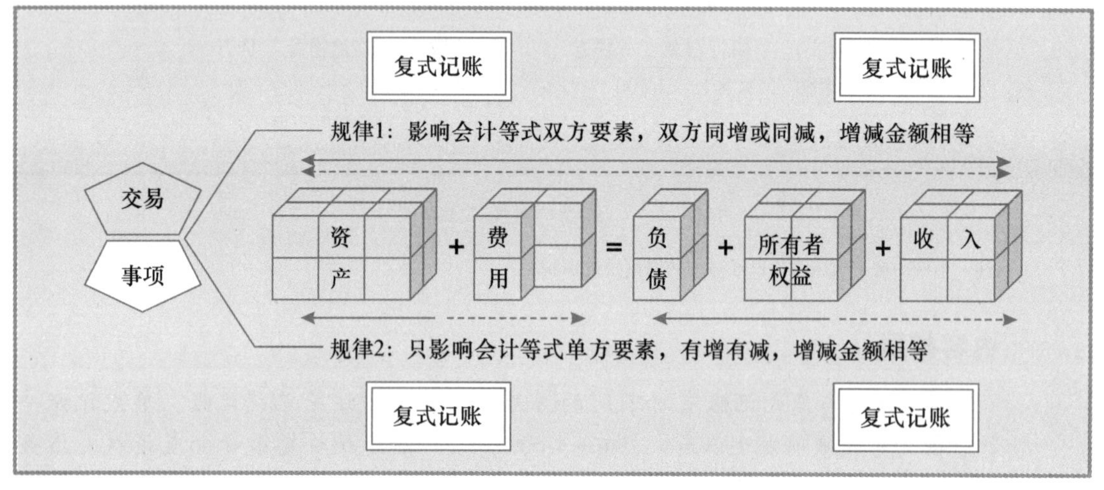

图4-2 复式记账的理论依据

从第2章中关于交易或事项影响会计等式中会计要素变动情形的分析可知，每一笔交易或事项发生以后，至少要影响两个会计要素或同一个会计要素中的两个项目发生变化。这种变化的规律是：或者同时涉及会计等式双方的要素，双方的要素同时增加或同时减少，并且同增或同减的金额相等；或者只涉及会计等式某一方的会计要素，使该方的会计要素或某一会计要素内部的两个项目发生有增有减的变动，并且增减金额相等。不论是哪一种情况，都表明交易或事项的发生至少会使会计要素的两个方面发生变化。这样，要在会计上全面完整地反映一项交易或事项内容，至少需要运用两个账户进行记录，这种记录方法就是复式记账。由此可见，复式记账的理论依据就是交易或事项影响会计要素增减变动的内在规律性。

4.1.2 复式记账的作用

（1）复式记账能够全面系统地记录企业发生的所有交易或事项。按照复式记账的要求，企业应建立能够涵盖所有会计要素具体内容的账户系统。利用这个系统采用复式记账法进行记录，就能够把企业发生的所有交易或事项全面记录下来。另外，账户是按照会计要素内容分门别类设置的，因此，复式记账还可以系统地记录企业发生的所有交易或事项。

（2）复式记账能够清晰地反映企业资金变化的来龙去脉，便于对交易或事项内容的了解和检查。从复式记账对发生的交易或事项记录的过程和结果看，可以清晰地了解各交易或事项所引起的资金运动变化的全貌，以及账户所反映的会计要素之间的变化关系。同时，也有利于检查交易或事项处理的合理性，从而保证账户记录的正确性。

（3）复式记账能够运用有关数据之间的平衡关系检查账户记录有无差错。采用复式记账法记录企业在一定会计期间所发生的全部交易或事项，所有账户的增减发生额之间，以及所有账户的余额之间会实现自动平衡。这种平衡关系可以为检验交易或事项处理过程的正确性提供重要依据。

复式记账的作用决定了它是一种科学的记账方法。目前，借贷记账法为世界上绝大多数国家所使用。

4.2 借贷记账法及其应用

4.2.1 借贷记账法的定义

借贷记账法是以“借”和“贷”作为记账符号，记录交易或事项的发生和完成情况的一种复式记账方法。

从该定义可见，借贷记账法是以其记账符号命名的，这是命名记账方法的一种惯例。借贷记账法是一种应用广泛的复式记账法，这种记账方法流传数百年而不衰，足见其强大的生命力。我国现行《企业会计准则》规定：“企业应当采用借贷记账法记账。”毋庸讳言，借贷记账法是一种比较难以理解和掌握的记账方法，对于初学者更是如此。只有按照借贷记账法的组成内容，循序渐进地加以探讨，并通过实际应用和加深理解，才能最终达到熟练把握这种方法的目的。

4.2.2 借贷记账法的内容

1. 借贷记账法的记账符号

根据借贷记账法的定义，其记账符号为“借”“贷”二字。记账符号的主要作用是表示“增加”或“减少”，以及在账户中用来记录增加额和减少额的方向。但借贷记账法并不只是简单地用“借”表示增加，用“贷”表示减少，而是每个记账符号都具有既表示“增加”又表示“减少”的双重含义，这种双重含义是根据账户的不同经济性质来界定的。

借贷记账法的记账符号对于六类不同性质账户的含义可结合图4-3加以理解。

按照借贷记账法记账符号含义的规定，其表示增加或减少主要取决于账户的性质，

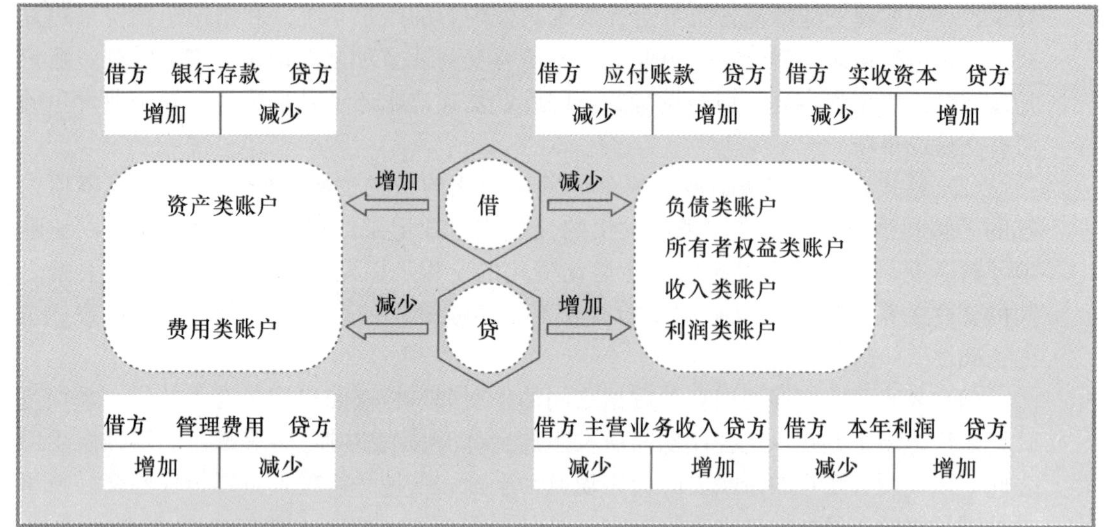

图4-3 借贷记账法的记账符号对于六类不同性质账户的含义

即账户所反映的会计要素内容的经济性质。根据会计要素的组成内容，企业设置的所有账户可具体划分为以下六类：资产类账户、负债类账户、所有者权益类账户、收入类账户、费用类和利润类账户，受会计要素经济内容性质的制约，每一类账户都具有特定的经济性质。

对于以上六类账户而言，借贷记账法的“借”“贷”记账符号分别具有不同的含义。其含义可在将六类账户再划分为两大类的基础上进行具体分析：资产类账户和费用类账户为一大类，对这两类账户而言，“借”表示增加，“贷”表示减少；负债类账户、所有者权益类账户、收入类账户和利润类账户为另一大类，对这四类账户而言，“贷”表示增加，“借”表示减少。“借”“贷”记账符号含义的这一基本规定，对于借贷记账法账户基本结构的设计、记账规则的形成和试算平衡方法的建立都具有重要意义。

2. 借贷记账法的账户结构

在借贷记账法下，账户的基本结构为“借方”和“贷方”两栏，分别用来记录增加额、减少额。对于余额在账户中专设“余额”栏进行记录。在T型账户中，其左方栏为“借方”，右方栏为“贷方”，分别用来记录增加额、减少额，余额则一般登记在账户中用来记录增加额的那一方。对于借贷记账法下账户的结构，也可在将六类账户归并为两大类的基础上进行分析：其中，资产类账户和费用类账户是用“借方”记录增加额，而用“贷方”记录减少额；负债类账户、所有者权益类账户、收入类账户和利润类账户，则是用“贷方”记录增加额，而用“借方”记录减少额。有余额时，一般应记录在账户中记录增加额的一方。借贷记账法下各类别账户的基本结构如图4-4所示。

对借贷记账法账户结构的理解还应特别注意两个问题。

(1) 并不是所有账户在会计期末都一定有余额。一般而言，资产类账户、负债类账户、所有者权益类账户（含利润类账户）在会计期末时应有余额；收入类账户和费

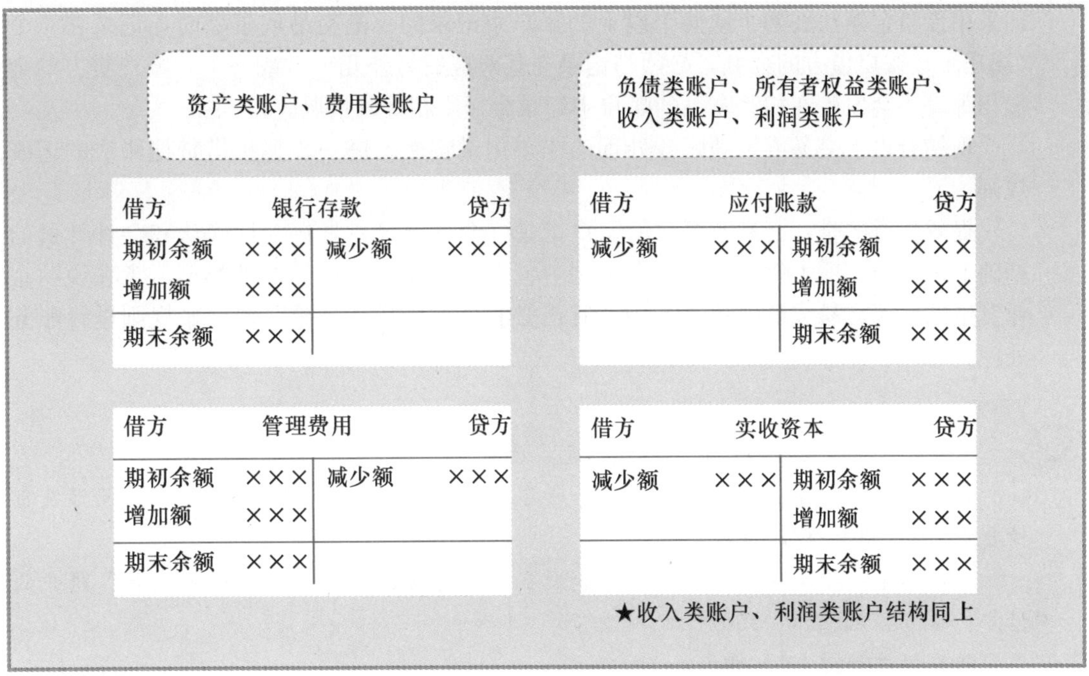

资产类账户、费用类账户

借方	银行存款		贷方
期初余额	×××	减少额	×××
增加额	×××		
期末余额	×××		

借方	管理费用		贷方
期初余额	×××	减少额	×××
增加额	×××		
期末余额	×××		

负债类账户、所有者权益类账户、收入类账户、利润类账户

借方	应付账款		贷方
减少额	×××	期初余额	×××
		增加额	×××
		期末余额	×××

借方	实收资本		贷方
减少额	×××	期初余额	×××
		增加额	×××
		期末余额	×××

★收入类账户、利润类账户结构同上

图 4-4　借贷记账法下各类账户的基本结构

用类账户在会计期末是否有余额，与企业计算当期利润的方法有关，在不同的方法下，收入类账户和费用类账户可能有余额，也可能没有余额。另外，有的账户在没有期初余额且双方的发生额相等时，也不会有余额；还有的账户尽管有期初余额，但期初余额和本期增加发生额之和与本期减少发生额二者之间相等，因此也没有期末余额。

（2）个别账户的结构可能与上述基本规律不同。例如，在企业实现盈利的情况下，“本年利润”账户应是贷方余额，而当企业发生亏损时，亏损额应记录在“本年利润”账户的借方。这是由交易或事项的特殊性引起的。另外，也有一些账户的结构是根据会计信息加工整理的特殊要求设置的。例如，“累计折旧”“坏账准备”等账户，虽然反映的都是资产要素的内容，其结构却与其他资产类账户的结构相反，即用“贷方”登记增加额，用“借方”登记减少额。此外，“应交税费”“应付职工薪酬”等账户，在某些情况下也可能会产生余额方向上的变异。

3. 借贷记账法的记账规则

记账规则是指采用记账方法在账户中记录交易或事项时必须遵循的规律性要求。借贷记账法的记账规则可概括为：有借必有贷，借贷必相等。

（1）有借必有贷。有借必有贷是指交易或事项在账户中的记录方向。即采用借贷记账法在两个或两个以上的账户中记录同一笔交易或事项时，如果一个（或几个）账户是记录在借方的，那么，与其对应的另外几个（或一个）账户肯定记录在贷方，即一借一贷、一借多贷或一贷多借。在这一规则下，肯定不会发生将一笔交易或事项的发生额都记录在两个（或几个）账户的借方，即有借无贷的情况；或都记录在两个（或几个）账户的贷方，即有贷无借的情况。

（2）借贷必相等。借贷必相等是指交易或事项在相互联系的账户中记录金额相等。

即采用借贷记账法在两个或两个以上的账户中记录同一笔交易或事项时，记录在一个（或几个）账户借方的金额，必须与记录在其对应的另外几个（或一个）账户贷方的金额相等。不会发生在相互联系的账户中记录金额不相等的情况。

现结合以下交易或事项账务处理的账户记录实例，进一步解析借贷记账法的记账规则。

提醒注意的是：交易或事项的账户记录（会计记录）是在会计确认和会计计量的基础上进行的一项工作；另外，在举例中包含了交易或事项的四种类型，意在说明企业发生的任何交易或事项都要采用“有借必有贷，借贷必相等”的记账规则进行账务处理。

例 4-1

盛荣公司借入短期借款 200 000 元，已存入企业在银行开设的账户。

会计确认：该项交易一方面涉及资产要素（“银行存款”，增加）；另一方面涉及负债要素（“短期借款”，增加）。

会计计量：按实际成本计量，应分别在“银行存款”账户和“短期借款”账户的借方、贷方各记录 200 000 元。

账户记录如图 4-5 所示。

图 4-5　例 4-1 的账户记录情况

这笔交易属于影响会计等式两边会计要素，两边同增的交易或事项类型。以上账户记录体现了“有借必有贷，借贷必相等”的记账规则。

例 4-2

假定盛荣公司为股份制企业，收到投资者以设备向企业的投资，双方商定设备价值为 180 000 元。

会计确认：该项交易一方面涉及资产要素（“固定资产”，增加）；另一方面涉及所有者权益要素（“股本”，增加）。

会计计量：按公允价值计量，应分别在“固定资产”账户和“股本”账户的借方、贷方各记录 180 000 元。

账户记录如图 4-6 所示。

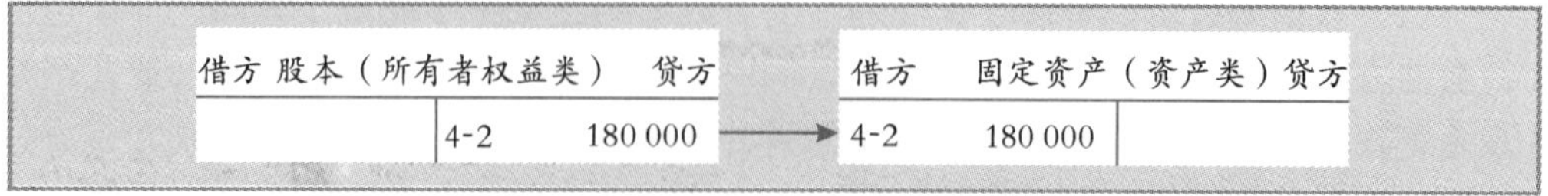

图 4-6　例 4-2 的账户记录情况

这笔交易属于影响会计等式两边会计要素，两边同增的交易或事项类型。以上账户记录体现了“有借必有贷，借贷必相等”的记账规则。

例4-3

盛荣公司用资本公积300 000元转增股本。

会计确认：该项交易同时涉及所有者权益要素中的两个项目（“资本公积”，减少；“股本”，增加）。

会计计量：按实际成本计量，应分别在“资本公积”账户和“股本”账户的借方、贷方各记录300 000元。

账户记录如图4-7所示。

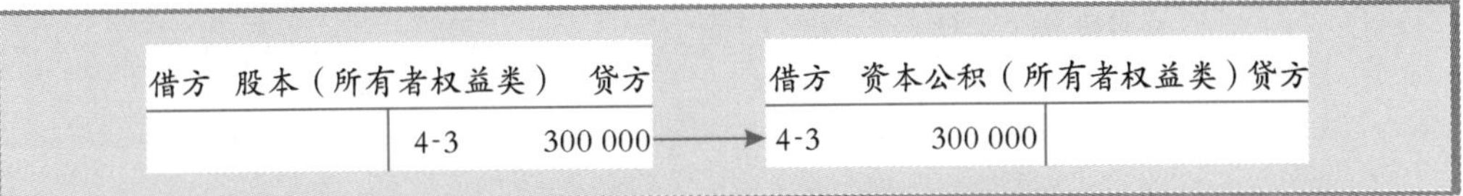

图4-7 例4-3的账户记录情况

这笔交易属于只影响会计等式右边会计要素，所有者权益要素内部有增有减的交易或事项类型。以上账户记录体现了“有借必有贷，借贷必相等”的记账规则。

例4-4

盛荣公司用银行存款6 000元购买材料（假定暂不考虑已缴纳的增值税进项税额），材料尚未运达企业。

会计确认：该项交易同时涉及资产要素中的两个项目（“在途物资”，增加；“银行存款”，减少）。

会计计量：按实际成本计量，应分别在“在途物资”账户和“银行存款”账户的借方、贷方各记录6 000元。

账户记录如图4-8所示。

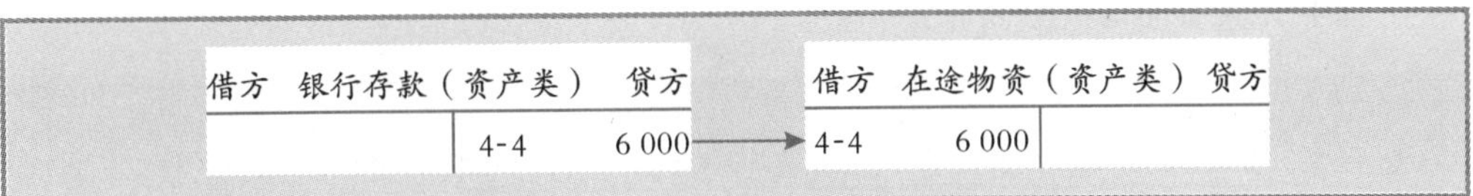

图4-8 例4-4的账户记录情况

这笔交易属于只影响会计等式左边会计要素，资产要素内部有增有减的交易或事项类型。以上账户记录体现了“有借必有贷，借贷必相等”的记账规则。

以上举例均为简单交易或事项的内容，下面再看两个较为复杂的交易或事项实例。

例4-5

盛荣公司购入材料一批，货款20 000元（假定暂不考虑已缴纳的增值税进项税额）。货款中的15 000元已用银行存款支付，另外5 000元尚未支付。材料已运达企业，但尚未办理验收入库手续。

会计确认：该项交易一方面涉及资产要素中的两个项目（“在途物资”，增加；“银行存款”，减少）；另一方面涉及负债要素（“应付账款”，增加）。

会计计量：按实际成本计量，在“在途物资”账户的借方记录20 000元；已支付货款部分在“银行存款”账户的贷方记录15 000元，未付货款部分在“应付账款”账户的贷方记录5 000元。

账户记录如图4－9所示。

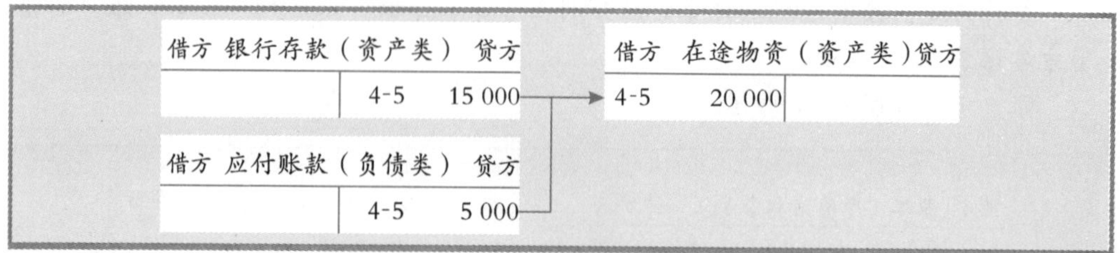

图4－9 例4－5的账户记录情况

这笔交易属于左方资产要素内部增减和会计等式双方要素同增交织在一起的交易或事项类型。从账户记录来看，在“在途物资”账户的借方记录了20 000元，在“银行存款”和“应付账款”账户的贷方也记录了20 000元（15 000＋5 000）。尽管该笔交易被记录在三个账户中，其记录过程仍然体现了“有借必有贷，借贷必相等”的记账规则。

例4－6

盛荣公司用银行存款50 000元偿还短期借款20 000元、应付账款30 000元。

会计确认：该项交易一方面涉及负债要素中的两个项目（“短期借款”，减少；“应付账款”，减少）；另一方面涉及资产要素（“银行存款”，减少）。

会计计量：按实际成本计量，在“短期借款”账户和“应付账款”账户的借方分别记录20 000元、30 000元；在“银行存款”账户的贷方记录50 000元。

账户记录如图4－10所示。

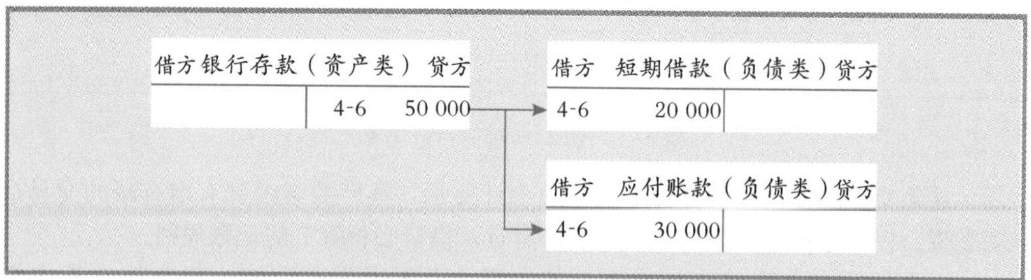

图4－10 例4－6的账户记录情况

这笔交易属于会计等式双方要素同减的交易或事项类型。从账户记录来看，在“短期借款”和“应付账款”账户的借方记录了50 000元（20 000＋30 000），在“银行存款”账户的贷方也记录了50 000元，尽管该笔交易被记录在三个账户中，仍然体现了“有借必有贷，借贷必相等”的记账规则。

例4－1至例4－6的账户记录清楚表明，虽然企业发生的交易或事项内容有的比较简单，有的比较复杂，从账户的记录方向看，也有一借一贷、一借多贷和多借一贷等情况，但无不体现了借贷记账法的记账规则——有借必有贷，借贷必相等，没有出现同借同贷的情况，也没有出现借方、贷方登记金额不相等的情况。这说明借贷记账法的记账规则对于处理任何类型的交易或事项都是完全适用的。

4. 借贷记账法下会计分录的编制

（1）会计分录的定义。会计分录简称分录，是指在将交易或事项记录有关账户之前预先确定的应登记账户的名称、所登记账户的方向和登记金额的一种记录形式。

应登记账户名称、登记方向和登记金额是构成会计分录的三个要素，只有在将交易或事项记录在有关账户之前预先确定这些内容，才能保证登记的账户正确，登记的方向准确，登记的金额无误。

（2）会计分录的编制方法。编制会计分录的过程也是运用会计语言确定分录组成要素内容的过程，这个过程应当是循序渐进的，不可一蹴而就。现结合例4-1探讨编制会计分录的具体方法。

1）确认涉及的会计要素。这是编制会计分录的基础，因为任何交易或事项的发生必定与会计要素有关。在例4-1中，公司在银行存入借入的短期借款，使企业的资产要素和负债要素都发生了变化。可见，这项交易的发生影响到了资产和负债两个会计要素。

2）确定应登记的账户。在确认了交易或事项所影响的会计要素以后，须进一步明确应登记的账户，这一步骤也是对会计要素内容的细化。将借入的短期借款存入银行，应登记在反映银行存款增加和减少的“银行存款”账户；对借入款项应登记在反映短期借款借入（增加）和偿还（减少）的“短期借款”账户。

3）分析账户的增减变化。在确定了应予登记的账户以后，应进一步分析这些账户的增加或减少的变动情况，在例4-1中，将借款存入银行为“银行存款”账户的增加，借入款项属于“短期借款”账户的增加。这一步骤是继而确定账户登记方向的基础。

4）确定账户的登记方向。即根据借贷记账法账户结构的设计，确定交易或事项的增加额或减少额在相关账户中的登记方向。在例4-1中，“银行存款”账户为资产类账户，其增加额应登记在借方；“短期借款”账户为负债类账户，其增加额应登记在贷方。

5）确定登记的金额。应根据交易或事项提供的数据信息，具体确定在有关账户中登记的金额各是多少，这一步骤即会计要素的计量，或称会计计量。在例4-1中，“银行存款”账户和“短期借款”账户各应登记200 000元。

根据上述第2）、4）、5）这三个环节确定的内容，按照会计分录的格式书写出来，就形成了完整的会计分录。

根据例4-1至例4-6编制的会计分录如下：

例4-1	借：银行存款	200 000	
	贷：短期借款		200 000
例4-2	借：固定资产	180 000	
	贷：股本		180 000

例4-3　借：资本公积　　300 000
　　　　　贷：股本　　300 000
例4-4　借：在途物资　　6 000
　　　　　贷：银行存款　　6 000
例4-5　借：在途物资　　20 000
　　　　　贷：银行存款　　15 000
　　　　　　　应付账款　　5 000
例4-6　借：短期借款　　20 000
　　　　　　应付账款　　30 000
　　　　　贷：银行存款　　50 000

以上会计分录清晰地表明了对发生的交易或事项应当在哪些账户中记录，记录在这些账户的哪一方，记录的金额是多少。这相当于对账户的记录拟定了必须执行的指令，账户的记录则是具体执行这些指令的过程。

从中也可以看出，要熟练准确地编制会计分录，必须熟悉企业的会计要素内容，把握资金运动增减变化的规律，掌握所应用账户的名称、核算的内容及其基本结构，同时必须理解借贷记账法记账符号的含义和账户结构，熟知借贷记账法的记账规则等。

特别提示

没有会计分录一般不能直接登记账户　此前在介绍借贷记账法的记账规则时，将发生的交易或事项直接记入了有关账户，在实务中是不能这样做的，因为没有会计分录作为依据是不能直接记账的。另外，在实务中，会计分录是填写在记账凭证上的，并作为登记账户的直接依据，具体做法将在“会计凭证”一章介绍。

(3) 会计分录的书写要求。编制会计分录时，必须按规范的格式要求书写。对在教学中编制会计分录的书写格式应特别注意四点：第一，分录中的借方内容写在上面，贷方内容写在下面，不可先贷后借；第二，分录中的贷方内容应缩进一个字书写，不要与借方内容齐头写，更不能将贷方内容写在借方的前面；第三，分录中的金额应按借方、贷方分别排成两列，以便后续进行借方发生额、贷方发生额的汇总；第四，分录中的金额后面不必写“元”字。

(4) 会计分录的种类。按照一笔会计分录中所包含的账户数量的多少，可以分为以下两类：简单会计分录与复合会计分录。简单会计分录是指只由两个账户组成的分录。以上例4-1至例4-4编制的分录均属于简单会计分录，是根据比较简单的交易或事项编制的分录。复合会计分录也称复杂分录，是指由两个以上的账户组成的分录。以上例4-5和例4-6编制的分录均属于根据比较复杂的交易或事项编制的分录。复合会计分录实际上是由两个或两个以上的简单会计分录组成的，因而一个复合会计分录可以分解为几个简单会计分录。例如，根据例4-5编制的复合会计分录就可以分解为如下两个简单会计分录。

1）借：在途物资　　15 000

　　贷：银行存款　　15 000

2）借：在途物资　　5 000

　　贷：应付账款　　5 000

同理，根据例 4－6 编制的复合会计分录也可以分解为两个简单会计分录。

从理论上讲，对于比较复杂的交易或事项可以编制复合会计分录，也可以编制简单会计分录。在实务中，采用专用记账凭证编制会计分录时，对某些比较复杂的交易或事项是不能编制复合会计分录的。例如，在例 4－5 中，既包括已经付款的部分，又包括尚未付款的部分，按照编制专用记账凭证的要求，只能利用付款凭证和转账凭证分别编制两个简单会计分录，这方面的内容将在“会计凭证”一章中介绍。

特别提示

一般不宜编制多借多贷的会计分录。在借贷记账法下编制的会计分录一般应一借一贷、一借多贷或多借一贷，而不宜编制多借多贷的会计分录，因为在多借多贷分录中，对账户之间的对应关系体现得不够清楚，不能清晰地反映账户之间增减变动的来龙去脉。

（5）账户对应关系与对应账户。账户对应关系是指在采用复式记账法为每一笔交易或事项编制会计分录时，在分录中所体现的账户之间存在的相互依存关系。例如，在根据例 4－1 编制的会计分录中，“银行存款”账户与“短期借款”账户之间就建立起了必然的相互依存关系。对应账户是指存在对应关系的账户。例如，在例 4－1 中，“银行存款”账户与“短期借款”账户就互为对应账户。由此可见，在某一特定的交易或事项中，对应账户之间的关系是不可改变的。

5. 借贷记账法的试算平衡

（1）试算平衡的定义。借贷记账法的试算平衡是指根据会计等式的平衡原理，按照记账规则的要求，通过汇总计算和比较，检验账户记录的正确性、完整性的一种技术方法。

（2）试算平衡的具体方法。具体包括发生额平衡法和余额平衡法两种。

1）发生额平衡法。发生额平衡法是对一定会计期间所有账户的发生额进行试算检验的一种方法。

a. 平衡公式。具体表示为：

一定会计期间全部账户的借方发生额合计＝该会计期间全部账户的贷方发生额合计

在发生额平衡法的平衡公式中，强调的是企业在“一定会计期间”的“全部账户”的“借方发生额合计”和“贷方发生额合计”。之所以强调“一定会计期间”，是由于采用该公式所要试算的是企业某一特定会计期间所有账户发生额的平衡关系，而不是该会计期间全部账户的借方发生额合计与另外一个会计期间全部账户的贷方发生额合计之间的相等关系。之所以强调“全部账户”，是由于采用该公式所要试算的是该期间全部账户的借方发生额合计与该期间所有账户的贷方发生额合计之间的平衡关系，而不是全部账户的发生额与部分账户发生额之间的关系。

b. 平衡原理。发生额平衡法是依据借贷记账法记账规则的基本原理建立的。一个企业在一定会计期间的全部账户的借方、贷方发生额合计数之间之所以存在以上相等关系，是因为借贷记账法对每一笔交易或事项的发生额都是按照“有借必有贷，借贷必相等”的规则在相互联系的账户中记录的，即每一笔交易或事项的借方、贷方发生额是相等的。因而，一个企业在一定会计期间不论发生了多少交易或事项，也不管记入了多少账户，只要把这些账户的发生额按借方、贷方分别进行合计，双方的合计数肯定是相等的。例如，将例4-1至例4-6记录的所有账户中的发生额分别按借方、贷方进行汇总，借方发生额合计数与贷方发生额合计数都是756 000元（这个数据可根据所编制的会计分录中各笔交易的发生额计算求得）。这是按照借贷记账法记录交易或事项时，有关数据之间能够实现自动平衡的情况之一。

c. 试算平衡方法。在实务中，全部账户借、贷发生额之间的试算一般是通过编制总分类账户发生额及余额试算表（其格式参见表4-1）中的“本期发生额”部分进行的。在试算平衡中利用的数据来自所试算期间全部账户的发生额。由于企业在每一会计期末都要结账，分别计算出各个账户的借方、贷方发生额合计数，这就为进行发生额的试算提供了有利条件。在编制试算表时，将各个账户中的发生额合计数分别按借方、贷方抄列入试算表中相关账户名称的相应栏次即可，即在账户中如果为借方发生额合计，就抄列于试算表的“借方”栏；如果为贷方发生额合计，就抄列于“贷方”栏。之后，再分别计算试算表中借、贷双方发生额的合计数。

表4-1　　总分类账户发生额及余额试算表

账户名称	期初余额		本期发生额		期末余额	
	借方	贷方	借方	贷方	借方	贷方
银行存款	850 000		200 000	71 000	979 000	
在途物资	30 000		26 000		56 000	
固定资产	500 000		180 000		680 000	
短期借款		100 000	20 000	200 000		280 000
应付账款		120 000	30 000	5 000		95 000
股本		860 000		480 000		1 340 000
资本公积		300 000	300 000			
合计	1 380 000	1 380 000	756 000	756 000	1 715 000	1 715 000

现以例4-1至例4-6登记的所有账户为例，填列总分类账户发生额及余额试算表中“本期发生额”部分。例4-1至例4-6交易或事项的借、贷发生额在总分类账户中的记录情况及合计金额如图4-11所示（图中各账户的“期初余额”为假设）。

将以上各账户中的“本期发生额”分别按借方、贷方抄列于试算表中的“本期发生额”栏，并分别进行汇总合计，就可以检验本期全部账户的借方、贷方发生额合计双方是否平衡，见表4-1中的“本期发生额”一栏。

借方	银行存款		贷方
期初余额	850 000	4-4	6 000
4-1	200 000	4-5	15 000
		4-6	50 000
本期发生额	200 000	本期发生额	71 000
期末余额	979 000		

借方	在途物资		贷方
期初余额	30 000		
4-4	6 000		
4-5	20 000		
本期发生额	26 000		
期末余额	56 000		

借方	固定资产		贷方
期初余额	500 000		
4-2	180 000		
本期发生额	180 000		
期末余额	680 000		

借方	短期借款		贷方
4-6	20 000	期初余额	100 000
		4-1	200 000
本期发生额	20 000	本期发生额	200 000
		期末余额	280 000

借方	应付账款		贷方
4-6	30 000	期初余额	120 000
		4-5	5 000
本期发生额	30 000	本期发生额	5 000
		期末余额	95 000

借方	股本		贷方
		期初余额	860 000
		4-2	180 000
		4-3	300 000
		本期发生额	480 000
		期末余额	1 340 000

借方	资本公积		贷方
4-3	300 000	期初余额	300 000
本期发生额	300 000		
		=	

图 4-11 例 4-1 至例 4-6 交易或事项在总分类账户中的记录情况

说明：T 型账户竖线下方的“＝”表示账户在期末没有余额。

在正常情况下，该试算表中的“本期发生额”一栏的借方、贷方合计数必须是相等的。本例中均为 756 000 元。一般来说，如果以上合计数相等，则说明交易或事项账务处理以及试算表的编制基本上是正确的。如果不相等，则说明肯定存在问题，应分析双方合计数不相等的原因，采用一定的方法进行查找并予以更正，直到双方借方、贷方合计数平衡为止。

2）余额平衡法。余额平衡法是对一定会计期末所有账户的余额进行试算检验的一种方法。

a. 平衡公式。可具体表示为：

一定会计期末全部账户的借方余额合计＝该会计期末全部账户的贷方余额合计

式中的“全部账户”同样是指某一企业在一定会计期间登记的所有账户，强调的是所有账户的借方余额合计与所有账户贷方余额之间的相等关系。应予注意的是：企业一定会计期末的部分账户借方余额合计与其全部账户贷方余额之间不会存在上述平衡关系。

b. 平衡原理。借贷记账法的余额平衡法是依据会计等式“资产＝负债＋所有者权益”，或“资产＋费用＝负债＋所有者权益＋收入”的基本原理建立起来的。

在会计期末，当企业的收入类账户和费用类账户没有余额时，有余额的应当是资产、负债、所有者权益和利润这四类账户。在利润类账户并入所有者权益账户，成本类账户并入资产类账户的情况下，期末有余额的应当只有资产、负债和所有者权益这三类账户。其中，资产类账户的期末余额一般为借方余额，负债类账户和所有者权益类账户的期末余额一般都为贷方余额。因而，上述试算平衡公式实质上体现的是该期末的“资产＝负债＋所有者权益”的平衡相等关系。当收入类账户和费用类账户期末有余额时，可以根据“资产＋费用＝负债＋所有者权益＋收入”等式的基本原理对所有账户的期末余额进行验证。这里暂不考虑第二种情况，只对第一种情况进行验证。验证可利用总分类账户发生额及余额试算表中的“期末余额”部分进行。现将图4－11中全部账户的“期末余额”采用下面的形式进行汇总，结果如图4－12所示。

资产类账户	借方余额
银行存款	979 000
在途物资	56 000
固定资产	680 000
总　　计	1 715 000

负债类账户	贷方余额
短期借款	280 000
应付账款	95 000
合　　计	375 000

所有者权益类账户	贷方余额
股本	1 340 000
资本公积	0
合　　计	1 340 000

双方总计相等

总　　计　1 715 000

图4－12　对图4－11中账户期末余额的汇总情况

汇总结果表明，资产类账户的期末余额总计1 715 000元与负债类账户余额375 000元和所有者权益类账户余额1 340 000元的总计数（1 715 000元）是相等的。由此可见，“一定会计期末全部账户的借方余额合计＝该期末全部账户的贷方余额合计”与“资产＝负债＋所有者权益”的含义实质上是相同的，只是表达的形式不同而已。利用余额平衡法也可对所有账户的期初余额进行验证。

c. 试算平衡方法。在实务中，一定会计期末全部账户余额的试算一般是通过编制总分类账户发生额及余额试算表中的“期初余额”和“期末余额”两部分进行的，所采用的数据来自所试算期间全部账户的期初余额和期末余额。各账户的期初余额是从上一会计期末结转而来的，期末余额则是各账户记录交易或事项后产生的结果。由于企业在会计期末都要结账，计算出各个账户的余额，这就为进行余额的试算提供了便利条件。在编制试算平衡表时，只需要将账户中的余额分别按其借、贷方向抄入试算表中相应账户名称一行的“借方”或“贷方”栏即可。之后，再分别计算借方、贷方余额的合计数，并比较两者是否相符。

根据图4－11账户记录所提供的资料编制的总分类账户发生额及余额试算表中的“期初余额”和“期末余额”部分的验证情况见表4－1相关栏次。

在正常情况下，该表中的“期初余额”和“期末余额”两大栏各自的借方、贷方合计数必须相等。例如，所有账户的“期初余额”借方合计数和贷方合计数都是1 380 000元；所有账户的“期末余额”借方合计数和贷方合计数都是1 715 000元。

这是按照借贷记账法记录交易或事项所形成的另外一种会计数据之间的自动平衡关系。一般来说，如果以上有关合计数之间各自相等，则说明账务处理和试算表的编制过程基本上是正确的。如果不相等，应查找差错，并进行数字调整，直到有关合计数之间各自相等为止。

利用总分类账户发生额及余额试算表检验账户记录的完整性和准确性，是会计实务中经常采用的基本方法。通过编制总分类账户发生额及余额试算表，能够发现账务处理过程中存在的一些问题，例如，在登记账户或抄转数据过程中，将某一账户的发生额或余额记（抄）多或记（抄）少，以及将发生额或余额的金额位次写颠倒等。但对于在账户中漏记或重复记录整个交易或事项，一笔交易或事项记录的借贷记账方向彼此颠倒，或方向正确但记错了账户等错误则难以发现，因为这些错误并不会影响试算表发生额或余额借方、贷方合计数的平衡。因此，即使试算表的发生额或余额有关合计数之间平衡相等，也不能说明账务处理过程完全正确。只有保证每一笔交易或事项处理的准确性，才能保证试算表试算结果的有效性。

4.3 账户的平行登记

4.3.1 平行登记的定义及应用

1. 平行登记的定义

平行登记是指在借贷记账法下对发生的每一笔交易或事项，既要在有关的总分类账户中进行总括登记，又要在这些总分类账户所属的明细分类账户中进行详细登记的做法。

总分类账户是根据总分类科目设置的账户，用以提供会计要素某些方面的总括信息。在前面举例中所用到的账户都属于总分类账户。如前所述，总分类账户对于交易或事项的反映存在一定的局限性，因此，有必要根据这些总分类账户所反映的内容作进一步分类，并设立明细分类账户，借以反映会计要素某些方面具体内容增减变动的详细信息。在会计上，对交易或事项既要在相关的总分类账户中登记，又要在其所隶属的明细分类账户中登记的过程就是平行登记。在实务中，绝大多数总分类账户下都需要设置明细分类账户，采用平行登记方法；在个别总分类账户下可不设立明细分类账户，就不存在平行登记的要求了。

2. 平行登记方法的应用

现举例说明平行登记方法的应用。

例 4-7

假定盛荣公司购入A，B两种材料计6 000元。其中，A材料4 000元，从彩虹公司购得；B材料2 000元，从兴发公司购得。以上货款尚未支付（假定暂不考虑已经缴纳的增值税进项税额），材料已运达企业，但尚未办理验收入库手续。

会计确认：该笔交易一方面涉及资产要素（“在途物资”，增加）；另一方面涉及负债要素（“应付账款”，增加）。

会计计量：按实际成本计量，在“在途物资”账户的借方记录6 000元；“应付账款”账户的贷方记录6 000元。

对于需要进行平行登记的交易或事项，在进行上述确认和计量的基础上，还要对购入材料的种类和名称等进行具体确认，本例为A材料和B材料；在货款未付的情况下，还要对债权人进行具体确认，本例为彩虹公司和兴发公司。根据以上确认和计量的结果，应编制如下会计分录：

借：在途物资——A材料	4 000	
——B材料	2 000	
贷：应付账款——彩虹公司		4 000
——兴发公司		2 000

特别提示

平行登记对会计分录的编制要求 对于需要进行平行登记的交易或事项，应注意分录编制上的变化，即在分录中不仅要写出总分类账户的名称，而且要写出明细分类账户的名称，发生额也应按明细账户分别写出。这样做的目的在于为下一步进行总分类账户和明细分类账户的平行登记提供依据。

例4-8

假定盛荣公司用银行存款3 000元偿还彩虹公司材料款，款项从本公司在工商银行开设的账户支付。

会计确认：该笔交易一方面涉及负债要素（“应付账款”，减少）；另一方面涉及资产要素（“银行存款”，减少）。

会计计量：按实际成本计量，应分别在“应付账款”账户的借方和“银行存款”账户的贷方记录3 000元。

在进行上述确认和计量的基础上，还要对债权人进行具体确认，本例为彩虹公司；在应付账款已偿付的情况下，还要对所开户银行进行具体确认，本例为工商银行。根据以上确认和计量结果，应编制如下会计分录：

借：应付账款——彩虹公司	3 000	
贷：银行存款——工商银行		3 000

以上会计分录中的明细分类账户名称一般称为一级明细账户，有些交易或事项的账务处理需要设置更多层次的明细账户，可分别称为二级明细账户、三级明细账户等。根据以上会计分录即可进行“在途物资”、“应付账款”和“银行存款”账户的复式记账和平行登记。例4-7和例4-8在总分类账户和明细分类账户中的登记情况如图4-13所示（账户中的期初余额均为假设）。

借方	银行存款（总分类账户）		贷方
期初余额	50 000	4-8	3 000
本期发生额	0	本期发生额	3 000
期末余额	47 000		

借方	工商银行（明细分类账户）		贷方
期初余额	50 000	4-8	3 000
本期发生额	0	本期发生额	3 000
期末余额	47 000		

借方	在途物资（总分类账户）		贷方
期初余额	20 000		
4-7	6 000		
本期发生额	6 000		
期末余额	26 000		

借方	A材料（明细分类账户）		贷方
期初余额	16 000		
4-7	4 000		
本期发生额	4 000		
期末余额	20 000		

借方	应付账款（总分类账户）		贷方
4-8	3 000	期初余额	20 000
		4-7	6 000
本期发生额	3 000	本期发生额	6 000
		期末余额	23 000

借方	B材料（明细分类账户）		贷方
期初余额	4 000		
4-7	2 000		
本期发生额	2 000		
期末余额	6 000		

借方	彩虹公司（明细分类账户）		贷方
4-8	3 000	期初余额	8 000
		4-7	4 000
本期发生额	3 000	本期发生额	4 000
		期末余额	9 000

借方	兴发公司（明细分类账户）		贷方
		期初余额	12 000
		4-7	2 000
		本期发生额	2 000
		期末余额	14 000

图 4-13　例 4-7 和例 4-8 在总分类账户和明细分类账户中的记录情况

4.3.2　总分类账户与明细分类账户的关系及平行登记的要点

1. 总分类账户与其所属明细分类账户之间的关系

平行登记体现了账户体系中的总分类账户与其所属明细分类账户之间的密切关系。

（1）控制与被控制的关系。总分类账户是其所属明细分类账户的统驭账户，它提供的是总括信息，这些信息是其所属明细账户所反映的详细信息的集合，对所属明细分类账户起着控制作用；明细分类账户则是总分类账户的从属账户，其记录过程和记录结果受其所隶属的总分类账户的制约。

（2）相互配合的关系。在存在平行登记关系的总分类账户和明细分类账户中，虽然它们记录的交易或事项的内容是相同的，但在功能上有明确分工。明细分类账户提供的信息是对其所隶属的总分类账户提供信息的详细说明，可以弥补总分类账户在信息提供方面的局限性；而总分类账户能够提供的总体信息又是明细分类账户所不能提供的。由此可见，只有把总分类账户与明细分类账户相互配合地加以利用，才能既总括又详细地反映同一交易或事项的内容，达到对交易或事项进行全面处理的目的。

2. 平行登记的要点

进行总分类账户与明细分类账户的平行登记，需要把握以下要点。

（1）登记的内容相同。凡是在总分类账户下设有明细分类账户的，当交易或事项发生后，一方面要登记有关的总分类账户，另一方面要登记这些总分类账户所属的明细分类账户。如在例4－7中，“在途物资”总分类账户和A材料、B材料两个明细账户登记的都是企业购入材料的交易内容。

（2）登记的方向一致。一般来说，如果总分类账户登记在借方，那么，其所属的明细分类账户也应登记在借方；反之，如果总分类账户登记在贷方，那么，其所属的明细分类账户也应登记在贷方。如在例4－7中，“在途物资”总分类账户和A材料、B材料两个明细账户都是登记在借方。

（3）登记的金额相等。同一交易或事项登记在总分类账户借方（或贷方）的金额必须与登记在该总分类账户所属的一个或几个明细分类账户的借方（或贷方）的金额或金额合计数相等。如在例4－7中，“在途物资”总分类账户登记的金额为6 000元，登记在A材料、B材料两个明细账户的金额合计数也为6 000元（4 000＋2 000）。

4.3.3 账户平行登记的试算平衡

由于对交易或事项采用平行登记的方法，使有关总分类账户与其所属的明细分类账户在发生额及余额之间客观上产生了一种平衡相等关系。为检验账户平行登记的过程和结果是否正确，可编制总分类账户与明细分类账户发生额及余额试算表进行验证。这种试算表的格式有多种，比较简单的一种格式类似于总分类账户发生额及余额试算表，如表4－2所示。

表4－2　总分类账户与明细分类账户发生额及余额试算表

账户名称	期初余额		本期发生额		期末余额	
	借方	贷方	借方	贷方	借方	贷方
银行存款总分类账	50 000			3 000	47 000	
银行存款日记账	50 000			3 000	47 000	
在途物资总分类账	20 000		6 000		26 000	
在途物资明细分类账合计	20 000		6 000		26 000	
A材料	16 000		4 000		20 000	
B材料	4 000		2 000		6 000	
应付账款总分类账		20 000	3 000	6 000		23 000
应付账款明细分类账合计		20 000	3 000	6 000		23 000
彩虹公司		8 000	3 000	4 000		9 000
兴发公司		12 000		2 000		14 000

编制总分类账户与明细分类账户发生额及余额试算表时，首先应把有关总分类账户及其所属各明细分类账户的期初余额、借方发生额合计、贷方发生额合计和期末余

额相应地抄列于该表的发生额和余额栏，然后将明细分类账户的发生额和余额分别相加求得合计数。之后，直接利用这些合计数分别与该表中的总分类账户发生额和余额进行核对。如果相关的金额之间相等，则说明平行登记过程和结果基本是正确的；否则，说明存在问题，应及时查找，并予以更正。与编制总分类账户发生额及余额试算表的目的不同，编制总分类账户与明细分类账户发生额及余额试算表的主要目的在于检验账户平行登记的过程及其结果是否一致，以全面地保证交易或事项账务处理的准确性。

思考题

1. 什么是复式记账？怎样理解其含义？
2. 复式记账的理论依据是什么？
3. 复式记账的主要作用有哪些？
4. 何谓借贷记账法？如何理解其记账符号的含义？
5. 借贷记账法下的账户结构是怎样的？理解账户的结构应注意哪些问题？
6. 借贷记账法的记账规则是什么？怎样理解该记账规则？
7. 什么是会计分录？在借贷记账法下应怎样编制会计分录？
8. 试举例说明什么是账户对应关系和对应账户。
9. 什么是试算平衡？借贷记账法的试算平衡方法有哪几种？其原理是什么？
10. 什么是平行登记？平行登记的要点有哪些？
11. 在平行登记中，总分类账户与明细分类账户之间的关系如何？
12. 怎样进行平行登记过程及其结果的试算平衡？

练习题

一、借贷记账法

[目的]　练习借贷记账法下会计分录的编制、账户登记和试算平衡方法。

[资料]

1. 假定鸿达公司本月初有关总分类账户的余额如下：

库存现金	600 元	银行存款	400 000 元
原材料	9 400 元	固定资产	320 000 元
生产成本	30 000 元	短期借款	20 000 元
应付账款	100 000 元	实收资本	640 000 元

2. 该公司本月发生如下交易或事项：

(1) 收到投资者投入的货币资金 400 000 元，已存入银行。

(2) 用银行存款 80 000 元购入不需要安装的设备一台（假定暂不考虑已经缴纳的增值税进项税额）。

(3) 购入材料一批，买价和运费计30 000元，货款尚未支付，材料尚未验收入库（假定暂不考虑已经缴纳的增值税进项税额）。

(4) 从银行提取现金4 000元备用。

(5) 借入短期借款40 000元，已存入银行。

(6) 用银行存款70 000元偿还应付账款。

(7) 生产产品领用材料一批，价值9 000元。

(8) 用银行存款60 000元偿还短期借款。

[要求]

(1) 根据所给交易或事项编制会计分录。

(2) 根据账户余额资料和编制的会计分录登记有关总分类账户（可开设T型账户）。

(3) 根据账户的登记结果编制总分类账户发生额及余额试算表。

二、平行登记

[目的] 练习总分类账户与明细分类账户的平行登记及其试算平衡方法。

[资料]

1. 假定鸿达公司本月初有关账户的期初余额如下：

(1) 在途物资	8 000元	
其中：在途物资——H材料		6 000元
——Y材料		2 000元
(2) 应付账款	50 000元	
其中：应付账款——东华公司		30 000元
——贸发公司		20 000元
(3) 原材料	40 000元	
其中：原材料——H材料		30 000元
——Y材料		10 000元

2. 该公司本月发生如下交易或事项：

(1) 从东华公司购入不需要安装设备两台，价值50 000元，货款尚未支付（假定暂不考虑已经缴纳的增值税进项税额）。

(2) 从贸发公司购入材料一批，货款计36 000元。其中：H材料20 000元，Y材料16 000元。H材料货款已用银行存款支付，Y材料货款尚未支付（假定暂不考虑已经缴纳的增值税进项税额）。以上两种材料暂未验收入库。

(3) 用银行存款偿还东华公司设备款50 000元。

(4) 用银行存款支付贸发公司材料款36 000元。

(5) 发出H材料28 000元，Y材料6 000元用于A产品生产。

[要求]

(1) 根据所给交易或事项编制会计分录。

(2) 根据所给账户余额资料和编制的会计分录登记“在途物资”、“应付账款”和“原材料”总分类账户和明细分类账户（开设T型账户即可）。

(3) 编制总分类账户与明细分类账户发生额及余额试算表。

第5章

会计凭证

内 容 导 图

通过账户设置建立了交易或事项记录的载体，选择了复式记账这种科学的记账方法，仍然不可随意记账，因为交易或事项的账务处理必须依据可靠的凭据进行。处理交易或事项的凭据就是本章将要讨论的内容——会计凭证。主要介绍会计凭证方法在会计循环中的重要地位，会计凭证的定义、种类和作用，以及会计凭证的填制和应用方法等。

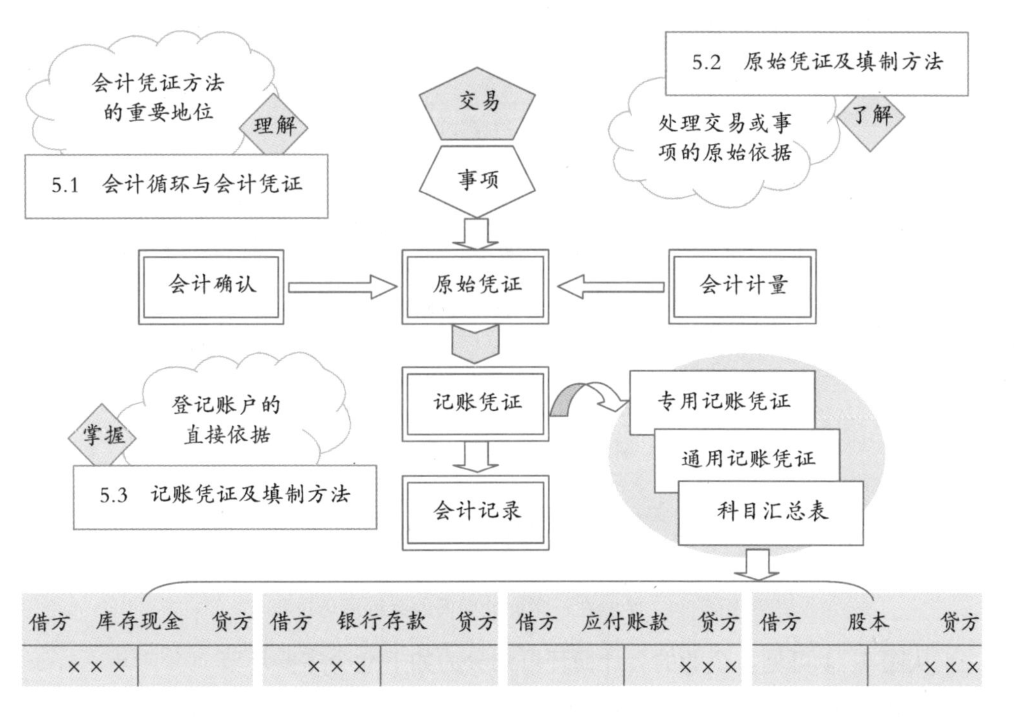

5.1 会计循环与会计凭证

5.1.1 会计循环的定义及程序

1. 会计循环的定义

会计循环是企业在一定会计期间对其发生的交易或事项进行账务处理，并根据处理的结果在会计期末编制财务会计报告的过程。它主要包括从交易或事项发生后取得或填制原始凭证起，根据原始凭证填制记账凭证，根据记账凭证登记账簿，到编制财务会计报告止的一系列处理程序。

划分会计期间是会计的重要前提之一。在一定的会计期间，企业会计管理活动的主要内容是对当期发生的交易或事项进行确认、计量、记录和报告，即在获取交易或事项有关凭据的基础上，经过确认和计量进行会计记录，在会计期末按照规定编制财务会计报告，每一个环节都是不可缺少的。在持续经营的企业，这些环节应在相互连续的会计期间周而复始地进行，故称为会计循环。

2. 会计循环的程序

企业在一定会计期间的会计循环过程如图5-1所示。

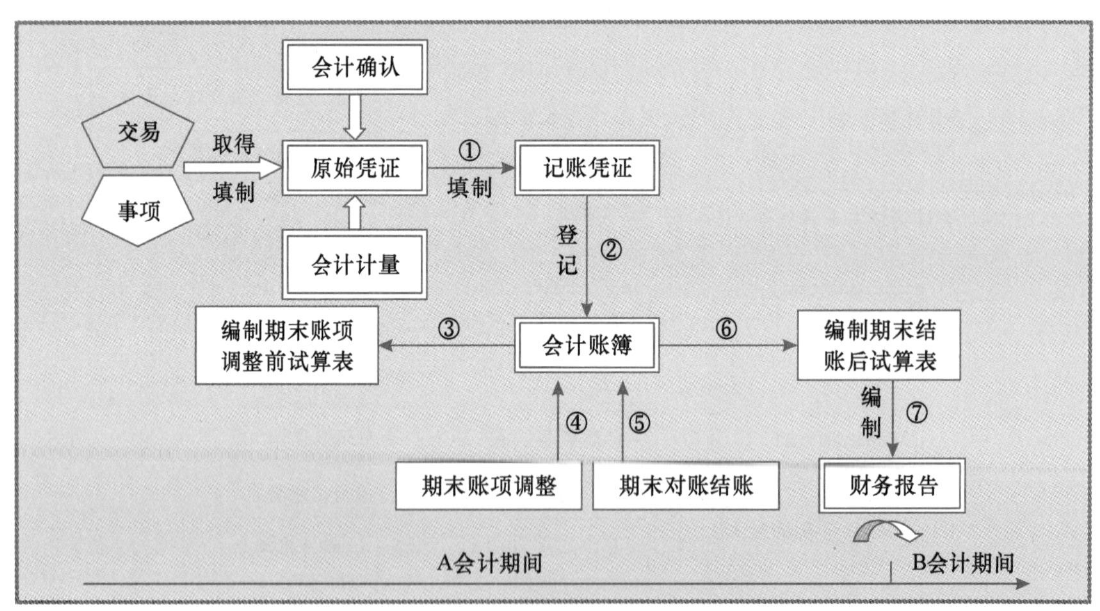

图5-1 企业在一定会计期间的会计循环过程

从图5-1可见，企业的会计循环可划分为如下七个主要环节。

①交易或事项发生以后，首先应取得或填制原始凭证，经过确认和计量，填制记账凭证（即根据设置的账户，采用复式记账法在记账凭证上编制会计分录）。

②根据填制的记账凭证（即会计分录凭证）登记有关账簿。登记账簿的过程就是采用会计方法在账户中记录本期新发生的交易或事项的过程。

③编制期末账项调整前的试算平衡表。在对本期新发生的交易或事项登记入账以后，应编制试算平衡表，对本期已经入账的交易或事项的记录进行全面检查核对。只有在试算平衡的基础上，才能进行期末账项调整。

④编制账项调整分录并据以登记有关账户。企业在会计期末需要调整的账项主要有：本期虽未收款但应计入本期的收入，如本期因赊销产品而未实际收款的收入等；本期虽未付款但应计入本期的费用，如本期虽未付款但应计入本期费用的短期借款利息等。根据权责发生制基础的要求，对这些账项应编制调整分录确认为本期的收入与费用。

⑤期末进行对账和结账。在将本期全部交易或事项（包括本期新发生的交易或事项和期末调整账项）进行全面记录以后，应进行对账并结账。对账是指在期末结账前进行的账证、账账和账实等方面的核对。只有在保证账证、账账和账实相符的基础上，才能进行期末结账。结账的内容主要包括：计算各账户的本期发生额和余额，账户如有余额应结转下期；结清收入类账户和费用类账户，将这两类账户的余额转入“本年利润”账户，以确定当期的经营成果。

⑥编制期末结账后的试算平衡表。应根据全部账户的发生额及余额资料编制试算平衡表，借以检验本期全部账户记录的完整性和准确性，以便为编制财务报告提供可靠的数据。

⑦期末时按要求编制财务报告。财务报告应根据试算平衡后的全部账户的发生额及余额资料编制，并按照规定的报告期限及时报告会计信息。

5.1.2　会计凭证的定义及作用

1. 会计凭证的定义

会计凭证是原始凭证和记账凭证的统称，是用以记载交易或事项的发生和完成情况，明确经济责任，并据以登记账簿的证明文件。合法地取得、正确地填制和审核凭证是会计的专门方法之一。

对会计凭证的定义可结合图 5－2 加以理解。

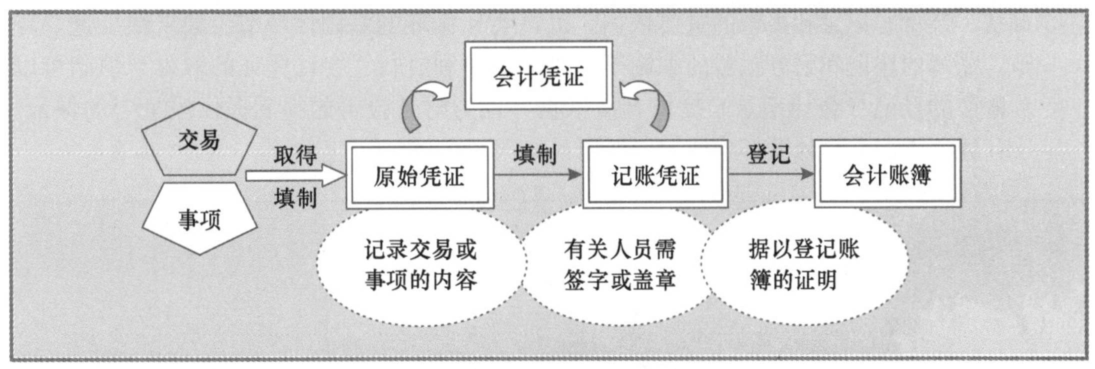

图 5－2　会计凭证的定义

按照编制程序和用途不同，会计凭证可分为原始凭证和记账凭证两种。原始凭证是进行会计核算的原始资料。为满足记账上的要求，会计人员应根据审核无误的原始凭证填制记账凭证，记账凭证是登记账簿的直接依据。无论是原始凭证还是记账凭证，有关人员都应在凭证上签名或盖章，以明确经济责任。账簿的登记主要是根据记账凭证进行的，有时也需要参照相关的原始凭证，因而会计凭证是据以登记账簿的证明文件。

2. 会计凭证的作用

（1）会计凭证是提供交易或事项信息的重要载体。在交易或事项发生以后，经办人员或会计人员必须取得或填制原始凭证，这是会计核算所必需的原始资料。只有在交易或事项的经办人员将有关原始凭证送交会计部门时，会计人员才会从中了解交易或事项的内容。即使是由会计人员自行填制的原始凭证，也需要在有关人员之间进行传递，这一过程也是交易或事项信息的传递过程。由此可见，会计凭证是提供交易或事项信息的重要载体。

（2）会计凭证是登记账簿的必要依据。会计人员应对记载交易或事项内容的原始凭证进行整理，并据其填制记账凭证，确定交易或事项所应予登记的账户名称、方向及金额等，即编制会计分录，以便将发生的交易或事项记入有关账户。

（3）会计凭证是明确经济责任的重要手段。企业所发生的交易或事项一般都是由有关人员经办的。经办人员在完成交易或事项一定环节的内容时，必须在会计凭证上签名或盖章，这样做可以明确经济责任，发生差错也容易查找。此外，通过会计凭证的传递，可以使有关部门和有关人员之间相互牵制、相互制约，有利于及时发现和解决问题。

（4）审核会计凭证是实行会计监督的具体措施。会计人员通过审核会计凭证，可以检查交易或事项的真实性、合法性和合规性，使交易或事项的会计处理符合相关规定的要求，从源头上保证会计信息质量。通过对会计凭证的审核，也能够及时发现企业经营管理中存在的问题，或管理制度中存在的漏洞，以便及时采取措施加以解决。

5.1.3 会计凭证方法在会计循环中的重要地位

从会计循环的全过程可以看出，对企业发生的交易或事项进行处理需要采用一系列的方法，而取得或填制会计凭证是其中的首要方法。会计凭证是进行交易或事项的确认、计量、记录和报告的重要依据，也是会计循环的基础性环节。如果缺少这一环节，账簿的登记和财务报告的编制等都将无法顺利进行。会计凭证的取得与填制可以为账簿的登记（会计记录）提供直接依据，也为财务报告的编制提供质量上的保证。会计凭证方法在会计循环中的地位如图5-3所示。

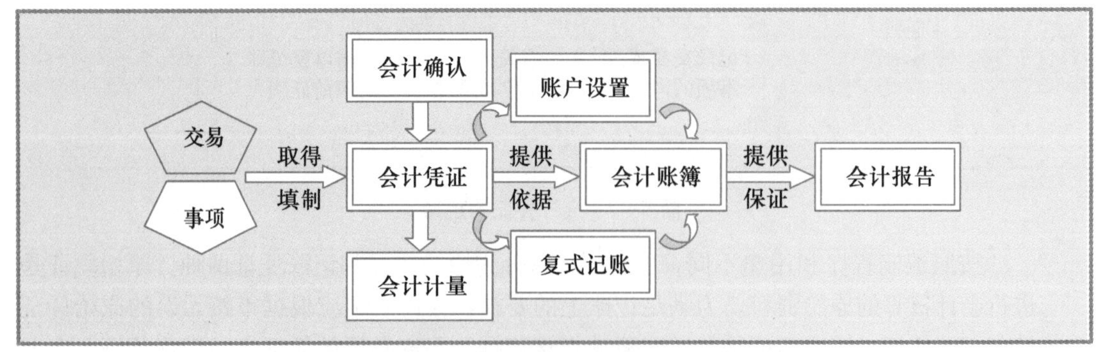

图5-3 会计凭证方法在会计循环中的地位

5.2 原始凭证及填制方法

5.2.1 原始凭证的定义与种类

1. 原始凭证的定义

原始凭证一般是指在交易或事项发生时取得或填制的，载明交易或事项内容和完成情况的证明文件，是会计核算的原始资料和主要依据。对原始凭证的定义可结合图 5－4 加以理解。

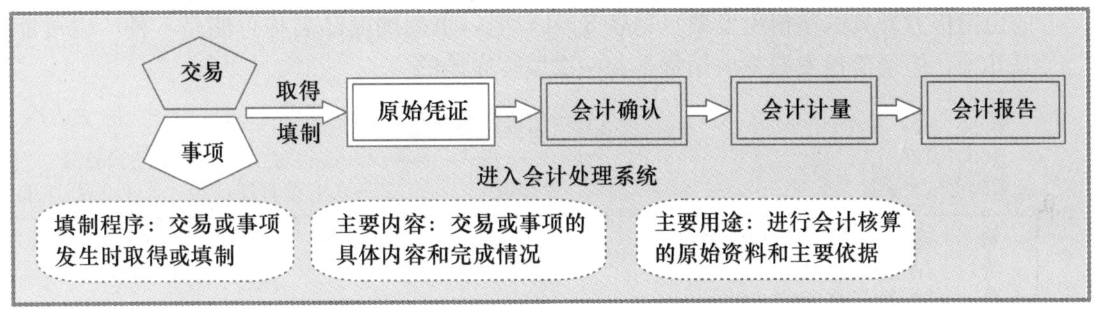

图 5－4　原始凭证的定义

2. 原始凭证的种类

对原始凭证可以按其来源不同和填制的手续与内容不同进行分类，如图 5－5 所示。

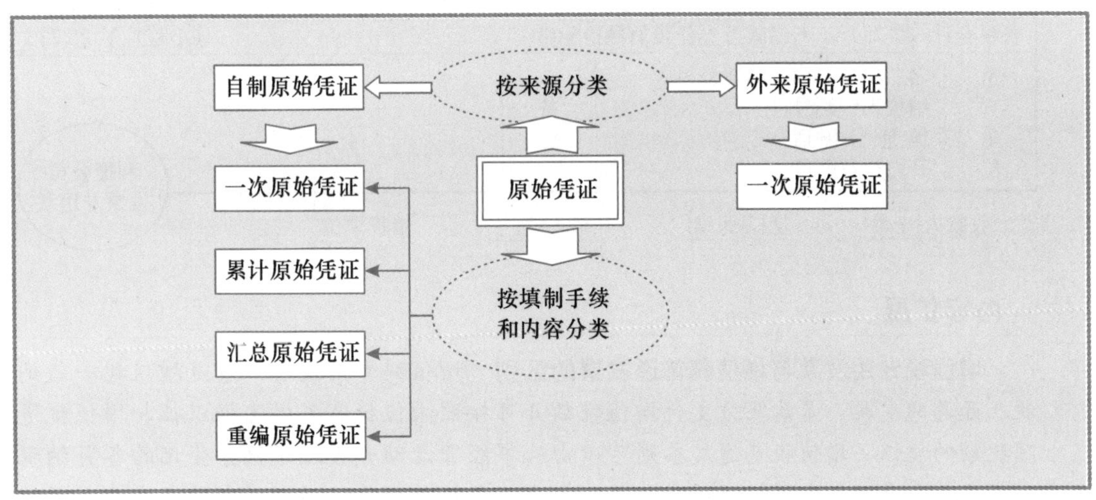

图 5－5　原始凭证的分类方法及种类

（1）按照原始凭证的来源分类。可分为外来原始凭证和自制原始凭证两种。1）外来原始凭证是指在发生交易或事项时，从其他企业或个人处取得的原始凭证。例如，企业购货时由销货方开具的发票，委托运输企业运送货物时由运输企业开具的运费收据，在开户银行办理存款的收支业务时由银行开具的收款通知和付款通知等，都属于外来原始凭证。2）自制原始凭证是由本企业经办业务的部门或人员在完成交易或事项时填制的原始凭证。例如，由企业领用材料部门的领料人员填制的领料单和限额领料单，月末对发出材料进行汇总时填制的发出材料汇总表等，都属于自制原始凭证。

（2）按照原始凭证的填制手续和包含的内容分类。填制手续是指原始凭证是一次性填写完成，还是采用累计填写方式或汇总填写方式完成；包含的内容是指原始凭证上所记载的交易或事项的内容是只有一项还是有若干项。自制原始凭证按照这种方式，可分为一次原始凭证、累计原始凭证、汇总原始凭证和重编原始凭证。外来原始凭证一般为一次原始凭证。

1）一次原始凭证。一次原始凭证，或简称一次凭证，是指一次性填制完成的，只记载一项或同时记载若干交易或事项内容的原始凭证。例如，在企业购货付款后收到的由销售方开具的增值税发票（见表5-1）上，填列的商品名称可能是一种，也可能是几种，但增值税发票是由销货企业一次填写完毕的。

表5-1　　××省增值税普通发票

2100070126　　№ 53506201

校验码 276××××××　　发票联　　开票日期：20××年9月15日

购货单位	名　　称：盛荣公司 纳税人识别号： 地 址 、电 话： 开户行及账号：		密码区	（略）			
货物或应税劳务名称	规格型号	单位	数量	单价	金额	税率	税额
M产品		台	10	1 500	15 000	13%	1 950
W产品		千克	20	300	6 000	13%	780
合计					￥21 000		￥2 730
价税合计（大写）	◎贰万叁仟柒佰叁拾元整					（小写）￥ 23 730	
销货单位	名　　称：利捷公司 纳税人识别号： 地 址 、电 话： 开户行及账号：		备注	利捷公司发票专用章			

收款人 王蕾　　复核 张维　　开票人 刘冬　　销货单位

内容扩展

增值税专用发票与增值税普通发票的区别　增值税专用发票一般是增值税一般纳税人开具的发票，是购买方支付增值税额并可按照增值税有关规定据以抵扣增值税进项税额的凭证。增值税普通发票则可以由从事经营活动并办理了税务登记的各种纳税人开具，未办理税务登记的纳税人也可以向税务机关申请开具增值税普通发票。增值税普通发票的格式、字体、栏次、内容与增值税专用发票完全一致，但没有抵扣联，不能作为抵扣增值税进项税额的凭证。

再如，由企业内部领用材料部门填制的一次性领料单（见表5-2），企业在销售产品时开给购买方的增值税专用发票，以及购入材料及生产完工产品在办理入库手续时填写的入库单等，其填制手续都是一次完成的，均属于一次原始凭证。一次原始凭证填制方便灵活，但在一定的会计期间同类交易或事项发生较多时，需要填制的一次原始凭证数量也较多，会给会计核算带来不便。

表5-2 领料单

领料单位：第三车间 凭证编号：0100

用途：生产N产品 20××年9月5日 仓库：2号

材料类别	材料编号	材料名称	规格	计量单位	数量		单价	金额
					请领	实领		
型钢	0345	圆钢	25mm	千克	1 500	1 500	4.40	6 600
型钢	0348	圆钢	10mm	千克	1 000	1 000	4.40	4 400
合计					2 500	2 500		11 000

发料 姜同 领料 王立 领料单位负责人 刘宁 记账 赵东

2）累计原始凭证。累计凭证是指在一张原始凭证上连续记载一定会计期间内重复发生的同类交易或事项，需要分次完成填制手续的原始凭证。例如，材料领用部门使用的限额领料单（见表5-3）就属于累计凭证。在使用限额领料单发出材料时，一般是由企业的材料供应部门在月初给材料领用部门规定一个在本月内可领用某种材料的额度。在该月份当中，由材料的领用部门分次领取。每次领料时，有关经办人员都要在限额领料单上填写领料数量等并签字或盖章。月末，累计求出全月领用材料总额，填入限额领料单的相关栏次。使用累计凭证既可简化填制手续，也可以起到加强对交易或事项的控制作用。

表5-3 限额领料单

领料部门：生产车间 发料仓库：2号

用途：生产R产品 20××年9月 编号：008

材料类别	材料编号	材料名称及规格	计量单位	领料限额	实际领用	单价	金额	备注
型钢	0348	圆钢 φ10mm	千克	500	480	4.40	2 112	
日期	请领		实发			限额结余	退库	
	数量	签章	数量	发料人	领料人		数量	退库单
9.3	200	李进	200	姜同	王立	300		
9.12	100	李进	100	姜同	王立	200		
9.20	180	李进	180	姜同	王立	20		
合计	480		480			20		

供应部门负责人 李微 生产计划部门负责人 佟伟 仓库负责人签章 刘俊

3）汇总原始凭证。汇总原始凭证，也称原始凭证汇总表，是根据一定会计期间内若干反映同类性质交易或事项的原始凭证汇总编制而成的原始凭证。如在月末时，企业为了反映本月发出材料的总体情况，可以将月内填制的所有领料单和限额领料单进行汇总，编制发出材料汇总表（见表5-4）。使用汇总原始凭证，既可以提供经营管理所需要的总体信息，又可以减少下一步填制记账凭证的数量，进而简化会计核算手续。

表 5-4

发出材料汇总表

20××年 8 月 30 日

会计科目（用途）	领料部门	原材料	燃料	合计
生产成本	N 产品生产车间	6 600		6 600
	R 产品生产车间	2 112		2 112
	小计	8 712		8 712
制造费用	车间一般耗用	220		220
管理费用	管理部门耗用	110		110
合计		9 042		9 042

会计主管 李鸣　　复核 张满　　制表 曲信

4）重编原始凭证。重编原始凭证，也称记账编制凭证，是根据账簿记录的资料对某些特定事项加以归类、整理后重新编制的原始凭证。例如，企业对生产多种产品所发生的制造费用，平时应利用“制造费用”账户加以全面记录，月末时，应将本月发生的全部制造费用采用一定的方法分配计入所生产产品的成本。进行制造费用分配时需要编制制造费用分配表，借以确定各种产品应分摊的制造费用数额，表中所分配的本月制造费用总额就取自“制造费用”账户的记录。可见，制造费用分配表就是在“制造费用”账户记录资料的基础上，根据分配制造费用的需要而编制的原始凭证。制造费用分配表的参考格式如表 5-5 所示。

表 5-5

制造费用分配表

20××年 2 月

会计科目		生产工时	分配率	分配金额
生产成本	N 产品	2 000	8	16 000
	R 产品	1 500	8	12 000
合计	—	3 500	—	28 000

会计主管 李鸣　　复核 张满　　制表 曲信

借方	制造费用	贷方
（月中发生数）		
（5）	1 800	
（8）	5 200	
（略）		
本期发生额合计	28 000	

进行制造费用的分配属于企业发生的事项而不是交易。通过制造费用分配表确定的计入两种产品的分配额应做进一步的账务处理，即借记“生产成本”账户，贷记“制造费用”账户，这样处理以后，“制造费用”账户将不再有余额。

特别提示

重编原始凭证与其他原始凭证的不同　其他原始凭证的形成都直接或间接与已经

发生的交易或事项有关，应根据交易或事项的内容填制。而重编原始凭证是依据账户所提供的资料重新填制的。在有些教材中将其称为“记账编制凭证”，这种叫法容易与记账凭证相混淆，故本书给出“重编原始凭证”这一新的提法。

5.2.2 原始凭证的内容与填制

1. 原始凭证的内容

原始凭证有多种，其格式及记载的交易或事项内容也不完全一样。但是，所有的原始凭证都应当具备一些共同性的基本内容。如凭证的名称、填制日期、填制单位、货物或劳务的名称、单价、数量、金额，以及凭证的接受单位等。对原始凭证的基本内容可结合表5-6加以理解。

表5-6 ××省增值税普通发票

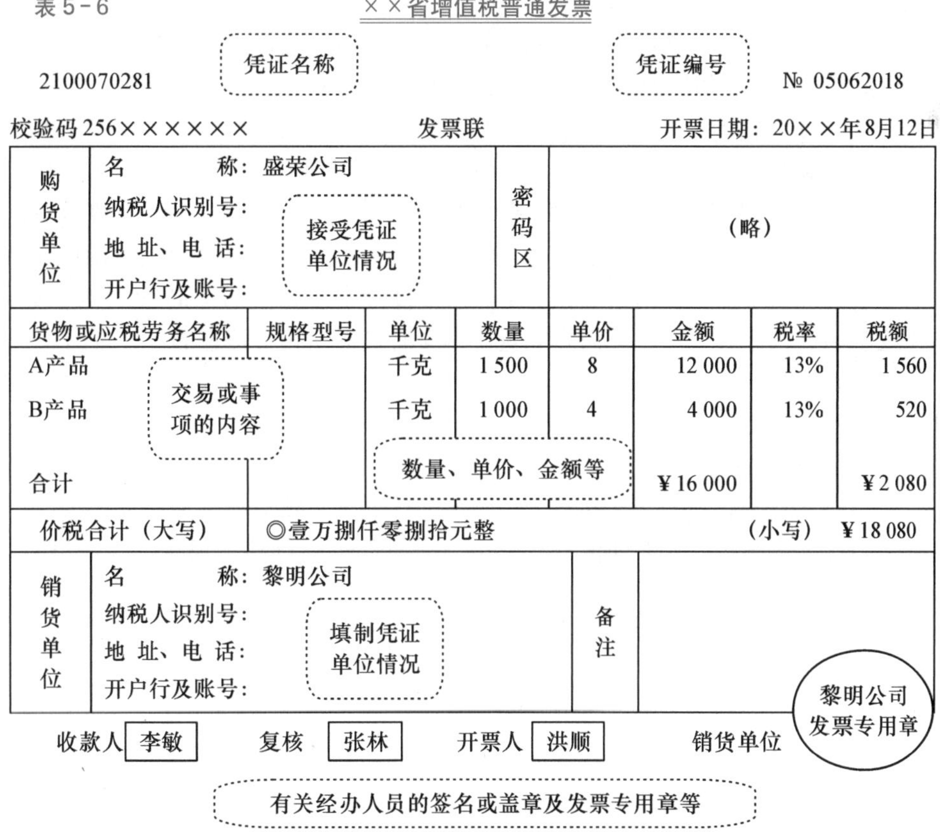

2100070281　　　　№ 05062018

校验码256××××××　　　　发票联　　　　开票日期：20××年8月12日

购货单位	名　　称：盛荣公司 纳税人识别号： 地 址、电 话： 开户行及账号：				密码区	（略）		
货物或应税劳务名称	规格型号	单位	数量	单价	金额	税率	税额	
A产品		千克	1 500	8	12 000	13%	1 560	
B产品		千克	1 000	4	4 000	13%	520	
合计					¥16 000		¥2 080	
价税合计（大写）	◎壹万捌仟零捌拾元整				（小写） ¥18 080			
销货单位	名　　称：黎明公司 纳税人识别号： 地 址、电 话： 开户行及账号：				备注			

收款人 李敏　　复核 张林　　开票人 洪顺　　销货单位 黎明公司发票专用章

2. 原始凭证的填制方法

（1）外来原始凭证的填制方法。外来原始凭证是在交易的发生过程中由其他单位的经办人员按要求填制的。如企业购货时由销货方开具的发票，由运输企业开具的运费收据，由银行开具的收款通知和付款通知等，都是外单位经办人员根据交易的内容分别填制的。

（2）自制原始凭证的填制方法。主要有以下几种。

1）交易或事项完成时由本企业经办人员填制，如领料单、限额领料单、入库单和借款单等。

2）由本企业会计人员定期汇总填制，如发出材料汇总表等。

3）由本企业会计人员根据账簿记录资料在会计期末归类整理填制，如制造费用分配表等。

3. 原始凭证的填制要求

（1）记录真实。应在原始凭证上如实填写交易或事项的实际情况，所记载的交易或事项内容，数量、单价和金额等必须真实可靠，不得弄虚作假。记录真实体现了会计信息质量的可靠性要求。

（2）手续完备。填制原始凭证时，需要办理的各种手续必须齐备。例如，在交易或事项办理的每一个环节，有关经办人员都必须签名或盖章，以示对交易或事项的真实性负责。外来的原始凭证必须加盖开具单位的财务专用章等。

（3）内容齐全。要按照凭证规定的内容逐项填列，不可遗漏或省略。有些原始凭证需要填写一式多联，各联次不能短缺。

（4）书写规范。原始凭证上的数字和文字等应按规定的要求填写。书写的文字应使用规范的简化字。阿拉伯数字不得连写。合计金额前应冠以“¥”“$”“£”等货币符号。汉字的大写金额一律用正楷或行书字体书写，如零、壹、贰、叁、肆、伍、陆、柒、捌、玖、拾、佰、仟、万、亿、元、角、分等，不得用0、一、二、三、四、五、六、七、八、九、十等代替。大写金额到元为止的，应在“元”字之后写“整”字。

（5）填制及时。交易或事项办理完毕，经办人员应及时取得或填制原始凭证，并送交会计部门审核，作为会计核算的依据。不得拖延或积压，以免影响会计人员对交易或事项进行账务处理，进而影响企业对交易或事项相关信息的对外报出。

5.2.3 原始凭证的审核与管理

1. 原始凭证的审核

为保证原始凭证的真实性和合法性，会计人员必须对所有原始凭证进行严格审核，这是会计人员履行监督职能的重要环节，也是保证会计核算质量的重要措施。对原始凭证的审核应重点注意以下两个方面。

（1）审核原始凭证的合理性、合法性。应以国家颁布的有关政策、制度和本单位的计划或预算等为依据，审核原始凭证的内容是否符合政策、制度等方面的规定，有无违反财经制度的规定而乱支乱用等问题；有无不符合计划、预算和合同规定等方面的情况，有无任意扩大开支标准的情况。对违反国家法规和制度等的事项，会计人员有权拒绝办理或者依据职权予以纠正。

（2）审核原始凭证的完整性、准确性。审核原始凭证是否具备作为合法凭证所必备的基本内容；格式、内容和填制手续是否符合规定的要求；有关项目是否填列齐全，有关单位和人员是否已经签字或盖章；数量、单价、金额和合计等是否正确。对于不完整、不准确的原始凭证，应退还有关部门或人员补办手续或更正。

2. 对原始凭证的管理

原始凭证是反映企业发生的交易或事项内容的原始凭据，也是企业重要的经济档案资料。对于审核无误的原始凭证应及时交给有关会计人员填制记账凭证。记账凭证填制完毕后，应与原始凭证认真核对，并将原始凭证粘贴于记账凭证的背面，便于日后查找与核对。一定会计期间的交易或事项处理完毕后，应将原始凭证与记账凭证装订成册，移交档案管理部门专门保管，待法定保管期限期满后，方可按规定销毁。

5.3　记账凭证及填制方法

5.3.1　记账凭证的定义与种类

1. 记账凭证的定义

记账凭证也称传票，是会计人员根据审核无误的原始凭证，按照设置的会计账户运用复式记账法填制，用以确定会计分录，并作为登记账簿直接依据的凭证。

原始凭证记载的是发生的交易或事项的内容，但由于其格式设计上的局限，绝大多数原始凭证上都不能表明发生的交易或事项应登记在哪些账户中，应记在账户的哪一方以及登记的金额是多少等。因此，有必要依据原始凭证填制记账凭证（即编制会计分录），为交易或事项的账务处理指明方向，并作为记账的直接依据。根据记账凭证登记账簿，可以防止或减少差错，也可以保证账簿记录的准确性。对记账凭证的定义及其与原始凭证的区别可结合图 5－6 加以理解。

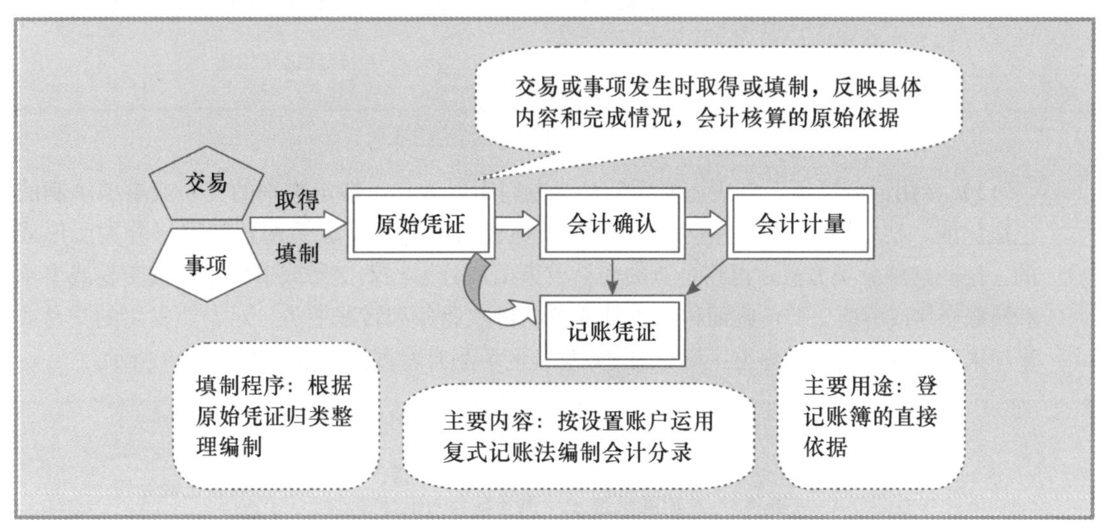

图 5－6　记账凭证的定义及其与原始凭证的区别

2. 记账凭证的种类

实务中使用的记账凭证有多种，可按其用途和所包含交易或事项内容的多少两种方法进行分类。记账凭证的分类方法及种类如图 5－7 所示。

（1）按记账凭证的用途分类。记账凭证的用途是指其在交易或事项处理过程中的适用性。在实务中，有的记账凭证具有专门用途，只适用于反映某一类交易或事项；有的记账凭证则不具有专门用途，可用于反映所有交易或事项。据此可将记账凭证分为专用记账凭证和通用记账凭证两类。其中，专用记账凭证包括收款记账凭证、付款记账凭证和转账记账凭证三种，如图 5－8 所示。

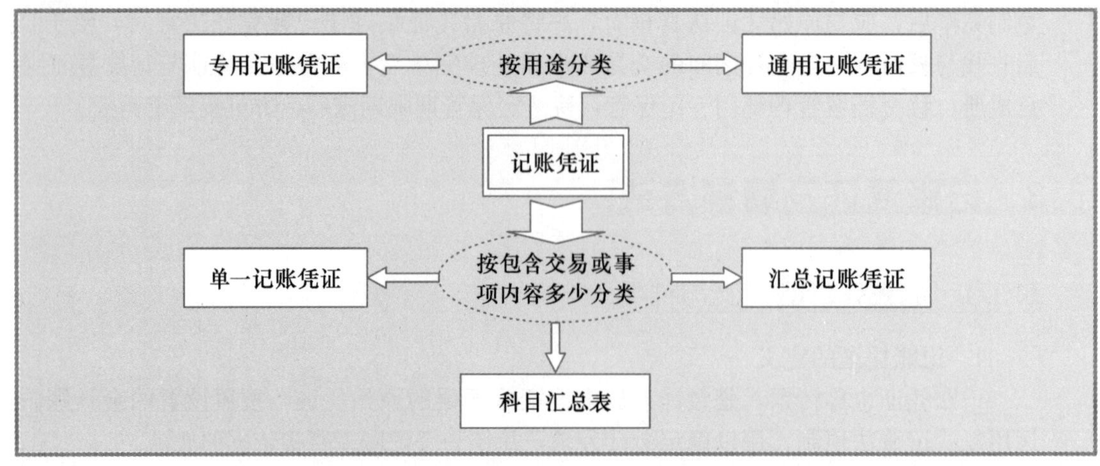

图5-7 记账凭证的分类方法及种类

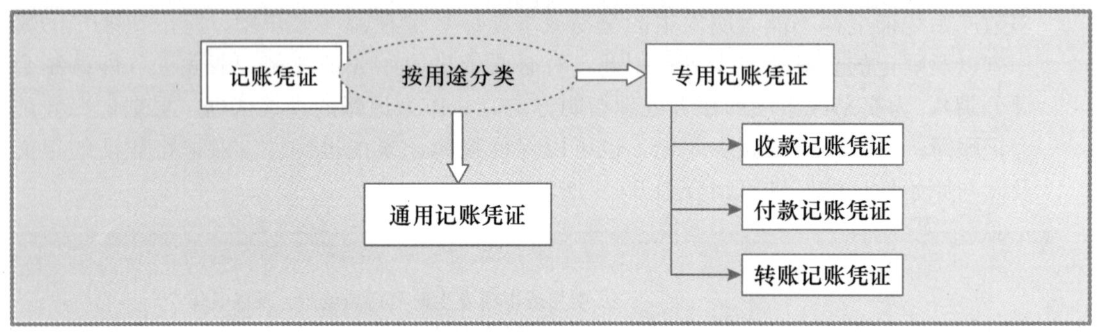

图5-8 记账凭证按用途分类的组成内容

1）专用记账凭证。专用记账凭证是指专门用以为某一特定类别的交易或事项填制的记账凭证。某一特定类别是指从交易或事项与货币资金收支关系的角度进行分类所形成的。按照这种分类方法，可将企业的交易或事项划分为收款交易或事项、付款交易或事项和转账交易或事项三类，或简称为收款业务、付款业务和转账业务。对企业发生的交易或事项采用这种方法进行分类，与专用记账凭证的填制有着直接关系，如图5-9所示。

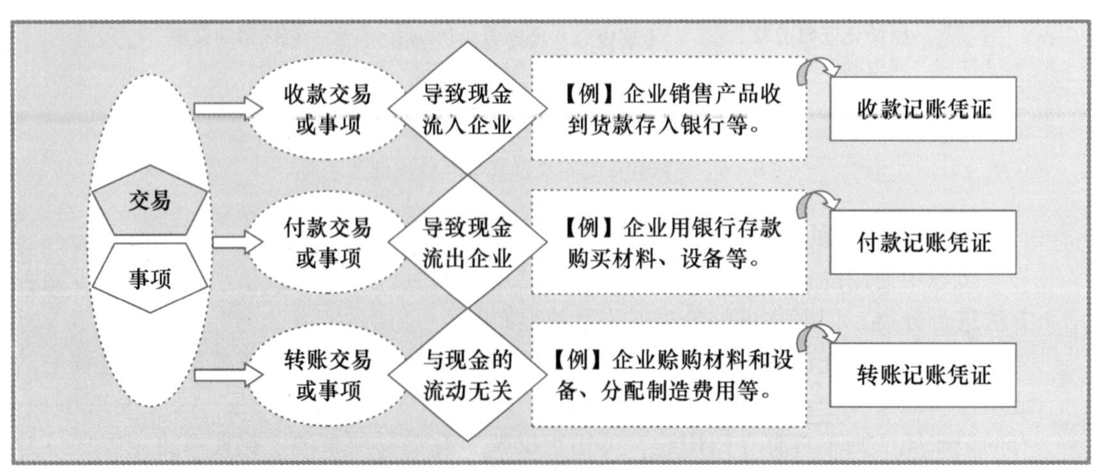

图5-9 按交易或事项与货币资金收支关系的分类及其与专用记账凭证填制的关系

说明：图中所说的现金是指广义的现金，既包括库存现金，也包括银行存款等。

特别提示

转账交易或事项　与收款、付款交易或事项不同，转账交易或事项发生以后，企业既收不到现金，也无须支付现金，从账务处理上看，转账交易或事项只是在现金账户以外的其他账户中记录，也就是说，在为转账交易或事项编制的会计分录中，不会出现“库存现金”和“银行存款”等会计科目，这是转账交易或事项的一个明显特征。需要注意的是：企业通过银行账户支付货款称为转账结算方式，属于付款交易，不能因结算方式中带有“转账”字样而将其误认为转账交易。

由图5-9可见，专用记账凭证就是针对收款、付款和转账三种交易或事项的类型专门设计的，分别用于为某一特定类别的交易或事项填制记账凭证。收款记账凭证专门用以为现金（指广义的现金）收入交易或事项编制记账凭证。根据收款形式的不同，收款记账凭证又可分为现金（指库存现金）收款凭证和银行存款收款凭证两种。其基本格式如表5-7所示。付款记账凭证专门用以为现金（指广义的现金）付出交易或事项编制记账凭证。根据付款形式的不同，付款凭证又可分为现金（指库存现金）付款凭证和银行存款付款凭证两种。其基本格式如表5-8所示。转账记账凭证专门用以为转账交易或事项编制记账凭证，其格式如表5-9所示。在实务中，为便于三种记账凭证的使用，专用记账凭证中的表格和文字通常用红、蓝、黑等不同颜色印制。

表5-7　收款记账凭证

借方科目：银行存款　　20××年2月5日　　收字第3号

摘要	贷方科目		金额	记账
	一级科目	二级或明细科目		
销售产品	主营业务收入	N产品	20 000	
	应交税费	应交增值税	2 600	
合计			22 600	

附件贰张

会计主管 李鸣　记账 张清　稽核 沈严　填制 方新　出纳 廉明　交款 赵伟

说明：该凭证是为企业销售产品交易填制的收款记账凭证，在分录中除反映银行存款和主营业务收入增加外，还反映了企业在实现销售收入后应缴纳的税金，“应交税费——应交增值税”是企业应当缴纳的，但应由购买方承担，随同价款从客户手中一并收回的销项税额。

表5-8 付款记账凭证

贷方科目：银行存款　　20××年2月12日　　付字第10号

摘要	借方科目		金额	记账
	一级科目	二级或明细科目		
购买A材料	在途物资	A材料	10 000	
	应交税费	应交增值税	1 300	
合计			11 300	

附件壹张

会计主管 李鸣　记账 张清　稽核 沈严　填制 方新　出纳 廉明　交款 赵伟

说明：该凭证是为企业采购材料交易填制的付款记账凭证，在分录中除反映银行存款的减少和材料采购成本增加外，还反映了企业由于进行材料采购按规定已经缴纳的税金，“应交税费——应交增值税”是企业已经缴纳的，随同材料价款一并支付给销售方的进项税额。

内容扩展

收款记账凭证和付款记账凭证的格式设计　在实务中，以上收款记账凭证和付款记账凭证的具体格式设计方法不尽相同。例如，在有的收款记账凭证上，其借方科目的书写位置设在右上角，付款记账凭证上的贷方科目的书写位置也设在右上角。格式设计上的不同不会影响记账凭证的使用。

表5-9 转账记账凭证

20××年2月15日　　转字第8号

摘要	一级科目	二级或明细科目	借方金额	贷方金额	记账
生产用料	生产成本	甲产品	10 000		
	原材料	钢材		10 000	
合计			10 000	10 000	

附件壹张

会计主管 李鸣　记账 张清　稽核 沈严　填制 方新

2）通用记账凭证。通用记账凭证是可以用来为所有类型的交易或事项填制记账凭证的一种记账凭证。在采用通用记账凭证的企业，无论是对收款、付款交易或事项，还是对转账交易或事项，在填制记账凭证时都采用统一格式的记账凭证，而不再有记账凭证种类上的划分，称为通用记账凭证，也可以将其直接称为记账凭证。通用记账凭证的格式与上述转账凭证的格式基本相同，如表5-10所示。

表5-10 记账凭证

20××年2月5日 编号：8

摘要	一级科目	二级或明细科目	借方金额	贷方金额	记账
销售产品	银行存款		22 600		
	主营业务收入	N产品		20 000	
	应交税费	应交增值税		2 600	
合计			22 600	22 600	

附件 贰 张

会计主管 李鸣　记账 张清　稽核 沈严　填制 方新　出纳 廉明　交款 赵伟

内容扩展

专用记账凭证和通用记账凭证的适用性　两种记账凭证适用于不同的会计主体，一个会计主体选用哪一种记账凭证，应从企业的实际情况出发。一般而言，专用记账凭证通常适用于规模较大、交易或事项比较多的大型企业。通用记账凭证一般适用于规模较小、交易或事项比较少的中小型企业或行政事业单位。需要强调的是，在同一企业或单位，不能同时使用专用和通用两种记账凭证。

(2) 按记账凭证包含交易或事项内容的多少分类。同样是记账凭证，由于形成的方式不同，在每一张记账凭证上包含的交易或事项内容的多少也有所不同。有的记账凭证上可能只反映一笔交易或事项，有些记账凭证上则可能包含了若干笔交易或事项。按照记账凭证上包含的交易或事项内容的多少，可分为单一记账凭证、汇总记账凭证和科目汇总表三种（见图5-10）。

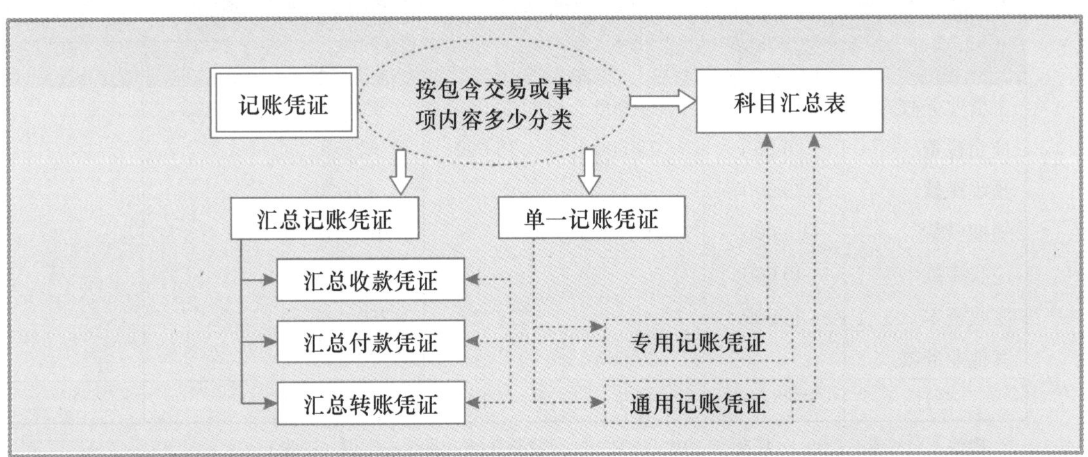

图5-10　记账凭证按包含交易或事项内容多少分类的组成内容及相互关系

1）单一记账凭证。单一记账凭证是指在一张凭证上只包含一笔交易或事项内容的记账凭证。专用记账凭证和通用记账凭证均为单一记账凭证。在这两类记账凭证上，每一张凭证只反映一笔交易或事项的内容，即只能编制一笔交易或事项的会计分录，并可直接作为登记有关账簿的依据。使用这种记账凭证时，企业在一定会计期间发生多少交易或事项，就需要填制多少张记账凭证。在交易或事项繁多的企业，需要填制大量的单一记账凭证，并且是依据每一份记账凭证直接登记日记账、明细账和总账等各种账簿，势必会增加账簿登记的工作量。

2）汇总记账凭证。汇总记账凭证是指根据一定会计期间专用记账凭证定期汇总编制的包含若干交易或事项内容的记账凭证。其汇总过程如图5－11所示。

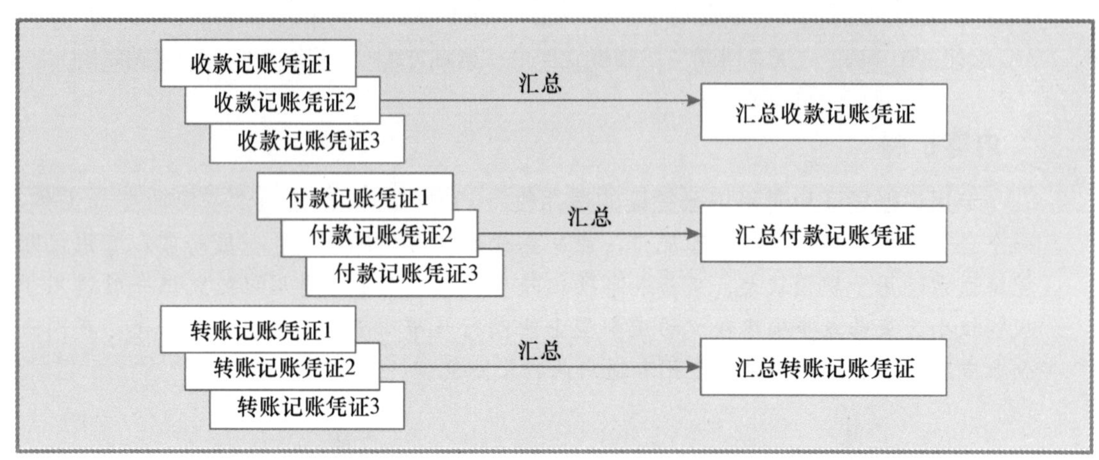

图5－11　汇总记账凭证的基本汇总过程

汇总记账凭证的格式分别如表5－11、表5－12和表5－13所示。

表5－11　汇总收款记账凭证

借方科目：银行存款　　20××年2月　　汇收字第1号

贷方科目	金额				记账	
	(1)	(2)	(3)	合计	借方	贷方
主营业务收入	50 000	150 000	120 000	320 000		
应交税费	6 500	19 500	15 600	41 600		
预收账款	30 000			30 000		
短期借款	15 000			15 000		
应收账款	40 000			40 000		
实收资本	36 500		213 500	250 000		
其他业务收入		20 000		20 000		
合计	178 000	189 500	349 100	716 600		

附注：(1) 自＿1＿日至＿10＿日　收款凭证　共计＿12＿张
(2) 自＿11＿日至＿20＿日　收款凭证　共计＿15＿张
(2) 自＿21＿日至＿28＿日　收款凭证　共计＿10＿张

表 5 - 12　　汇总付款记账凭证

贷方科目：银行存款　　20××年 2 月　　汇付字第 2 号

借方科目	金额				记账	
	(1)	(2)	(3)	合计	借方	贷方
库存现金	17 000	13 000	20 000	50 000		
预付账款	41 000		19 000	60 000		
制造费用	5 000	4 500	5 500	15 000		
管理费用	3 000	2 000	2 500	7 500		
短期借款	12 000			12 000		
财务费用	6 000			6 000		
实收资本	20 000			20 000		
合计	104 000	19 500	47 000	170 500		

附注：(1) 自 1 日至 10 日　付款凭证　共计 10 张
(2) 自 11 日至 20 日　付款凭证　共计 10 张
(3) 自 21 日至 28 日　付款凭证　共计 12 张

表 5 - 13　　汇总转账记账凭证

贷方科目：原材料　　20××年 2 月　　汇转字第 1 号

借方科目	金额				记账	
	(1)	(2)	(3)	合计	借方	贷方
生产成本	200 000	180 000	220 000	600 000		
制造费用	2 500	3 500	4 000	10 000		
管理费用	1 000	1 200	1 800	4 000		
在建工程	36 000	24 000	15 000	75 000		
合计	239 500	208 700	240 800	689 000		

附注：(1) 自 1 日至 7 日　转账凭证　共计 7 张
(2) 自 11 日至 20 日　转账凭证　共计 10 张
(3) 自 21 日至 28 日　转账凭证　共计 8 张

汇总记账凭证是按专用记账凭证的种类分别进行汇总的，通过每一种汇总记账凭证得到的应当是会计期间每一个账户发生额的汇总结果，实际上是专用记账凭证中的会计分录所涉及的各个账户在一定会计期间的若干次交易或事项发生额的合计数。因而，在每一份汇总记账凭证中都包含了性质相同的多项交易或事项的内容。例如，在一定会计期末编制的汇总收款记账凭证上，就包含了企业在该会计期间所发生的全部收款交易或事项；在汇总付款记账凭证上，则包含了企业在该会计期间所发生的全部付款交易或事项；而在汇总转账凭证上，则包含了企业在该会计期间所发生的全部转账交易或事项。

3）科目汇总表。科目汇总表也称记账凭证汇总表，是根据一定期间内的专用记账凭证或通用记账凭证定期汇总编制的、包含若干笔交易或事项内容的记账凭证。科目汇总表的基本形成过程如图 5 - 12 所示。

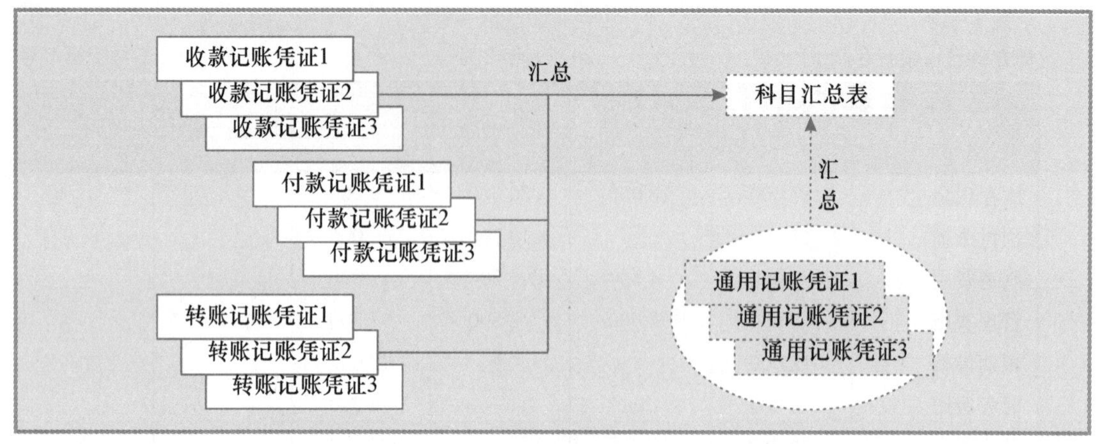

图5-12　科目汇总表的基本形成过程

从图5-12可见，科目汇总表是以专用记账凭证或通用记账凭证作为汇总依据，实际上是按记账凭证上的会计分录所涉及的会计科目（账户名称）进行的汇总，并将汇总的结果集中体现在一张表格上。尽管这种汇总方法不同于汇总记账凭证，但也是一种以汇总方式形成的记账凭证。因其是以记账凭证上的会计科目为对象进行的汇总，故称为科目汇总表，也称为记账凭证汇总表。科目汇总表的参考格式如表5-14所示。

表5-14　　　　科目汇总表　　　　科汇1

编制单位：××公司　　　　20××年6月　　　　单位：元

科目名称	本期发生额		总账页数
	借方	贷方	
库存现金	17 000		
银行存款	180 000	104 000	
应收账款		40 000	
预付账款	41 000		
在途物资		5 000	
原材料	5 000	239 500	
生产成本	200 000		
制造费用	7 500		
短期借款	12 000	15 000	
预收账款		30 000	
实收资本	2 000		
（略）			
合计	928 600	928 600	

5.3.2　记账凭证的内容与填制

1. 记账凭证的基本组成内容

记账凭证的基本组成内容是指构成记账凭证的各个要素的具体内容。虽然记账凭证的种类很多，但作为登记账簿的直接依据，必须具备交易或事项内容、会计分录和有关人员的签名或盖章等基本内容。现以通用记账凭证为例，说明记账凭证的基本组成内容，如图 5-13 所示。

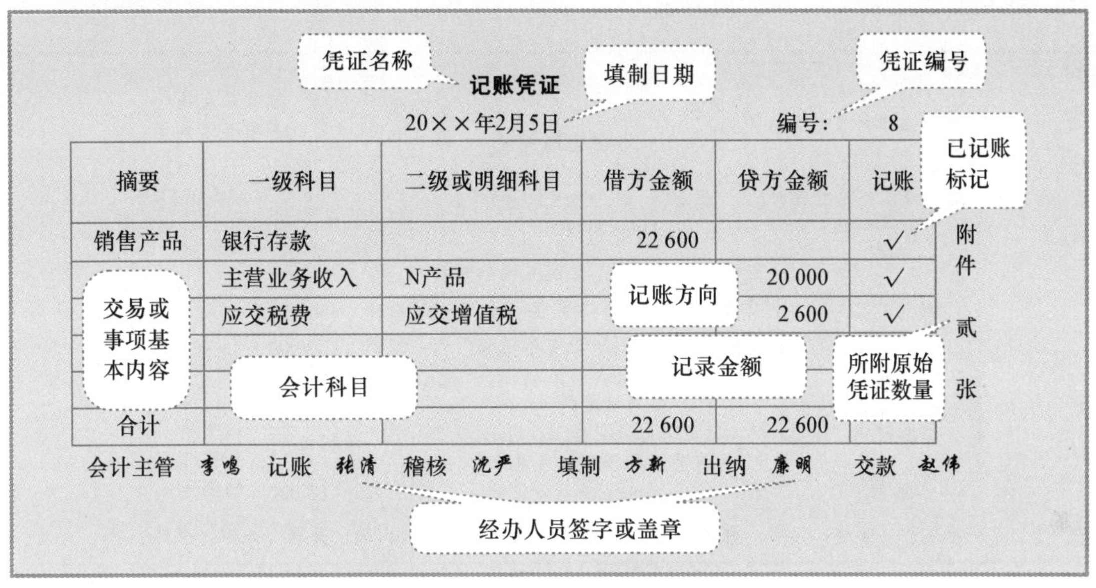

图 5-13　记账凭证的基本组成内容

从图 5-13 可见，尽管组成记账凭证的基本内容很多，但其核心内容是会计分录。基本组成内容中的记账方向、会计科目和金额三项构成了完整的会计分录。在专用记账凭证上，会计分录的各项内容是按其设定的专门位置书写的，很容易识别。而在汇总记账凭证和科目汇总表中，虽然会计分录的组成内容体现得不太直接，但也能够从中看出交易或事项应予登记的记账方向、会计科目和金额等。因而，在汇总专用或通用记账凭证时，也是在对这些凭证上的会计分录进行加工整理，汇总起来的数据依然可以作为登记账簿（指总分类账）的直接依据。

2. 记账凭证的填制方法

记账凭证种类很多，这里主要探讨专用记账凭证、通用记账凭证和科目汇总表的填制方法，对汇总记账凭证的填制方法只做简单介绍。

（1）专用记账凭证的填制方法。

1）收款记账凭证的填制方法。收款记账凭证应根据有关库存现金、银行存款和其他货币资金收款交易或事项的原始凭证填制。

例 5-1

10 月 5 日，企业销售 R 产品一批，货款 30 000 元，同时向购货方收取增值税销项税额 3 900 元，款项已存入银行，并收到银行开具的入账通知。

会计确认：这是一笔收款交易，涉及资产要素（“银行存款”，增加）、收入要素（“主营业务收入”，增加）和负债要素（“应交税费”，增加）。原始凭证是银行开具的入账通知，据其应填制收款记账凭证。

会计计量：按实际成本计量。“银行存款”账户增加 33 900 元；“主营业务收入”

账户增加30 000元；“应交税费”账户增加3 900元。

根据以上确认和计量结果在收款记账凭证上填制会计分录等内容，如图5－14所示。

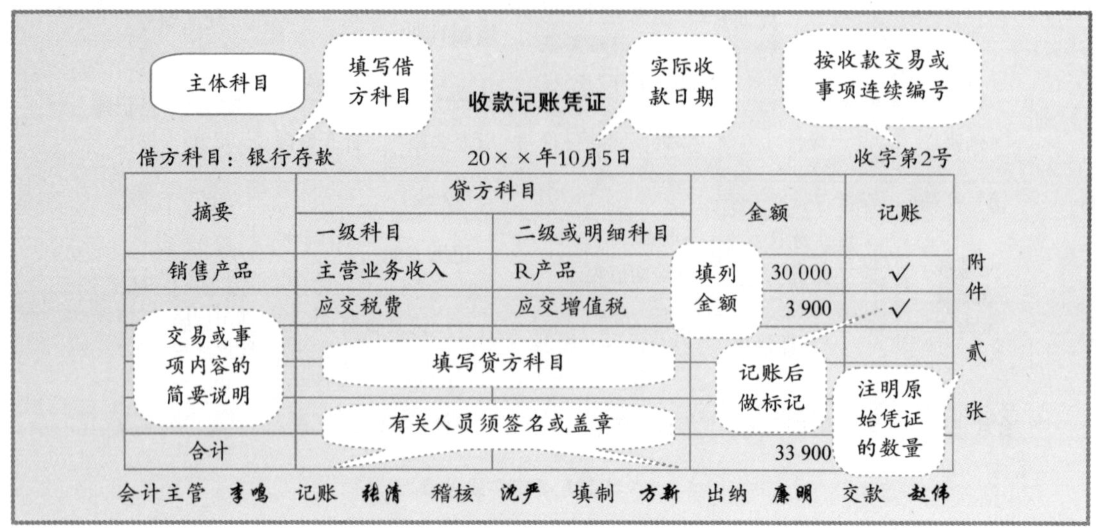

收款记账凭证

借方科目：银行存款　　　20××年10月5日　　　收字第2号

摘要	贷方科目		金额	记账
	一级科目	二级或明细科目		
销售产品	主营业务收入	R产品	30 000	√
	应交税费	应交增值税	3 900	√
合计			33 900	

附件贰张

会计主管 李鸣　记账 张清　稽核 沈严　填制 方新　出纳 康明　交款 赵伟

图5－14　收款记账凭证的填制方法

内容扩展

收款记账凭证上的主体科目　收款记账凭证反映的是收款交易或事项，在编制的会计分录中，借方科目应是“银行存款”或“库存现金”等，反映货币资金的增加，体现了收款交易或事项的本质特征。因而，在收款记账凭证上其借方科目称为主体科目。

2）付款记账凭证的填制方法。付款记账凭证应根据有关库存现金、银行存款和其他货币资金支付交易或事项的原始凭证填制。

例5－2

10月12日，企业购买A材料一批，价款15 000元，同时按规定向销货方支付增值税进项税额1 950元，全部款项采用转账支票方式用银行存款支付，并已收到银行开具的付款通知。

会计确认：这是一笔付款交易，涉及资产要素（“在途物资”，增加；“银行存款”，减少）和负债要素（“应交税费”，减少）。原始凭证是本企业开出的支票存根和银行开具的付款通知等，根据这些原始凭证应填制付款记账凭证。

会计计量：按实际成本计量。“在途物资”账户增加15 000元；“应交税费”账户减少1 950元；“银行存款”账户减少16 950元。

根据以上确认和计量结果在付款记账凭证上填制会计分录等内容，如图5－15所示。

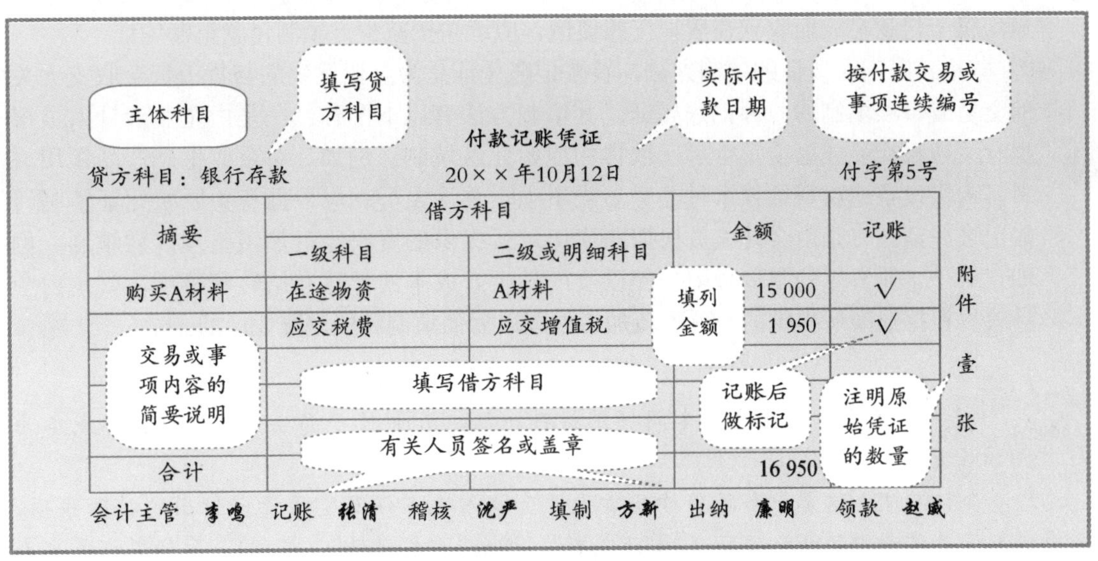

付款记账凭证

贷方科目：银行存款　　20××年10月12日　　付字第5号

摘要	借方科目		金额	记账
	一级科目	二级或明细科目		
购买A材料	在途物资	A材料	15 000	√
	应交税费	应交增值税	1 950	√
合计			16 950	

附件壹张

会计主管 李鸣　记账 张清　稽核 沈严　填制 方新　出纳 康明　领款 赵威

图 5－15　付款记账凭证的填制方法

内容扩展

付款记账凭证上的主体科目　付款记账凭证反映的是付款交易或事项，在编制的会计分录中，贷方科目应是“银行存款”或“库存现金”等，反映货币资金的减少，体现了付款交易或事项的本质特征。因而，在付款记账凭证中，其贷方科目称为主体科目。

一般而言，在收款或付款交易或事项发生以后，收款记账凭证和付款记账凭证的选择填制是比较容易的。但有些交易或事项属于收款和付款二者兼有，对这类交易或事项在记账凭证的填制上有特别的要求。

例 5－3

企业将现金 5 000 元存入银行。会计分录为：

借：银行存款　　5 000

　贷：库存现金　　5 000

例 5－4

企业从银行提取现金 3 000 元。会计分录为：

借：库存现金　　3 000

　贷：银行存款　　3 000

以上两例属于库存现金和银行存款之间的相互划转交易。从交易的内容看，每一项交易都兼具收款和付款两种性质。如将现金存入银行时，对于“库存现金”账户是付款，对“银行存款”账户则是收款；从银行提取现金时，对于“银行存款”账户是付款，对“库存现金”账户则是收款。对这类兼具收款和付款两种性质的交易，当然没有必要既填制收款记账凭证，又填制付款记账凭证，因为对于一项交易只要填制一种记账凭证就可以满足记账需要了。那么，对这类交易应当填制哪一种记账凭证呢？由于这些交易均属于付款在先而收款在后，按照惯例，应统一按减少方填制付款记账凭证。

3）转账记账凭证的填制方法。转账记账凭证是为企业发生的与货币资金收支无关的交易或事项填制的一种记账凭证。其填制方法有以下两种：一是由企业会计人员根据有关转账交易或事项发生后所取得的原始凭证填制。例如，对企业生产产品领用材料，购买设备或材料货款未付等交易或事项，会计人员就应根据有关原始凭证填制转账记账凭证。二是由会计人员根据账簿记录所提供的资料经过加工整理以后填制。例如，对于企业发生的制造费用分配以及产品生产成本的计算和结转等事项，就是由会计人员根据账簿所提供的资料重新加工整理以后而填制转账记账凭证的。

例 5－5

10 月 15 日，企业生产车间领用材料一批，用于 R 产品生产，材料实际成本为 10 000 元。

会计确认：这是一个既不涉及货币资金收入也不涉及货币资金付出的转账事项，涉及资产要素中的两个项目（“生产成本”，增加；“原材料”，减少）。原始凭证是生产车间的领料单，依据该原始凭证应填制转账记账凭证。

会计计量：按实际成本计量。“生产成本”账户增加 10 000 元；“原材料”账户减少 10 000 元。

根据以上确认和计量结果在转账记账凭证上填制会计分录等内容，如图 5－16 所示。

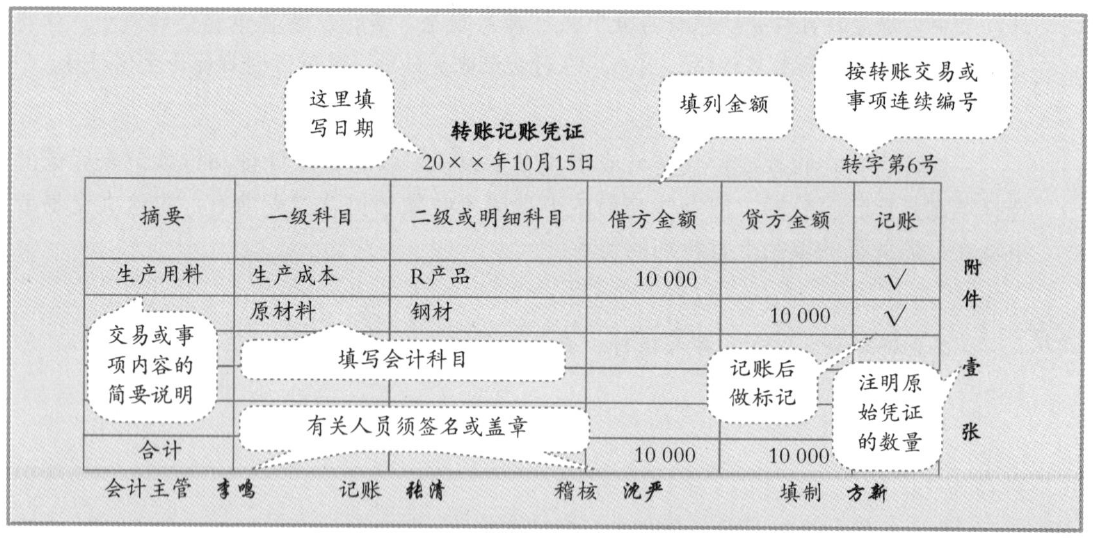

转账记账凭证

20××年10月15日　　　　转字第6号

摘要	一级科目	二级或明细科目	借方金额	贷方金额	记账
生产用料	生产成本	R产品	10 000		√
	原材料	钢材		10 000	√
合计			10 000	10 000	

附件壹张

会计主管 李鸣　记账 张清　稽核 沈严　填制 方新

图 5－16　转账记账凭证的填制方法

特别提示

在转账记账凭证上编制会计分录的特别做法　该做法完全不同于在收款记账凭证和付款记账凭证上编制会计分录，具体要求是按照先借后贷的顺序将会计分录中的账户名称、记账方向和金额等都填写在表格中的相应栏次，在表格上方不再设立主体科目的位置。

专用记账凭证是在传统的通用记账凭证基础上发展而来的一种记账凭证。其优点在于：记账凭证分工细化，可更为详细地反映企业发生的各类交易或事项；在同一张记账凭证上能够编制出一笔交易或事项的完整分录，直接体现相关账户之间的对应关系，便于检查核对；有利于有关部门和人员之间相互牵制，便于在会计部门内部实行岗位责任制。其缺点在于：一是不便于汇总。编制汇总记账凭证和科目汇总表是以专用记账凭证上的会计科目为依据的，由于专用记账凭证上往往有两个或更多个会计科目，在汇总时对专用记账凭证要反复使用，容易造成汇总上的遗漏。二是制证工作量较大。采用专用记账凭证时，在一张记账凭证上只能反映一项交易或事项内容，企业发生的交易或事项量越大，需要填制的记账凭证数量也就越多。特别是在手工记账的情况下，这方面的缺点愈加突出。三是根据专用记账凭证直接登记总分类账和明细分类账，会增加账簿登记的工作量。

(2) 通用记账凭证的填制方法。通用记账凭证的格式和内容与转账记账凭证基本相同，其反映的内容也不再受交易或事项类别的限制，即在填制通用记账凭证时，不必考虑是收款交易或事项、付款交易或事项还是转账交易或事项，只要在记账凭证上直接进行会计分录的编制，并相应地填好其他内容即可。关于通用记账凭证的填制方法，可参照转账记账凭证的填制方法，此处不再赘述。

与专用记账凭证相比，通用记账凭证的优点在于：第一，种类单一，格式简化，填制方法易于掌握；第二，可降低记账凭证的印制或购买成本；第三，适用范围广，特别是在使用电子计算机会计处理系统的企业，通用记账凭证更具有不可比拟的优势。不过，这种记账凭证也存在与专用记账凭证相同的缺点，如不便于汇总、制证工作量较大以及会加大账簿登记工作量等。

特别提示

在登记账簿的过程中，可以根据编制的专用记账凭证或通用记账凭证逐笔登记发生的交易或事项，但登记账簿的工作量较大，在规模比较大、填制的专用（或通用）记账凭证比较多的企业更是如此。另外，对记录交易或事项内容的账户应予平行登记，也会造成总分类账与明细分类账登记上的重复劳动。因此，为减轻登记总分类账的工作量，可以采用一定的方法对以上专用记账凭证或通用记账凭证进行汇总，并根据汇总的结果登记总分类账。

(3) 科目汇总表的填制方法。科目汇总表是根据专用记账凭证或通用记账凭证经过一定的汇总过程而形成的一种记账凭证。

1) 科目汇总表的基本填制方法。根据企业在一定会计期间发生的交易或事项所填制的所有记账凭证（专用记账凭证或通用记账凭证），按照相同会计科目（总分类科目）加以归类，定期（每10天或15天，或每月一次）分别汇总每一个科目的借方、贷方的发生额，并将汇总结果填列于科目汇总表的相应栏内，汇总得到的各科目发生额合计数是登记相关总分类账户的依据，在登记总分类账时，只需要将各科目的本期借方、贷方发生额的合计数分次或月末一次记入相应总分类账即可。科目汇总表还可以集中反映一定汇总期间全部账户的借方发生额合计和贷方发生额合计，体现二者之间的平衡相等关系。

2）科目汇总表的填制举例。

例5-6

假定某企业在2018年8月1—10日发生如下交易或事项，据其所填制的专用记账凭证如图5-17所示。

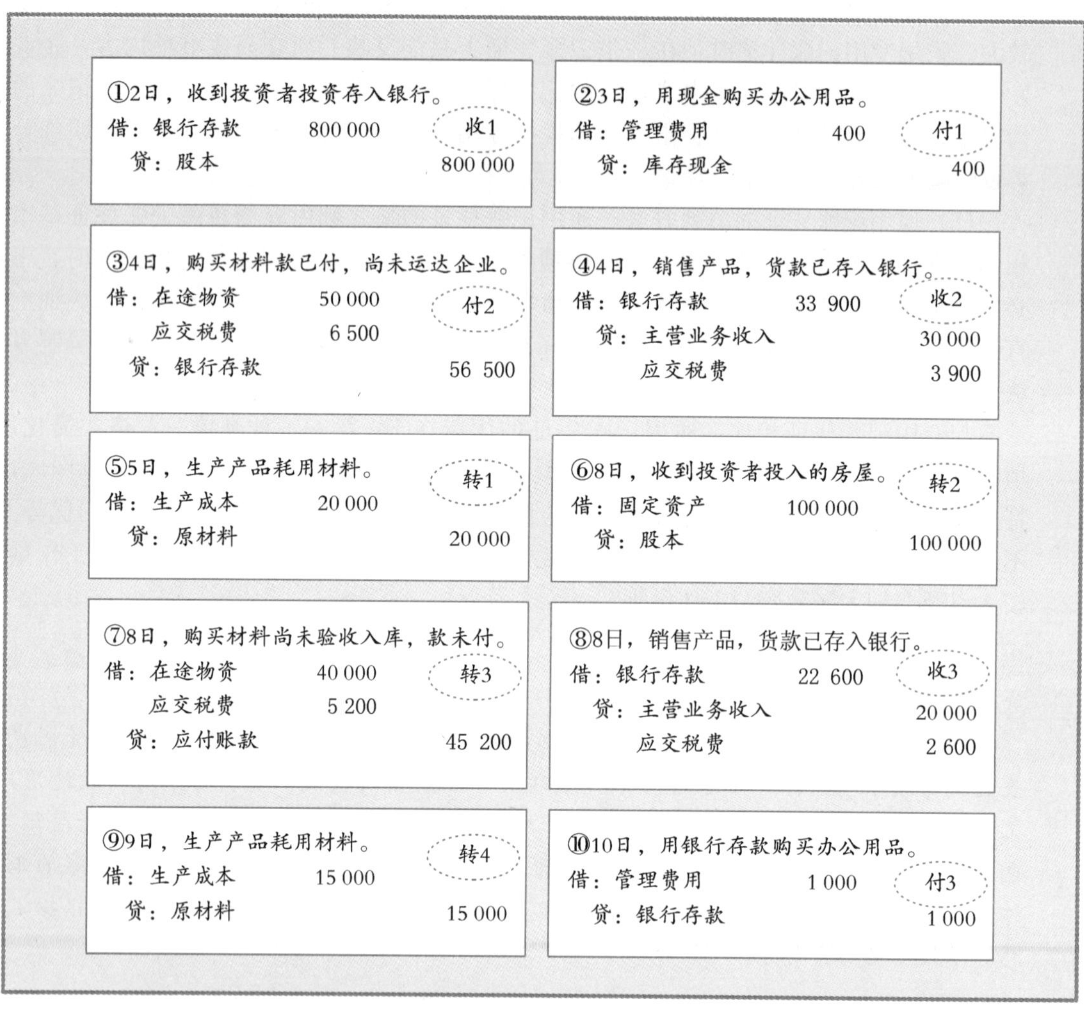

①2日，收到投资者投资存入银行。
借：银行存款 800 000 收1
贷：股本 800 000

②3日，用现金购买办公用品。
借：管理费用 400 付1
贷：库存现金 400

③4日，购买材料款已付，尚未运达企业。
借：在途物资 50 000 付2
应交税费 6 500
贷：银行存款 56 500

④4日，销售产品，货款已存入银行。
借：银行存款 33 900 收2
贷：主营业务收入 30 000
应交税费 3 900

⑤5日，生产产品耗用材料。 转1
借：生产成本 20 000
贷：原材料 20 000

⑥8日，收到投资者投入的房屋。 转2
借：固定资产 100 000
贷：股本 100 000

⑦8日，购买材料尚未验收入库，款未付。
借：在途物资 40 000 转3
应交税费 5 200
贷：应付账款 45 200

⑧8日，销售产品，货款已存入银行。
借：银行存款 22 600 收3
贷：主营业务收入 20 000
应交税费 2 600

⑨9日，生产产品耗用材料。 转4
借：生产成本 15 000
贷：原材料 15 000

⑩10日，用银行存款购买办公用品。
借：管理费用 1 000 付3
贷：银行存款 1 000

图5-17 根据某企业2018年8月1—10日发生的交易或事项编制的记账凭证

说明：图中虚线圈内的文字和数字表示记账凭证的连续编号。如果不考虑这些编号，也可将这些记账凭证视为通用记账凭证，通用记账凭证是按凭证填制的时间顺序编号的，其编号与交易或事项发生的顺序号相同。

观察这些记账凭证会发现，在记账凭证中编制的会计分录涉及若干会计科目，而有些会计科目在不同的记账凭证上是重复出现的，只不过是或借或贷和发生额多少有所不同而已，这为分别将相同会计科目的借方、贷方发生额进行汇总提供了可能。在实务中，对于各科目的发生额可利用科目汇总表工作底稿进行汇总。

特别提示

填写科目汇总表工作底稿并不是记账　从该工作底稿采用的汇总形式的外表看酷似T型账户，但并不是在T型账户中记账，而是运用这种汇总形式对记账凭证上各个会计科目的发生额进行汇总，以便为编制科目汇总表提供数据。另外，科目汇总表可以根据账务处理需要定期分次编制，也可每月编制一次，例5-6假定按旬编制。

科目汇总表工作底稿的格式以及例5-6的汇总过程如图5-18所示。

科目汇总表工作底稿
2018年8月1—10日

借方	库存现金		贷方
		②	400
		合计	400

借方	银行存款		贷方
①	800 000	③	56 500
④	33 900	⑩	1 000
⑧	22 600		
合计	856 500	合计	57 500

借方	在途物资		贷方
③	50 000		
⑦	40 000		
合计	90 000		

借方	原材料		贷方
		⑤	20 000
		⑨	15 000
		合计	35 000

借方	生产成本		贷方
⑤	20 000		
⑨	15 000		
合计	35 000		

借方	固定资产		贷方
⑥	100 000		
合计	100 000		

借方	应付账款		贷方
		⑦	45 200
		合计	45 200

借方	应交税费		贷方
③	6 500	④	3 900
⑦	5 200	⑧	2 600
合计	11 700	合计	6 500

借方	股本		贷方
		①	800 000
		⑥	100 000
		合计	900 000

借方	主营业务收入		贷方
		④	30 000
		⑧	20 000
		合计	50 000

借方	管理费用		贷方
②	400		
⑩	1 000		
合计	1 400		

图5-18　科目汇总表工作底稿及对记账凭证的汇总过程

根据以上汇总结果编制的科目汇总表如图5－19所示。

科目汇总表

2018年8月1—10日

科汇1

单位：元

会计科目	本期发生额		总账页数
	借方金额	贷方金额	
库存现金		400	
银行存款	856 500	57 500	
在途物资	90 000		
原材料		35 000	
生产成本	35 000		
固定资产	100 000		
应付账款		45 200	
应交税费	11 700	6 500	
股本		900 000	
主营业务收入		50 000	
管理费用	1 400		
合计	1 094 600	1 094 600	

每一会计科目的汇总发生额可作为登记有关总账账户的依据，这样可减轻总账记录的工作量

一定会计期间所有会计科目发生额的借、贷双方的合计数必须相等；可用以检验记账凭证编制的正确性

图5－19　科目汇总表的汇总结果

在科目汇总表上汇总的各会计科目在一定会计期间的汇总发生额，可以作为登记总分类账的依据，并且能够大大减轻登记总分类账的工作量。在这一点上，科目汇总表与汇总记账凭证具有相同的作用。

科目汇总表的优点在于：第一，格式简单，方便适用，编制方法易于掌握；第二，种类单一，成本较低；第三，汇总结果可用以检验记账凭证编制的正确性，进而保证账簿登记的准确性；第四，适用范围较广，不论是使用专用记账凭证，还是使用通用记账凭证的企业均适用。

特别提示

科目汇总表上汇总金额之间的相等关系　由于记账凭证是根据借贷记账法的记账规则编制的，因而，在科目汇总表上汇总得出的一定会计期间所有账户的借方发生额合计与其贷方发生额合计应当相等。利用这种相等关系可以检查记账凭证填制的正确性，进而保证账户登记的准确性。

（4）汇总记账凭证的填制方法。汇总记账凭证是在填制各种专用记账凭证的基础上，按照一定的方法进行汇总而成的。

1）汇总收款凭证的填制方法。按收款记账凭证上会计分录中的借方科目（也称主

体科目）设置汇总收款记账凭证，按它们相应的贷方科目定期（如每5天或10天）汇总，每月填制一张。汇总时计算出每一个贷方科目的发生额合计数，填入汇总收款记账凭证的相应栏次。

填制汇总收款记账凭证应注意以下几点：第一，应确定是以收款记账凭证上的哪一个会计科目为主进行汇总。在填制汇总收款记账凭证时，应按“库存现金”或“银行存款”科目设置汇总凭证上的主体科目，以其为主进行汇总。第二，按相应的贷方科目汇总。即按收款记账凭证上的分录中与“库存现金”和“银行存款”科目所对应的贷方科目进行汇总。尽管在一定的会计期间企业可能会发生若干笔收款交易或事项，但就同一类交易或事项而言，其贷方科目应是完全相同的。例如，企业每次销售产品通过银行收到货款时，会计分录都是借记“银行存款”，贷记“主营业务收入”和“应交税费”，只是各次交易的发生额有所不同而已。这样，就可以按贷方科目对其在一定会计期间内若干同类交易发生额进行汇总。第三，汇总以后得到的所有贷方科目发生额的合计数，也就是主体科目的发生额总额。例如，以“银行存款”为主体科目，按其对应的贷方科目进行汇总，可以得到一定会计期间内“银行存款”科目的发生额总额。经过汇总得到的汇总收款记账凭证上各个科目的发生额合计数，可以作为登记“银行存款”等账户的依据。

例5-7

某企业2018年8月1—10日发生了如图5-17所示的三笔收款交易，即①④⑧。在收款记账凭证上编制的会计分录如图5-17所示。

在以上为银行存款收款交易编制的收款记账凭证中，会计分录的借方科目均为“银行存款”；涉及的贷方科目有三个。其中：涉及“股本”科目的有一份凭证，涉及“主营业务收入”科目和“应交税费”科目的有两份凭证。按借方科目设置汇总收款记账凭证，按贷方科目进行汇总，可以计算出该企业8月1—10日对应于“银行存款”科目的其他科目的发生额为：

“股本”科目发生额：800 000元
“主营业务收入”科目发生额：30 000＋20 000＝50 000（元）
“应交税费”科目发生额：3 900＋2 600＝6 500（元）

由此也可汇总出：

“银行存款”科目发生额：800 000＋50 000＋6 500＝856 500（元）

根据以上汇总结果编制的汇总收款记账凭证如图5-20中“1—10日凭证”栏所示。

2）汇总付款记账凭证的填制方法。按付款记账凭证上会计分录中的贷方科目（“库存现金”或“银行存款”等）设置汇总付款记账凭证，按它们相应的借方科目定期（如每5天或10天）汇总，每月填制一张。汇总时计算出每一个借方科目发生额合计数，填入汇总付款记账凭证的相应栏次。

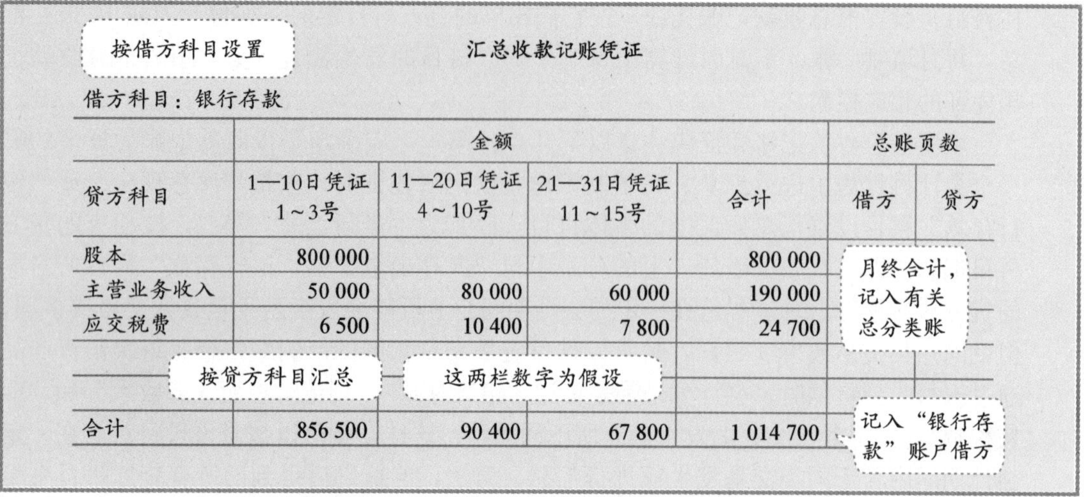

汇总收款记账凭证

借方科目：银行存款

贷方科目	金额				总账页数	
	1—10日凭证 1～3号	11—20日凭证 4～10号	21—31日凭证 11～15号	合计	借方	贷方
股本	800 000			800 000		
主营业务收入	50 000	80 000	60 000	190 000		
应交税费	6 500	10 400	7 800	24 700		
合计	856 500	90 400	67 800	1 014 700		

图5-20　汇总收款记账凭证的编制方法及用途

例5-8

某企业2018年8月1—10日发生了如图5-17所示的两笔银行存款付款交易，即③和⑩。在付款记账凭证上编制的会计分录如图5-17所示。

在以上为银行存款付款交易填制的付款记账凭证中，会计分录的贷方科目均为“银行存款”；涉及的借方科目有三个。其中：涉及“在途物资”和“应交税费”科目的有一份凭证，涉及“管理费用”科目的有一份凭证。按贷方科目设置汇总付款记账凭证，按借方科目进行汇总，可以计算出该企业8月1—10日对应于“银行存款”科目的其他科目的发生额为：

“在途物资”科目发生额：50 000元

“应交税费”科目发生额：6 500元

“管理费用”科目发生额：1 000元

由此也可汇总出：

“银行存款”科目贷方发生额：50 000＋6 500＋1 000＝57 500(元)

根据以上汇总结果填制的汇总付款记账凭证如图5-21中“1—10日凭证”栏所示。

3）汇总转账记账凭证的填制方法。按转账记账凭证上会计分录中的贷方科目（如“原材料”“固定资产”等）设置汇总转账记账凭证，按相应的借方科目定期（如每5天或10天）汇总，每月填制一张。计算出每一个借方科目发生额合计数，填入汇总转账记账凭证的相应栏次。具体汇总过程与汇总付款记账凭证基本相同，此处不再赘述。

汇总记账凭证的优点是可以减轻登记总分类账的工作量。由于在汇总记账凭证上已经将本期所有账户的发生额进行了汇总，可以定期或不定期地按其汇总金额登记有关总分类账，而不必再根据大量的专用记账凭证逐笔登记，因此可大大减轻登记总分

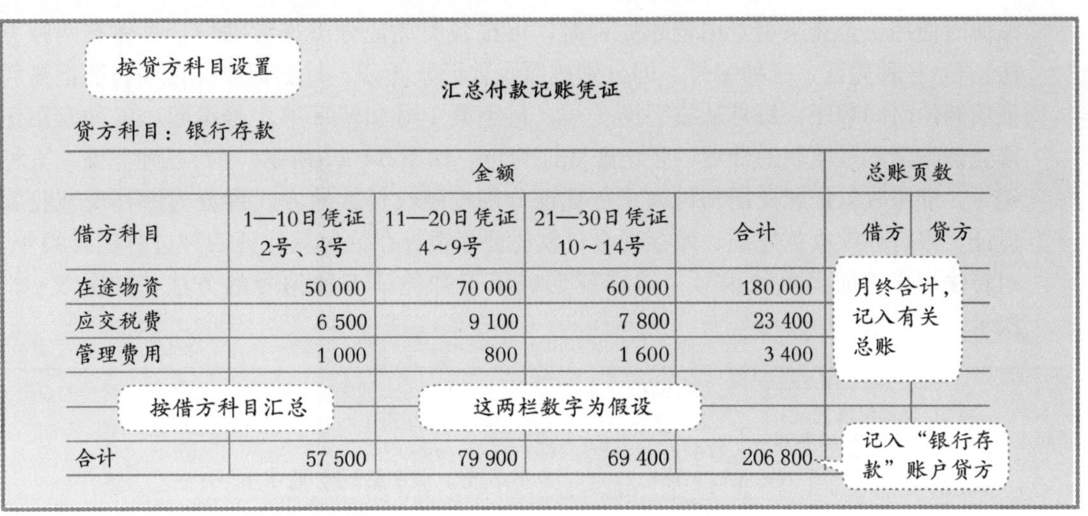

汇总付款记账凭证

贷方科目：银行存款

借方科目	金额				总账页数	
	1—10日凭证 2号、3号	11—20日凭证 4～9号	21—30日凭证 10～14号	合计	借方	贷方
在途物资	50 000	70 000	60 000	180 000		
应交税费	6 500	9 100	7 800	23 400		
管理费用	1 000	800	1 600	3 400		
合计	57 500	79 900	69 400	206 800		

图5-21　汇总付款凭证的编制方法及用途

类账的工作量。汇总记账凭证的缺陷是汇总程序比较烦琐，进行各种专用记账凭证汇总时，不仅汇总的工作量大，而且容易产生汇总错误且难以发现，因而这种汇总方法在实务中已很少采用。

5.3.3　记账凭证的填制要求与审核

1. 记账凭证的填制要求

填制记账凭证时，除应遵守前述填制原始凭证的要求外，还应特别注意以下几点：

（1）摘要简明扼要。主要是指专用、通用记账凭证上的“摘要”栏对交易或事项内容的文字说明应简练明确，抓住要点。既要防止简而不明，又要避免过于烦琐。反映财产物资变动内容的记账凭证，在“摘要”栏中应注明品种、数量和单价；反映库存现金和银行存款的账户，应注明结算凭证的种类及号码、收付款单位的名称。这样做的目的是便于记账时登记有关明细分类账户相应栏次的内容。

（2）科目运用准确。在专用、通用记账凭证上编制会计分录，以及在记账凭证汇总过程中所使用的会计科目，应按统一规范填写科目名称，不得随意简化或改动。在记账凭证上需要列示的二级或明细科目也要填列齐全。各种记账凭证上应借应贷的记账方向和账户对应关系应当清楚。编制复合会计分录时，应根据交易或事项的类型确定会计分录的种类，一般应是一借一贷、一贷多借或一借多贷。

（3）附件等应齐全。附件即填制记账凭证所依据的原始凭证，原始凭证应齐全完整，并应在记账凭证上用大写数字注明原始凭证的份数，防止人为抽换或毁损，也便于与记账凭证上的内容相互核对。有些交易或事项若有相应的合同、协议等可资证明文件，也应作为附件与记账凭证一并存放。需要说明的是，企业更正某些错账或期末结账时也需填制必要的记账凭证，但这样的记账凭证是根据账户所提供的金额或据以判断的金额填制的，并没有原始凭证，对根据这样的事项填制的记账凭证可以不附原始凭证。

（4）凭证应连续编号。对编制完毕的专用、通用记账凭证应连续编号，以便登记账簿时使用。企业采用专用记账凭证时，可按各类凭证分类连续编号，具体有两种方法：1）三种凭证，三种编号。即分别按照收款记账凭证、付款记账凭证和转账记账凭证填制的时间顺序，每月从收字第1号、付字第1号和转字第1号编起，各种专用记账凭证编至本月填制的最后一张记账凭证为止，如图5－22所示。2）三种凭证，五种编号。即将收款记账凭证和付款记账凭证分别按照收付款的方式再分为库存现金收款凭证、银行存款收款凭证、库存现金付款凭证和银行存款付款凭证四种进行连续编号，对转账记账凭证仍单独编号，这样就形成了三种凭证五种编号的方法，如图5－23所示。

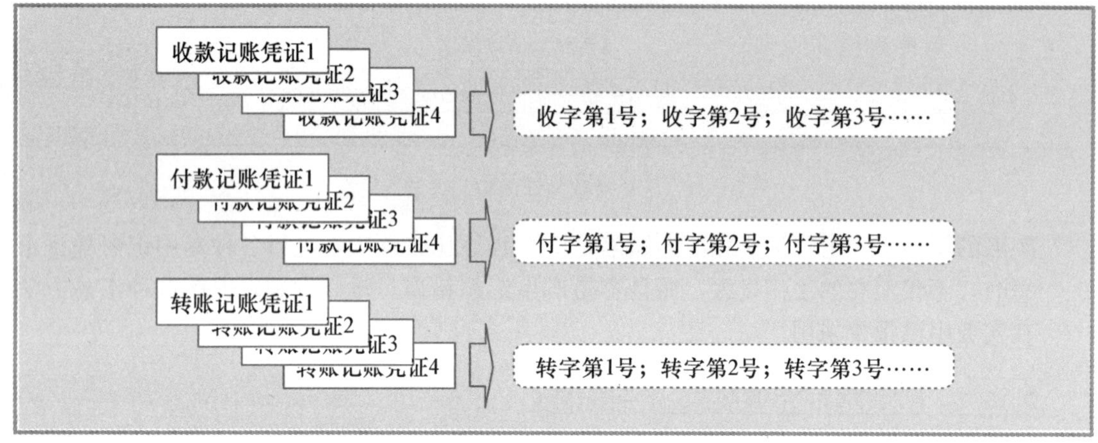

图5－22　对专用记账凭证的三种编号方法

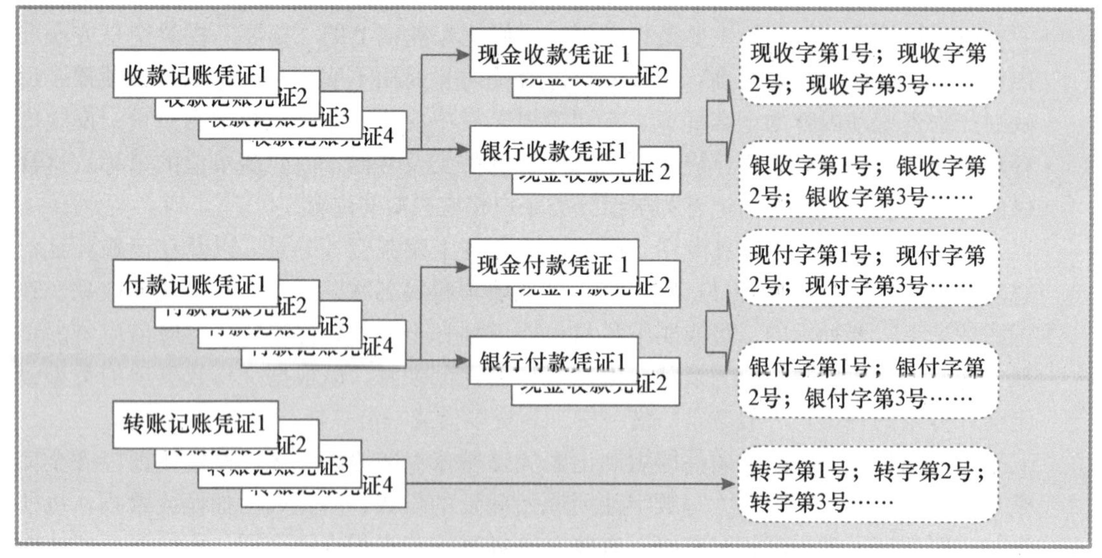

图5－23　对专用记账凭证的五种编号方法

以上介绍的主要是专用记账凭证的编号方法，汇总记账凭证和科目汇总表应采用“汇收字第×号”“汇付字第×号”“汇转字第×号”“科汇字第×号”字样按月连续编号。

2. 记账凭证的审核

记账凭证是登记账簿的直接依据，收款记账凭证和付款记账凭证还是出纳人员收付款项的依据。为保证账簿登记的正确性，监督货币资金收支等交易或事项的合理性和合法性，对于填制完毕的记账凭证，除应由填制人员自行审核外，还应在会计部门建立必要的专人审核制度。对记账凭证的审核可结合图 5－24 加以理解。

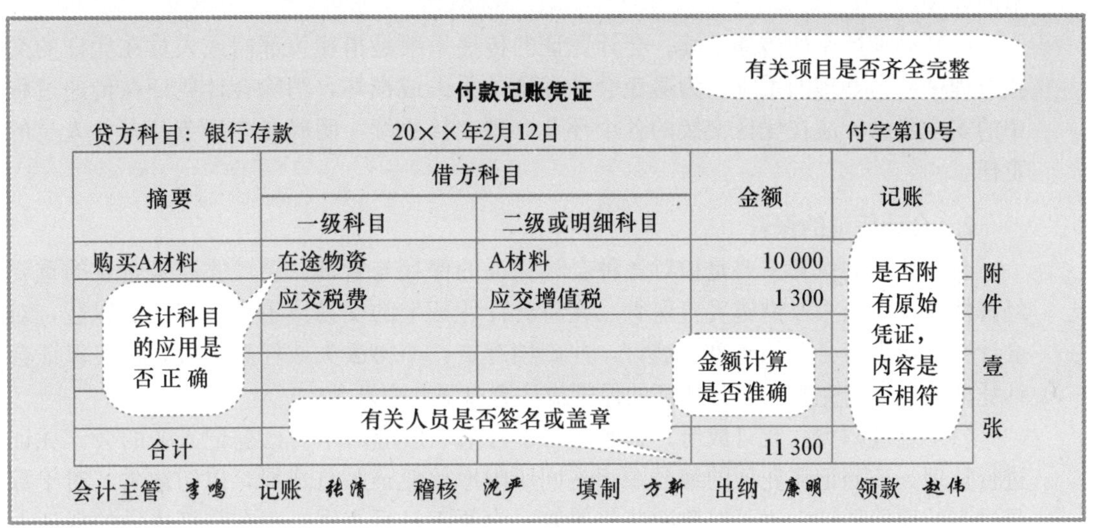

付款记账凭证

贷方科目：银行存款　　20××年2月12日　　付字第10号

摘要	借方科目		金额	记账
	一级科目	二级或明细科目		
购买A材料	在途物资	A材料	10 000	
	应交税费	应交增值税	1 300	
合计			11 300	

附件壹张

会计主管 李鸣　记账 张清　稽核 沈严　填制 方新　出纳 廉明　领款 赵伟

图 5－24　记账凭证的审核

5.3.4　会计凭证的传递与保管程序

1. 会计凭证的传递

会计凭证的传递是指会计凭证从取得、填制、使用到归档保管为止，在企业内部有关部门和人员之间传递的程序。

会计凭证是办理交易或事项的依据，这就决定了会计凭证具有在相关的职能部门和有关人员之间流动的特性。会计凭证的传递程序如图 5－25 所示。

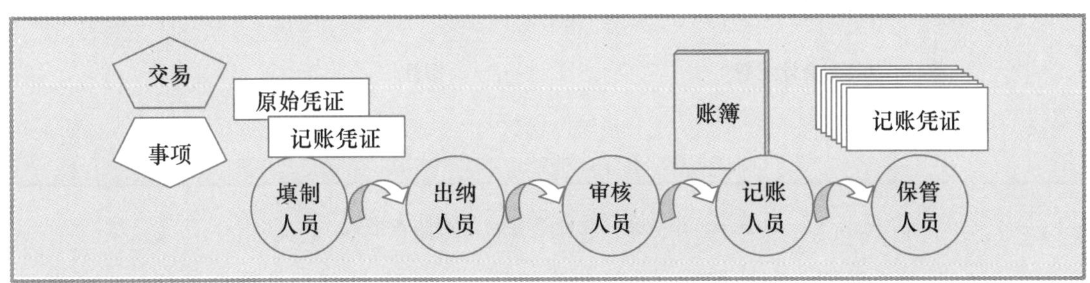

图 5－25　会计凭证的传递程序

企业发生的交易或事项内容不同，会计凭证的传递程序也不尽相同，但在传递上都应注意以下几个方面。

（1）确定有序的传递路线。会计凭证的传递路线是指凭证的流经环节及先后次序。应根据交易或事项的具体内容及处理上的要求，确定合理有序的凭证传递路线，使会计凭证沿着最快捷、最合理的流向运行，保证经办人员能够及时进行交易或事项的处理和会计人员进行账务处理，避免凭证传递“越位”。

（2）明确合理的传递时间。传递时间是指会计凭证在有关部门或人员手中停留的时间。应根据各个环节处理交易或事项的需要，合理地确定会计凭证在有关部门或人员手中的停留时间，以保证会计凭证的及时传递，避免停留时间过长而影响下一个环节的处理。

（3）办理严密的传递手续。会计凭证的传递手续是指相关部门或人员在凭证的交接过程中应当办理的手续。为避免会计凭证的丢失或损坏，消除会计凭证在传递过程中的安全隐患，应在凭证交接的各个环节办理交接手续，明确各个环节及有关人员的责任。

2. 会计凭证的保管

会计凭证的保管主要是指对各种会计凭证的保存与管理。会计凭证是企业的重要经济档案，应当采取措施妥善保管。在将会计凭证上的交易或事项登记入账以后，对会计凭证应进行必要的整理、装订，并归档存查，不得丢失或任意销毁，切实保证会计凭证的安全与完整。会计凭证的保管应注意以下几个环节：

（1）整理归类，装订成册。企业在每个月末一般应对本月已登记入账的会计凭证进行整理，按照记账凭证的编号顺序连同所附原始凭证装订成册，以防散失。对于数量过多的原始凭证，也可以单独装订保管。为便于日后查阅，应在装订成册的凭证上加具封面，注明单位名称，填制凭证的起讫日期，标明会计凭证的种类及数量等，并由有关人员签名或盖章。会计凭证装订封面的基本格式如图5-26所示。

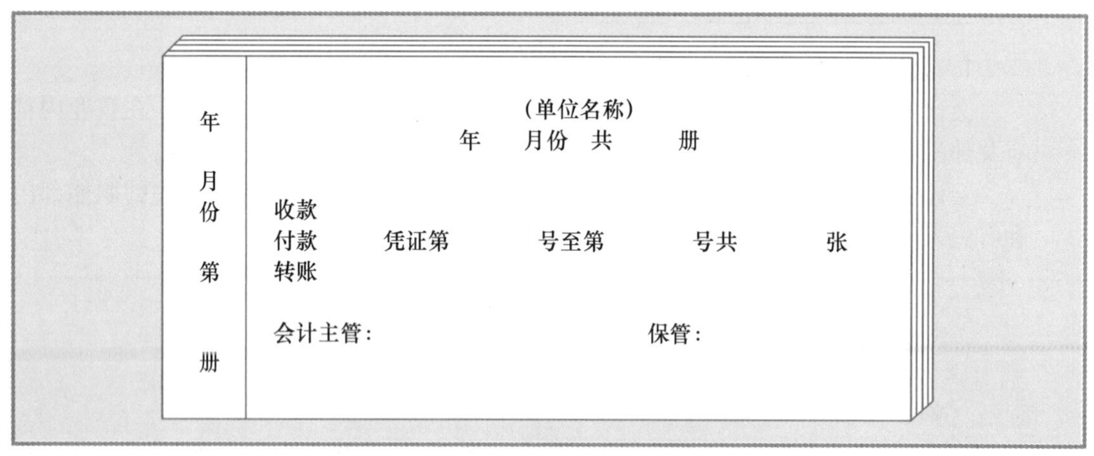

图5-26　会计凭证装订封面的基本格式

（2）编造清册，归档保管。会计年度终了时，由会计部门按照会计凭证归档的要求整理立卷。当年的会计凭证可以在年度终了后由会计部门保管一年，以便于对跨年度的交易或事项进行核对与接续处理。期满后应由会计部门编造清册，移交本单位档案部门，按档案保管的要求妥善保管。

（3）妥善保管，控制借阅。对处于保管过程中的会计凭证，既要防止自然环境等因素可能造成的损害，也要防止人为原因的损坏和丢失等，应采取得力措施严密保管。

保管中的会计凭证原则上不得外借，如有特殊需要，须报经单位负责人批准，但不得拆散原卷册，并应限期归还。对外提供的原始凭证的复印件应在专设的登记簿上登记，并由提供人员和收取人员签名或盖章。

(4) 保管期满，酌情处理。会计凭证的保管期限为 30 年。保管期未满时，任何人都不得随意销毁会计凭证。保管期满后，应按规定销毁。对按规定需要永久保存的会计凭证不得销毁。

思考题

1. 什么是会计循环？其循环程序是怎样的？
2. 什么是会计凭证？会计凭证方法在会计循环中占有怎样的地位？
3. 会计凭证有哪些作用？可分为哪些基本种类？
4. 什么是原始凭证？原始凭证可分为哪些种类？
5. 原始凭证的基本内容包括哪些？原始凭证的填制应遵循哪些要求？
6. 什么是记账凭证？记账凭证有哪些种类？
7. 从交易或事项与记账凭证关系的角度可以将专用记账凭证分为哪几种？这种分类方法与填制专用记账凭证是一种怎样的关系？
8. 记账凭证的基本内容包括哪些？它与原始凭证的主要区别是什么？
9. 对专用记账凭证可进行怎样的评价？
10. 什么是通用记账凭证？其主要优点是什么？
11. 什么是科目汇总表？其主要的优点有哪些？

练习题

一、专用记账凭证

[目的] 练习专用记账凭证的填制方法。

[资料] 假定鸿达公司某年 10 月发生如下交易或事项：

(1) 10 月 3 日，收到投资者投入的货币资金 200 000 元，已存入银行。原始凭证为银行存款通知单 1 张。

(2) 10 月 5 日，用银行存款 40 000 元购入不需要安装设备一台（假定不考虑应交税费）。原始凭证为银行存款转账支票存根 1 张，销售设备企业发票 1 张。

(3) 10 月 10 日，发出材料一批，实际成本 12 000 元，用于产品生产。原始凭证为领料单 1 张。

(4) 10 月 15 日，从银行提取现金 2 000 元。原始凭证为现金支票存根 1 张，银行付款通知单 1 张。

(5) 10 月 17 日，借入短期借款 20 000 元，已存入银行。原始凭证为借款合同 1 份，银行收款通知单 1 张。

(6) 10月18日，用银行存款35 000元偿还应付账款。原始凭证为银行存款转账支票存根1张，银行付款通知单1张。

(7) 10月22日，用银行存款30 000元偿还短期借款。原始凭证为银行存款转账支票存根1张，银行付款通知单1张。

(8) 10月24日，从立发公司购入乙材料一批，实际成本20 000元，货款已用银行存款支付（假定暂不考虑已交税费）。材料暂未入库。原始凭证为银行存款转账支票存根1张，销售材料企业发票1张。

(9) 10月28日，用现金1 000元购买企业管理部门使用的办公用品。原始凭证为销售商店发票1张。

(10) 10月30日，用银行存款20 000元偿还应付账款。原始凭证为银行存款转账支票存根1张，银行付款通知单1张。

［要求］

(1) 根据所给交易或事项逐笔确定应当填制的专用记账凭证名称。

(2) 利用专用记账凭证填制各项交易或事项的记账凭证（按五种编号方法编号）。

二、科目汇总表

［目的］ 练习科目汇总表的编制方法。

［资料］ 假定鸿达公司某年10月发生的交易或事项同练习题一。

［要求］ 根据填制的专用记账凭证编制科目汇总表工作底稿，并编制该公司该年10月的科目汇总表（假定全月汇总一次）。

第6章

会计账簿

会计账簿的设置与登记是会计的重要方法之一，也是会计循环中的关键环节。在手工会计环境下，账簿是设立会计账户的载体，企业的交易或事项在发生以后，其初始信息都要利用账簿进行存储，并为企业在会计期末对外报告会计信息提供支持。本章主要介绍会计账簿的定义及种类，账簿的登记规则，不同格式账簿的登记方法，错账的更正方法，对账、结账方法，以及账簿的更换与保管相关知识。

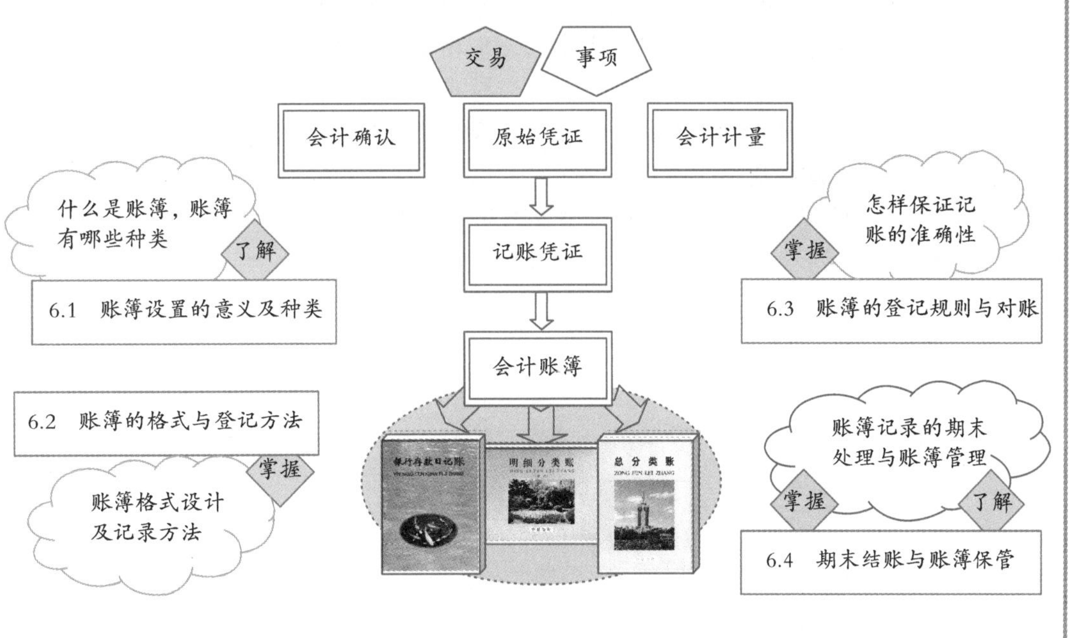

6.1 账簿设置的意义及种类

6.1.1 会计账簿的定义及设置意义

1. 会计账簿的定义

会计账簿简称账簿，俗称账本，是由具有一定格式而又相互连接的账页组成，用以连续、系统和全面地记录各项交易或事项，为会计报告存储信息数据的簿籍。设置和登记账簿是会计的一种专门方法。

理解账簿的定义应注意把握以下两点：

（1）账簿的基本构成及其功能。会计账簿一般由封面、封底、扉页和账页组成。封面和封底起保护扉页和账页的作用；扉页用于说明登记账簿须知，填写账簿启用及交接记录等；账页是账簿的构成主体，也是专门用以记录交易或事项内容的载体。在手工记账条件下，账户设置是指在账簿中设立账户。在一个账簿中可以只设立一个账户，也可以设立若干个账户，具体根据记录交易或事项的需要而定。在只设立一个账户的情况下，账户的名称可印制或填写在封面上。在一个账簿中设立若干个账户时，应填写账户目录表，标明各个账户所在的页码，以便于查找和登记。账簿中的账页应连续编号，连接为一个整体。由于对交易或事项记录的要求不同，账页格式的设计也往往不同。

（2）设立和登记账簿的目的。一是满足记录交易或事项的要求。在整个账户体系中，就某一特定账户来看，可用于连续记录企业某一特定方面的交易或事项，从设置的所有账户来看，可以对企业发生的全部交易或事项进行分门别类的全面记录。二是为会计报告进行信息存储，进而为会计期末编制会计报表提供依据，登记账簿是进行会计报告不可或缺的基础性环节。

对会计账簿的定义及组成内容可结合图6-1加以理解。

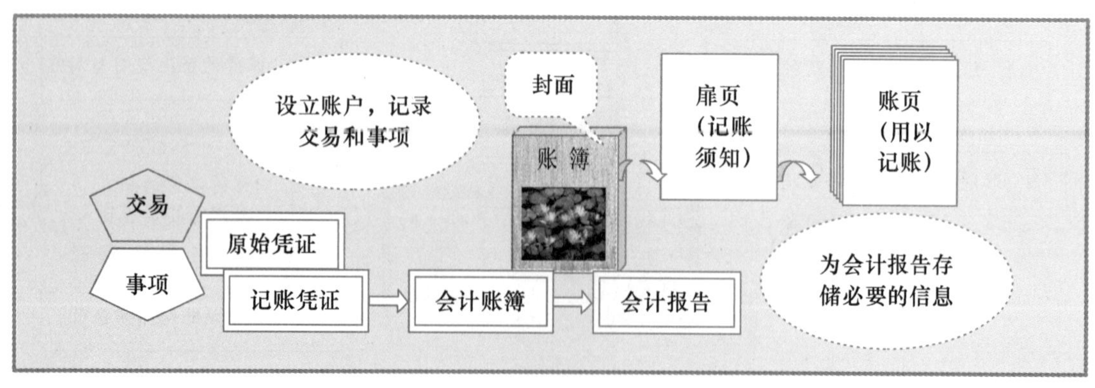

图6-1 会计账簿的定义及组成内容

2. 设置账簿的意义

（1）设置账簿可以系统全面地积累会计信息资料。企业的交易或事项发生以后，其信息已经通过记账凭证的填制等进行了分类处理，但反映在会计凭证上的信息资料比较分散，也不够系统。只有将这些交易或事项在设立于账簿中的账户进行分类、系统的登记，才能够使这些分散的信息按照其归属得以集中反映。利用完善的账簿系统，既可对发生的交易或事项进行分门别类的记录，积累企业资产、负债和所有者权益等方面的局部信息，也可以通过对这些信息资料的进一步加工整理，提供企业的财务状况、经营成果和现金流量等方面的整体信息。

（2）设置账簿可为考核企业财务状况，评价经营者业绩等提供依据。企业的财务状况、经营成果和现金流量等信息，既是企业经营活动的成果体现，也是对企业经营者的业绩进行评价的重要依据。通过账簿的设置与登记，可以反映企业财务状况、经营成果和现金流量等的实际情况，并可将其与预先制定的经营计划和财务预算等进行比较，进而分析、判断计划和预算的实施效果，总结经验与不足，不断提高管理水平，使企业的经营活动能够按照预期目标稳步发展。另外，这样的对比结果也可用于评价企业经营者业绩的提升或下降状况，为经营者的聘用等提供依据。

（3）设置账簿可以为企业财务报告的编制提供基础性数据资料。在会计期末，企业通过对本期账簿记录的资料进行加工整理，可以形成财务报表中有关项目的数据资料。一方面能够使日常发生的交易或事项更加系统和综合地体现出来，另一方面能够形成向投资者、债权人及其他财务报告使用者报送的有用信息。由此可见，账簿的设置和登记质量关系到会计报表能否及时编制，也关系到能否最终实现企业财务会计的目标。

对设置账簿的重要意义可结合图6-2加以理解。

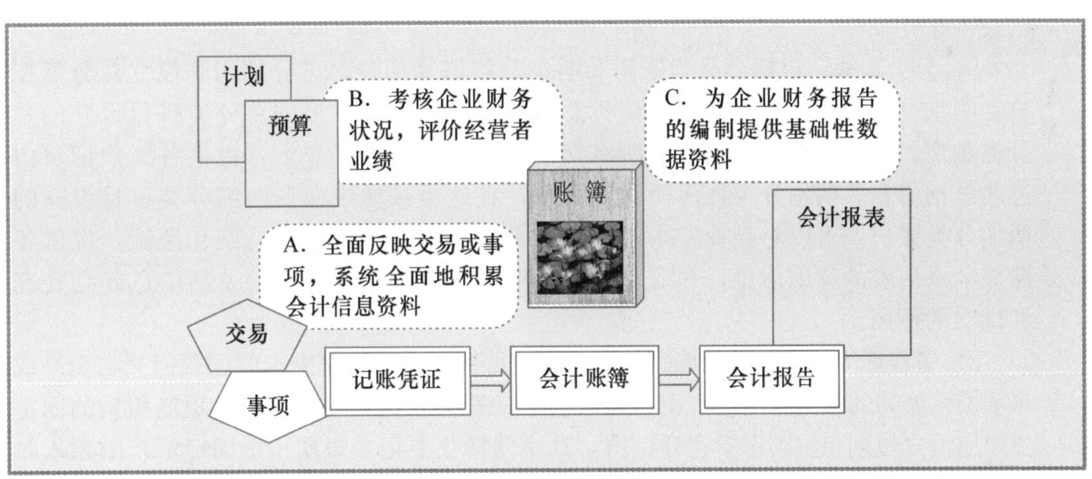

图6-2　设置账簿的重要意义

6.1.2　账簿的种类与设置原则

1. 账簿的种类

企业的账簿很多，可采用不同方法进行分类。

（1）按账簿的用途分类。可分为序时账簿、分类账簿和备查账簿三种（见图6-3）。

1）序时账簿。也称日记账，是按照交易或事项发生的时间顺序逐日逐笔进行登

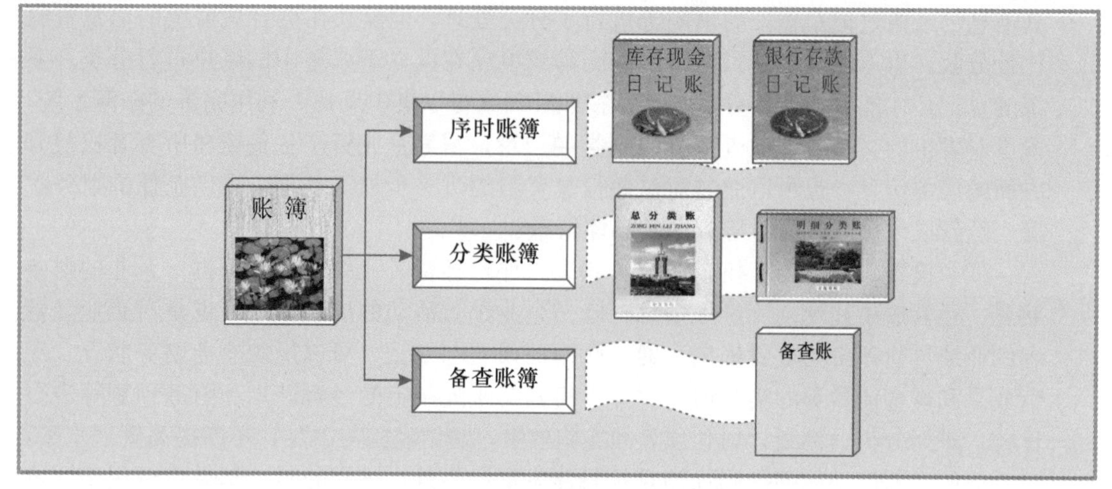

图6-3 账簿按用途分类

记的账簿。按其记录交易或事项内容的不同分为特种日记账和普通日记账两类。特种日记账是专门用来登记某些重要的交易或事项、根据记账凭证逐日逐笔登记的序时账簿。在实务中应用较多的是库存现金日记账和银行存款日记账。企业在设立特种日记账时，一般对其他交易或事项不再设立序时账簿，而是设立明细分类账簿进行记录。普通日记账是可用来登记所有交易或事项的序时账簿。在普通日记账中，一般是根据每天交易或事项发生的先后顺序，逐笔确定会计分录，并作为登记分类账簿的依据。因此，这种日记账也叫分录账或原始分录簿，但实务中已较少采用。

2）分类账簿。包括总分类账簿和明细分类账簿两种，可分别用于设立总分类账户和明细分类账户。总分类账簿简称总账，在这类账簿中根据总分类科目设立的总分类账户，可用以对企业发生的所有交易或事项进行总括登记，提供各账户记录内容的总括信息。明细分类账簿简称明细账，在这类账簿中根据明细分类科目设立的明细分类账户，可以对企业发生的所有交易或事项具体内容进行细化登记，提供各账户记录内容的详细信息，并能对其所隶属的总分类账户提供的总括信息起到补充和说明的作用。

3）备查账簿。也称辅助账簿，是对序时账簿和分类账簿中未能记载但又与交易或事项关系密切的相关情况进行记载以备查考的账簿。例如，企业对于短期租赁的固定资产应设立短期租赁固定资产登记簿，这个账簿主要记录短期租赁固定资产的租入时间、租赁期限、归还时间以及租金的支付时间和方式等。这些情况对短期租赁固定资产的相关环节上的账务处理起到提示作用，因不能在分类账簿中加以记录，就可以采用备查簿加以记载。会计人员每日翻阅备查账簿，就可以清楚地了解当日有哪些备忘交易或事项需要处理。企业设立的应收账款登记簿、应付账款登记簿以及各种借款登记簿等，都属于备查账簿。备查账簿不是根据会计科目设置的，与其他账户之间不存在账务处理上的直接关系，因而在登记过程中也不必遵循复式记账规则。另外，备查账簿没有规定的格式，一般可由企业根据记载备忘事项的需要自行选用。

（2）按账簿的外表形式分类。可分为订本式账簿、活页式账簿和卡片式账簿三种

（见图6-4）。

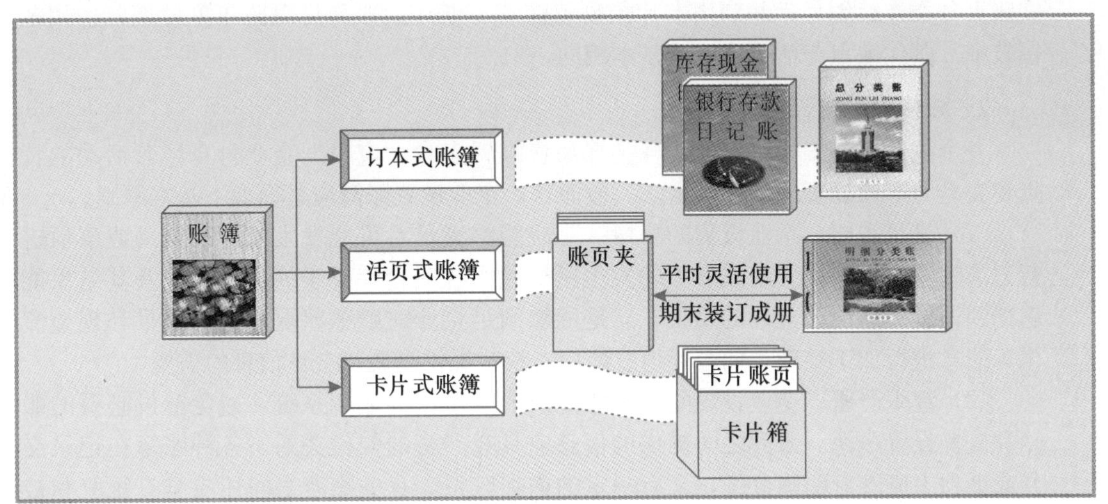

图6-4　会计账簿按外表形式分类

1）订本式账簿。简称订本账，这种账簿在启用前就把若干账页按顺序编号并装订成册。一些具有统驭作用的账簿，以及记录特别重要的交易或事项的账簿都应采用这种账簿。例如，各种总分类账簿对明细分类账簿具有统驭和控制作用，库存现金日记账和银行存款日记账记录的交易或事项发生频次较高，且容易出问题，需要给予特别重视，这些账簿均应采用订本式账簿。订本式账簿的优点是：可以避免账页的散失，防止账页被人为抽换，保证账簿的安全完整。其缺点：一是使用起来不够灵活，因为在这种账簿中，账页数量固定且连续编号，不能根据交易或事项的记录需要而随时增减。二是如果需要在一个账簿中设置多个账户，很难确定究竟该为每个账户预留多少账页，留多了会造成浪费，留少了又不能满足需要，不能保证账户记录的连续性。三是会造成记账上的不便。在一个账簿中设置多个账户时，账户登记一般是由多个会计人员分工负责的，在同一时间只能由一人记账，不能按记账人员的分工同时记账。

2）活页式账簿。简称活页账，这种账簿在启用前不进行装订，其账页放置在账页夹中，会计人员可根据设置的账户和记账的需要随时取用，当一页账页记满时，可随时补充空白账页。明细分类账一般采用活页式账簿，这是由于在明细账户中要求对发生的交易或事项逐笔登记，账簿记录比较频繁。活页式账簿的优点是：账页使用灵活方便，可根据记账需要灵活选择账页用量的多少，避免账页使用上的浪费，同时也便于会计人员分工记账，提高交易或事项的处理效率。其缺点是：账页平时散置，容易造成账页散失或被人为抽换，难以保证账簿的安全、完整。因此，对已经登记完的账页应连续编号存放。在会计期末时，应将已记录交易或事项的账页装订成册，形成订本式账簿，并妥善保管。

3）卡片式账簿。简称卡片账，这种账簿利用卡片式账页记录交易或事项。卡片式账簿主要适用于登记那些在企业的经营过程中长期存续，需要在多个会计期间连续进行账务处理的交易或事项。例如，企业的固定资产一旦形成，就会在较长的时间里为企业的经营活动所用，企业对于固定资产折旧额每月都要确认计量一次，并长期登记有关账簿。为防止账页破损，便可采用卡片式账簿。在采用卡片式账簿时，应对卡片式账页分类连续编号，并利用卡片箱妥善保管。卡片式账簿可以跨年度使用，适用范围较窄。其优缺点与活页式账簿基本相同。

2. 账簿的设置原则

一个企业应设置哪些账簿，各类账簿应设置多少，应根据企业自身经营活动的特点和交易与事项处理的需要决定。一般而言，企业设置账簿应遵循如下基本原则。

（1）满足需要。企业设置的账簿一是应能够满足对可能发生的所有交易或事项进行记录的需要，保证交易或事项的发生所引起的各项会计要素的增减变动及其结果能够得到连续、系统、全面的反映；二是能够满足企业对财务状况、经营成果和现金流量等信息进行加工整理，向会计信息使用者及时提供高质量会计信息的需要。

（2）组织严密。企业设置的各种账簿应形成严密的账簿系统，避免漏设必要的账簿和重复设置账簿。账簿之间提供的信息应具有严密的勾稽关系，各种账簿在记录交易或事项上应既有明确分工，又有一定的内在联系，有关账簿之间还应具有统驭和被统驭的关系或平行制约关系。整个账簿系统应既能够满足复式记账的要求，又能够满足平行登记的要求。

（3）精简灵便。在保证满足会计记录需要的前提下，账簿的设置应力求精简，不宜过多或过少，以节约人力、物力和财力，降低会计管理活动成本。账簿中的账页格式应简单明了，账页不宜过大，以方便日常记录交易或事项的使用，也便于存档保管。

（4）结合实际。设置账簿时，应结合本企业经营活动的特点，考虑经营规模大小和交易或事项的多少。在经营规模比较大、交易或事项发生频繁的企业，设置的账簿数量往往也较多。同时应考虑到本企业会计机构的设置和会计人员的配备及素质等情况。在经营规模和交易或事项量都比较大的企业，会计机构、会计人员的配备也相对比较完善，应根据内部控制的要求和会计人员的配备及分工情况，合理设置账簿。

6.2 账簿的格式与登记方法

6.2.1 序时账簿的格式与登记方法

各种账簿的格式差异较大。本书对序时账簿主要介绍三栏式特种日记账和普通日记账的格式与基本登记方法。其中，三栏式特种日记账包括库存现金日记账和银行存款日记账。

1. 三栏式库存现金日记账的格式与登记方法

三栏式是指在这种库存现金日记账的账页中专门设置了借方、贷方和余额三栏，分别用于记录库存现金的增加额、减少额和余额。

三栏式库存现金日记账的基本登记方法是：由出纳员根据库存现金收款凭证和库存现金付款凭证，按照交易或事项发生的时间顺序逐日逐笔登记。对于从银行提取现金的交易，由于只填制银行存款付款凭证，不再填制库存现金收款凭证，因而应根据银行存款付款凭证登记。登记时应依据记账凭证上的内容，按日记账上的项目逐项填写。每日业务终了，应结出当日余额，并与库存现金核对相符，即“日清”。三栏式库存现金日记账的格式及登记方法如图 6－5 所示。

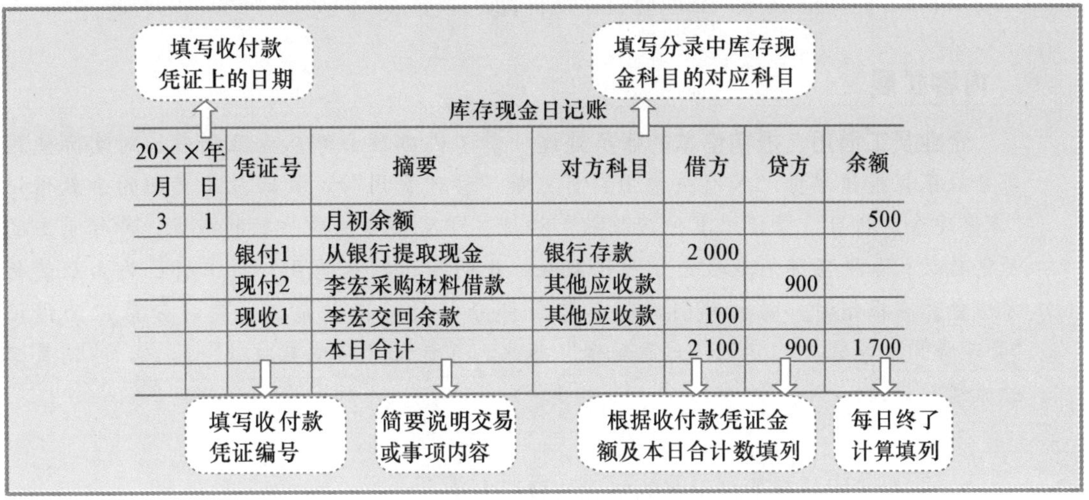

库存现金日记账

20××年		凭证号	摘要	对方科目	借方	贷方	余额
月	日						
3	1		月初余额				500
		银付1	从银行提取现金	银行存款	2 000		
		现付2	李宏采购材料借款	其他应收款		900	
		现收1	李宏交回余款	其他应收款	100		
			本日合计		2 100	900	1 700

图 6－5　三栏式库存现金日记账的格式及登记方法

特别提示

库存现金日记账中日期的填写　该日期是指交易或事项的实际发生日期，也是记账凭证上填写的日期，在库存现金日记账中填写的日期与其相同。有些账簿的登记时间与交易或事项的实际发生时间可能不一致，也应按交易或事项的实际发生日期（即记账凭证填写的日期）填写。

库存现金日记账中的“对方科目”是指在编制的会计分录中与“库存现金”科目所对应的会计科目。例如，根据“银付 1”记账凭证记录的交易内容是从银行提取现金，会计分录为：

借：库存现金　　　　2 000
　　贷：银行存款　　　　2 000

在这笔会计分录中，与“库存现金”科目对应的科目是“银行存款”，在“对方科目”栏就应填写“银行存款”科目。当然，该日记账中的“对方科目”应根据交易或事项具体内容的不同而有所变化。例如，根据“现付 2”记账凭证记录的事项为员工李宏向企业借支现金，应借记“其他应收款”科目，反映企业债权的增加，贷记“库存现金”科目，反映库存现金的减少。会计分录为：

借：其他应收款——李宏　　　　900
　　贷：库存现金　　　　900

又如，根据“现收 1”记账凭证的记录的事项是李宏将借用现金的余款（100 元）交回企业财会部门，应借记“库存现金”账户的借方，反映库存现金的增加。会计分录为：

借：库存现金　　　　　　　　　　　　　　　100

　贷：其他应收款——李宏　　　　　　　　　　　　100

在以上分录中，与“库存现金”科目相对应的都是“其他应收款”科目，因而在“对方科目”栏均应填写“其他应收款”科目。

内容扩展

企业员工借用、报销借款的账务处理　员工因办理公事从企业借款，对实际使用部分应根据报销单据记入有关费用科目（如“管理费用”），收回员工交回的余款借记“库存现金”科目，贷记“其他应收款”科目。即反映其他应收款的减少，冲销员工的原借款数；如果实际用款数大于原借款数，说明原借款未够用，员工自己为企业垫付了现金。在报销时，财会部门应将其垫付部分补付给借款员工。会计分录应为借记“管理费用”等账户，贷记“库存现金”账户，并贷记“其他应收款”账户，冲销员工的原借款记录。

2. 三栏式银行存款日记账的格式与登记方法

在这种格式的银行存款日记账中专门设置了借方、贷方和余额三栏，分别用于记录银行存款的增加额、减少额和余额。

三栏式银行存款日记账的登记方法与库存现金日记账基本相同，即由出纳员根据银行存款收款凭证和银行存款付款凭证，按照交易或事项发生的时间顺序逐日逐笔登记。但对于将库存现金存入银行的交易，由于按要求只填制库存现金付款凭证，不再填制银行存款收款凭证，因而应根据库存现金付款凭证登记。登记时应按日记账上的栏次逐项填写。每日业务终了时应结出当日余额，并要将记录结果定期与银行之间核对相符。三栏式银行存款日记账的格式及登记方法如图 6-6 所示。

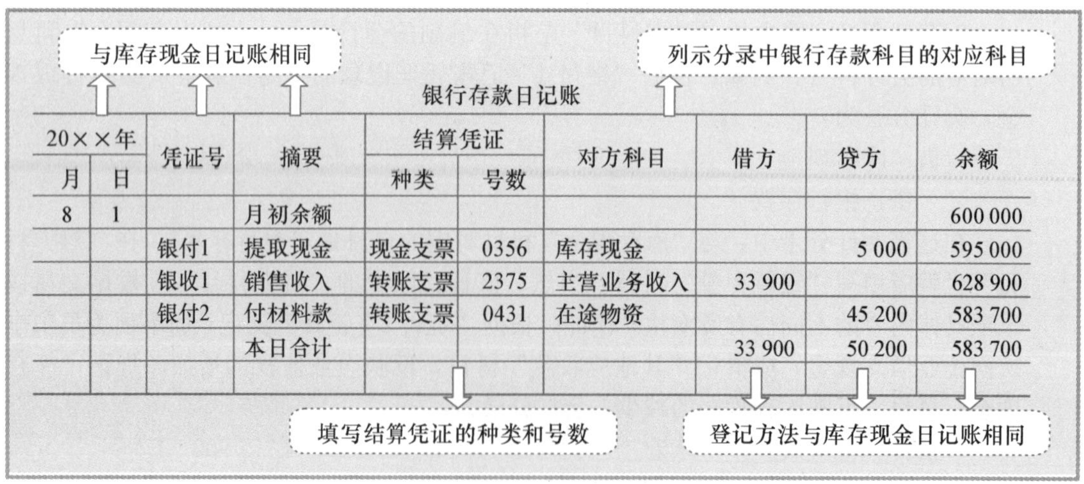

20××年		凭证号	摘要	结算凭证		对方科目	借方	贷方	余额
月	日			种类	号数				
8	1		月初余额						600 000
		银付1	提取现金	现金支票	0356	库存现金		5 000	595 000
		银收1	销售收入	转账支票	2375	主营业务收入	33 900		628 900
		银付2	付材料款	转账支票	0431	在途物资		45 200	583 700
			本日合计				33 900	50 200	583 700

图 6-6　三栏式银行存款日记账的格式及登记方法

"结算凭证"是银行存款日记账中特有的一栏，登记的是企业通过银行办理收付款结算业务时所使用的一些专门凭证。与库存现金结算直接收支现金的方式不同，企业通过银行办理收付款结算业务时，往往要使用支票和汇票等结算凭证。在登记银行存款日记账时，相应地也要注明这些结算凭证的种类与号数，以便于定期或不定期与银行进行核对。

3. 普通日记账的格式与登记方法

普通日记账有两栏式和分栏式两种，登记的方法也有所不同。

（1）两栏式普通日记账。是指在日记账中主要设置借方和贷方两个基本栏次，用以登记有关会计科目发生额的增加或减少，并逐日逐笔登记。其格式及基本登记方法如图 6－7 所示。

登记依据不再是记账凭证

过入分类账所在的账页

普通日记账（两栏式）

20××年		原始凭证	摘要	对应账户	分类账页	借方	贷方
月	日						
8	5	××号发票	购入材料	在途物资	28	10 000	
				应交税费	35	1 300	
				银行存款	20		11 300
		×号借款单	李海借款	其他应收款	30	1 000	
				库存现金	12		1 000

登记方法与特种日记账相同

利用账页的有关栏次编制会计分录

图 6－7　两栏式普通日记账的格式及登记方法

在两栏式普通日记账中，是把每一项交易或事项应编制的会计分录直接体现在账页上，并将其作为登记分类账的依据。因此，这种日记账可以替代记账凭证的编制，登记两栏式普通日记账的过程也是编制记账凭证的过程。事实上，这种普通日记账的产生时间要早于记账凭证。在会计发展的早期，会计人员每天都是先根据发生的交易或事项逐笔登记这种日记账，之后再根据日记账中的分录登记各种分类账。这种日记账在会计实务中已很少采用。

（2）分栏式普通日记账。是指在日记账中按企业会计上常用的会计科目分设专栏，对经常重复发生的交易或事项在各分设栏次中逐日逐笔登记的一种账簿。其格式及登记方法如图 6－8 所示。

在分栏式普通日记账的账页上，是将交易或事项的会计分录完整地体现在某一行次，可以清晰地反映各账户之间增减变动的来龙去脉。但账页规格往往过大，既不便于登记，也不便于记账分工，因而在实务中已很少采用。

6.2.2　分类账簿的格式与登记方法

分类账簿包括总分类账簿和明细分类账簿两类，这两类账簿的格式差异较大，登

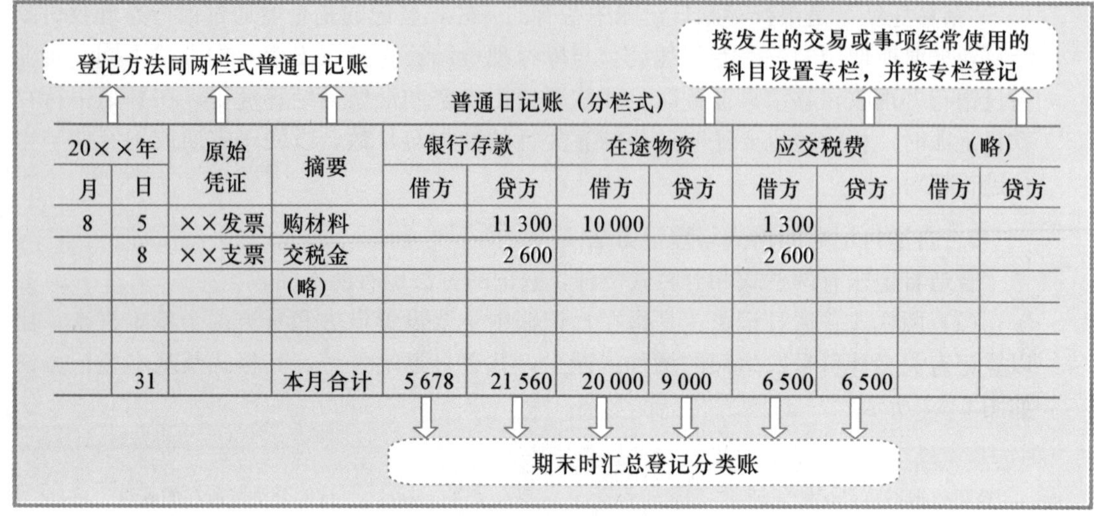

20××年		原始凭证	摘要	银行存款		在途物资		应交税费		（略）	
月	日			借方	贷方	借方	贷方	借方	贷方	借方	贷方
8	5	××发票	购材料		11 300	10 000		1 300			
	8	××支票	交税金		2 600			2 600			
			（略）								
	31		本月合计	5 678	21 560	20 000	9 000	6 500	6 500		

图6-8 分栏式普通日记账的格式及登记方法

记方法也有很大不同。

1. 三栏式总分类账簿的格式与登记方法

在三栏式总分类账簿的账页上设置借方、贷方和余额栏，分别登记账户的增加额、减少额和余额。总分类账簿一般为三栏式订本账簿。

三栏式总分类账簿可采用以下两种登记方法：一是逐笔登记，即根据专用记账凭证或通用记账凭证，按照交易或事项的发生时间顺序逐笔登记；二是汇总登记，即先将以上专用记账凭证或通用记账凭证定期汇总，根据汇总的金额登记。其格式及逐笔登记方法如图6-9所示。

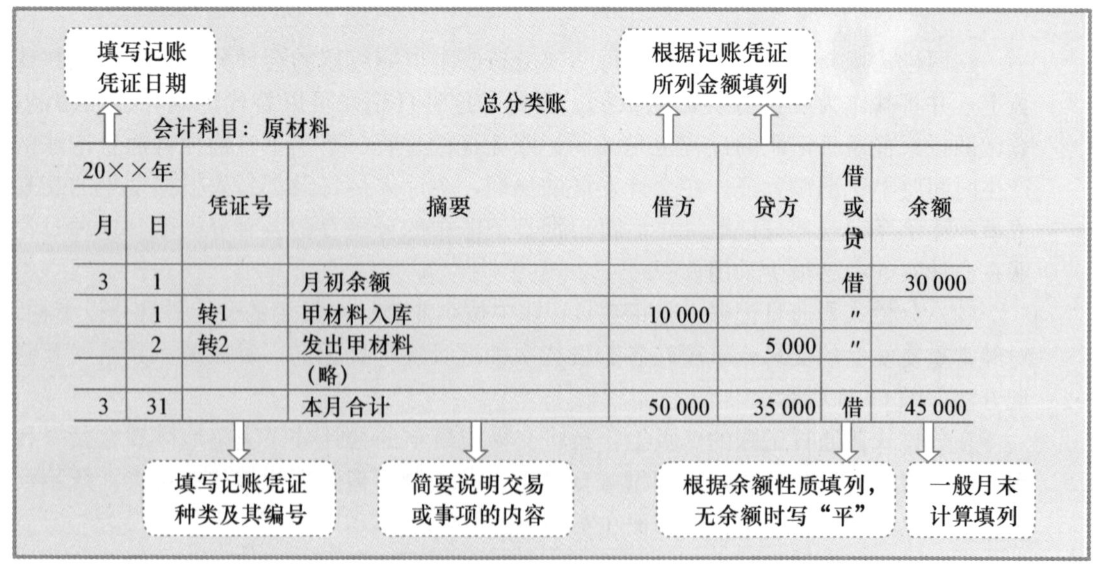

20××年		凭证号	摘要	借方	贷方	借或贷	余额
月	日						
3	1		月初余额			借	30 000
	1	转1	甲材料入库	10 000		〃	
	2	转2	发出甲材料		5 000	〃	
			（略）				
3	31		本月合计	50 000	35 000	借	45 000

图6-9 三栏式总分类账的格式及逐笔登记方法

三栏式总分类账的汇总登记，是先将以上专用或通用记账凭证定期进行汇总，编制科目汇总表或汇总记账凭证，之后根据汇总金额进行登记的一种方法。

2. 明细分类账簿的格式与登记方法

明细分类账簿一般采用活页式或卡片式。账页的格式有三栏式、数量金额式和多栏式三种，具体采用哪一种账页格式，应根据交易或事项明细核算的要求而定。登记的基本要求是根据专用记账凭证或通用记账凭证，按照交易或事项发生的时间顺序逐笔登记。需要提醒注意的是：对明细分类账簿不能采用汇总登记的方法。

（1）三栏式明细分类账簿。这种账簿的格式与上述总分类账簿相同，即在账页上设置借方、贷方和余额栏次，分别登记增减发生额及余额，并要逐笔登记。这种账簿适用于债权债务等只需要反映价值指标的交易或事项的记录。

（2）数量金额式明细分类账簿。这种明细分类账簿在账页上的借方、贷方和余额三栏中，再分别设置数量、单价和金额栏。在登记过程中，既要登记金额，又要登记数量和单价，并要逐笔登记。这类账簿适用于既反映价值指标，又反映实物量指标的交易或事项的记录，如企业对原材料、库存商品等资产的明细核算就应采用这种明细分类账簿。数量金额式明细分类账簿的格式与登记方法如图 6－10 所示。

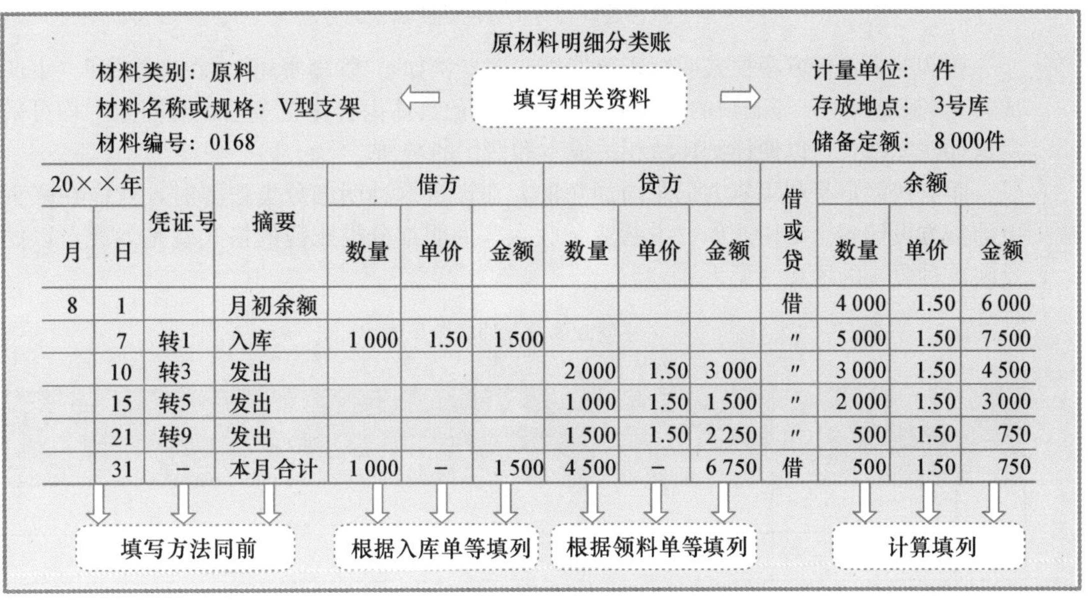

原材料明细分类账

材料类别：原料　　计量单位：件
材料名称或规格：V型支架　　存放地点：3号库
材料编号：0168　　储备定额：8 000件

20××年		凭证号	摘要	借方			贷方			借或贷	余额		
月	日			数量	单价	金额	数量	单价	金额		数量	单价	金额
8	1		月初余额							借	4 000	1.50	6 000
	7	转1	入库	1 000	1.50	1 500				〃	5 000	1.50	7 500
	10	转3	发出				2 000	1.50	3 000	〃	3 000	1.50	4 500
	15	转5	发出				1 000	1.50	1 500	〃	2 000	1.50	3 000
	21	转9	发出				1 500	1.50	2 250	〃	500	1.50	750
	31	－	本月合计	1 000	－	1 500	4 500	－	6 750	借	500	1.50	750

图 6－10　数量金额式明细分类账的格式及登记方法

（3）多栏式明细分类账簿。这种明细分类账簿在账页上的借方、贷方或借贷双方再设置若干专栏，用于登记明细项目多、记账方向又比较单一的交易或事项。例如，企业的管理费用包括工资、福利费、折旧费和办公费等内容，为详细反映这些费用的发生情况，就需要在账页上按费用的项目内容设置多个专栏，当费用发生以后，要在预先设置的栏次中登记。多栏式明细分类账簿通常在平时多用来登记增加额，有的账户只在月末时才登记一次减少额，因而其账页格式一般只按增加额一方（借方或贷方）设置，而不设计账户的对应方栏次。减少额可在登记增加额的栏次用红字登记。这种账簿适用于费用类、收入类等只需要提供价值量指标的交易或事项的记录。多栏式明细分类账簿的格式与登记方法如图 6-11 所示。

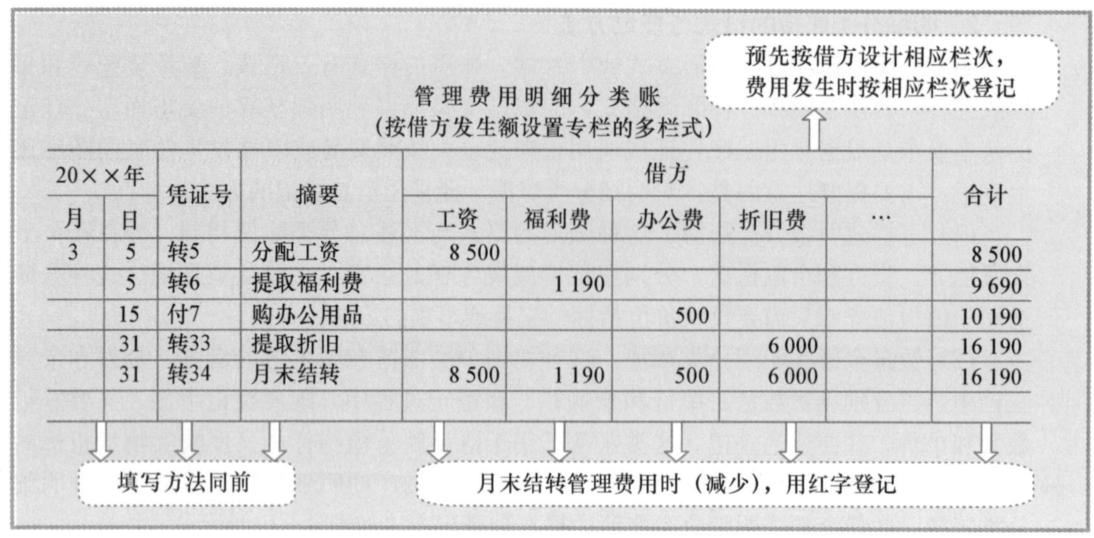

管理费用明细分类账
（按借方发生额设置专栏的多栏式）

20××年		凭证号	摘要	借方					合计
月	日			工资	福利费	办公费	折旧费	…	
3	5	转5	分配工资	8 500					8 500
	5	转6	提取福利费		1 190				9 690
	15	付7	购办公用品			500			10 190
	31	转33	提取折旧				6 000		16 190
	31	转34	月末结转	8 500	1 190	500	6 000		16 190

图 6-11　多栏式明细分类账的格式及登记方法

在实务中，借方多栏式明细账簿使用较多。例如，“管理费用”“在途物资”“生产成本”“制造费用”等账户的明细账户，其核算的具体内容比较多且相对固定，均可采用这种账簿格式，以便详细反映相关成本和费用的增加。

而有些账户是利用贷方记录增加额的，在设置这种明细分类账簿时，就应在账页上的贷方设计多个专栏。如“主营业务收入”的明细分类账簿的格式就是如此，以便反映各种收入的增加（见表 6-1）。

表 6-1　主营业务收入明细分类账
（按贷方发生额设置专栏的多栏式）

年		凭证号	摘要	贷方				
月	日			A产品	B产品	C产品	D产品	E产品

另外，也有个别明细分类账簿在借方和贷方都设计多个专栏。如“应交税费——应交增值税”明细账簿的账页格式即如此，这种明细分类账簿的格式称为借方贷方多栏式（见表 6-2）。

表6-2

应交增值税明细分类账

（分别按借方、贷方发生额分别设置专栏的多栏式）

年		凭证号	摘要	借方			贷方			借或贷	余额
月	日			进项税额	已交税额	合计	销项税额	进项税额转出	出口退税		

6.3 账簿的登记规则与对账

6.3.1 账簿的登记规则及错账更正

1. 账簿的登记规则

账簿的登记规则是指会计人员在账簿启用和账簿登记的过程中应当遵守的要求。

（1）账簿的启用规则。账簿是积累会计原始资料的重要工具。为保证账簿记录的合法性，明确记账人员的责任，在启用订本式账簿时，应在账簿扉页上填写账簿启用及交接记录（又称账簿使用登记表），包括单位名称、账簿名称、启用日期、记账人员和主管人员姓名等。使用活页账或卡片账时，应定期装订成册，然后填写账簿使用登记表。在一个账簿中设置多个账户时，还应填写账户目录表，注明账户名称及所在页数，以便于查找和登记。账簿启用及交接记录和账户目录表的基本格式分别如表6-3和表6-4所示。

表6-3

账簿启用及交接记录

单位名称				
账簿名称				
册次及起讫页	自　　页起至　　页止共　　页			
启用日期	年　　月　　日			
停用日期	年　　月　　日			
经管人员姓名	接管日期	交出日期	经管人员盖章	会计主管盖章
	年　月　日	年　月　日		
	年　月　日	年　月　日		
	年　月　日	年　月　日		
	年　月　日	年　月　日		
备注			单位公章	

表6-4　　账户目录表

账户名称	页数	账户名称	页数	账户名称	页数

（2）账簿记录规则。在账簿中记录交易或事项是会计循环的一个重要环节，会计人员应掌握会计基础规范要求，严格按照规定的要求记账。

1）依据凭证登记。账簿必须根据审核无误的记账凭证及所附的原始凭证登记。应将记账凭证的日期、编号、交易或事项内容摘要、金额及其他有关资料逐项记入账户。登记完毕后，记账人员应在记账所依据的记账凭证上签名或盖章，并在“记账”栏做出“√”标记，以避免重复记账。对账簿必须依据会计凭证登记的要求可结合图6-12加以理解。

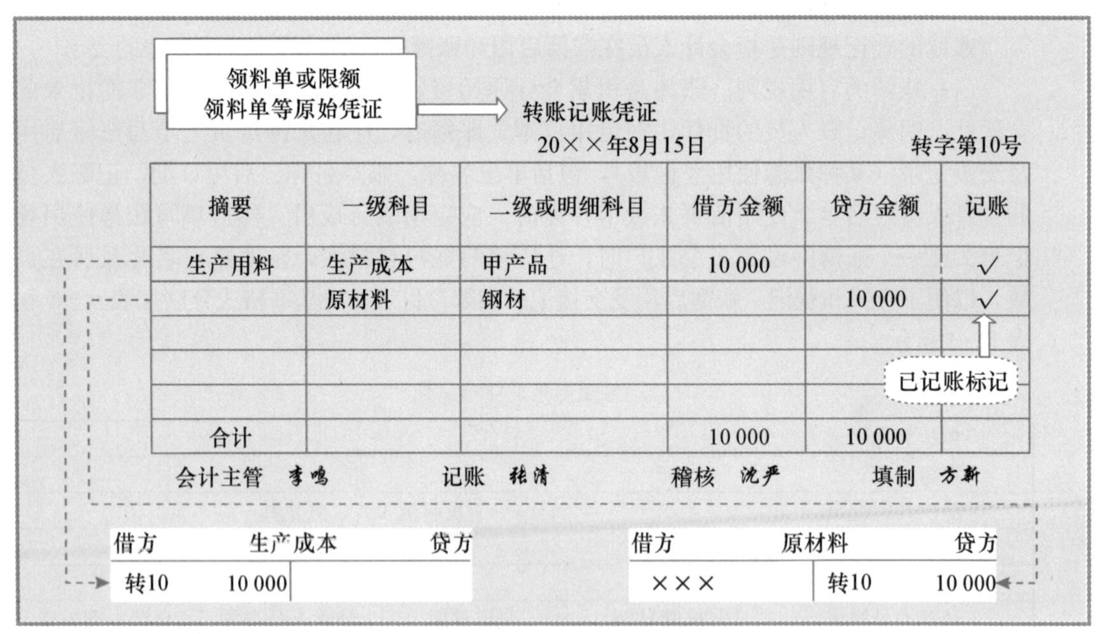

图6-12　账簿必须依据会计凭证登记

2）内容登记齐全。应当逐项填列账页上的日期、会计凭证种类和号数、交易或事项内容摘要以及借方、贷方发生额等栏次。凡是需要登记会计科目的，必须填列会计科目的名称，或者同时填列会计科目的名称和编号，不得只填列会计科目的编号而不填列会计科目的名称。各栏次内容的登记应做到不漏不错，数字准确，摘要清楚，登记及时，字迹工整。

3）书写适当留格。在登记账簿时，书写的文字和数字不要写满行，文字和数字一般占行高的 1/2，在文字和数字上方要适当留有空距，以便在发生错账时为填写正确的文字或金额留有余地。对账簿中文字和数字的书写要求可结合图 6－13 加以理解。

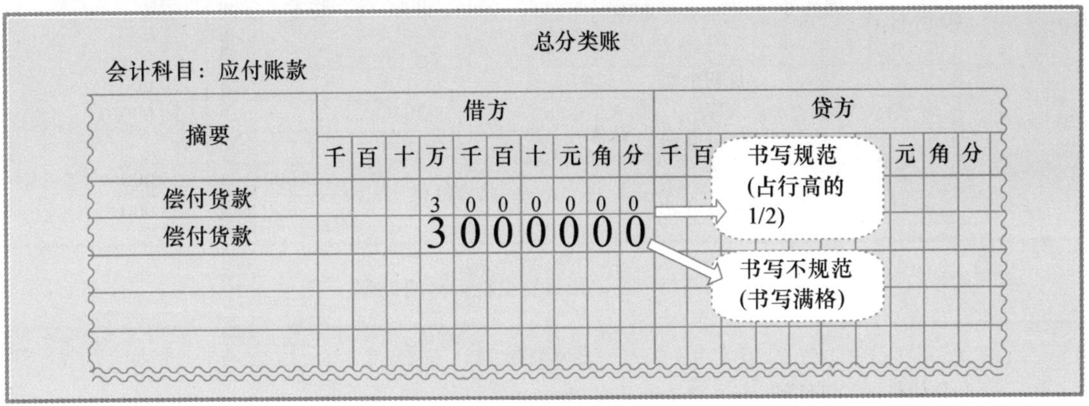

图 6－13　账簿登记中文字和数字的书写要求

4）使用蓝黑墨水。登记账簿时要使用蓝黑墨水或碳素墨水，不得使用圆珠笔或者铅笔书写。这是因为圆珠笔的笔油容易挥发，不利于账簿的长期保管；用铅笔记账容易被涂改，不利于保证账簿记录的正确性。

5）红字限制使用。在账簿登记中，红字表示减少数，但不能随便使用。下列几种情况可以使用红字书写：a. 根据用红字编制分录的记账凭证在账页上冲销错账；b. 在不设借方（或贷方）栏的多栏式账页中登记减少数（见图 6－11）；c. 在三栏式账户的“余额”栏前，如果未印有“借或贷”表明余额性质的栏次，在“余额”栏登记负数余额（见图 6－14）；d. 根据会计规范要求可以用红字登记的其他方面。

总分类账

会计科目：本年利润

20××年		凭证号	摘要	借方	贷方	余额
月	日					
7	31	转18	转入销售收入		120 000	120 000
		转19	转入销售成本	100 000		20 000
		转19	转入管理费用	25 000		5 000

此为红字

图 6－14　在未印有“借或贷”栏次的账页上登记负数余额时使用红字

6）账页连续登记。登记账簿时，一般应按编定的页码顺序连续记录，不得跳行或隔页。如果不慎产生跳行或隔页，对账页不得随意涂改、撕毁或抽换。应当将空行或空页用红线对角划掉，并在“摘要”栏注明“此行空白”或“此页空白”字样，记账人员应在更正处签名或盖章，以示对所处理事宜负责。对跳行和跳页的处理要求可结合图 6－15、图 6－16 加以理解。

总分类账

会计科目：原材料

20××年		凭证号	摘要	借方	贷方	借或贷	余额
月	日						
8	1		月初余额			借	20 000
	5	转25	入库	10 000		〃	30 000
			此行空白 张清				
	7	转30	出库		5 000	〃	25 000
	31		本月合计		5 000	借	25 000

此为红线

图6－15　登记账簿发生跳行时的处理

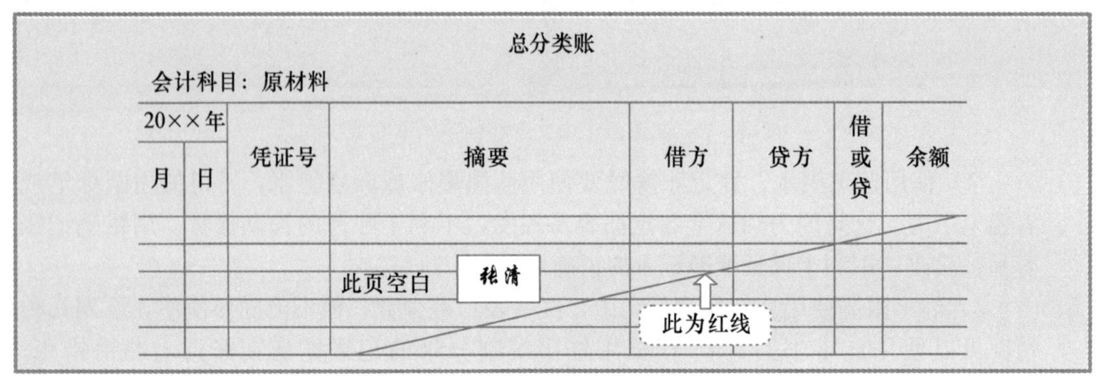

图6－16　登记账簿发生跳页时的处理

7）注明余额方向。凡是需结出余额的账户，结出余额后应在“借或贷”栏内写明“借”或“贷”字样。账户没有余额时，应在“借或贷”栏内写“平”字，在余额栏内写“0”，在其上划一条波浪线或斜线，表示没有余额。具体要求可结合图6－17加以理解。

表明余额性质，有余额时写“借”或“贷”

总分类账

会计科目：原材料

20××年		凭证号	摘要	借方	贷方	借或贷	余额
月	日						
8	1		月初余额			借	20 000
	5	转25	入库	10 000		〃	30 000
	7	转30	出库		5 000	〃	25 000
	31		本月合计			借	25 000
						平	0

没有余额时写“平”

图6－17　在“借或贷”栏中标明“余额”性质的要求

8）账页结转处理。登记账簿时，每张账页应在最后一行结出本页发生额合计数及余额，并在“摘要”栏内注明“过次页”字样。然后，将本页发生额合计数及余额填在接续账页的第一行，并在该行的“摘要”栏内注明“承前页”字样。具体要求可结合图 6－18 和图 6－19 加以理解。

总分类账

会计科目：原材料

20××年		凭证号	摘要	借方	贷方	借或贷	余额
月	日						
8	3		承前页			借	20 000
		转12	入库	40 000		〃	60 000
	5	转18	出库		35 000	〃	25 000
			（略）				
	8		过次页	40 000	58 000	借	2 000

账页的最后一行

图 6－18　一张账页记满以后的处理要求

总分类账

会计科目：原材料

20××年		凭证号	摘要	借方	贷方	借或贷	余额
月	日						
8	8		承前页	40 000	58 000	借	2 000

新账页的第一行

图 6－19　账页记满后转入新账页的处理要求

9）规范更正错账。登记账簿时发生错误，不得刮擦、挖补、涂抹或用褪色药水更改字迹，也不准更换账页重新抄写。发生错误时，应按照规定的方法进行更正。对这一规则将在下面专门介绍。

2. 错账的更正方法

账簿记录应保持整齐清洁，力求准确无误。如果在登记时不慎发生错误，应采用规定的方法更正。

（1）错账的基本类型。从记账凭证的填制和登记账簿两个环节考察，错账的类型主要有以下几种：

1）记账凭证正确，但登记账簿时发生错误。记账凭证正确是指在凭证上编制的会计分录，无论是会计科目还是登记方向和金额等都没有问题。在记账过程中，登记的账户以及账户的登记方向也没有问题，只是将登记的金额写错，由此而产生了错账。

见例 6－1。

2）记账凭证错误，引发账簿登记错误。具体有三种情况：a. 记账凭证上会计科目用错而引发的错账。即在记账凭证上编制会计分录时，搞错了账户之间的对应关系，编制了与实际发生的交易或事项不符的会计分录并已登记入账，从而形成错账。见例 6－2。b. 在记账凭证上将金额写多而引发的错账。即在记账凭证上编制会计分录时，会计科目的对应关系是正确的，只是金额多于实际发生额并已登记入账，在有关账户中登记的金额就会大于应当登记的金额而形成错账。见例 6－3。c. 在记账凭证上将金额写少而引发的错账。即在记账凭证上编制会计分录时，会计科目的对应关系是正确的，只是填写的金额少于实际发生额并已登记入账，在有关账户中登记的金额就会小于应当登记的金额而形成错账。见例 6－4。

对于错账的基本类型可结合图 6－20 加以理解。

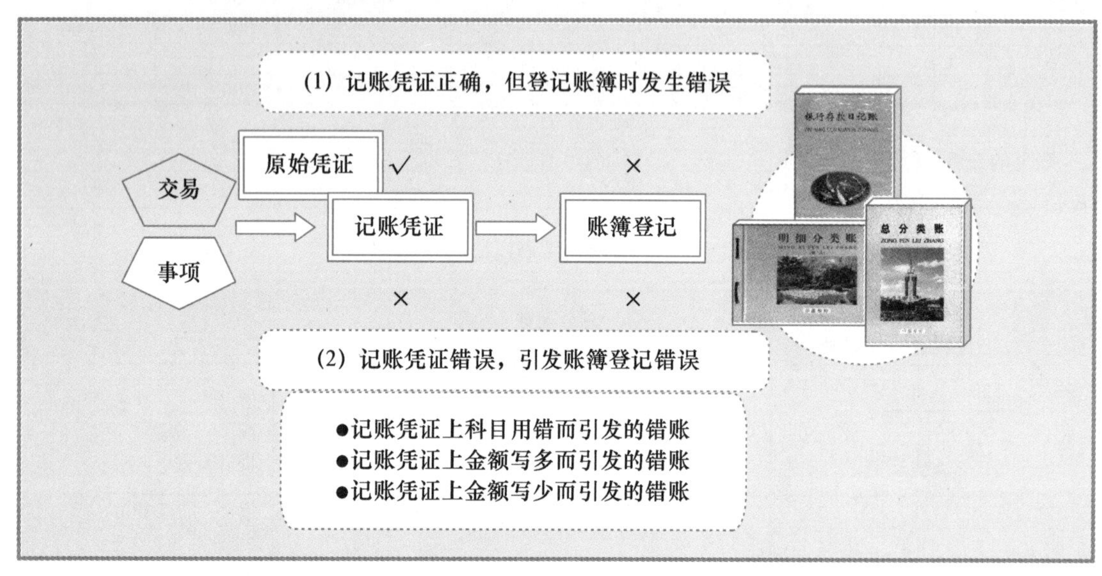

图 6－20　在填制记账凭证和登记账簿环节发生错账的基本类型

（2）更正错账的具体方法。错账的更正方法主要有划线更正法、红字更正法和补充登记法三种，分别适用于对以上四种不同错账类型的更正。

1）划线更正法。划线更正法适用于更正记账凭证正确但在登记账簿时发生错误的错账。具体更正方法为：如果在记账后、期末结账前即发现账簿记录有错误，可先在错误的数字或文字上划一条红线表示注销原来的错账，之后在划过线的数字或文字上端填写正确的数字或文字，并在更正处加盖更正人员的名章，以明确责任。经过以上处理，原来的错账就得到了更正。

例 6－1

企业用银行存款 2 425 元购买企业管理部门使用的办公用品。在付款记账凭证上编制的分录如下，并已登记入账。

借：管理费用　　2 425

　　贷：银行存款　　2 425

假定在登记账簿过程中，“银行存款”账户的登记没有问题，只是误将“管理费用”账户借方金额错写为“2 452”。这笔错账在记账后很快被发现，对这样的错账一般可采用划线更正法更正。错账的情况与更正方法如图6－21所示。

总分类账

会计科目：管理费用

摘要	借方										千							十	元	角	分
	千	百	十	万	千	百	十	元	角	分											
领用材料						3	5	0	0	0											
购办公用品					2 ~~2~~	4 ~~4~~	2 ~~5~~	5 ~~2~~	0 ~~0~~	0 ~~0~~											
购办公用品					2	4	2 ~~5~~	5 ~~2~~	0	0											

更正人员签章以示负责

祛清

此为红线

原来错账

不规范的更正方法

图6－21 划线更正法的应用

需要注意的是：对划线更正法应规范使用。利用划线更正法更正错账时，对于错误的数字或文字必须用红线全部划掉，不能只划掉数字或文字中的错误部分。如对于“2452”这个错误数字不能仅划去“52”两位数，而必须全部划掉。另外，被划掉的数字或文字应保持清晰可辨，以备查考。

特别提示

划线更正法的局限性 并不是所有记账上的笔误都可采用划线更正法进行更正，比如在期末结账后，或直到后续会计期间才发现这样的错账，就不宜再采用划线更正法来更正，因为再采用这种更正错账的方法，就不仅是要更正错账本身，连带还需修改其余额等，势必造成账簿登记上的混乱。对此，应改用其他更正方法。

2）红字更正法。又称红字冲销法，一般适用于更正在记账凭证上将会计科目用错和金额写多而引发的两种错账。

a. 更正由于记账凭证上会计科目用错而引发的错账的方法：如果在记账以后、结账之前发现记账凭证上的会计科目用错，应首先用红字填制一张与原来错误的记账凭证相同的记账凭证，并据以登记有关账户。由于红字在会计上表示减少数，用红字登记有关账户以后，就冲销了原来的错误记录。然后，再用蓝字填制一张正确的记账凭证，重新登记有关账户，以正确记录实际发生的交易或事项。经过以上两个步骤的处理，原来的错账就可以得到更正。

例6－2

企业收到投资者货币资金投资150 000元，已存入银行。在收款记账凭证上编制的分录如下，并已登记入账。

借：固定资产　　150 000

　贷：股本　　150 000

企业收到投资者货币资金投资并存入银行，会计分录中的借方科目应为“银行存款”，而不应是“固定资产”。按照以上会计分录记账，就会形成错账。采用红字更正法更正这种错账的具体更正方法为：发现这种错账以后，首先用红字填制一张与原来错误的记账凭证内容完全相同的记账凭证，并用红字登记到原来已登记过的账户（“固定资产”和“股本”），原来的错误记录就被冲销了。新填制的收款记账凭证上的会计分录如下：

借：固定资产　　[150 000]

　贷：股本　　[150 000]

注意：[×××]是在教材中表示红字的做法，在实务中并不使用。在做作业或考试过程中需要写红字时也可以采用这种方法。

然后，用蓝字填制一张正确的收款记账凭证，并记入应予记录的账户。正确的会计分录为：

借：银行存款　　150 000

　贷：股本　　150 000

现将由于记账凭证上会计科目用错而产生错账的情况及更正方法以T型账户简示如下（见图6-22）。

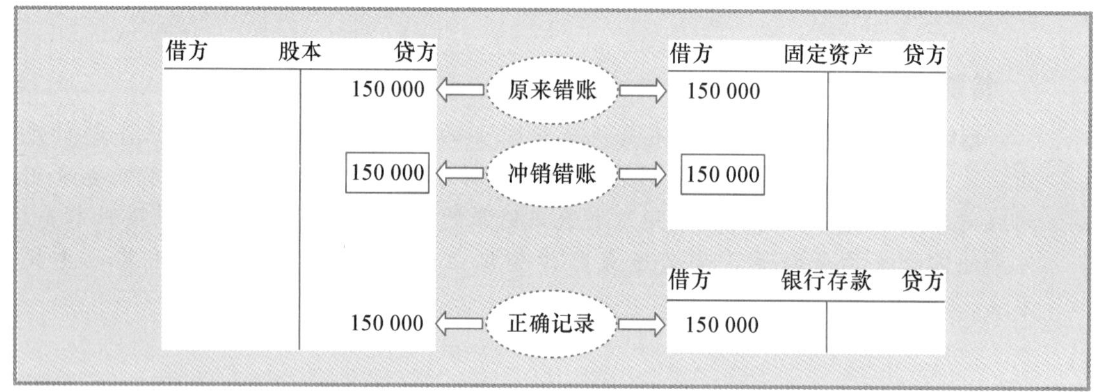

图6-22　采用红字更正法更正记账凭证上会计科目用错而引发的错账

特别提示

没有记错的账户也要再次登记　在最初的账户登记中，“股本”账户的登记并没有错，但在更正错账的过程中也需要进行更正。因为红字更正法更正错账的基本做法是用红字编制会计分录，而会计分录的编制又必须符合“有借必有贷，借贷必相等”的记账规则。如果在编制更正错账的分录时，只“借：固定资产”，而不“贷：股本”，显然是一个不完整的会计分录。因此，须按借贷记账法要求编制完整的会计分录，并用以更正错账。这样，“股本”账户也要按更正错账的分录再次进行登记了。

b. 更正由于记账凭证上金额写多而引发的错账的具体方法：在记账以后，如果记账凭证上的会计科目和方向没有用错，但所填列金额大于正确金额，则应根据正确的会计科目和正确金额与错误金额二者之差用红字填制一张记账凭证，并据以登记有关账户，冲销原来多记的金额。经过以上处理，原来的错账就得到了更正。

例 6 - 3

企业借入短期借款 200 000 元，已存入在银行开立的账户。在收款记账凭证上编制的分录如下，并已登记入账。

借：银行存款　　2 000 000

　贷：短期借款　　2 000 000

以上会计分录中的会计科目和登记方向都是正确的，但金额有误，即将“200 000”写成“2 000 000”，比正确金额多写了 1 800 000 元。若按照以上分录记账，会在“银行存款”和“短期借款”两个账户都多登记 1 800 000 元，进而造成错账。

发现这种错账以后，应采用原来正确分录中的会计科目，根据正确金额与错误金额的差额（1 800 000 元）用红字重新填制一张收款记账凭证，并记入原已登记过的两个账户，原来多记的部分即被冲销，错账也随之得以更正。更正错账的会计分录为：

借：银行存款　　1 800 000

　贷：短期借款　　1 800 000

由于记账凭证上金额写多而产生错账的情况及更正方法如图 6 - 23 所示。

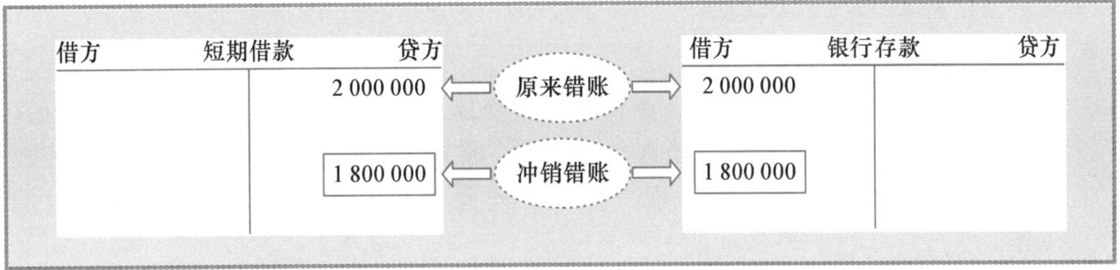

图 6 - 23　采用红字更正法更正记账凭证上金额写多而引发的错账

经过上述处理，原来的错账得到了更正，冲销后保留下来的两个账户的金额 200 000 元（2 000 000—1 800 000）即是两个账户应予记录的正确金额。

3）补充登记法。补充登记法适用于更正记账凭证上金额写少而引发的错账。具体的方法为：在记账以后，如果发现记账凭证上的会计科目没有用错，但所填列金额少于正确金额，应根据正确的会计科目和正确金额与错误金额二者之间的差额用蓝字填制一张记账凭证，并据以登记有关账户，对原来少记的金额部分加以补记。经过以上处理，原来的错账就可以得到更正。

例 6 - 4

企业用银行存款 100 000 元偿还应付账款。在付款记账凭证上编制的分录如下，并已登记入账。

借：应付账款　　10 000

　贷：银行存款　　10 000

该会计分录中采用的会计科目及登记方向都是正确的，但其金额有误，即将“100 000”写成“10 000”，比正确金额少了90 000元。按照以上分录记账，两个账户都会少登记90 000元，进而造成错账。

发现这种错账以后，应采用原来正确分录中的会计科目，根据正确金额与错误金额的差额“90 000”用蓝字填制付款记账凭证，并记入原来登记过的账户，少记的部分就被补充登记有关账户，错账即被更正。更正错账的会计分录为：

借：应付账款　　90 000

　贷：银行存款　　90 000

由于记账凭证上的金额写少而产生错账的情况及更正方法如图6-24所示。

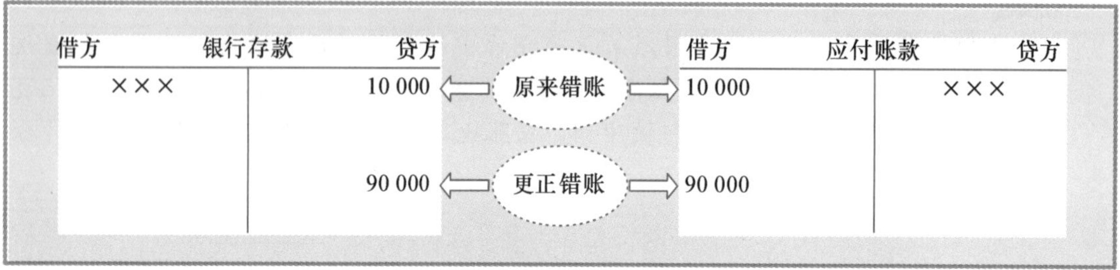

图6-24　采用补充登记法更正记账凭证上金额写少而引发的错账

6.3.2　对账的定义及方法

1. 对账的定义

对账也称账目核对，是指企业将其日常交易或事项完整地记入有关账户以后，为保证账证相符、账账相符以及账实相符等，将相关凭证之间、账户记录的有关数据与有关会计凭证之间、相关账户数据之间及其与各种资产等之间进行核对的工作。

账目核对包括日常核对与定期核对。日常核对是指会计上在对日常发生的交易或事项进行会计处理过程中，将会计凭证中的原始凭证与记账凭证之间进行的核对，简称证证核对。记账凭证是根据原始凭证填制的，二者所反映的交易或事项的内容相同，只有保证二者之间完全相符，才能保证会计记录上的准确性。如果在证证核对的过程中发现差错，在登记账簿前即可进行更正。定期核对是指在会计期末进行的账目核对。期末对账可分为账项调整前的核对和账项调整后的核对两种。这里主要介绍期末账项调整前的账目核对。

账项调整前对账主要是针对企业在当期新发生的各种交易或事项的会计记录而进行的，既包括企业当期已经收到或支付货币资金的交易，如用货币资金购买材料和设备，销售产品收到货币资金等；也包括当期已经实现或发生但并没有支付货币资金的事项，如将购入的材料和设备用于产品生产等。这些交易或事项在发生以后，已经按照会计确认和计量的要求进行了账务处理，并在设立的账簿中进行了系统全面的记录。在期末账项调整前，可进行账账核对与账实核对。

2. 对账的目的

对账的主要目的在于保证账户记录的准确性和完整性。严密有序的账户组织体系为交易或事项的记录提供了可靠的保障，但由于受主观和客观等多方面因素的影响，可能会产生账户记录与相关会计凭证之间不一致，存在相等关系的账户与账户之间不一致，以及账户记录与其所反映的会计要素内容实际情况之间不一致等。特别是企业的资产，由于受人为因素或自然环境因素的影响较大，产生账实不符情况的概率更高。对账可以及时发现问题，并采取有效措施加以更正，使账户的记录始终保持账证相符、账账相符和账实相符的理想状态。

3. 对账的内容与方法

对账的内容主要包括账证核对、账账核对、账实核对和债权债务核对等。对账的内容不同，所采用的核对方法也有所不同。

（1）账证核对。是指将账户记录与记账凭证和原始凭证进行核对。这种核对是由账户记录与会计凭证之间的密切联系决定的。账证核对可以使错账及时得以发现和更正。账证核对的方法有逐笔核对和抽查核对两种。逐笔核对是将账户记录逐笔与有关的记账凭证或原始凭证进行的核对，核对工作量较大；抽查核对是根据查验需要，有针对性地选择部分账户的记录与其相关的会计凭证进行的核对。

（2）账账核对。是指将各种账户的有关数据之间进行的核对。这种核对是由交易或事项采用复式记账、平行登记方法决定的。账账核对主要包括以下四个方面：

1）各总分类账户之间的核对。是指将当期所有总分类账户的借方、贷方发生额合计数之间，以及这些账户的期末借方、贷方余额合计数之间分别进行的核对。这种核对是由总分类账户的复式记账所决定的。通过对借贷记账法内容的学习可知，企业在一定会计期间所有总分类账户的借方、贷方发生额合计数之间，以及所有总分类账户的借方、贷方余额合计数之间存在必然相等的关系。各总分类账户之间的核对可采用编制总分类账户发生额及余额试算表的方法进行。

2）总分类账与日记账之间的核对。是指将“库存现金”“银行存款”等总分类账的本期发生额和期末余额分别与其日记账的本期发生额合计数及期末余额合计数之间进行的核对。这种核对是由总分类账与日记账之间的平行登记所决定的。可利用总分类账户与明细分类账户发生额及余额试算表进行核对，也可以将总分类账的发生额或余额直接与其所属的日记账的发生额或余额合计数直接进行核对。

3）总分类账与明细分类账之间的核对。是指将各总分类账的本期发生额和余额与其所属明细分类账的本期发生额合计数及期末余额合计数之间进行核对。总分类账与明细分类账的核对同样是由总分类账与明细分类账之间的平行登记决定的。可利用总分类账户与明细分类账户发生额及余额试算表进行核对，也可直接进行核对。

4）明细账分类之间的核对。是指将会计部门登记的各种财产物资明细分类账的记录与财产物资保管或使用部门设置的明细分类账进行的核对。这种核对是由各级明细分类账之间存在的发生额和余额之间的相等关系所决定的。主要采用直接核对的方法。

(3) 账实核对。是指将企业在会计期末时将各账户的余额与各项财产物资的实存数之间进行的核对，这种核对是由账户的记录内容与各种财产物资实际状况之间的密切关系所决定的。账实核对具体包括如下内容：

1) 库存现金日记账的余额与库存现金实际数之间的核对，这种核对每天都要进行，主要采用清查盘点的方法。

2) 银行存款日记账的记录及余额与银行对账单之间的核对，主要采用将企业的银行存款日记账的记录与银行对账单直接核对的方法。

3) 各种财产物资明细分类账余额与其实际结存数量之间的核对，主要采用实地盘点的方法。

(4) 债权债务核对。是指将应收款和应付款明细分类账的余额分别与债务人和债权人进行的核对。这种核对是由账户的记录内容与各种债权债务的实际状况之间的密切联系所决定的。债权债务核对可利用往来款项对账单进行。

对账的内容、方法及目的如图6-25所示。

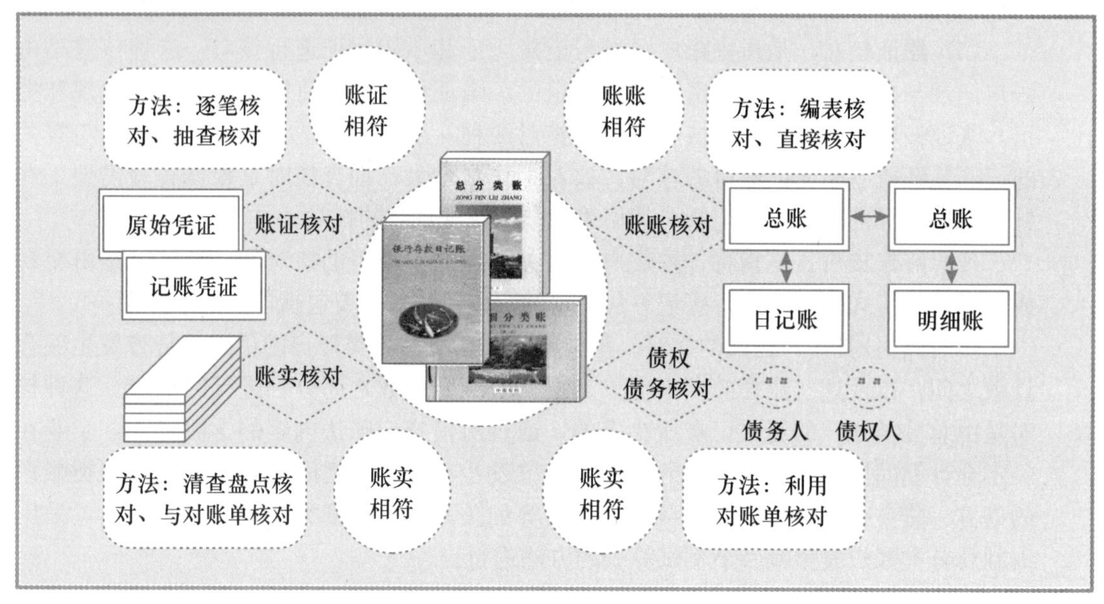

图6-25 对账的内容、方法及目的

内容扩展

账表核对 会计报表是根据账簿所提供的数据资料编制的。当编制出有关会计报表以后，对账的内容还应包括账表核对。这种核对是由会计报表与账簿提供资料之间的密切关系所决定的。账表核对就是将各种账簿的发生额或余额与各种会计报表上相关数据的相互核对，核对的目的是保证账表相符。

对于在对账中发现问题的具体处理方法，将在后续章节中予以介绍。

6.3.3　错账的查找方法

在对账过程中可能会发现错账，特别是在利用试算表进行有关账户之间的发生额和余额核对时，一般很容易发现错账。对于这类错账，应采用一定的方法进行查找，并按规定的方法进行更正。

1. 造成错账的原因

造成错账的原因有多种。通过编制试算表而发现的错账，往往是影响试算表上借方、贷方合计数或余额之间平衡关系的错账。为方便起见，现利用总分类账户发生额及余额试算表中“本期发生额”部分的数据对错账原因进行分析（假定这些数据都是各项交易或事项的个别发生额，而不是发生额合计），如表6-5所示。

表6-5　　总分类账户发生额及余额试算平衡表（局部）

账户名称	本期发生额	
	借方	贷方
银行存款	400 000	190 000
原材料		15 015
固定资产	100 000	
短期借款	20 000	
应付账款	80 000	4 985
应付票据		20 000
实收资本		480 000
盈余公积	80 000	
正常情况下的“合计”	695 000	695 000
若“银行存款”借方漏记400 000元	295 000	695 000
若“应付账款”借方的80 000元误记入贷方	615 000	775 000
若“应付账款”贷方的4 985元颠倒为4 958元	695 000	694 973

在正常情况下，这应当是一张借方、贷方发生额合计数相等的试算平衡表，从借方、贷方合计数相等这一点来看，基本上可以认定在账簿的登记过程中不存在影响试算表平衡的错账。如果在账簿登记过程中存在错账时，该表中借方、贷方发生额合计数就会失衡，常见的错账主要有以下三种：

（1）在登记账户时，漏记了一项业务的借项或贷项。假定在账户登记中，“银行存款”账户漏记了借方发生额400 000元。那么，在向试算平衡表上抄列“银行存款”账户发生额时，该项目的“本期发生额”的借方栏为0。该表借方发生额合计数就会变为295 000元（695 000−400 000）。假定没有其他错账，贷方的合计数应为695 000元。借方、贷方发生额的合计数出现了不相等的情况，差数为400 000元（695 000−295 000）。

（2）在登记账户时，将某一账户的借项或贷项方向记反。即将应记入某一账户借方的发生额记入了该账户的贷方，或相反。在表6-5中，假定没有其他错账，只是在登记账户时，误将应记入“应付账款”账户借方的80 000元记入了该账户的贷方，那么，该账户的借方肯定会少记80 000元，贷方则多记80 000元。将这样的记录结果抄列入试算表，其借方合计数就会减少80 000元，变为615 000元，其贷方合计数则会多出80 000元，变为775 000元。借方、贷方发生额的合计数出现了不相等的情况，差数为160 000元（775 000−615 000）。

（3）在账户登记时，数字的次序颠倒。在表6-5中，若将“应付账款”账户贷方的发生额4 985元颠倒为4 958元，假定没有其他错账，将以上记录结果抄列入试算表，其借方合计数不会受到影响，仍然为695 000元，贷方合计数则会因账户中数字登记颠倒而减少27元（4 985−4 958），变为694 973元，借方、贷方发生额的合计数出现了不相等的情况，差数为27元（69 5000−694 973）。

特别提示

试算表并不能发现所有错账 例如，在账簿中重复记录、漏记了一项或几项交易或事项，或几种错账的金额相互抵消等，在编制试算表的过程中也不能被发现。因此，即使试算表中借方、贷方的合计数是相等的，也只能据此认定账簿记录基本正确，而不能肯定其完全正确。另外，试算表中的发生额或余额的借方、贷方合计数如果不相等，也不一定都是由错账引起的。有时账户的登记是正确的，但在编制试算表时，将有关数据从账户向试算表上抄列过程中发生了遗漏或数字次序颠倒等情况，也会影响试算表上有关合计数之间的平衡。这时，就应注意查找编制试算表环节可能存在的问题。

2. 错账的查找方法

当发现试算表上的借方、贷方合计数不平衡时，首先应确定错账的差数。根据差数的某些特征，可以分析错账的基本原因，按照一定的线索查出错账所在。采用的方法有：

（1）差数法。差数法是根据试算表中借方、贷方合计数的差额直接查找错账的一种方法。在表6-5的举例中，“银行存款”借方漏记了400 000元，则双方合计数的差额恰好是这个数字。根据这个数字查找登记过的账户发生额中是否有与其相同的金额，就能够很快查到错账。差数法对于查找在账户中漏记某一方的发生额或漏算某些账户的发生额而引起的错账比较有效。

（2）除二法。除二法是将确定的差额除以2，根据商数查找错账的一种方法。在上例中，“应付账款”账户的借方发生额80 000元被误记入贷方，两者差数为160 000元。将这个差数除以2，商数为80 000。根据这个商数查找登记过的账户发生额中是否有与其相同的金额，就能够很快查到错账。除二法对于查找在账户中因将发生额的方向记反而引起的错账比较有效。利用除二法时，两者的差数必须能够被2整除。

（3）除九法。除九法是将确定的差额除以9，根据商数的某些特征查找错账的一种方法。在上例中，“应付账款”账户的贷方发生额4 985元被颠倒为4 958元，两者差数为27。将27除以9，商数为3。利用除九法求得的商数具有为被颠倒的相邻两数之差的基本特征。如本例中，将85颠倒为58，5与8之差为3。因此，错账就有可能发生在相邻两数为3的金额上。当然，相邻两数为3的数字还有1与4，2与5，3与6，4与7，6与9等，都可以体现这种错账的特征。根据相邻两数为3的其他金额，也能够比较容易地查到错账。除九法对于查找在账户中因将发生额的位次记颠倒或金额记大、记小等而引起的错账比较有效。利用除九法时，其差数必须能够被9整除。

特别提示

如果只有一种错账存在，运用上面介绍的方法去查找是比较有效的。但是，如果有几种错账同时交织在一起，运用上面的方法也不容易直接查到错账。在这种情况下，只能从账户的记录逐笔查起，核对账户的发生额和余额的记录和合计数的计算有无差错，以及金额抄录或加计合计数时有无差错。

6.4　期末结账与账簿保管

6.4.1　结账的定义及期末结账的内容

1. 结账的定义与意义

结账一般是指在会计期末对该会计期间的账簿记录所做的结束工作，也称期末结账。结账是计算出每个账户的本期发生额和期末余额（没有期末余额的账户除外），并将期末余额结转下一会计期间的方法。

实务中，结账分日常结账和期末结账两种。日常结账是指对序时账簿，即库存现金日记账和银行存款日记账必须按要求逐日结出余额，其中库存现金日记账上的当日余额还应与财会部门保管的现金实存数核对相符；银行存款日记账的余额还应定期或不定期地与银行对账单的实存数核对相符。期末结账是指对企业所设置的各种总分类账和明细分类账的记录所做的结束工作。

期末结账具有重要意义。一是可以按照会计分期的要求，通过结账计算企业在会计期末的财务状况和该会计期间的经营成果；二是可以为期末编制会计报表提供必要的数据资料。

对结账的定义与意义可结合图6-26加以理解。

2. 期末结账的内容

期末结账的内容具体包括以下几个方面：

（1）将本期新发生的交易或事项全部入账。在期末结账前，应检查本期发生的交易或事项是否已全部在所有账户中进行了完整登记，即是否已经按照复式记账的要求记入了有关的总分类账，也按照平行登记的要求记入了有关明细分类账。对尚未记入

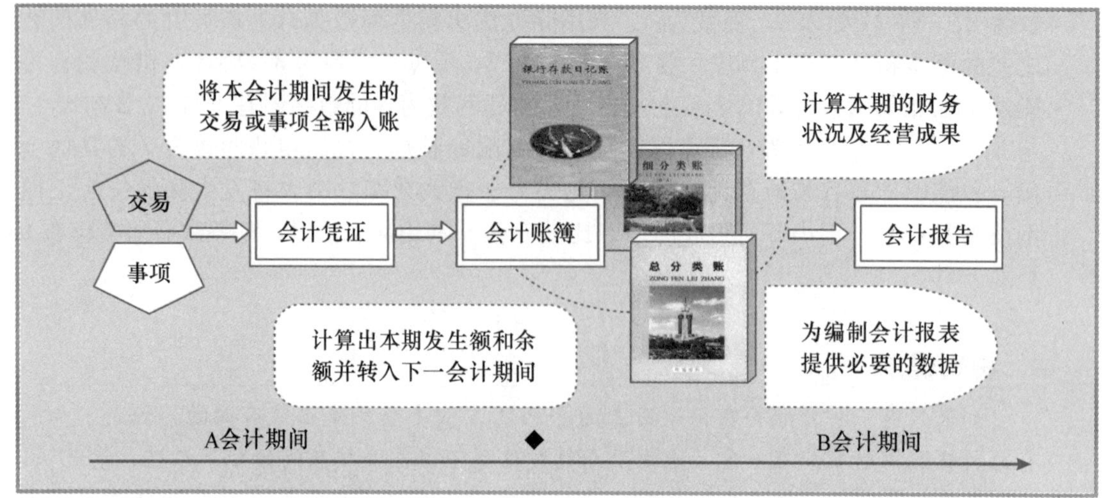

图 6-26 结账的定义及意义

本期账簿的交易或事项应及时补记，保证本期账簿登记的完整准确。

（2）对应计事项调整入账。是指按照权责发生制的要求进行有关账项的调整，这些账项主要是对本期应计收入和应计费用的调整，目的在于完整地确认当期的全部收入与费用。

（3）结清收入和费用账户。是指在账项调整的基础上，将本期全部收入和费用账户余额结转至“本年利润”账户，结转时，应填制转账记账凭证并登记有关账户。进行上述结转后，这两类账户不再有余额，即两类账户的结清。

（4）计算结转账户的发生额及余额。在将本期全部交易或事项登记入账的基础上，计算出本期各账户的发生额和余额，有余额时，应结转至下一会计期间的有关账户。

特别提示

本期全部交易或事项的含义 企业在一定会计期间发生的全部交易或事项，不仅包括在本期日常活动中发生的各种已经实际收付款和转账的交易或事项，而且包括在会计期末进行账项调整、结清收入和费用账户发生额等事项。

6.4.2 权责发生制基础与期末账项调整

1. 权责发生制基础

权责发生制基础也称会计处理基础，或应计制基础。该基础要求：凡是企业当期已经实现的收入和已经发生或应当负担的费用，无论款项是否收付，都应当确认为当期的收入和费用并计入利润表；凡是不属于当期已经实现的收入和已经发生或应当负担的费用，即使款项已经在当期收付，也不能确认为当期的收入和费用。

根据我国现行《企业会计准则》的规定，“企业应当以权责发生制为基础进行会计确认、计量和报告”。在实务中，这种会计处理基础主要应用于对收入和费用要素的确认、计量和报告。

对权责发生制基础应重点把握以下几点：

（1）权责发生制基础确认收入和费用的标准为应收应付。其中，应收作为确认当期收入的标准，是指企业已经获取了交易或事项发生以后具有的收款权利；应付作为确认当期费用的标准，是指企业已经产生了交易或事项发生以后应当承担的义务或责任。

（2）应收标准确认当期收入的具体应用。按照应收标准确认当期收入时，凡是当期已经实现的收入，无论款项是否收到，都应当确认为当期的收入。即当期实际收到款项时应确认为当期收入，即使在本期没有收款也应确认为当期收入。第一种情况，企业在当期向客户销售商品并收到了货款，说明企业的收款权利已经实现。第二种情况，企业当期在向客户赊销商品时，虽然在当期并没有实际收到货款，但已经具有了向客户收款的权利。对于以上两种情况均应确认为当期收入；反之，凡是不属于当期的收入，即使款项已经在当期收到，也不能确认为当期的收入。例如，企业在当期向客户预收了订货款，但当期并未向客户提供产品，即尚不具有向客户收款的权利，就不能确认为当期收入。只有在以后会计期间实际向客户提供产品，即企业切实拥有收款权利时，才能确认为提供商品期间的收入。可见，权责发生制基础确认收入主要是看本期是否具有收款的权利。

（3）应付标准确认当期费用的具体应用。按照应付标准确认当期费用时，凡是当期已经发生或应当负担的费用，无论款项是否支付，都应当确认为当期的费用。例如，企业在当期用银行存款支付当期发生的水电费、已经计算出来当期应予负担但并未在本月实际支付的短期借款利息等。前者在当期支付了款项，属于企业当期已经发生的费用；后者并未在当期实际支付款项，但属于企业当期使用借款应当负担的费用。因而，对以上两种情况均应确认为当期费用；反之，凡是不属于当期发生或应当负担的费用，即使款项已经在当期支付，也不能确认为当期的费用。例如，企业在当期为以后会计期间租用房屋而预交的租金等，虽然款项已经在本期支付，但当期并不受益，也就不能确认为当期的费用，而应确认为后续受益期间的费用。可见，权责发生制基础确认费用主要是看本期是否有承担的义务。

内容扩展

收付实现制　与权责发生制的做法不同，收付实现制基础是以实收实付为标准确认收入与费用的。收付实现制在确认收入和费用时，注重是否已经实际收到或支付了款项，而不考虑是否具有收款权利和承担义务。根据2015年财政部发布的《政府会计准则——基本准则》，我国的政府会计由预算会计和财务会计构成。预算会计实行收付实现制，财务会计实行权责发生制。适用于各级政府、各部门、各单位。

按照不同会计处理基础的标准确认企业各个会计期间的收入和费用，其结果存在较大差异。根据收入和费用与利润的关系，又会影响企业对各个会计期间经营成果的计算与确定，进而影响税费缴纳额的多少。为此，世界各国都要求企业的会计处理按照权责发生制基础，以避免会计处理基础应用上的随意性。

2. 权责发生制基础下期末账项调整的内容

期末账项调整是指企业按照权责发生制基础的要求，在会计期末对应予确认的当期应计收入和应计费用所做的账务处理。应计收入包括应计未收收入和应计预收收入；应计费用包括应计预付费用和应计未付费用。

（1）按权责发生制基础对当期应计未收收入的确认。应计未收收入是指企业当期由于赊销产品实现的应计收入和对外投资产生的应计收益等。

例6-5

盛荣公司购买通达公司发行债券的本月应计利息为3 000元，但暂未收到发行方支付的利息款。

会计确认：本月虽未实际收到利息款，但已具有向被投资方收款的权利，按照权责发生制基础的"应收"标准应确认为当月收入。该交易的发生一方面涉及资产要素（"应收利息"，增加），另一方面涉及收入要素（"投资收益"，增加）。

会计计量：按实际成本计量，"应收利息"增加3 000元，"投资收益"增加3 000元。

根据交易内容及确认计量结果，应填制转账记账凭证，会计分录为：

借：应收利息　　3 000

　贷：投资收益　　3 000

会计记录：对应计未收收入账项调整的总分类账户记录情况如图6-27所示。

借方	投资收益	贷方
	6-5	3 000

→

借方	应收利息	贷方
6-5	3 000	

图6-27　对应计未收收入账项调整的总分类账户记录

经过上述调整，就将应计入本会计期间的未收收入确认为了当期收入，既对应计收入进行了调整，也对有关资产账户的记录进行了调整。通过这样的调整，可以完整地反映本期收入的实现情况，以及由于进行账项调整而引发的资产账户的变动情况。如果不进行这样的调整，将会产生一定的不良后果：1）虚减当期资产，即属于资产性质的"应收利息"账户会由于未进行调整而得不到确认，从而虚减当期资产（债权）；2）虚减当期收入，即属于收入性质的"投资收益"账户会由于未进行调整而得不到确认，从而虚减当期收入；3）虚减当期利润，如果不进行应计未收收入的调整，相关的收入将得不到确认，在当期费用一定的情况下，当期的利润相应地会减少。

（2）按权责发生制基础对当期应计预收收入的确认。应计预收收入是指企业在当期向原已预付货款的购买方提供产品等而实现的收入。

例 6-6

盛荣公司于本月向原已预付货款的百利公司供应R产品一批，款项计67 800元。其中价款60 000元，应交增值税销项税额7 800元。

会计确认：企业在以前会计期间预收了购货方货款（当时确认为企业的负债，而未确认收入），本期实际向购买方提供了产品，履行了应尽的义务，也具有了收取购货方款项的权利。按照权责发生制基础的“应收”标准应确认为当月收入。该交易的发生一方面涉及负债要素（“预收账款”，减少），另一方面涉及收入要素（“主营业务收入”，增加），还涉及负债要素（“应交税费”，增加）。

会计计量：按实际成本计量，“预收账款”减少67 800元，“主营业务收入”增加60 000元，“应交税费”增加7 800元。应填制转账记账凭证，会计分录为：

借：预收账款——百利公司　　　　67 800
　贷：主营业务收入　　　　　　　　　60 000
　　　应交税费——应交增值税　　　　　7 800

会计记录：本月应计预收收入账项调整的总分类账户记录情况如图6-28所示。

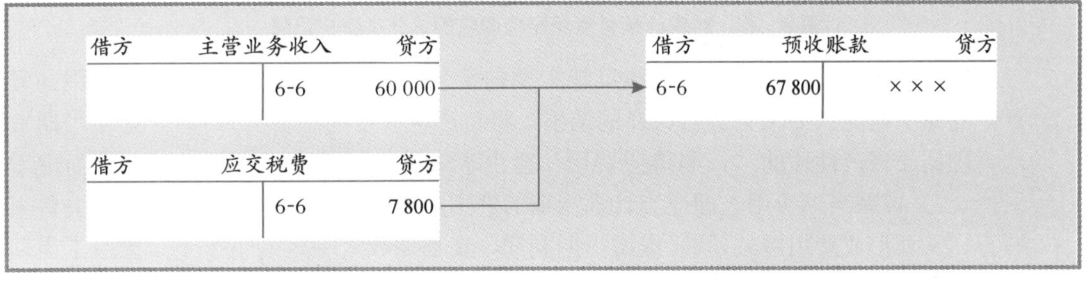

图6-28　对应计预收收入账项调整的总分类账户记录

经过上述调整，能够完整地反映本期收入的实现情况，以及本期由于进行账项调整而引发的负债类账户的变动情况等。如果不进行应计预收收入的调整，会产生一定的不良后果：1）虚减当期收入，即属于收入性质的“主营业务收入”账户会由于未进行调整而得不到确认，从而虚减当期收入；2）虚增当期负债，即应当冲减的“预收账款”这种负债由于未进行调整而不能得以冲减，造成负债虚增；3）虚减当期负债，“应交税费”属于负债类账户，其贷方登记的“应交增值税”是企业的应缴纳税款数，如果不进行以上调整，该账户的贷方就不能进行登记，因而虚减了负债；4）虚减当期利润，如果当期相关的收入不能得以确认，在当期费用一定的情况下，当期利润也会减少。

（3）按权责发生制基础对应计预付费用的调整。应计预付费用是企业已经在以前会计期间实际付款但本期应当确认的那部分费用。有些已经支付款项的支出能够使企业在付款后的若干会计期间受益，应根据各会计期间的实际受益情况分摊计入各受益期间费用。

例 6-7

盛荣公司本月应分摊企业租用的行政办公用房租金4 500元。该办公用房于本年年初租入，租期为两年，已一次性付清两年租金108 000元。

会计确认：企业一次性支付了两年的行政办公用房的租金，使企业在两个年度内受益。为此，房屋租金需要在两个年度内进行分摊，分别计入各经营期间的管理费用。企业在经营期间的各个月份分摊房屋租金时，虽然不需要再实际付款，但按照权责发生制基础的“应付标准”应确认为当月费用。该事项的发生一方面涉及费用要素（“管理费用”等，增加），另一方面涉及资产要素（“长期待摊费用”，减少）。

会计计量：按实际成本计量，“管理费用”增加 4 500 元，使“长期待摊费用”减少 4 500 元。应填制转账记账凭证，会计分录为：

借：管理费用　　　　4 500

　贷：长期待摊费用　　　　4 500

会计记录：本月对应计预付费用账项调整的总分类账户记录情况如图 6-29 所示。

图 6-29　对应计预付费用账项调整的总分类账户记录

经过上述调整，就能够完整地反映本期的费用发生情况，以及长期待摊费用（资产）的减少情况。如果不进行这样的调整，将会产生一定的不良后果：1）虚增当期资产，即属于资产性质的“长期待摊费用”会由于未进行摊销而得不到冲减，从而虚增资产；2）虚减当期费用，即应当计入当期的费用如果不进行调整而未能记入有关费用账户，从而形成费用虚减；3）虚增当期利润，在当期收入一定的情况下，虚减了当期费用必然会虚增当期利润。

（4）按权责发生制基础对应计未付费用的调整。应计未付费用是指企业在本会计期间应当负担，但无须在当期付款而在以后会计期间支付款项的费用。对于本期应计预付费用，可能需要在若干受益会计期间进行累积记录，并在未来的某个会计期间一并支付款项。

例 6-8

盛荣公司从银行借入短期借款的利息采用在借款期满时一次性支付方式，本月属于使用借款的月份，月末时计算出本月应负担的短期借款利息为 12 000 元。

会计确认：在借款期满时一次性支付利息方式下，企业在本月不需要实际支付利息。但是，企业使用短期借款产生的利息属于本月应当负担的费用，按照权责发生制基础的“应付”标准应确认为当月费用。该事项的发生一方面涉及费用要素（“财务费用”，增加），另一方面涉及负债要素（“应付利息”，增加）。

会计计量：按实际成本计量，“财务费用”增加 12 000 元，“应付利息”增加 12 000 元。应填制转账记账凭证，会计分录为：

借：财务费用　　　　12 000

　贷：应付利息　　　　12 000

会计记录：本月应计未付费用账项调整的总分类账户记录情况见图 6-30。

借方	应付利息	贷方
×××	6-8	12 000

→

借方	财务费用	贷方
6-8	12 000	

图6-30 对应计未付费用账项调整的总分类账户记录

经过上述调整，可以完整地反映本期财务费用（费用）和应付利息（负债）的增加情况。如果不进行这样的调整，将会产生一定的不良后果：1）虚减当期负债，即属于负债性质的“应付利息”会由于未进行调整而得不到确认，从而虚减负债；2）虚减当期费用，即应当计入当期的费用如果不进行调整而未能记入有关费用账户（“财务费用”），造成费用虚减；3）虚增当期利润，在当期收入一定的情况下，虚减了当期费用会虚增当期利润。

特别提示

“财务费用”账户 该账户核算企业由于进行经营资金的筹集和使用而发生的短期借款利息等费用，该费用发生后应计入财务费用。企业使用长期借款的应付利息按以下两种情况进行会计处理：在项目建设期间发生的长期借款利息应记入“在建工程”账户（计入工程成本）；在项目建成投入使用以后发生的长期借款利息应记入“财务费用”账户。

（5）按权责发生制基础对应计计提费用的调整。应计计提费用是指企业本期使用以前会计期间形成的固定资产和无形资产等而应当负担的费用。这种费用一般由企业在月末时根据所选择使用的方法计算确定。

例6-9

月末时，盛荣公司根据所选用的方法计算出本月使用房屋和设备等固定资产的折旧费5 000元，其中产品生产车间应分摊4 000元，企业管理部门应分摊1 000元。

会计确认：按照权责发生制基础要求，企业使用以前期间购建的固定资产而产生的价值损耗（折旧费）应当属于本期受益的支出，虽然不需要在本月实际付款，但应确认为当月费用。该事项的发生一方面涉及资产要素（“制造费用”，增加，也是产品生产成本增加）和费用要素（“管理费用”，增加），另一方面涉及资产要素中的“累计折旧”增加。

会计计量：按实际成本计量，“制造费用”增加4 000元，“管理费用”增加1 000元，“累计折旧”增加5 000元。应填制转账记账凭证，会计分录为：

借：制造费用　　4 000
　　管理费用　　1 000
　贷：累计折旧　　5 000

会计记录：本月应计计提费用账项调整的总分类账户记录情况如图6-31所示。

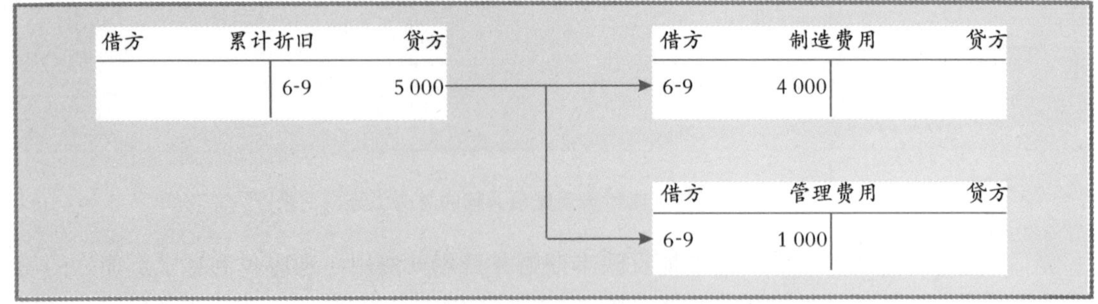

图6-31 对应计计提费用账项调整的总分类账户记录

通过上述调整，可以完整地反映本期资产特别是非流动资产的变动情况及其结果。如果不进行这样的调整，将会产生一定的不良后果。1）虚增当期资产，“累计折旧”账户贷方余额的增加意味着当期固定资产价值的减少，如果不进行累计折旧的计提，就不能真正反映固定资产由于使用而发生的损耗，使固定资产价值虚增；2）虚减当期资产（成本），即属于资产（成本）性质的“制造费用”会由于未进行调整而得不到确认，从而虚减资产（成本）；3）虚减当期费用，即应当计入当期的费用由于未进行调整而未能记入有关费用账户（“管理费用”等），造成费用虚减；4）虚增当期利润，在当期收入一定的情况下，虚减了当期费用也就会虚增当期利润。

特别提示

“制造费用”账户 该账户的名称虽然也带有“费用”字样，但不属于费用类账户，而是属于资产类账户或成本类账户。在按六个会计要素分类时应归入资产类账户；而在对会计科目的五种分类方法下，“制造费用”账户属于成本类账户。

“累计折旧”账户 该账户属于资产类账户，但其结构不同于一般的资产类账户。该账户的贷方登记已经计提折旧额的增加，借方登记累计折旧额的减少，这种特殊的账户结构是根据固定资产账务处理的需要而专门设置的。将“固定资产”账户的借方余额与“累计折旧”账户的贷方余额进行比较，可以确定企业固定资产期末的净值。

由以上分析可见，在按照权责发生制基础进行收入和费用的确认和计量时，同时也影响到了资产和负债等要素的变化。由此可以认为，权责发生制基础是对所有会计要素，而不仅仅是对收入和费用要素进行确认和计量的基础。另外，根据调整分录在有关账户中的记录过程，也是对这些账户原来的记录做进一步调整的过程。尤其是收入类、费用类、资产类和负债类账户，会因期末账项调整而增加新的记录内容，使本期发生的所有交易或事项在账户中得到全面完整的反映。

6.4.3 结清收入费用账户

1. 结清收入费用账户的含义

结清收入费用账户是指在期末结账过程中，对本期记入有关账户的收入和费用，通过填制记账凭证结转至“本年利润”账户，进而确定企业当期经营成果的过程。

在将当期实际收付款的收入和费用，以及在期末账项调整中确认的应计收入和应计费用全部登记入账后，企业当期的收入和费用就在账户中得到了完整反映。在此基础上，可根据期末结账要求，通过填制记账凭证将收入和费用两类账户的余额结转至“本年利润”账户，结转后这两类账户将不再有余额。为此，这一结转过程也称为结清收入费用账户。

2. 结清收入费用账户举例

例6－10

假定盛荣公司本月月末有关收入和费用类账户的结清过程如图6－32所示。

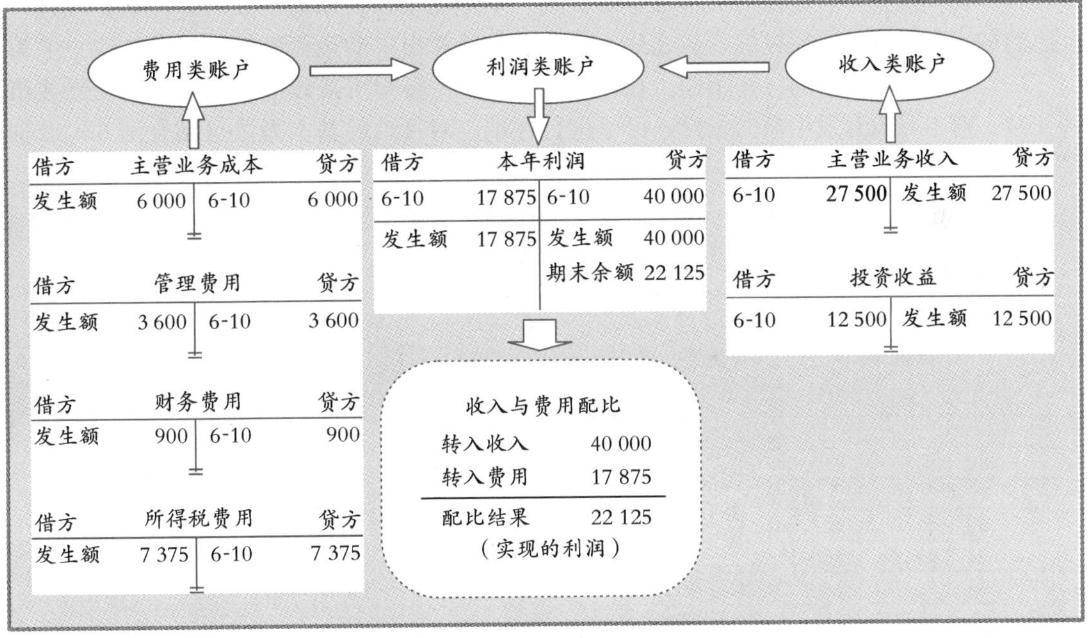

图6－32　结清收入费用账户

期末结清有关收入类账户和费用类账户时，应先填制记账凭证，之后根据其登记入账。结清收入费用账户应填制转账记账凭证，编制的会计分录如下：

（1）结清收入类账户的会计分录。

借：主营业务收入	27 500	
投资收益	12 500	
贷：本年利润		40 000

（2）结清费用类账户的会计分录。

借：本年利润	17 875	
贷：主营业务成本		6 000
管理费用		3 600
财务费用		900
所得税费用		7 375

经过上述结转以后，可以在“本年利润”账户中将转入的收入和费用进行比较，借以确定当期的经营成果。当收入大于费用时为企业实现的利润；反之，则为企业发生的亏损。

6.4.4 期末结账的方法

期末结账一般指月结、季结和年结。结账的时间不一，所要达到的目的各异，结账的具体方法也有所不同。

（1）月结。月结是指企业在每月末进行的结账。基本做法是在账页上本月最后一笔交易或事项记录的下方划一条通栏红线，在红线的下一行结出本月发生额和月末余额，在“摘要”栏内注明“本月合计”或“本月发生额及余额”字样。然后，在这一行的下方再划一条通栏红线。之后，应将本月计算出来的余额结转至下月该账户的第一行，即形成下月的月初余额。在月初余额的下一行即可接续登记新发生的交易或事项。对本月没有发生额的账户，可不进行月结。对月结的基本做法可结合图 6－33 加以理解。

总分类账

会计科目：原材料

20××年		凭证号	摘要	借方	贷方	借或贷	余额
月	日						
1	1		上年结转			借	12 500
	10	转8	购入	10 000		〃	22 500
	12	转10	领用		4 000	〃	18 500
	20	转10	购入	15 000		〃	33 500
	24	转18	领用		8 000	〃	25 500
	31		本月合计	25 000	12 000	借	25 500
2	1		上月结转			借	25 500

在本月最后一笔业务下一行计算出本期发生额和余额

均为红线

将余额结转下月

图 6－33　月结的基本做法

对于需要逐月结出本年累计发生额的账户，在结算出本月发生额和月末余额后，应在下一行增加“本年累计”，并计算出自年初起至本月末止该账户的累计发生额。对本年累计发生额的结出可结合图 6－34 加以理解。

（2）季结。即企业在每个季度末所进行的结账。季度终了，结算出本季度 3 个月的发生额合计数及余额，写在月结数的下一行，在“摘要”栏注明“×季度季结”字样，并在下面划一条通栏红线。本季度 3 个月的发生额合计数可以根据季度内 3 个月发生额合计数计算求得。对季结可结合如图 6－35 加以理解。

（3）年结。即企业在年末所进行的结账。基本做法是在本年 12 月月结或有季结的第四季度季结记录的下一行，计算账户全年 12 个月的发生额合计数和年末余额，可根据各月份的发生额合计数或 4 个季度发生额合计数计算求得。并在“摘要”栏内注明“本年合计”或“本年发生额及余额”字样，在其下划双红线。

总分类账

会计科目：原材料

20××年		凭证号	摘要	借方	贷方	借或贷	余额
月	日						
1	1		上年结转			借	12 500
	10	转8	购入	10 000		〃	22 500
	12	转10	领用		4 000	〃	18 500
	20	转10	购入	15 000		〃	33 500
	24	转18	领用		8 000	〃	25 500
	31		本月合计	25 000	12 000	〃	25 500
			本年累计	25 000	12 000	借	25 500
2	1		上月结转			借	25 500

图 6-34 月结中逐月结出本年累计发生额的基本做法

总分类账

会计科目：原材料

20××年		凭证号	摘要	借方	贷方	借或贷	余额
月	日						
1	1		上年结转			借	12 500
	10	转8	购入	10 000			22 500
	12	转10	领用		4 000		18 500
	20	转10	购入	15 000			33 500
	24	转18	领用		8 000		25 500
	31		本月合计	25 000	12 000	借	25 500
2	1		上月结转			借	25 500
			（略）				
	28		本月合计	30 000	20 000	借	35 500
3	1		上月结转			借	35 500
			（略）				
	31		本月合计	40 000	65 500	借	10 000
			第一季度季结	95 000	97 500	借	10 000

图 6-35 季结的基本做法

为保证年度账户登记的正确性，在进行年结后可采用一定的方法进行检验。具体做法是：首先，在“本年合计”下一行按相同方向抄列上一年结转过来的余额（即年初余额，图 6-36 中“原材料”账户年初为借方余额，抄列时填入“借方”栏；有的账户如为年初贷方余额，抄列时应填入“贷方”栏）；在抄列“上年结余”的下一行按相反方向抄列本账户结转下年的余额（即年末余额，图 6-36 中“原材料”账户年末为借方余额，抄列时按其相反方向填入“贷方”栏；有的账户如为年末贷方余额，则应抄列于“借方”栏）。其次，进行双方合计，若双方合计数相等，则说明账户的登记是准确无误的。最后，应在双方合计数下划双红线，以表明全年账户登记工作圆满结束。对年结及检验全年账户记录准确性的基本做法可结合图6-36加以理解。

总账

会计科目：原材料

20××年		凭证号	摘要	借方	贷方	借或贷	余额
月	日						
1	1		上年结转			借	12 500
	10	转8	入库	10 000		"	22 500
12	31		本月合计	30 000	25 000	借	10 000
	31		本年合计	150 000	152 500	借	10 000
			上年结余	12 500			
			结转下年		10 000		
			合计	162 500	162 500		

A. 计算出本年度12个月的发生额合计数和余额

B. 将上年结转来的余额按相同方向记入该行借（或贷）方栏

均为红线

D. 借贷双方发生额合计。全部增加额=全部减少额

C. 将本年的余额按相反方向记入这一行的贷（或借）方栏

图6-36 年结及检验全年账户记录准确性的基本做法

在图6-36中，该账户的本年借方发生额（150 000）与上年结余数（12 500）之和为162 500元，相当于“原材料”账户本年实际增加额；而该账户的本年贷方发生额（152 500）与结转下年数（10 000）之和也为162 500元，相当于“原材料”账户本年实际减少额。两个合计数相等说明账户的增加额与账户的减少额之间是平衡的，该账户的登记是准确的。对于账户记录的以上平衡关系，可结合下列计算公式的推导来理解。

在正常情况下，账户的期（年）末余额可用下列公式计算：

$$\begin{matrix}\text{年初余额}\\\text{(上年结转)}\end{matrix}+\begin{matrix}\text{本年增加(借方或}\\\text{贷方)发生额}\end{matrix}-\begin{matrix}\text{本期减少(贷方或}\\\text{借方)发生额}\end{matrix}=\begin{matrix}\text{年末余额}\\\text{(结转下年)}\end{matrix}$$

将式中等号左边的“本期减少（贷方或借方）发生额”移项到右边，与“年末余额（结转下年）”相加，双方的相等关系仍然成立。这样做的目的是求得等式两边借方、贷方合计数的平衡相等，以便检验账户登记的正确性。

特别提示

负债类和所有者权益类的余额在年结后的验证 图6-36中的“原材料”账户为资产类账户，其余额在借方，而负债类和所有者权益类的余额在贷方。年结后，对年初余额应按其相同方向列在“上年结余”行的“贷方”栏；对年末余额则应按其相反

方向列在“结转下年”行的“借方”栏。将双方的有关数字相加，得到的合计数依然应当相等，也可利用这种相等关系来验证账户登记的正确性。

6.4.5 账簿的更换与保管

1. 账簿的更换

(1) 账簿更换的定义。账簿的更换是指在会计年度终了时，将本年度的账簿更换为次年度新账簿的工作。

企业在每一新的会计年度开始时都需要建立新账，一般应将上年度已经登记过的账簿更换为新账簿，以满足在新的会计年度登记交易或事项的需要。但是，是否将所有账簿都进行更换，应根据实际情况而定。一般来说，总分类账簿、序时账簿和绝大多数明细分类账簿应当每年度更换一次，而用以记录财产物资的卡片式明细分类账，由于其连续记录的要求比较强，可以跨年度使用。

(2) 账簿更换的程序。账簿更换具体包括以下环节。

1) 检查本年度账簿记录在年终结账时是否全部结清，账户中借方、贷方合计数是否确实已经平衡相等，应结转下年的账户余额是否已在账簿中做“结转下年”的处理。

2) 根据本年度有余额账户的“结转下年”数字直接记入新年度账户的第一行的“余额”栏，在日期栏注明“1 月 1 日”；在“摘要”栏注明“上年结转”字样；在“借或贷”栏注明余额方向。进行年度之间余额的结转时，不必填制记账凭证。因此，新年度登记余额行中的“凭证编号”栏、“借方”栏和“贷方”栏都空置不填，只填写余额即可。

账簿的更换程序如图 6-37 所示。

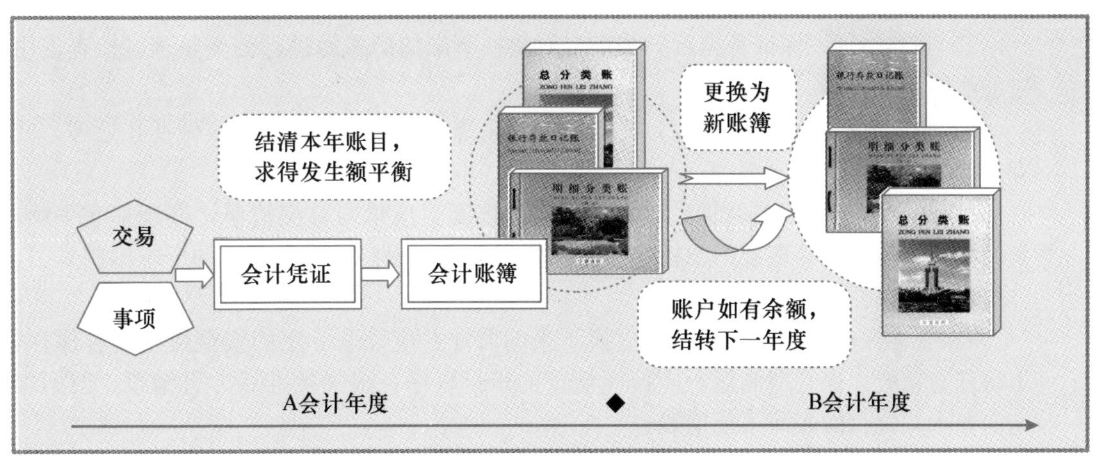

图 6-37 账簿的更换程序

2. 账簿的保管

会计账簿是会计信息的主要载体，也是企业的重要经济档案，因此，必须建立账簿的保管制度，以确保账簿的安全与完整。

（1）账簿平时管理的要求。应切实做到以下几点：

1）专人管理，保证安全。对各种账簿应指定专人管理，做到分工明确，责任清楚。账簿保管人员即负责记账、对账和结账的会计人员，应保证账簿的安全完整。

2）查阅复制，须经批准。会计账簿未经会计部门负责人等批准，非经管人员不能随意翻阅查看、摘抄或复制。

3）除非必要，不得外带。会计账簿一般不能携带外出。需要携带外出时，应指定专人负责。

（2）使用过的账簿归档保管要求。使用过的账簿是指年度终了时更换下来的账簿。在这些账簿中记录了企业过去发生的交易或事项，是企业重要的经济档案，更应按要求归档保管。对使用过的账簿归档保管的要求如图6－38所示。

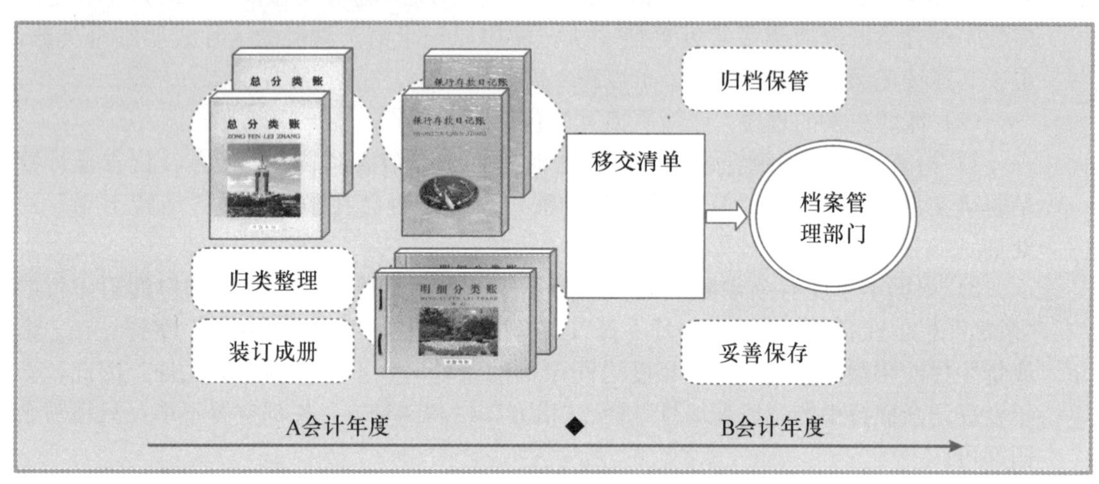

图6－38 对使用过的账簿归档保管的要求

1）归类整理，保证齐全。归档前应对更换下来的旧账簿进行分类整理，检查使用过的账簿是否齐全。

2）装订成册，手续完备。对更换下来的账簿，应分类装订成册或做捆扎处理，并办理必要的手续。

3）编制清单，归档保管。对更换下来的账簿，应填写移交清单，办理移交手续，及时交由单位档案管理部门归档保管。保管人员应按照档案管理办法的要求编制索引、分类储存，以便于日后查阅。

4）妥善保存，期满销毁。对更换下来的账簿，应采取一定的安全措施妥善保存，不得任意销毁。保管期满后，应按照规定的审批程序，报经批准后方可销毁。根据规定需要永久保存的账簿不能销毁。

思考题

1. 什么是会计账簿？账簿各组成部分的作用是什么？

2. 设置账簿有哪些重要意义？
3. 账簿按不同分类方法可分为哪些种类？各种账簿的适用性是怎样的？
4. 设置账簿应遵循哪些基本原则？
5. 总分类账簿与其他账簿相比在登记方法上有什么不同？目的是什么？
6. 明细分类账簿有哪些格式？其适用性各是怎样的？
7. 登记账簿应遵守哪些基本规则？
8. 更正错账的具体方法有哪些？各适用于哪种类型错账的更正？
9. 什么是对账？对账的内容有哪些？对账的主要目的是什么？
10. 什么是结账？包括哪些主要内容？结账有什么意义？
11. 什么是权责发生制？在期末账项调整中主要应用于对哪些会计要素的确认？
12. 什么是结清收入费用账户？结清的目的是什么？

练习题

一、日记账及总分类账的登记

［目的］　练习库存现金日记账及总分类账的登记方法。

［资料］　假定鸿达公司8月1日库存现金日记账的余额和当日发生的现金收付交易或事项如下：

1. 8月1日库存现金日记账的余额为800元。

2. 当日发生如下与现金收付有关的交易或事项：

(1) 支付购买材料运费150元（假定不考虑税金的处理）。（提示：借方科目为“在途物资”。）

(2) 公司工作人员张达报销差旅费2 400元，出差前借款为2 000元，垫付部分400元已付给张达本人。

(3) 从银行提取现金15 000元，准备向员工发放工资。

(4) 用现金15 000元向员工发放工资。（提示：借方科目为“应付职工薪酬”。）

(5) 公司职员王林报销差旅费2 250元，出差前借款为3 000元，剩余款750元交回财会部门。

(6) 处理积压材料收入现金1 800元（假定不考虑税金的处理）。（提示：贷方科目为“其他业务收入”。）

(7) 将库存现金1 000元存入银行。

［要求］

(1) 根据资料确认应填制专用记账凭证的名称，并按五种编号方法为记账凭证编号。

(2) 根据编制的专用记账凭证逐笔登记库存现金日记账，计算当日余额。

(3) 逐笔登记“库存现金”总分类账，计算当日余额。

二、总分类账户的登记

［目的］　练习总分类账的登记方法。

［资料］

1. 假定鸿达公司10月1日部分账户的余额如下：

库存现金	1 500元	固定资产	320 000元
银行存款	215 000元	管理费用	8 000元
在途物资	10 000元	原材料	30 000元
生产成本	16 000元	短期借款	40 000元
应付账款	60 000元	实收资本	500 500元

2. 当月发生的交易或事项见第5章练习题一。

［要求］ 根据所给资料开设并登记涉及的所有总分类账户（可采用T型账户），并计算各账户的月末余额。

第7章

一般企业主要交易或事项的账务处理

内容导图

本章将运用在前六章中所学的会计基本理论和会计方法知识，结合一般企业筹资活动、经营活动、投资活动以及经营成果的形成与分配等主要交易或事项的实际，全面探讨其账务处理的基本方法，以便达到熟练应用这些理论和方法的目的。本章主要介绍一般企业的性质及其各类交易或事项的账务处理方法。

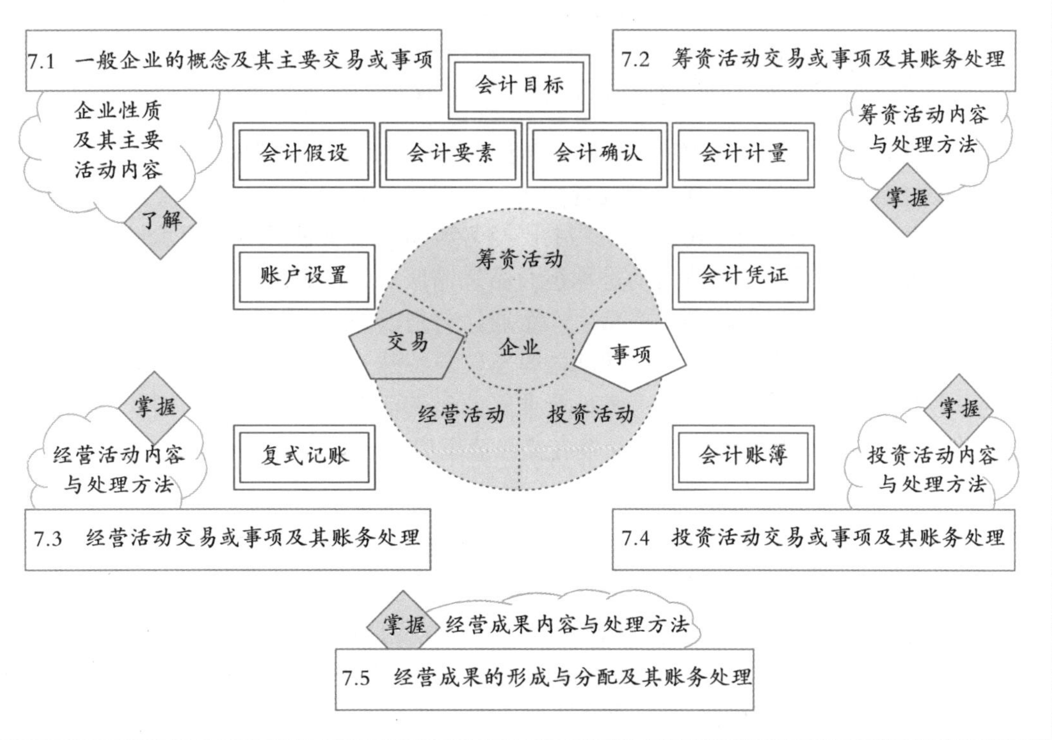

7.1 一般企业的概念及其主要交易或事项

7.1.1 一般企业的概念及其性质

1. 一般企业的概念

一般企业是指以从事产品生产和销售，或只从事商品销售，或提供劳务为其主要经营活动内容的企业。包括组织产品生产和销售的工业性企业（简称工业企业，也称制造企业）、组织商品流通的商业性企业，以及以提供劳务为主要经营活动内容的劳务性企业。

一般企业以外的企业可称为特殊企业。特殊企业是指按企业性质管理的某些特殊行业的企业，如商业银行、保险公司、证券公司和物流公司等。

对一般企业与特殊企业的概念可结合图7-1加以理解。

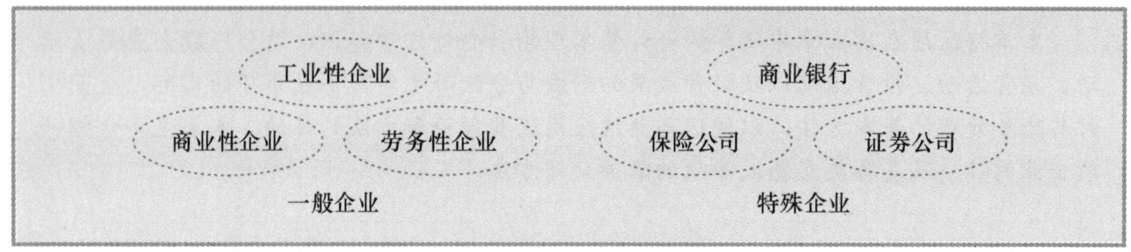

图7-1 一般企业与特殊企业

特殊企业的经营活动内容与一般企业相比有较大差别。例如，对于商业银行而言，其主要经营活动是吸收存款和发放贷款等；对于保险公司而言，其主要经营活动是办理保险业务；对于证券公司而言，其主要经营活动是自营证券和代理承销证券；对于物流企业而言，其主要经营活动是承担商品运输服务等。显然，一般企业的经营活动不同于以上这些企业。特别是产品生产企业，它是以制造和销售一定的产品为主要经营活动内容的经济组织，其经营活动内容不仅与特殊企业的经营活动不同，而且与其他一般企业（如商业性企业、劳务性企业）的经营活动内容也有所不同，这决定了生产性企业与其他一般企业及特殊企业在交易或事项的会计处理上存在较大差别。

2. 一般企业的性质

一般企业是以盈利为主要经营目的的经济组织。一般企业通过对生产经营活动、商品流通活动和劳务提供活动的有效组织和管理，力争创造更多的盈利，一方面可以提升企业的经营业绩，壮大企业的实力，为企业的可持续发展提供强有力支持；另一方面也可以影响和带动所在地区的经济发展，更多地缴纳税费，承担企业的社会责任，为促进社会经济的发展和社会和谐作出应有的贡献。

7.1.2 一般企业的主要交易或事项内容

如上所述，即使两家同为一般企业，它们的经营活动内容也有较大的差别。本章主要以从事产品生产的工业企业为探讨对象。与其他一般企业相比，工业企业的业务活动内容更为复杂，发生的交易或事项更为多样。对工业企业交易或事项的基本内容可结合图7-2加以理解。

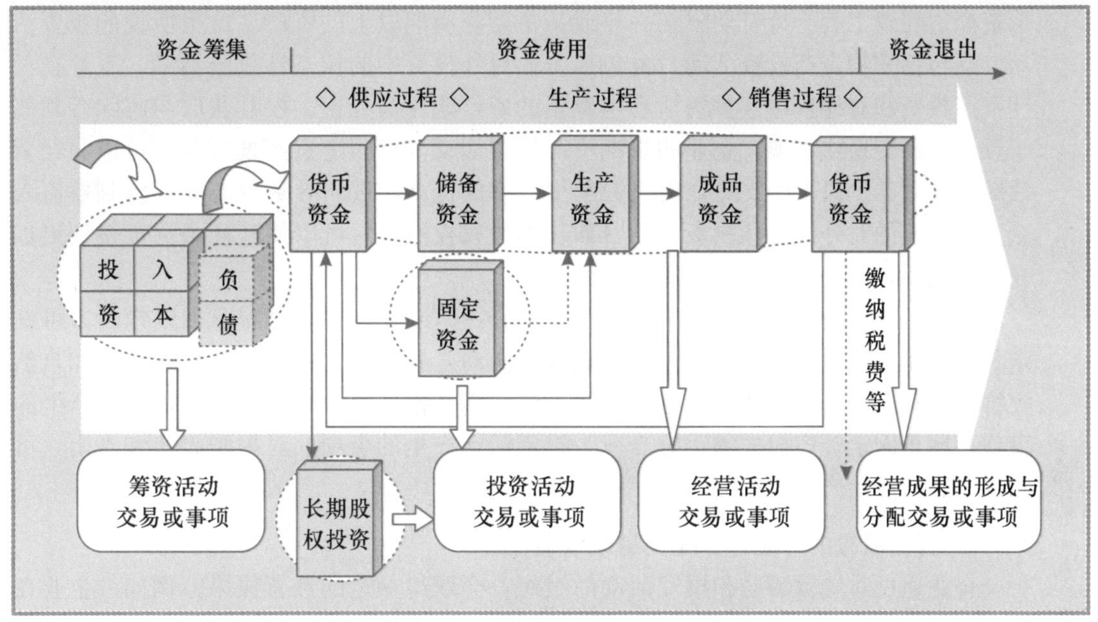

图7-2　工业企业交易或事项的基本组成内容

1. 筹资活动交易或事项

筹资活动是指导致企业资本及债务规模和构成发生变化的活动，是企业获取经营资金，保证企业经营活动正常进行必不可少的一种活动，也是开展经营活动和投资活动的前提。在市场经济环境中，企业获取经营资金的渠道主要有两条：一是吸引投资者向企业投入资本；二是通过借款或发行企业债券等负债方式吸引社会投资。投入资本既包括实收资本（或股本），也包括资本溢价（或股本溢价）；负债既包括企业从银行的借款，也包括发行企业债券应予偿还的债务等。以上这些交易或事项均属于企业在筹集资金的活动中发生的。通常情况下，企业的应付账款和应付票据不属于筹资活动交易或事项，因其发生在企业的经营活动过程中，故应属于经营活动交易或事项。

2. 经营活动交易或事项

经营活动是指企业除筹资活动和投资活动以外的活动，是企业的主要业务活动内容。各类企业由于其行业特点不同，对经营活动具体内容的认定存在较大差异。对于工业企业而言，其经营活动主要包括生产产品、销售产品、购买商品、接受劳务和支付税费等交易或事项。工业企业为进行产品生产，需要进行材料物资准备，即进行材料物资采购、税费缴纳和货款结算等；在生产过程中，会发生材料、设备和人工等各方面的消耗，才能够生产出为生产和生活所需要的产品；在销售过程中，通过市场把生产出来的产品提供给消费者，并与客户结算货款，按规定向税务机关缴纳税费等。以上这些构成了工业企业经营活动交易或事项的基本内容。

3. 投资活动交易或事项

投资活动是指企业长期资产购建、投资及其处置活动。不同企业由于其行业特点不同，对投资活动的认定也存在差异。就工业企业而言，长期资产是指固定资产、无形资产、在建工程等持有期限在一年或一个营业周期以上的资产。这里所说的投资活动，既包括实物资产投资活动，也包括企业对外投资中的权益性投资活动。企业在长期资产投资和对外权益性投资活动中发生的资产购建与处置、权益获取与解除等均属于投资活动交易或事项。企业的长期资产投资活动（如固定资产投资等）可以为经营活动提供劳动手段上的支持，促进劳动生产率的提高，进而导致更多的经济利益流入企业。企业的对外权益性投资活动（如长期股权投资等）可以使其富余资金得到更加充分的利用，为企业创造更多的经济利益。

以上是对工业企业交易或事项的基本划分，但还有一些内容需要加以判断方可确定其属于哪一类活动产生的。对于企业日常活动之外不经常发生的特殊项目，如自然灾害损失和保险赔款，如果能够确定属于流动资产损失的，应当视为经营活动产生的事项；属于固定资产损失的，应当视为投资活动产生的事项。对捐赠收入和支出，可以视为经营活动产生的事项。

4. 经营成果的形成与分配交易或事项

企业通过对经营活动和投资活动的组织，会取得一定的经营成果。例如，企业在经营活动和投资活动中，可能会获取营业利润或发生亏损，也可能会产生其他方面的收益（即利得）或其他方面的损失（即损失）。按照会计分期的要求，企业应对其经营成果定期进行计算确定。在这一过程中，还应按照规定计算和缴纳所得税等。在经营成果确定之后，应按照法律和公司章程等规定对经营成果进行分配。例如，可按规定提取盈余公积，向投资者分配利润（或股利）等。以上这些构成了工业企业经营成果的形成与分配交易或事项的基本内容。

7.2 筹资活动交易或事项及其账务处理

7.2.1 筹资活动交易或事项的主要内容

企业为组织生产经营活动，必须通过各种途径获取经营资金，因而会发生资金筹集交易或事项，可划分为如下两类。

1. 导致企业资本规模变化的交易或事项

在筹资活动中发生的能够导致企业资本规模变化的交易或事项，主要包括实收资本和资本公积两个部分：(1) 实收资本。投资者投入的资本，按其在注册资本中所占的份额，作为实收资本。在股份公司称为股本，股份公司的股本应按发行股票的面值金额确定。(2) 资本公积。资本公积在不同类型的企业表现为不同的内容。在股份公司，公司以超过股票票面金额的发行价格发行股票所获取的溢价款等，应当列为资本公积，作为所有者投入资本的构成部分。由此可见，实收资本和资本公积都会导致企业资本规模的变化。其中资本公积可用于扩大公司生产经营规模或者转增公司资本，不得用于弥补公司的亏损，所有者投入的资本主要用于企业日常经营活动。

实收资本按投资形式不同，可分为货币资金投资、实物资产投资（如设备、材料等投资）和无形资产投资（如知识产权、专利权和土地使用权等投资）。实收资本按投资主体不同，可分为国家资本金、法人资本金、个人资本金和外商资本金等四种，分别是指由国家、法人单位、个人和国外（境外）投资者向企业的投资。根据有关规定，企业资本金实行保全制度，即投资者将资本金投入企业以后一般不得随意抽回。

2. 导致企业负债规模变化的交易或事项

在筹资活动中发生的导致企业负债规模变化的交易或事项，主要包括银行借款和债券发行两部分：(1) 银行借款。企业从银行借款构成其对银行的负债，按借款偿还期长短分为短期借款和长期借款两种。其中，短期借款主要用于企业在生产经营过程中现金不足时的临时周转需要；长期借款主要用于企业为扩大经营规模等而进行的工程项目建设。(2) 债券发行。企业发行债券一般应有发行期限，在债券发行期间，应按规定的利率向债券持有人支付利息；待发行期满后，应按债券面值将本金归还给债券购买者。应当支付给债券购买者的利息及尚未归还的债券本金构成企业对债券购买者的负债。从银行借款和发行债券都会导致企业负债规模的变化。

7.2.2　筹资活动交易或事项的账务处理

1. 账户设置

(1)“股本”(或“实收资本”) 账户。所有者权益类账户，用以核算企业收到的所有者投入资本及资本的退还等。经股东大会或类似机构决议，用资本公积转增资本也在该账户核算。该账户贷方登记按投资者在股本（注册资本）中所占份额确定的投入资本和由资本公积转增的部分；借方登记企业按法定程序批准后减少注册的资本和归还投资者的投资等。期末为贷方余额，反映企业股本（实收资本）总额。企业收到所有者投资超过在其股本（或注册资本）中所占份额的部分，作为股本（或实收资本）溢价，在“资本公积”账户核算。

(2)“资本公积”账户。所有者权益类账户，用以核算企业取得的各种资本公积及其使用情况。该账户贷方登记企业取得的资本公积，如股本（或资本）溢价等；借方登记资本公积的使用数，如转增资本等。期末为贷方余额，反映企业资本公积的实际结存数。

(3)“短期借款”账户。负债类账户，用以核算企业借入的偿还期在一年或一年以内的各种借款。该账户贷方登记企业借入的短期借款本金；借方登记归还的短期借款本金。期末为贷方余额，反映企业尚未归还的短期借款本金。企业使用短期借款产生的利息应记入“财务费用”账户。

(4)“长期借款”账户。负债类账户，用以核算企业借入的偿还期在一年以上的各种借款。该账户贷方登记企业借入的长期借款本金和计提的一次还本付息的长期借款应支付的借款利息；借方登记偿还的长期借款本金和利息。期末为贷方余额，反映企业尚未归还的长期借款本息。利用长期借款进行项目建设时，项目达到预定使用状态前的利息支出记入“在建工程”账户；项目达到预定使用状态之后的利息支出应记入“财务费用”账户。

（5）“应付债券”账户。负债类账户，用以核算企业为筹集长期经营资金发行债券的本金和计提的到期一次性还本付息债券的应付利息。该账户贷方登记企业发行债券本金及应付利息；借方登记企业到期归还的债券本金和利息。利用债券资金进行项目建设时，项目达到预定使用状态前发生的债券利息记入“在建工程”等账户；项目达到预定使用状态之后的利息支出应记入“财务费用”账户。

筹资活动交易或事项账务处理所设置的主要账户及其对应账户如图7-3所示。

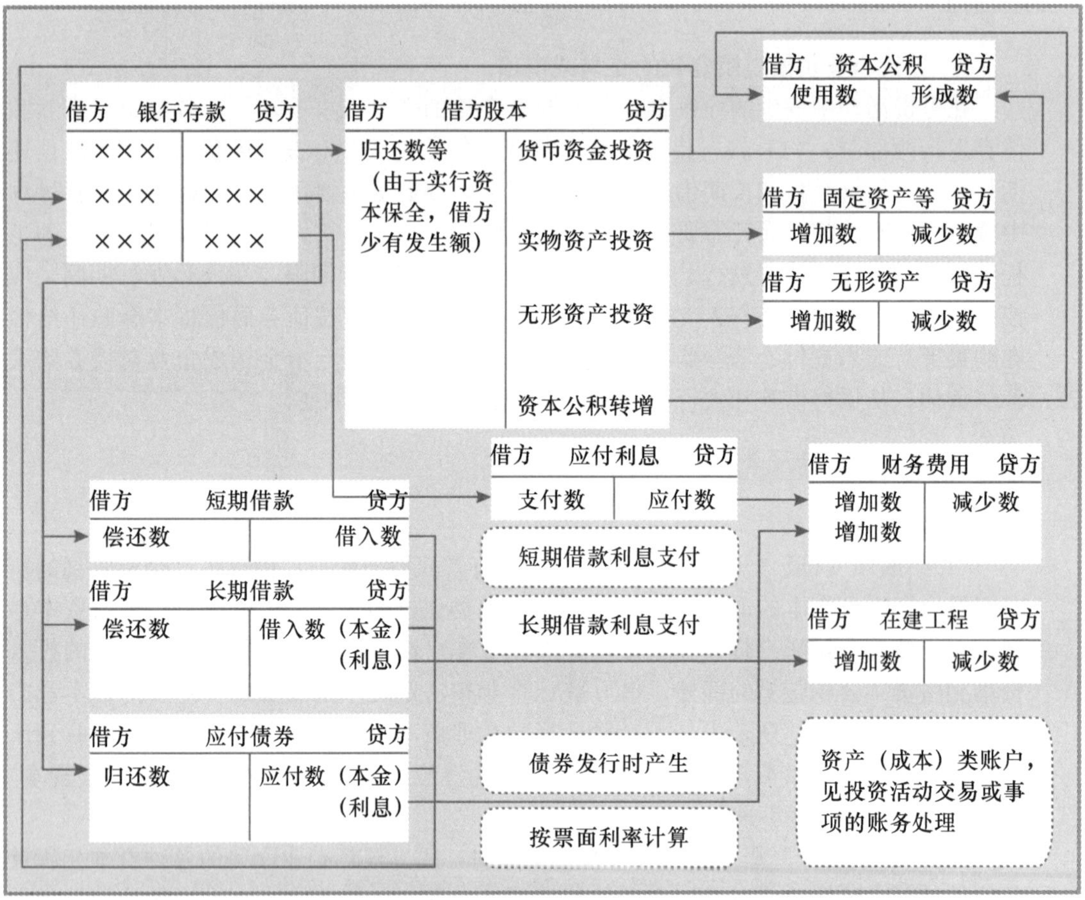

借方 银行存款 贷方
×××　×××
×××　×××
×××　×××

借方 借方股本 贷方
归还数等（由于实行资本保全，借方少有发生额）
货币资金投资
实物资产投资
无形资产投资
资本公积转增

借方 资本公积 贷方
使用数　形成数

借方 固定资产等 贷方
增加数　减少数

借方 无形资产 贷方
增加数　减少数

借方 应付利息 贷方
支付数　应付数

短期借款利息支付

长期借款利息支付

借方 财务费用 贷方
增加数　减少数
增加数

借方 在建工程 贷方
增加数　减少数

借方 短期借款 贷方
偿还数　借入数

借方 长期借款 贷方
偿还数　借入数（本金）
（利息）

借方 应付债券 贷方
归还数　应付数（本金）
（利息）

债券发行时产生

按票面利率计算

资产（成本）类账户，见投资活动交易或事项的账务处理

图7-3　企业筹资活动交易或事项的会计处理设置的主要账户及其对应账户

特别提示

对某一类交易或事项账务处理所设置的账户，不仅应从其个体上加深认识，更应从整体上全面把握，即掌握账户之间的相互联系。只有这样，才能建立起账户体系的概念，尽快达到熟练应用账户的目的。

2. 账务处理

账务处理是指以一定的会计理论为指导，采用记账凭证、借贷记账法、账户设置和账簿登记等方法，对发生的交易或事项进行确认、计量和记录的过程。由此可见，交易或事项的账务处理过程也是有关会计理论和方法的应用过程。应特别注意会计要素、会计等式、会计确认和会计计量等基本理论的应用，也应注意记账凭证、复式记账和账簿（账户）登记等方法的综合应用。

现假定盛荣公司2018年12月发生如下有关交易或事项。

例7-1

盛荣公司发行股票2 000 000股，每股面值1元，发行价格1.2元。实际收到发行款2 400 000元，已存入银行。应填制收款记账凭证，会计分录为：

借：银行存款　　2 400 000
　贷：股本　　2 000 000
　　资本公积　　400 000

注意：记入“资本公积”账户的400 000元为股票发行溢价，不能作为股东的股本入账。

例7-2

盛荣公司收到某投资者投入的全新设备一台，协商作价180 000元。应填制转账记账凭证，会计分录为：

借：固定资产　　180 000
　贷：股本　　180 000

例7-3

盛荣公司收到某公司一项专利技术投资，经评估确认其价值为60 000元。应填制转账记账凭证，会计分录为：

借：无形资产　　60 000
　贷：股本　　60 000

例7-4

盛荣公司经股东大会批准，将资本公积200 000元转增股本。应填制转账记账凭证，会计分录为：

借：资本公积　　200 000
　贷：股本　　200 000

例7-5

盛荣公司取得为期6个月的短期借款120 000元，已存入在银行开立的存款户。应填制收款记账凭证，会计分录为：

借：银行存款　　120 000
　贷：短期借款　　120 000

例7-6

盛荣公司从银行借入长期借款200 000元，用于产品生产线项目的新建，已存入在银行开立的存款户。应填制收款记账凭证，会计分录为：

借：银行存款　　200 000

　贷：长期借款　　200 000

例7-7

盛荣公司按面值100元发行2年期、年利率为10%的债券5 000张，共获得债券发行款500 000元，已存入在银行开立的存款户。应填制收款记账凭证，会计分录为：

借：银行存款　　500 000

　贷：应付债券　　500 000

例7-8

盛荣公司接银行通知，短期借款利息为7 500元，暂未支付。应填制转账记账凭证，会计分录为：

借：财务费用　　7 500

　贷：应付利息　　7 500

例7-9

盛荣公司接银行通知，长期借款利息为12 000元，未支付，长期借款到期一次还本付息。应填制转账记账凭证，会计分录为：

借：在建工程　　12 000

　贷：长期借款　　12 000

例7-10

盛荣公司以前借入的一笔长期借款到期，用银行存款偿还借款本金500 000元，支付利息90 000元。应填制付款记账凭证，会计分录为：

借：长期借款　　590 000

　贷：银行存款　　590 000

例7-11

盛荣公司计算出本期应付债券利息9 125元，暂未支付，到期一次还本付息，债券资金现用于经营周转。应填制转账记账凭证，会计分录为：

借：财务费用　　9 125

　贷：应付债券　　9 125

例7-12

盛荣公司以前发行的一笔债券到期，用银行存款支付债券本金800 000元、债券利息60 000元。应填制付款记账凭证，会计分录为：

借：应付债券　　860 000

　贷：银行存款　　860 000

以上交易或事项在总分类账户中的记录情况如图7-4所示。

银行存款

借方		贷方	
7-1	2 400 000	7-10	590 000
7-5	120 000	7-12	860 000
7-6	200 000		
7-7	500 000		

固定资产

借方		贷方	
7-2	180 000		

无形资产

借方		贷方	
7-3	60 000		

在建工程

借方		贷方	
7-9	12 000		

财务费用

借方		贷方	
7-8	7 500		
7-11	9 125		

应付利息

借方		贷方	
		7-8	7 500

股本

借方		贷方	
		7-1	2 000 000
		7-2	180 000
		7-3	60 000
		7-4	200 000

资本公积

借方		贷方	
7-4	200 000	7-1	400 000

短期借款

借方		贷方	
		7-5	120 000

长期借款

借方		贷方	
7-10	590 000	7-6	200 000
		7-9	12 000

应付债券

借方		贷方	
7-12	860 000	7-7	500 000
		7-11	9 125

图 7-4　企业筹资活动交易或事项在总分类账户中的记录情况

特别提示

交易或事项在账户中应平行登记　对发生的交易或事项既要在有关的总分类账户中记录，又要在其所属的明细分类账户中记录，即平行登记。在实务中，平行登记的环节必不可少。由于篇幅所限，在本书举例中，除非必要一般不再涉及平行登记内容。

7.3　经营活动交易或事项及其账务处理

7.3.1　经营活动交易或事项的主要内容

经营活动主要体现为企业将筹集到的资金用于其基本业务活动的组织与管理，并最终创造经济效益。工业企业经营活动交易或事项的基本组成内容可结合图 7-5 加以理解。

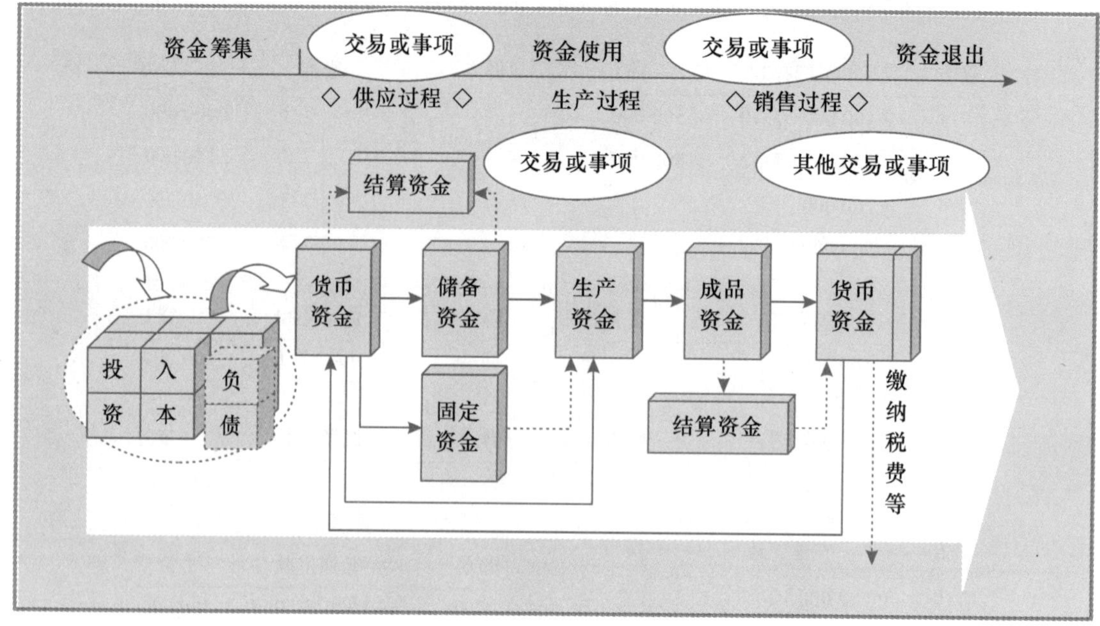

图7-5 工业企业经营活动交易或事项的基本组成内容

1. 供应过程交易或事项

供应过程是工业企业为产品生产做必要准备的过程。在供应过程中，企业主要进行材料等劳动对象的准备，即用筹集的资金购买材料，与材料供应方进行货款的结算，支付材料的价款和缴纳税费等。货款结算方式有现金结算和信用结算等。在采用信用结算方式时，企业会产生应付账款和预付账款等，形成供应过程的结算资金。此外，企业还应对购入的各种材料进行成本计算。应予注意：企业在供应过程中进行设备购买和房屋建造等，属于对内投资活动，其交易或事项的账务处理后续介绍。

2. 生产过程交易或事项

在生产过程中，企业根据产品生产计划或客户订单组织产品的生产。生产过程发生的交易或事项大量表现为对经营资金的消耗。例如，进行产品生产会消耗储备的材料，消耗各种固定资产；与企业员工进行薪酬的结算和支付，用货币资金支付各种生产费用等。在一些应付款项暂时没有支付的情况下，也会形成应付款项方面的结算资金。当产品生产的全部工序完成后会形成产成品，应进行完工产品和在产品成本的计算，以便确定产品生产所发生的各种耗费，并为产品销售价格的制定提供依据。

3. 销售过程交易或事项

销售过程交易或事项主要有：与客户进行产品货款结算，收取销货价款及税金。货款的结算方式有现金结算和信用结算。在采用信用结算方式时，企业会产生应收账款和预收账款，形成销售过程的结算资金。此外，当产品销售以后，企业应适时进行产品销售成本的计算，以便将这些成本与实现的收入进行配比，确定产品销售的成果。

以上各经营过程涉及的成本计算内容将在第8章予以介绍。

4. 其他经营活动交易或事项

企业的经营活动除以上主要交易或事项内容以外，还包括其他一些交易和事项，例如，企业进行材料销售等实现收入和产生费用，支付企业管理方面的各种费用，为保证财产物资的安全完整进行财产清查，并对清查结果进行账务处理等。以上内容将在有关章节予以介绍。

7.3.2 经营活动交易或事项的账务处理

1. 材料采购交易或事项的账务处理

（1）材料的购入与保管。材料是产品生产企业必不可少的物质条件。其特点是：一经投入产品生产或被其他方面耗用，便会改变其原有的实物形态，其价值也随之转化为产品的成本或直接转化为有关费用。其中，用于产品生产的材料，其价值会一次性全部转移到所生产产品的成本；用于其他方面的材料一般形成当期的有关费用。

企业进行生产经营所用的材料主要通过采购获取，并主要用于产品生产。企业应根据产品生产的需要，合理地确定各种材料的采购品种和数量，并及时进行材料采购。对需要预先订购的材料，应与供应商及时签订材料的采购合同，以确保企业所需材料的及时取得。

企业购入的材料应由材料管理部门设专人保管，确保材料保管有序、供应及时。当收入和发出材料时，应办理严格的手续，如填写材料入库单和领料单等，如实记录材料收发的数量，有关经办人员应在单据上签名盖章。此外，应及时计算购入材料和发出材料的成本，以便及时确认由于材料的领用而产生的各种成本费用。

（2）材料采购实际成本的构成。材料采购实际成本是企业为采购一定种类和数量的材料而发生的各种耗费之和，由以下两个部分构成：1）买价。即由供应商开具的增值税专用发票上开列的购买材料的价格，应根据购买材料的单价和数量计算确定。买价中不包括增值税专用发票上开列的进项税额。2）采购费用。采购费用是指企业将材料运达企业，以及验收入库过程中发生的有关费用，包括运输费、装卸费、包装费、保险费和运输途中的合理损耗，以及入库前的挑选和整理费用等。材料采购实际成本的构成内容及形成过程如图7-6所示。

特别提示

由材料的供应方为购买材料企业代垫的运费构成材料采购的实际成本　企业在异地采购材料的情况下，外地的供应商往往要为采购材料的企业代垫材料的运费，并随同销货发票将运费单据一并传送给购买材料的企业。这部分运费是购货企业为采购材料而发生的支出，应计入材料采购成本。

（3）材料采购货款的结算方式。当企业验收运达的材料，对数量及质量等不存在异议后，应及时向供应商支付货款。支付的款项包括材料的买价、增值税进项税额和供应商为企业代垫的运费等。实务中，货款的结算方式主要有以下几种：1）现金结算方式。即直接用货币资金（包括库存现金和银行存款等）支付货款。2）预付款结算方式。即企业在从供应商处取得材料之前，预先将货款付给供应商，当供应商实际供应材料时，购买企业可一次或分次抵扣先前预付的款项，待材料采购业务结束后再结清货款。3）赊购方式。即在企业从供应商处取得材料时并不马上支付货款，而是与供应

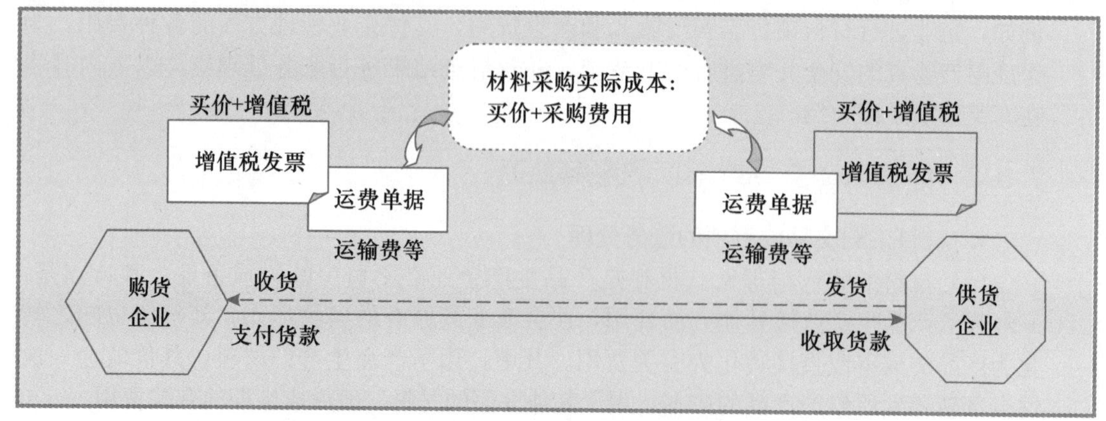

图7-6 材料采购实际成本的构成内容及形成过程

商达成协议，将支付货款的时间推迟到以后会计期间。4）商业汇票结算方式。企业在购入材料后开出商业汇票（应付票据），承诺在未来的某个会计期间向供应商支付货款。商业汇票分带息汇票和不带息汇票两种。如果是带息汇票，购货企业向供应商付款时，不仅要支付票面金额，还应根据商定的利率支付一定的利息。

（4）账户设置。企业材料收发交易或事项的日常核算通常采用实际成本法（此外还有计划成本法）。在实际成本法下，一般应设置以下主要账户：

1）“在途物资”账户。资产类账户，也是材料采购成本的计算账户，用以核算并归集企业外购各种材料的买价和采购费用，以及材料验收入库的实际成本。该账户的借方登记购入材料的实际成本（包括买价和采购费用）；贷方登记已经验收入库材料的实际成本。期末为借方余额，反映期末尚未运达企业，或虽已运达企业但尚未办理验收入库手续的在途材料的实际成本。

特别提示

购买材料发生的市内零星运费可不计入购入材料成本 在将购入材料从企业所在地的车站、码头等收货地点运回企业的过程中所发生的零星运费，由于其占购入材料成本的比重较小，对材料成本的计算影响不大，可以不计入材料采购成本，而是计入企业的管理费用。

2）“应交税费”账户。负债类账户，该账户的记录内容主要有：企业在材料采购过程中按照规定随同买价一并支付给供应商的增值税进项税额，企业在产品销售以后计算确定的应缴纳的增值税销项税额等。该账户的贷方登记应缴税费数等；借方登记企业实际缴纳的税费数（含已支付的进项税额）。该账户期末余额的方向具有不确定性，贷方余额反映企业欠缴税费数；借方余额反映企业多缴纳税费数（或已缴纳的进项税额）。该账户期末一般应为贷方余额，反映企业尚未缴纳的税费。在企业只发生了进项税额而暂时没有贷方销项税额发生额或进项税额多而销项税额少的情况下，该账户会产生借方余额。

内容扩展

增值税进项税额　根据《中华人民共和国增值税暂行条例》（2017）第八条和财政部、税务总局、海关总署公告〔2019〕第 39 号的规定，纳税人购进货物、劳务、服务、无形资产、不动产支付或者负担的增值税额，为进项税额。进项税额准予从销项税额中抵扣。进项税额计算公式：进项税额＝买价×扣除率（13%）。购进或者销售货物以及在生产经营过程中支付运输费用的，按照运输费用结算单据上注明的运输费用金额和扣除率计算的进项税额，进项税额计算公式：进项税额＝运输费用金额×扣除率（9%）。采购材料支付的增值税进项税额不应计入材料采购成本，增值税进项税额属于价外税，应在“应交税费”账户单独核算。

3）“原材料”账户。资产类账户，用以核算企业库存材料实际成本的增减变动情况。该账户的借方登记购入材料的实际成本；贷方登记发出材料的实际成本。期末为借方余额，反映企业期末各种库存材料的实际成本。

4）“预付账款”账户。资产类账户，该账户是企业采用预付款结算方式采购材料、设备等应设置的账户，用以核算企业按照购销合同规定预先付给供应商的款项及其结算情况。该账户的借方登记预先支付给供应商的货款和补付的货款等；贷方登记收到购入材料后抵扣预付货款数和供应商退回的多预付货款。期末一般为借方余额，反映企业期末预付账款的结余额；如为贷方余额，反映企业期末尚应补付的款项（即供应商实际供货超过企业原预付款的差额）。

5）“应付账款”账户。负债类账户，该账户是企业采用赊购方式采购材料和设备等而设置的账户，用以核算企业因购买材料和设备等而产生的应付给供应商的款项及其偿还情况。该账户的贷方登记应予偿还但暂未付款的应付账款；借方登记已经偿还的应付账款。期末一般为贷方余额，反映企业期末尚未偿还的应付款项。

6）“应付票据”账户。负债类账户，用以核算企业因购买材料而开出并承兑的商业汇票。商业汇票有带息和不带息两种，都有一定的承兑期限。该账户的贷方登记企业已经开出、承兑的商业汇票的票面额及应支付的利息；借方登记汇票到期后实际支付的款项。期末为贷方余额，反映企业尚未到期的应付票据面额及利息。

材料采购交易或事项按实际成本法进行账务处理设置的主要账户及其对应账户如图 7－7 所示。

（5）账务处理。现举例说明材料采购交易或事项采用实际成本法进行的账务处理。

例 7－13

盛荣公司从百利材料公司购入甲材料。对方开具的增值税专用发票载明：数量 2 000 千克，单价 20 元，价款 40 000 元，增值税税额 5 200 元，价税款合计 45 200 元。已用银行存款支付，但材料尚未运达企业。应填制付款记账凭证，会计分录为：

借：在途物资——甲材料	40 000	
应交税费——应交增值税（进项税额）	5 200	
贷：银行存款		45 200

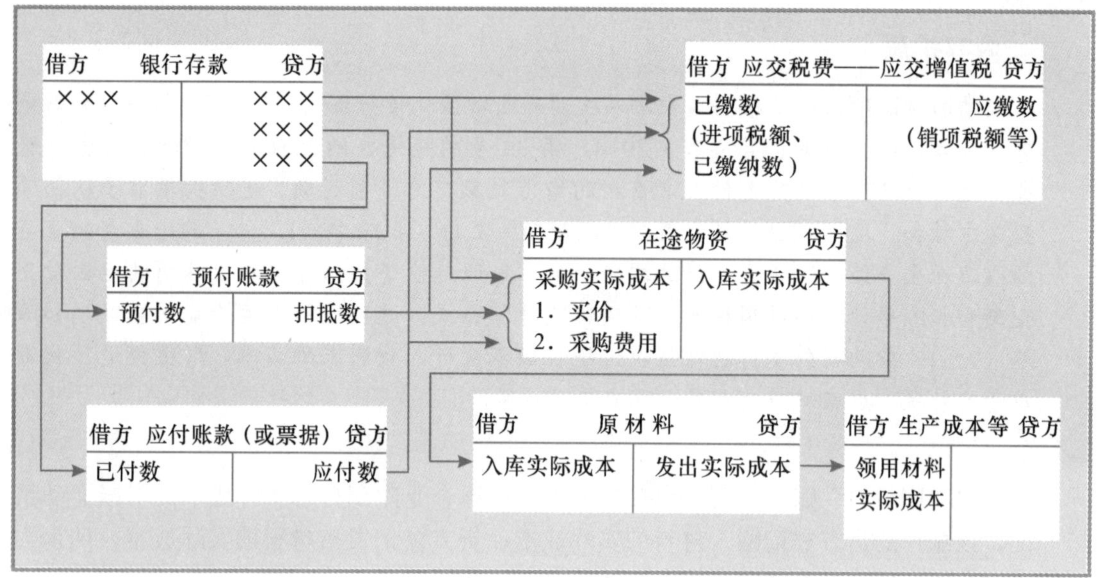

图7-7 材料采购交易或事项按实际成本法进行账务处理设置的主要账户及其对应账户

例7-14

盛荣公司根据合同规定，用银行存款67 800元向百利材料公司预付购买乙材料价税款。应填制付款记账凭证，会计分录为：

借：预付账款——百利材料公司　　67 800
　贷：银行存款　　67 800

例7-15

盛荣公司向百利材料公司预付款的乙材料到货。对方开具的增值税专用发票载明：数量6 000千克，单价10元，价款60 000元，增值税税额7 800元，价税款合计67 800元。应填制转账记账凭证，会计分录为：

借：在途物资——乙材料　　60 000
　　应交税费——应交增值税（进项税额）　　7 800
　贷：预付账款——百利材料公司　　67 800

例7-16

盛荣公司从百利材料公司购入的甲材料与乙材料一并运达企业，发生共同运费4 800元。已用银行存款支付。按两种材料的重量分配，甲材料应分配1 200元，乙材料应分配3 600元。应填制付款记账凭证，会计分录为：

借：在途物资——甲材料　　1 200
　　　　　　——乙材料　　3 600
　贷：银行存款　　4 800

例7-17

盛荣公司从百利材料公司购入乙材料。对方开具的增值税专用发票载明：数量3 000千克，单价10元，价款30 000元，增值税税额3 900元，价税款合计33 900

元。另由百利材料公司为本企业代垫该批材料运输费1 800元。材料已运达企业，但货款尚未支付。应填制转账记账凭证，会计分录为：

借：在途物资——乙材料　　31 800
　　应交税费——应交增值税（进项税额）　　3 900
　贷：应付账款——百利材料公司　　35 700

例7-18

盛荣公司用银行存款35 700元偿还前欠百利材料公司货款。应填制付款记账凭证，会计分录为：

借：应付账款——百利材料公司　　35 700
　贷：银行存款　　35 700

例7-19

盛荣公司购入的甲、乙两种材料已验收入库。其中：甲材料实际成本为41 200元（40 000+1 200），乙材料实际成本为95 400元（60 000+3 600+31 800）。应填制转账记账凭证，会计分录为：

借：原材料——甲材料　　41 200
　　　　　——乙材料　　95 400
　贷：在途物资——甲材料　　41 200
　　　　　　——乙材料　　95 400

例7-20

假定盛荣公司购入的甲、乙两种材料发生市内运输费150元，用现金支付。应填制付款记账凭证，会计分录为：

借：管理费用　　150
　贷：库存现金　　150

材料采购交易或事项按实际成本法进行账务处理在总分类账户中的记录情况如图7-8所示。

特别提示

材料采购交易或事项账务处理的计划成本法　从材料验收入库到材料发出均采用计划成本（可理解为在制定材料采购计划时确定的成本，与实际采购成本之间往往有差异）。应设置“材料采购”账户，借方登记采购材料发生的实际成本，贷方登记验收入库材料的计划成本。该账户中实际成本与计划成本之间的差异应于期末结转入“材料成本差异”账户，并通过分配计入当月已领用材料的计划成本，将计划成本调整为实际成本。这种方法虽然比较复杂，但具有可以考核采购业务成果、便于控制采购成本等优点。

2. 产品生产交易或事项的账务处理

（1）生产费用及其计入生产成本的方式。

借方	银行存款		贷方
×××		7-13	45 200
		7-14	67 800
		7-16	4 800
		7-18	35 700

借方	在途物资		贷方
7-13	40 000	7-19	136 600
7-15	60 000		
7-16	4 800		
7-17	31 800		

借方	原材料		贷方
7-19	136 600		

借方	应交税费		贷方
7-13	5 200		
7-15	7 800		
7-17	3 900		

借方	预付账款		贷方
7-14	67 800	7-15	67 800

	应付账款		
7-18	36 600	7-17	36 600

借方	管理费用		贷方
7-20	150		

借方	库存现金		贷方
×××		7-20	150

图7-8　材料采购交易或事项按实际成本法进行账务处理在总分类账户中的记录情况

1）生产费用。生产费用是指企业在组织产品生产过程中发生的各种资产消耗，如对原材料等劳动对象的耗费，对房屋、机器设备等劳动资料的消耗，以及对人力资源的耗费等，这些耗费统称为生产费用。生产费用主要由三个部分构成：a. 直接材料。是指企业在产品生产过程中消耗并构成产品实体的原料、主要材料以及有助于产品形成的辅助材料、设备配件和外购的半成品等。b. 直接人工。是指企业支付给直接参加产品生产职工的工资，以及支付给生产人员的福利费等。c. 制造费用。是指与产品生产密切相关，但在发生后不便于直接计入产品成本，须在会计期末采用分配方法计入产品生产成本的耗费。制造费用包括企业产品生产部门管理人员的工资及福利费、固定资产的折旧费、物料消耗、办公费、水电费、保险费和劳动保护费等。

2）生产成本。也称制造成本，一般是指已经计入一定产品成本的那部分生产费用。生产费用按规定方法计入一定的产品以后，即构成这些产品的生产成本。由此可见，生产费用的发生是产品生产成本形成的基础，生产成本是生产费用计入一定产品之后的结果，也是对象化了的生产费用。生产成本与生产费用之间的关系如图7-9所示。

3）生产费用计入生产成本的方式。一般有以下两种：a. 直接计入。一般而言，直接材料和直接人工一般可以直接分清是为生产哪一种产品而发生的，因而在发生后可直接计入所生产产品的成本。为此，这两项生产费用也称为直接费用。b. 间接计入，也称分配计入。生产费用中的制造费用最终也要计入产品的生产成本，但因其内

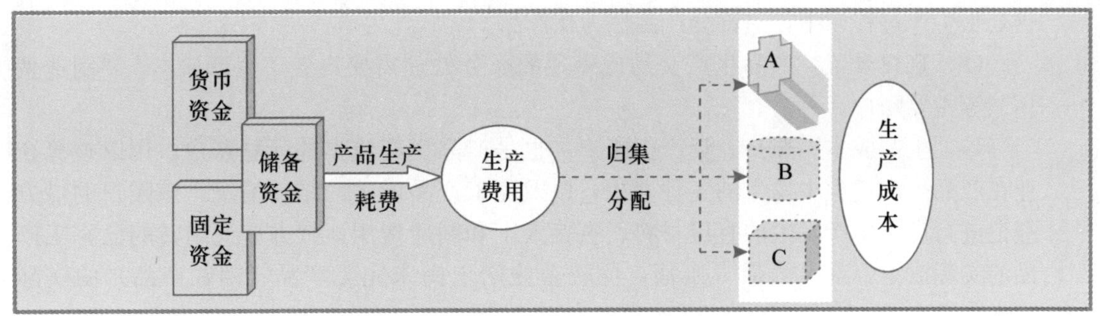

图 7-9　生产成本与生产费用之间的关系

容比较繁杂，往往与多种产品的生产都有密切关系，所以需要采用分配的方法计入产品生产成本。基本做法是：企业对日常发生的制造费用先利用“制造费用”账户进行归集，待期末（一般为月末）时再采用一定的分配方法计入有关产品的成本。生产费用的组成内容及其计入产品生产成本的方式如图 7－10 所示。

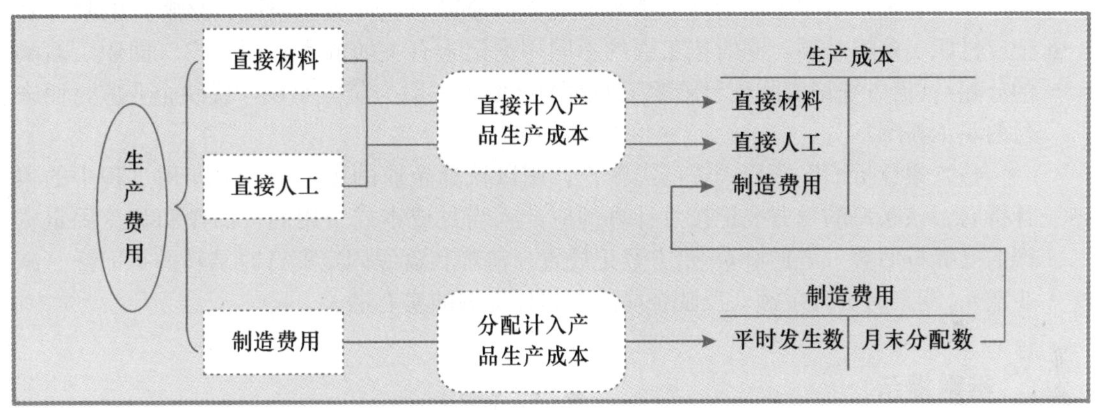

图 7－10　生产费用的组成内容及其计入产品生产成本的方式

企业在经营活动中还会发生其他方面的耗费，如销售费用、管理费用和财务费用等。这些费用与产品的生产没有直接关系，发生以后不计入产品的生产成本，而是作为期间费用处理，即直接计入这些费用所发生期间的损益。

特别提示

生产费用与费用要素在经济性质上的区别　生产费用只表明企业在产品生产过程中对资产的消耗，产品生产完工后，这些耗费构成产成品成本，形成企业新的资产，而不是直接转化为能够导致经济利益流出企业的费用。只有当产品销售以后，才会转化为销售期间的销售成本（主营业务成本），形成与实现的销售收入产生配比关系的费用。

4）完工产品成本的结转。完工产品是指已经完成所有生产工序并具备对外销售条件的产品。当产品生产完工后，应当将其全部成本从“生产成本”账户结转入“库存商品”账户。如果结转后“生产成本”账户仍有余额，说明有一部分产品尚未完工，仍处于生产过程当中，这部分产品称为在产品。

（2）账户设置。产品生产交易或事项的账务处理需要设置“生产成本”“制造费用”等主要账户。

1）“生产成本”账户。资产类账户，也是产品生产成本的计算账户，用以核算企业在产品生产过程中发生的各种费用，以及完工产品成本的结转情况。该账户的借方登记进行产品生产发生的直接材料、直接人工和制造费用；贷方登记结转的已完工产品的实际成本。期末为借方余额，反映企业期末尚未完工产品（即在产品）的实际成本。

2）“制造费用”账户。资产类账户，用以核算企业在产品生产过程中发生的制造费用及其分配情况。该账户的借方登记日常发生的各种制造费用；贷方登记按照一定的方法分配计入产品生产成本的制造费用。一般情况下，该账户期末没有余额，因为在一定会计期间该账户贷方的分配数与借方的实际发生数是相等的。

3）“应付职工薪酬”账户。负债类账户，用以核算企业应付职工（包括生产职工、生产单位管理人员和企业管理人员等）的薪酬总额及实际支付情况。该账户的贷方登记应付职工薪酬总额，同时按工资的不同用途记入有关的成本费用账户（即职工薪酬的分配）；借方登记实际支付给职工的薪酬。期末一般为贷方余额，反映企业应付而未付的职工薪酬。

4）“累计折旧”账户。资产类账户，用以核算企业的固定资产在使用过程中的累计折旧。该账户的贷方登记按月计算的应计入当月成本或费用的折旧额和盘盈固定资产的已提折旧数（增加额）；借方登记处置、清理和盘亏固定资产时结转的折旧额（减少额）。期末为贷方余额，反映企业期末累计折旧的实有额。

特别提示

“累计折旧”是一个结构较为特殊的资产类账户 该账户反映的内容实质上是固定资产价值的减少。在会计上，利用这个账户专门反映固定资产价值的减少，可以使“固定资产”账户始终保持原始价值记录。这样，“累计折旧”账户余额对“固定资产”账户余额就具有一定的调整作用，将两个账户的余额进行对比，可以求得固定资产的净值。因此，“累计折旧”账户也称为调整账户，“固定资产”账户则称为被调整账户。

5）“库存商品”账户。资产类账户，用以核算企业库存各种商品成本的增减变动及结存情况。该账户的借方登记已经验收入库的完工产品的实际成本；贷方登记发出商品（如销售）的实际成本。期末为借方余额，反映企业期末结存的各种商品的实际成本。

此外，生产过程中会发生原材料的消耗，还要涉及前面已讲的“原材料”等账户。

产品生产交易或事项的会计处理所设置的主要账户及其对应账户如图7-11所示。

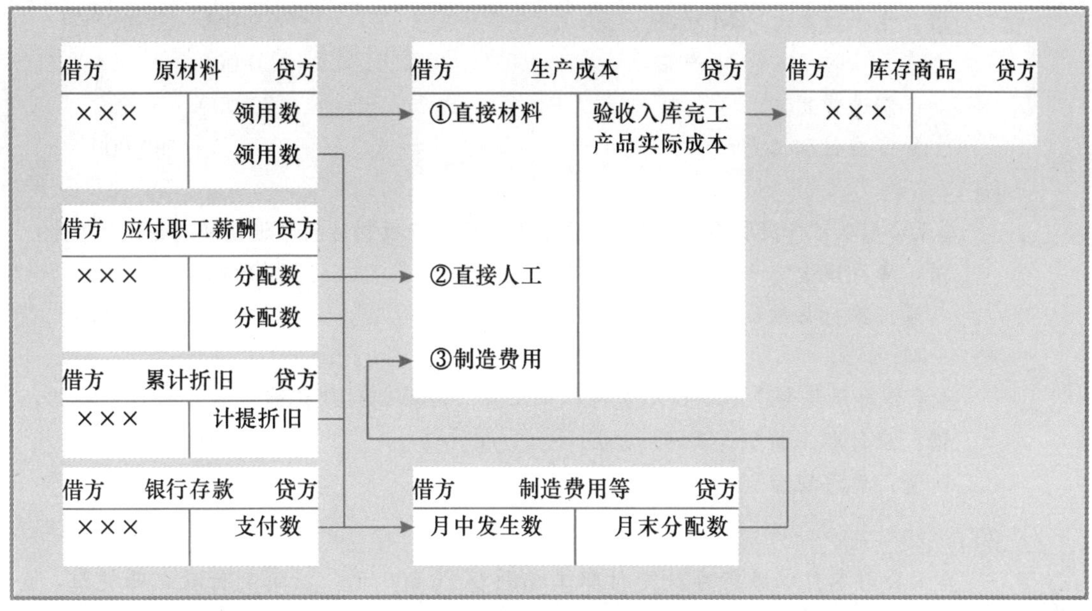

图7－11　产品生产交易或事项账务处理所设置的主要账户及其对应账户

(3) 账务处理。现举例说明产品生产交易或事项的会计处理。

例7－21

盛荣公司根据当月各种领料单编制的发出材料汇总表如表7－1所示。

表7－1　发出材料汇总表　数量单位：千克　金额单位：元

用途	甲材料			乙材料			金额合计
	数量	单价	金额	数量	单价	金额	
制造产品耗用							
M产品	1 500	20	30 000				30 000
N产品				8 000	10	80 000	80 000
制造部门一般耗用				60	10	600	600
合　计	1 500	20	30 000	8 060	10	80 600	110 600

根据发出材料汇总表的汇总结果，应填制转账记账凭证，编制的会计分录为：

借：生产成本——M产品　　30 000
　　　　　　——N产品　　80 000
　　制造费用　　600
　贷：原材料——甲材料　　30 000
　　　　　　——乙材料　　80 600

例7－22

盛荣公司计算出本月应付职工工资190 000元。其中：生产M产品工人工资70 000元，生产N产品工人工资100 000元；产品生产部门管理人员工资20 000元。应填制转账记账凭证，会计分录为：

借：生产成本——M产品　　70 000
　　　　　　——N产品　　100 000
　　制造费用　　20 000
　贷：应付职工薪酬　　190 000

例7-23

盛荣公司从银行提取现金190 000元备发工资。应填制付款记账凭证，会计分录为：

借：库存现金　　190 000
　贷：银行存款　　190 000

例7-24

盛荣公司用现金190 000元支付职工工资。应填制付款记账凭证，会计分录为：

借：应付职工薪酬　　190 000
　贷：库存现金　　190 000

例7-25

盛荣公司本月以银行存款支付职工福利费26 600元。应填制付款记账凭证，会计分录为：

借：应付职工薪酬　　26 600
　贷：银行存款　　26 600

例7-26

盛荣公司计算分配本月福利费。其中：生产M产品工人福利费9 800元，N产品生产工人福利费14 000元；产品生产部门管理人员福利费2 800元。应填制转账记账凭证，会计分录为：

借：生产成本——M产品　　9 800
　　　　　　——N产品　　14 000
　　制造费用　　2 800
　贷：应付职工薪酬　　26 600

例7-27

盛荣公司用银行存款支付生产车间发生的水电费800元。应填制付款记账凭证，会计分录为：

借：制造费用　　800
　贷：银行存款　　800

例7-28

盛荣公司用现金支付车间用设备租金400元。应填制付款记账凭证，会计分录为：

借：制造费用　　400
　贷：库存现金　　400

例7-29

盛荣公司月末计提生产车间固定资产折旧900元。应填制转账记账凭证，会计分录为：

借：制造费用　　900
　贷：累计折旧　　900

例 7－30

盛荣公司月末按生产 M，N 两种产品生产工人工资总额比例分配制造费用，并计入产品生产成本。本月发生制造费用总额为 25 500 元，假定 M 产品应分配制造费用 10 500 元，N 产品应分配制造费用 15 000 元。应填制转账记账凭证，会计分录为：

借：生产成本——M 产品　　　　10 500
　　　　　　——N 产品　　　　15 000
　贷：制造费用　　　　　　　　　　25 500

例 7－31

盛荣公司本月生产 M，N 两种产品各 50 件，月末时，M 产品全部完工，N 产品部分完工。假定完工产品成本分别为 180 450 元和 209 000 元，结转两种产品的完工产品成本。应填制转账记账凭证，会计分录为：

借：库存商品——M 产品　　　　180 450
　　　　　　——N 产品　　　　209 000
　贷：生产成本——M 产品　　　　　　180 450
　　　　　　　——N 产品　　　　　　209 000

以上产品生产交易或事项在总分类账户中的记录情况如图 7－12 所示。

借方	生产成本		贷方
×××		7-31	389 450
7-21	110 000		
7-22	170 000		
7-26	23 800		
7-30	25 500		

借方	原材料		贷方
×××		7-21	110 600

借方	银行存款		贷方
×××		7-23	190 000
		7-25	26 600
		7-27	800

借方	累计折旧		贷方
		7-29	900

借方	制造费用		贷方
7-21	600	7-30	25 500
7-22	20 000		
7-26	2 800		
7-27	800		
7-28	400		
7-29	900		

借方	库存现金		贷方
×××		7-24	190 000
7-23	190 000	7-28	400

借方	应付职工薪酬		贷方
7-24	190 000	7-22	190 000
7-25	26 600	7-26	26 600

借方	库存商品		贷方
7-31	389 450		

图 7－12　产品生产交易或事项在总分类账户中的记录情况

3. 产品销售及其他交易或事项的账务处理

产品销售一般是指企业对其所生产的产品的销售。发生的主要交易或事项有：与客户进行价款和税金的结算，按要求进行销售收入和销售成本的确认，支付销售费用，计算与缴纳税金等。另外，企业还可能发生将储备的材料对外销售等交易或事项。

（1）主营业务收入与主营业务成本等的概念与内容。

1）主营业务收入。是指企业在其主要的经营活动中获得的经济利益的总流入。在产品生产企业是指其在产品的销售过程中实现的收入，是企业获取营业收入的主要方式。

2）主营业务成本。是指企业在确认销售产品后应结转的成本。在产品生产企业是指其已经销售的那部分产品的成本。这部分成本实质上是产品在生产过程产生的成本，即人工、材料和设备等方面的耗费。

特别提示

主营业务成本是企业的主要费用 追根溯源，该成本应是产品在其生产过程中发生的生产成本。我国现行《企业会计准则》规定，企业为生产产品发生的可归属于产品成本的费用，应当在确认产品销售收入时计入当期损益，即计入当期主营业务成本（费用）。因而，主营业务成本已经不是本来意义上的生产费用（或成本），而是一种与所实现的收入密切相关的费用，是企业为实现主营业务收入而付出的代价。

3）其他业务收入。是指企业确认的在其他经营活动中实现的收入，包括出租固定资产、无形资产和包装物，以及销售材料等实现的收入。

4）其他业务成本。是指企业确认的在其他经营活动中所发生的支出，包括出租固定资产的折旧额、出租无形资产和包装物的摊销额，以及所销售材料本身的成本等。

5）销售费用。在产品销售过程中发生的有关费用。销售费用属于企业开展日常经营活动而发生的费用，在实务中不计入主营业务成本，而是设立专门账户单独核算。销售费用包括保险费、包装费、展览费和广告费、商品维修费、预计产品质量保证损失，以及为销售本企业产品而专设的销售机构（含销售网点、售后服务网点等）的职工薪酬、业务费和折旧费等。

6）税金及附加。企业在实现销售收入后，应按照税法的规定计算缴纳有关税费。税金及附加在实务中也不计入主营业务成本，而是设立专门账户单独核算。销售过程中的税金及附加主要包括以下内容：消费税，是指企业生产和销售应纳消费税的产品（如烟酒和高档化妆品等）而应缴纳的税金；城市维护建设税，是企业为进行城市公共设施的维护和建设而缴纳的税金；教育费附加是企业为支持教育事业发展而缴纳的一种附加费。

（2）账户设置。产品销售及其他交易或事项的账务处理应设置“主营业务收入”“主营业务成本”“其他业务收入”“其他业务成本”等账户。

1）“主营业务收入”账户。收入（损益）类账户，用以核算企业因销售产品等主营业务产生的收入。该账户的贷方登记企业实现的主营业务收入；借方登记发生的销售退回和在会计期末结转入“本年利润”账户的收入。期末应为贷方余额，反映企业已实现的收入。期末结转后，该账户应无余额。

2)“主营业务成本”账户。费用（损益）类账户，用以核算企业在确认销售商品等主营业务收入时应结转的成本。对销售产品而言，所结转的就是商品的销售成本。该账户的借方登记在确认产品销售收入后结转的销售成本；贷方登记退货商品的成本以及在会计期末结转入“本年利润”账户的商品销售成本。期末应为借方余额，反映企业已销售商品的成本。期末结转后应无余额。

3)“其他业务收入”账户。收入（损益）类账户，用以核算企业确认的主营业务活动以外的其他经营活动实现的收入。该账户的贷方登记企业获得的各项其他业务收入；借方登记会计期末结转入“本年利润”账户的已经实现的其他业务收入。期末结转后应无余额。

4)“其他业务成本”账户。费用（损益）类账户，用以核算企业确认的主营业务活动以外的其他经营活动所发生的支出。该账户的借方登记企业为获得各项其他业务收入而产生的相关成本；贷方登记在会计期末时结转入“本年利润”账户的其他业务成本。期末结转后应无余额。

5)“应交税费”账户。负债类账户，用以核算企业按照税法规定应缴纳的各种税费，包括应交增值税、应交消费税、应交所得税、城市维护建设税、土地使用税和教育费附加等。该账户的贷方登记按规定计算出来的各种应缴纳税费；借方登记已经缴纳的各种税费。该账户期末为贷方余额时，反映企业未缴纳的税费；如果为借方余额，反映企业多缴或尚未抵扣的进项税额等。

特别提示

“应交税费——应交增值税”账户的应用与税金抵扣　该账户的贷方主要用以记录企业应当缴纳的销项税额，即企业在销售商品时随同货款一并向购货方收取并应上缴税务部门的税款。实际缴纳时，记入该账户的借方。在实务中，企业实际缴纳的增值税税额一般是根据销项税额与进项税额的差额确定的，这种做法称为增值税的抵扣。

6)“销售费用”账户。费用（损益）类账户，用以核算企业因销售商品而发生的各种费用及其结转情况。该账户的借方登记各种销售费用的发生数；贷方登记在会计期末结转入“本年利润”账户的销售费用数。期末结转后该账户应无余额。

7)“税金及附加”账户。费用（损益）类账户，用以核算企业按照税法规定计算确定的除所得税、增值税以外的其他各项税费及其结转情况。该账户的借方登记按规定应由企业负担的税金及附加费；贷方登记在会计期末结转入“本年利润”账户的税金及附加费。期末结转后该账户应无余额。

8)“应收账款”账户。资产类账户，用以核算企业因销售产品、提供劳务而应向客户收取的款项。该账户的借方登记各种应收款项；贷方登记实际收回的应收款项。期末一般为借方余额，反映企业应收但尚未收回的款项。

应当注意的是，其他业务产生的应收款项应在“其他应收款”账户核算，不能记入“应收账款”账户。“其他应收款”账户的结构与“应收账款”账户相同。

9)“应收票据”账户。资产类账户，用以核算企业因销售商品而收到的商业汇票。

该账户的借方登记企业应收票据本息；贷方登记票据到期时收回的票据本息。期末为借方余额，反映尚未到期暂未收回的应收票据金额。

10）“预收账款”账户。负债类账户，用以核算企业按照合同的规定向购货方预收的款项及其结算情况。该账户的贷方登记预收客户的款项；借方登记向客户发出商品抵扣的预收款。期末一般为贷方余额，反映预收购货单位款项的余款。

此外，在产品销售及其他销售交易或事项的账务处理过程中，还会用到前面已讲的“库存商品”等账户。

产品销售及其他销售交易或事项的账务处理所设置的主要账户及其对应账户如图 7-13 所示。

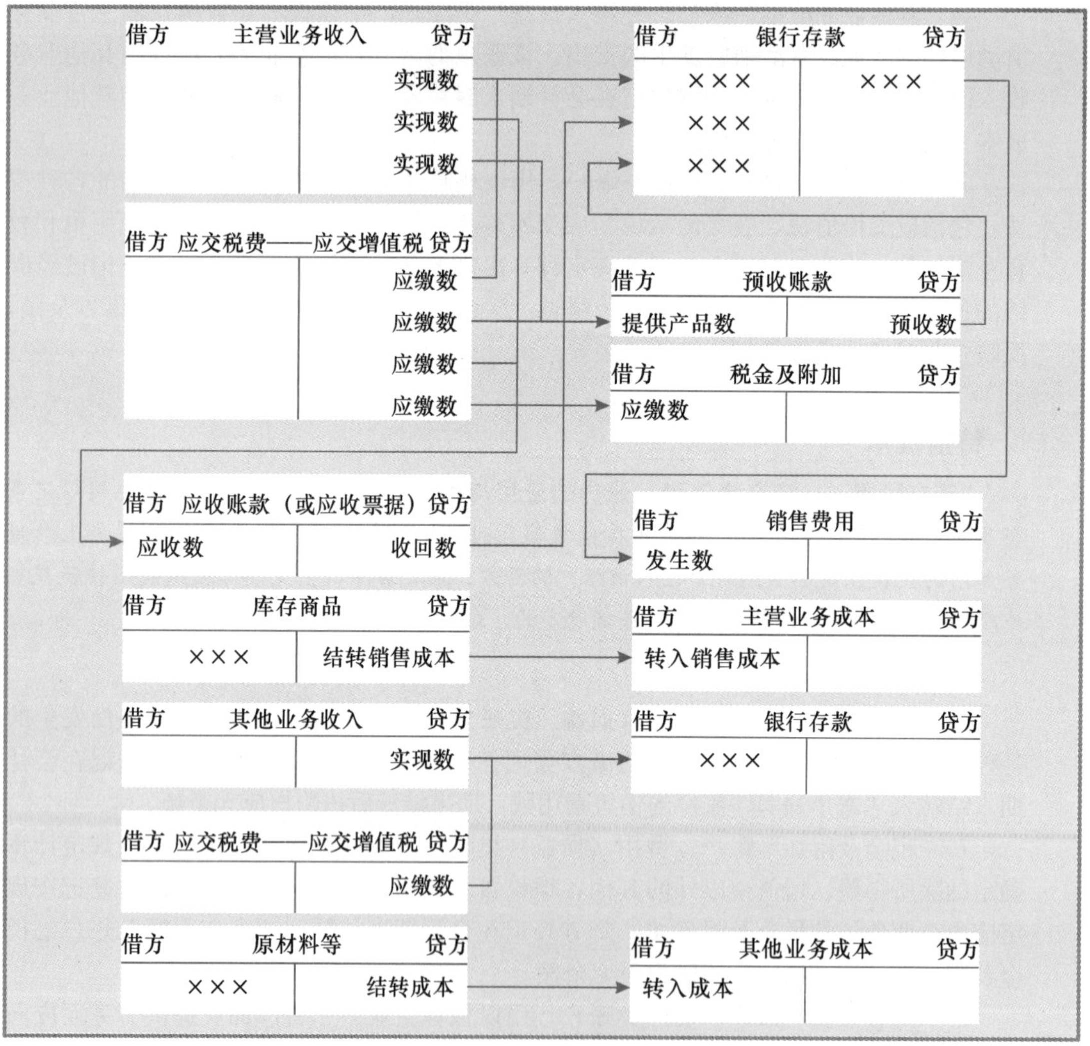

借方	主营业务收入	贷方
		实现数
		实现数
		实现数

借方	应交税费——应交增值税	贷方
		应缴数
		应缴数
		应缴数
		应缴数

借方	应收账款（或应收票据）	贷方
应收数		收回数

借方	库存商品	贷方
×××		结转销售成本

借方	其他业务收入	贷方
		实现数

借方	应交税费——应交增值税	贷方
		应缴数

借方	原材料等	贷方
×××		结转成本

借方	银行存款	贷方
×××		×××
×××		
×××		

借方	预收账款	贷方
提供产品数		预收数

借方	税金及附加	贷方
应缴数		

借方	销售费用	贷方
发生数		

借方	主营业务成本	贷方
转入销售成本		

借方	银行存款	贷方
×××		

借方	其他业务成本	贷方
转入成本		

图 7-13　产品销售及其他交易或事项账务处理所设置的主要账户及其对应账户

（3）账务处理。现举例说明产品销售及其他交易或事项的账务处理。

例 7-32

盛荣公司销售 M 产品 200 件，每件售价 4 000 元，价款 800 000 元，应交增值税销项税额 104 000 元。价税款 904 000 元已存入银行。应填制收款记账凭证，会计分录为：

借：银行存款　　904 000
　贷：主营业务收入——M 产品　　800 000
　　　应交税费——应交增值税（销项税额）　　104 000

例 7-33

盛荣公司向盛华公司销售 N 产品 40 件，每件售价 5 000 元，价款 200 000 元，应交增值税销项税额 26 000 元。已委托开户银行向购货方收款。应填制转账记账凭证，会计分录为：

借：应收账款——盛华公司　　226 000
　贷：主营业务收入——N 产品　　200 000
　　　应交税费——应交增值税（销项税额）　　26 000

例 7-34

盛荣公司向腾达公司销售 M 产品 50 件，每件售价 4 000 元，价款 200 000 元，应交增值税销项税额 26 000 元。商品已经发出，收到购货单位开出并承兑的商业汇票一张，款项暂未收到。应填制转账记账凭证，会计分录为：

借：应收票据——腾达公司　　226 000
　贷：主营业务收入——M 产品　　200 000
　　　应交税费——应交增值税（销项税额）　　26 000

例 7-35

盛荣公司预收星海公司购买 N 产品 60 件的价税款合计 339 000 元，已存入银行。应填制收款记账凭证，会计分录为：

借：银行存款　　339 000
　贷：预收账款——星海公司　　339 000

例 7-36

盛荣公司向星海公司发出 N 产品 60 件，每件售价 5 000 元，价款 300 000 元，应交增值税销项税额 39 000 元。应填制转账记账凭证，会计分录为：

借：预收账款——星海公司　　339 000
　贷：主营业务收入——N 产品　　300 000
　　　应交税费——应交增值税（销项税额）　　39 000

例 7-37

盛荣公司接银行通知，委托银行向盛华公司收取的应收款项 226 000 元已收妥入账。应填制收款记账凭证，会计分录为：

借：银行存款　　226 000
　贷：应收账款——盛华公司　　226 000

例 7-38

盛荣公司本月销售 M 产品的成本为 900 450 元，销售 N 产品的成本为 414 000 元。结转已销售产品成本。应填制转账记账凭证，会计分录为：

借：主营业务成本——M产品　　900 450
　　　　　　　　——N产品　　414 000
　贷：库存商品——M产品　　900 450
　　　　　　　——N产品　　414 000

例7-39

盛荣公司出售甲材料一批，价款10 000元，增值税销项税额1 300元。价税款合计11 300元收到并已存入银行。应填制收款记账凭证，会计分录为：

借：银行存款　　11 300
　贷：其他业务收入　　10 000
　　　应交税费——应交增值税（销项税额）　　1 300

例7-40

确认并结转出售甲材料的成本9 000元。应填制转账记账凭证，会计分录为：

借：其他业务成本　　9 000
　贷：原材料——甲材料　　9 000

例7-41

盛荣公司用银行存款支付销售产品的广告费3 000元、展销产品的场地租用费1 000元。应填制付款记账凭证，会计分录为：

借：销售费用　　4 000
　贷：银行存款　　4 000

例7-42

盛荣公司用现金支付展销商品运费300元。应填制付款记账凭证，会计分录为：

借：销售费用　　300
　贷：库存现金　　300

例7-43

假设盛荣公司销售的M产品属于消费税征收范围，税率为10%。按规定计算的应缴消费税为100 000元，暂未缴纳。应填制转账记账凭证，会计分录为：

借：税金及附加　　100 000
　贷：应交税费——应交消费税　　100 000

例7-44

盛荣公司用银行存款支付在银行办理业务的手续费500元。应填制付款记账凭证，会计分录为：

借：财务费用　　500
　贷：银行存款　　500

例7-45

盛荣公司出租包装物一批，收到租用方支付的租金20 000元，增值税税额2 600元，款项已存入银行。应填制收款记账凭证，会计分录为：

借：银行存款　　　　　　　　　　　　22 600
　贷：其他业务收入　　　　　　　　　　　　20 000
　　　应交税费——应交增值税　　　　　　　　2 600

例 7-46

确认并结转上述出租包装物本月应摊销成本 12 000 元。应填制转账记账凭证，会计分录为：

借：其他业务成本　　　　　　　　　　12 000
　贷：周转材料——摊销　　　　　　　　　　12 000

产品销售及其他交易或事项在总分类账户中的记录情况如图 7-14 所示。

借方	银行存款		贷方
7-32	904 000	7-41	4 000
7-35	339 000	7-44	500
7-37	226 000		
7-39	11 300		
7-45	22 600		

借方	应收账款		贷方
7-33	226 000	7-37	226 000

借方	应收票据		贷方
7-34	226 000		

借方	主营业务成本		贷方
7-38	1 314 450		

借方	库存商品		贷方
×××		7-38	1 314 450

借方	其他业务成本		贷方
7-40	9 000		
7-46	12 000		

借方	原材料		贷方
×××		7-40	9 000

借方	库存现金		贷方
×××		7-42	300

借方	财务费用		贷方
7-44	500		

借方	主营业务收入		贷方
		7-31	800 000
		7-32	200 000
		7-33	200 000
		7-36	300 000

借方	应交税费		贷方
		7-32	104 000
		7-33	26 000
		7-34	26 000
		7-36	39 000
		7-39	1 300
		7-43	100 000
		7-45	2 600

借方	预收账款		贷方
7-36	339 000	7-35	339 000

借方	其他业务收入		贷方
		7-39	10 000
		7-45	20 000

借方	销售费用		贷方
7-41	4 000		
7-42	300		

借方	税金及附加		贷方
7-43	100 000		

借方	周转材料		贷方
×××		7-46	12 000

图 7-14　产品销售及其他交易或事项在总分类账户中的记录情况

特别提示

周转材料及其账务处理的账户设置　周转材料包括包装物（用来包装商品的包装箱和包装袋等）和低值易耗品（劳动工具和劳保用品等），可利用“周转材料”账户进行核算。该账户按“在库”、“在用”和“摊销”设置明细分类账户进行明细核算。“摊销”明细分类账户反映在用（含出租）周转材料的摊销（已损耗）价值，记入该账户的贷方，同时记入有关成本费用账户的借方。

企业在经营活动中发生的交易或事项还包括资产在处置、清查过程中发生的损益等交易或事项，这些内容将在下一节及第9章中予以介绍。

7.4 投资活动交易或事项及其账务处理

7.4.1 投资活动交易或事项的主要内容

我国现行《企业会计准则》规定：“投资活动，是指企业长期资产的购建和不包括在现金等价物范围的投资及其处置活动。”现金等价物范围内的投资指的是交易性资产这种投资，因其具有现金等价物的某些特征，往往被排除在企业的投资活动之外。根据准则这一规定，企业的投资可以分为对内投资和对外投资两类。

1. 对内投资

对内投资是指企业长期资产的购建。长期资产包括固定资产、无形资产、在建工程和其他资产等持有期限在一年或一个营业周期以上的资产。根据投资的形态可以具体划分为实物资产投资和非实物资产投资两类。

（1）实物资产投资。如固定资产和在建工程等。固定资产是指企业利用自有资金或其他方式取得的房屋、设备等资产；在建工程是指企业兴工动料进行的项目建设工程，在建工程可以是建筑工程，也可以是安装工程。一般来说，在建工程完工以后能够转化为企业的固定资产，为企业的经营活动提供劳动资料。

（2）非实物资产投资。如无形资产和其他资产等。无形资产投资包括企业用现金购买的专利权和商标权等无形资产，也包括企业自行组织力量研究与开发的无形资产。其他资产是指固定资产、无形资产和在建工程以外的长期资产，如长期待摊费用，主要是指企业在筹建期间所发生的开办费。

2. 对外投资

对外投资是指企业出于不同目的而对外部的投资活动。对外投资有不同的分类方法。

（1）按投资性质，对外投资可分为债权性投资与权益性投资。债权性投资是指企业为取得债权进行的投资，和被投资方之间形成了债权债务关系。债权性投资通过收取利息或待债权增值后出售获利。如银行向客户发放的固定利率贷款，企业购买的国家或其他单位发行的普通债券，都属于债权性投资。

权益性投资，又称股权投资，是指企业为取得被投资方的股份或股权所进行的投资。投资企业取得被投资单位的股权，相应地享有被投资单位净资产有关份额，通过

被投资单位分得现金股利或利润以及待被投资单位股权增值后出售等获利。如企业购买的其他企业发行的普通股股票，属于权益性投资。按照投资方在投资后对被投资方能够施加影响的程度，企业会计准则将股权投资区分为应当按照金融工具确认和计量准则进行核算与应当按照长期股权投资准则进行核算两种情况。其中，长期股权投资是指投资方能够施加重大影响的对联营企业的投资、能够实施共同控制的对合营企业的投资以及能够施加控制的对子公司的投资。

债权性投资一方面形成投资方的金融资产，另一方面形成被投资方的金融负债。而股权投资一方面形成投资方的金融资产，另一方面形成被投资方的权益工具（所有者权益）。除了长期股权投资，其他权益性投资和全部债权性投资均属于按照金融工具确认和计量准则进行核算的金融资产。

（2）按企业管理投资资产的业务模式和投资资产合同现金流量特征，企业会计准则将按照金融工具确认和计量准则进行核算的金融资产，分为以下三类：

1）以摊余成本计量的金融资产。企业管理该资产的业务模式是以收取合同现金流量为目标，且合同规定的现金流量是到期收回本金、按期收取利息。如债权投资等。

2）以公允价值计量且其变动计入其他综合收益的金融资产。企业管理该资产的业务模式既以收取合同现金流量为目标又以出售该资产为目标，且合同规定的现金流量是到期收回本金、按期收取利息。包括其他债权投资、其他权益工具投资。

3）以公允价值计量且其变动计入当期损益的金融资产。是指除上述以摊余成本计量的金融资产和以公允价值计量且其变动计入其他综合收益的金融资产之外的金融资产，即交易性金融资产。

对投资活动交易或事项的主要内容可结合图 7－15 加以理解。

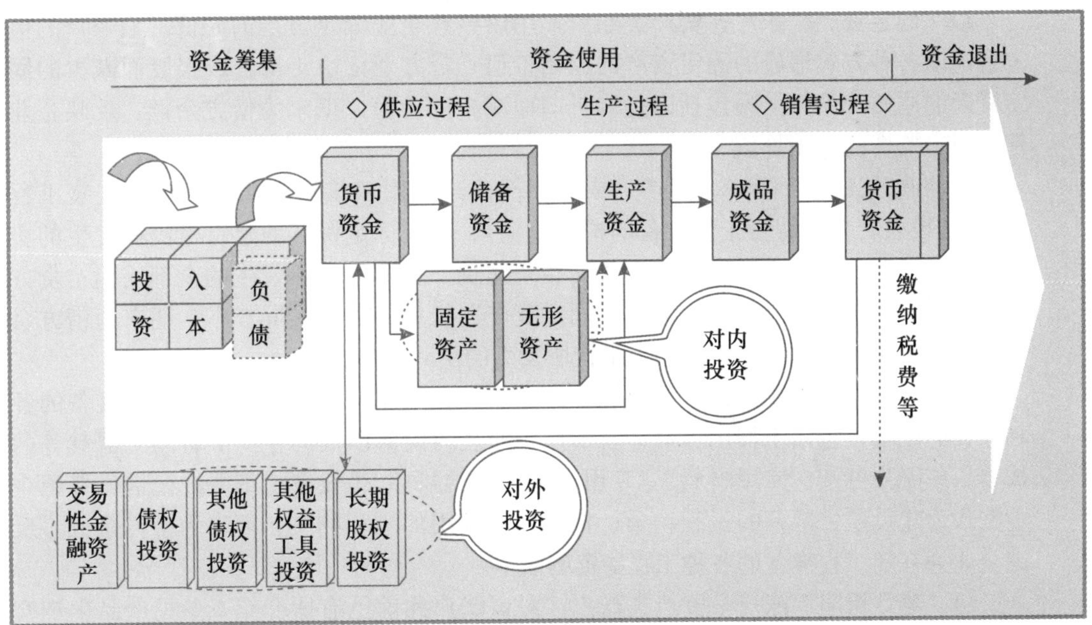

图 7－15　投资活动交易或事项的主要内容

7.4.2 投资活动交易或事项的账务处理

投资活动交易或事项纷繁复杂，由于本书篇幅所限，也为避免与中级财务会计课程内容重复，本书只对固定资产、无形资产和交易性金融资产投资活动交易或事项的账务处理方法予以介绍。

1. 固定资产投资交易或事项的账务处理

（1）固定资产投资交易或事项的主要内容。企业固定资产的形成方式有从外部购买、自行建造和由投资者投入等。固定资产交易或事项主要有购置固定资产的货款及税金的结算，建造固定资产发生的工程物资、人工和机械设备消耗，固定资产在使用过程中发生的价值损耗或减值，固定资产出售和报废清理的处置等。

（2）固定资产的确认与计量。

1）固定资产的确认。首先必须符合固定资产的定义，即固定资产必须是具备以下两个特征的有形资产：一是为生产商品、提供劳务、出租或经营管理而持有；二是使用寿命超过一个会计年度。其次，必须同时满足资产确认的两个条件：第一，该固定资产包含的经济利益很可能流入企业；第二，该固定资产的成本能够可靠地计量。

2）固定资产的计量。包括初始计量和后续计量两个方面。初始计量是指企业在以不同方式取得固定资产时对其成本的确定。后续计量是指企业在固定资产的存续期间，具体考虑其实际使用状况及其市场价格变化等因素，对固定资产价值的重新确认，既应考虑固定资产在使用过程中发生的物理损耗，也应考虑由于技术进步等产生的无形损耗，并根据所选用的方法计提固定资产折旧等。

（3）账户设置。进行固定资产的账务处理应设置“固定资产”“在建工程”“累计折旧”“固定资产清理”“工程物资”“应交税费”等账户。

1）“固定资产”账户。资产类账户，用以核算企业固定资产的原价。该账户的借方登记以各种方式形成的固定资产的原始价值；贷方登记由于出售或报废而减少的固定资产的原始价值，但不包括因提取折旧而减少的价值。期末为借方余额，反映企业期末固定资产的原始价值。

2）“在建工程”账户。资产（成本）类账户，用以核算企业进行设备安装工程（包括已投入安装的需要安装设备的购买价值）、建造固定资产的建筑工程等发生的实际支出。该账户的借方登记进行设备安装或建筑工程的施工所发生的全部支出；贷方登记安装或建筑工程完成后结转入“固定资产”账户的工程实际成本。期末为借方余额，反映企业期末尚未完工的在建工程所发生的实际支出。

3）“工程物资”账户。资产（成本）类账户，用以核算企业为在建工程准备的各种物资的成本，包括工程用材料、尚未投入安装的设备以及为生产准备的工器具等的成本。该账户可按“专用材料”“专用设备”“工器具”等设置明细账户。借方登记企业购入为建设项目准备的工程物资；贷方登记领用的工程物资。期末为借方余额，反映企业为在建工程准备的各种工程物资的成本。

4）“累计折旧”账户。资产类账户，对该账户此前已有所介绍，参见产品生产交易或事项的账务处理部分。应特别注意：该账户虽然属于资产类账户，其结构却不同于一般资产类账户。

5）“资产处置损益”账户。收入（损益）类账户，反映企业出售划分为持有待售的非流动资产（金融工具、长期股权投资和投资性房地产除外）或处置组时确认的处置利得或损失，以及处置未划分为持有待售的固定资产、在建工程、生产性生物资产及无形资产而产生的处置利得或损失。该账户的贷方登记资产处置利得、资产处置净损失的结转；借方登记资产处置损失、资产处置净收益的结转。期末结转后，该账户应无余额。

6）“固定资产清理”账户。资产类账户，用以核算企业因出售、报废和毁损等转入清理的固定资产价值以及在清理过程中所发生的清理费用和清理收入等。企业因出售、报废和毁损等处置固定资产时，按该项固定资产的账面净额记入该账户的借方，按其账面余额记入“固定资产”账户的贷方；出售固定资产时，按实际收回价款和收回材料的价值记入“银行存款”“原材料”等账户的借方，同时记入“固定资产清理”账户的贷方。清理过程中产生的损益分以下两种情况处理：a. 属于出售或转让固定资产所发生的净损益，记入“资产处置损益”账户的贷方或借方；b. 属于报废或毁损固定资产所发生的净损益，记入“营业外支出”账户的借方或“营业外收入”账户的贷方。

7）“应交税费”账户。负债类账户，对该账户此前多次介绍，之所以再次提及，是因为在对购置设备类固定资产的交易或事项进行账务处理时也要用到这个账户。该账户主要核算企业购置设备时所缴纳的进项税额，应记录在该账户的借方。

固定资产交易或事项的账务处理所设置的主要账户及其对应账户如图 7－16 所示。

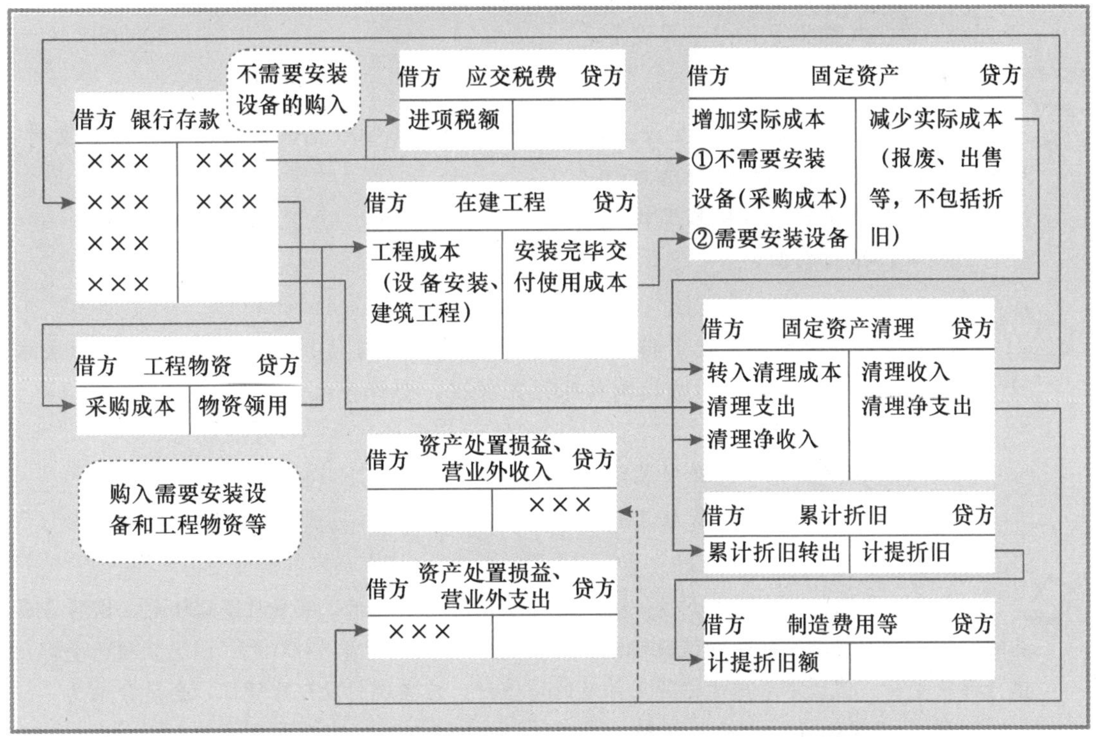

图 7－16　固定资产交易或事项的账务处理所设置的主要账户及其对应账户

（3）账务处理。现举例说明固定资产交易或事项的账务处理。

例7-47

盛荣公司购入不需要安装的生产用设备一台，买价30 000元，销售方开具的增值税专用发票上注明增值税税额3 900元，发生运输费900元。以上款项已全部用银行存款支付。假定不考虑运输费用涉及的增值税。应填制付款记账凭证，会计分录为：

会计科目	借方	贷方
借：固定资产	30 900	
应交税费——应交增值税（进项税额）	3 900	
贷：银行存款		34 800

例7-48

盛荣公司购入需要安装的生产用设备一台，买价50 000元，销售方开具的增值税专用发票上注明增值税税额6 500元，发生运输费500元。款项已通过银行支付。假定不考虑运输费用涉及的增值税。应填制付款记账凭证，会计分录为：

会计科目	借方	贷方
借：工程物资——专用设备	50 500	
应交税费——应交增值税（进项税额）	6 500	
贷：银行存款		57 000

例7-49

前例所述需要安装设备投入安装，设备成本50 500元。应填制转账记账凭证，会计分录为：

会计科目	借方	贷方
借：在建工程——在安装设备	50 500	
贷：工程物资——专用设备		50 500

例7-50

以上设备投入安装，发生安装费800元，调试费200元，款项已通过银行支付。应填制付款记账凭证，会计分录为：

会计科目	借方	贷方
借：在建工程——安装工程	1 000	
贷：银行存款		1 000

例7-51

以上设备安装完毕，经负荷联合试车已达到预计可使用状态，结转其实际成本51 500元（50 500+1 000）。应填制转账记账凭证，会计分录为：

会计科目	借方	贷方
借：固定资产	51 500	
贷：在建工程——在安装设备		50 500
——安装工程		1 000

例7-52

盛荣公司拟自营建造办公楼一幢。购入工程用材料一批，买价147 000元，销售方开具的增值税专用发票上注明增值税税额19 110元，发生运输费3 000元。以上款项已全部用银行存款支付。假设不考虑运输费用涉及的增值税。应填制付款记账凭证，会计分录为：

会计科目	借方	贷方
借：工程物资——专用材料	150 000	
应交税费——应交增值税（进项税额）	19 110	
贷：银行存款		169 110

内容扩展

《中华人民共和国增值税暂行条例》(2017) 第一条规定，在中华人民共和国境内销售货物或者加工、修理修配劳务，销售服务、无形资产、不动产以及进口货物的单位和个人，为增值税的纳税人，应当依照本条例缴纳增值税。

例 7-53

盛荣公司自营建造办公楼，领用专用材料 150 000 元，发生人工费 35 000 元。应填制转账记账凭证，会计分录为：

借：在建工程——建筑工程　　185 000
　贷：工程物资——专用材料　　150 000
　　　应付职工薪酬　　35 000

例 7-54

盛荣公司自营建造办公楼项目，用银行存款支付租用施工机械费 5 000 元。应填制付款记账凭证，会计分录为：

借：在建工程——建筑工程　　5 000
　贷：银行存款　　5 000

例 7-55

盛荣公司自行建造的办公楼完工，已办理竣工结算并交付使用，实际成本 190 000 元 (150 000＋35 000＋5 000)。应填制转账记账凭证，会计分录为：

借：固定资产　　190 000
　贷：在建工程——建筑工程　　190 000

例 7-56

盛荣公司将用长期借款建造的生产车间工程发包给启明建筑工程公司，用银行存款支付工程价款 200 000 元。应填制付款记账凭证，会计分录为：

借：在建工程——建筑工程　　200 000
　贷：银行存款　　200 000

例 7-57

盛荣公司新建生产车间完工，经验收已达到预计可使用状态，结转其实际成本 212 000 元 (假定另有借款利息 12 000 元已在“在建工程”账户登记)。应填制转账记账凭证，会计分录为：

借：固定资产　　212 000
　贷：在建工程——建筑工程　　212 000

例 7-58

盛荣公司于月末计算提取公司管理部门使用的固定资产折旧额为 1 600 元。应填制转账记账凭证，会计分录为：

借：管理费用　　1 600
　贷：累计折旧　　1 600

例7-59

盛荣公司的H设备使用寿命期满，转入报废清理。“固定资产”账户中记录的该设备原始价值为100 000元，“累计折旧”账户该设备已提折旧额为96 000元。应填制转账记账凭证，会计分录为：

借：固定资产清理　　4 000
　　累计折旧　　96 000
　贷：固定资产　　100 000

例7-60

盛荣公司对H设备进行清理，发生清理费用700元，用库存现金支付。应填制付款记账凭证，会计分录为：

借：固定资产清理　　700
　贷：库存现金　　700

例7-61

盛荣公司对H设备在清理过程中处理收回的废旧残料，收入款项6 500元，已存入银行。应填制收款记账凭证，会计分录为：

借：银行存款　　6 500
　贷：固定资产清理　　6 500

例7-62

盛荣公司将清理H设备产生的净收入1 800元（6 500－4 000－700）转为营业外收入。应填制转账记账凭证，会计分录为：

借：固定资产清理　　1 800
　贷：营业外收入　　1 800

固定资产交易或事项在总分类账户中的记录情况如图7-17所示。

2. 无形资产交易或事项的账务处理

（1）无形资产投资交易或事项的主要内容。企业无形资产的形成方式有购买、自行组织人力进行研究开发和由投资者投入等。发生的交易或事项主要有购买无形资产价款结算，研发无形资产过程中发生的各种支出及其成本计算与结转，无形资产在使用过程中发生的价值摊销或减值，以及无形资产的出售和转让等。

（2）无形资产的确认与计量。

1）无形资产的确认。无形资产的确认是企业对不同来源取得的无形资产加以认定的过程。只有同时满足下列条件，才能确认为无形资产：一是符合无形资产的定义；二是与该资产相关的预计未来经济利益很可能流入企业；三是该资产的成本能够可靠地计量。

2）无形资产的计量。包括无形资产的初始计量和后续计量。初始计量是指企业对其取得的无形资产的成本确定。无形资产通常按实际成本计量，即以取得无形资产并使之达到预定用途而发生的全部支出作为无形资产的成本。后续计量是指无形资产在使用期间以成本减去其累计摊销额或累计减值损失后的余额计量。需要强调的是，确

借方	银行存款		贷方
	×××	7-47	34 800
7-61	6 500	7-48	57 000
		7-50	1 000
		7-52	190 000
		7-54	5 000
		7-56	200 000

借方	应交税费		贷方
7-47	3 900		
7-48	6 500		
7-52	19 500		

借方	在建工程		贷方
7-49	50 500	7-51	51 500
7-50	1 000	7-55	190 000
7-53	185 000	7-57	212 000
7-54	5 000		
7-56	200 000		

借方	应付职工薪酬		贷方
		7-53	35 000

借方	累计折旧		贷方
7-59	96 000	7-58	1 600

借方	固定资产		贷方
	×××	7-59	100 000
7-47	30 900		
7-51	51 500		
7-55	190 000		
7-57	212 000		

借方	工程物资		贷方
7-48	50 500	7-49	50 500
7-52	150 000	7-53	150 000

借方	固定资产清理		贷方
7-59	4 000	7-61	6 500
7-60	700		
7-62	1 800		

借方	管理费用		贷方
7-58	1 600		

借方	库存现金		贷方
	×××	7-60	700

借方	营业外收入		贷方
		7-62	1 800

图 7－17　固定资产交易或事项在总分类账户中的记录情况

定无形资产在使用过程中的累计摊销额的基础是估计其使用寿命，只有使用寿命有限的无形资产，才能够在其使用寿命内采用合理的方法进行摊销；对于使用寿命不确定的无形资产，每年应进行减值测试，并对其减值部分进行必要的账务处理。

（3）账户设置。进行无形资产交易或事项的账务处理，应设立“无形资产”“累计摊销”“研发支出”等主要账户。

1）“无形资产”账户。资产类账户，用以核算企业持有的无形资产，包括专利权、非专利技术、商标权、著作权和土地使用权等。该账户的借方登记企业外购和自行研发以及其他方式取得的无形资产成本；贷方登记企业处置或转让无形资产的成本。期末为借方余额，反映企业期末无形资产的成本。

2）“累计摊销”账户。资产类账户，用以核算企业对使用寿命有限的无形资产计提的累计摊销额。该账户的贷方登记企业按月计提的无形资产摊销额；借方登记处置无形资产时结转的累计摊销额。期末为贷方余额，反映企业无形资产的累计摊销额。

特别提示

“累计摊销”账户也是一个结构特殊的资产类账户 该账户结构与“累计折旧”账户相同。反映的内容实质上是无形资产价值的减少，将该账户余额与“无形资产”账户余额进行比较，可确定企业无形资产的净值。

3）“研发支出”账户。资产类账户，该账户借方登记企业在研究与开发无形资产过程中发生的各项支出，包括费用化支出和资本化支出。贷方登记研发项目达到预定用途所形成的无形资产成本，以及不符合资本化支出条件的费用化支出的转出。期末为借方余额，反映企业研究开发中的无形资产项目的支出。

无形资产交易或事项的账务处理所设置的主要账户及其对应账户如图7－18所示。

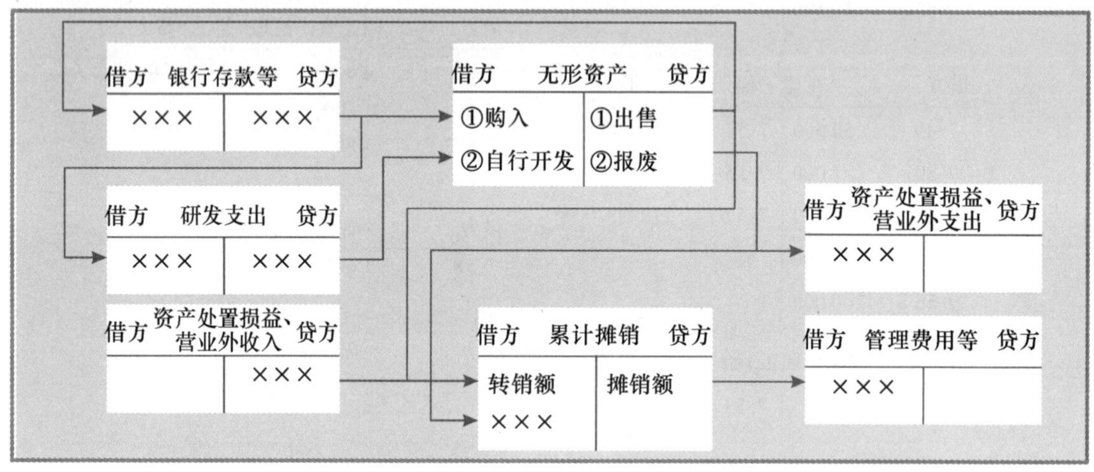

图7－18 无形资产交易或事项的账务处理所设置的主要账户及其对应账户

（4）账务处理。现举例说明无形资产交易或事项的账务处理。

例7－63

盛荣公司购得一项专利权，价款200 000元，款项已用银行存款支付。假设不考虑涉及的增值税。应填制付款记账凭证，会计分录为：

借：无形资产——专利权　　200 000

　贷：银行存款　　200 000

例7－64

盛荣公司自行组织技术人员开发一项新产品专利技术，发生材料费50 000元，其中，甲材料10 000元，乙材料40 000元。开发人员薪酬80 000元，暂未支付。应填制转账记账凭证，会计分录为：

借：研发支出　　130 000

　贷：原材料——甲材料　　10 000

　　　　　——乙材料　　40 000

　　应付职工薪酬　　80 000

例 7-65

盛荣公司用银行存款支付新产品专利技术研发费用 20 000 元。应填制付款记账凭证，会计分录为：

借：研发支出　　20 000
　贷：银行存款　　20 000

例 7-66

经确认，上述研发支出中的 140 000 元满足资本化支出的确认条件，应计入无形资产成本，另外 10 000 元应作为费用化支出计入当期损益。应填制转账记账凭证，会计分录为：

借：无形资产——非专利技术　　140 000
　　管理费用　　10 000
　贷：研发支出　　150 000

例 7-67

盛荣公司本月使用无形资产应摊销使用费 5 000 元，其中，4 000 元应计入管理费用，1 000 元应计入其他业务成本。应填制转账记账凭证，会计分录为：

借：管理费用　　4 000
　　其他业务成本　　1 000
　贷：累计摊销　　5 000

例 7-68

盛荣公司将一项专利技术出租给另一企业。合同规定，承租方每销售一件用该专利生产的产品，须付给本公司 10 元专利技术使用费。假定承租方本月销售该产品 20 000 件，应向其收取专利技术使用费 200 000 元，款项暂未收到。假定暂不考虑其他税费。应填制转账记账凭证，会计分录为：

借：其他应收款　　200 000
　贷：其他业务收入　　200 000

例 7-69

盛荣公司出租给另一企业使用的上项专利技术本月应摊销额为 150 000 元。应填制转账记账凭证，会计分录为：

借：其他业务成本　　150 000
　贷：累计摊销　　150 000

例 7-70

盛荣公司将其拥有的一项商标权出售给大江公司，双方协商作价 190 000 元，款项暂未收到。该商标权账面余额为 189 500 元，累计摊销额为 50 000 元。实现营业外收入 50 500 元 (190 000－(189 500－50 000))。应填制转账记账凭证，会计分录为：

借：其他应收款　　190 000
　　累计摊销　　50 000
　贷：无形资产——商标权　　189 500
　　　资产处置损益　　50 500

例 7-71

盛荣公司的某项非专利技术因不再使用予以报废，其账面余额为 300 000 元，累计摊销额为 280 000 元。假定该非专利技术没有残值。产生营业外支出 20 000 元（300 000－280 000）。应填制转账记账凭证，会计分录为：

借：累计摊销　　280 000

　　营业外支出　　20 000

　贷：无形资产——非专利技术　　30 0000

无形资产交易或事项在总分类账户中的记录情况如图 7-19 所示。

银行存款

借方		贷方	
×××		7-63	200 000
		7-65	20 000

研发支出

借方		贷方	
7-64	130 000	7-66	150 000
7-65	20 000		

原材料

借方		贷方	
×××		7-64	50 000

其他应收款

借方		贷方	
7-68	200 000		
7-70	190 000		

其他业务收入

借方		贷方	
		7-68	200 000

资产处置损益

借方		贷方	
		7-70	50 500

营业外支出

借方		贷方	
7-71	20 000		

无形资产

借方		贷方	
×××		7-70	189 500
7-63	200 000	7-71	300 000
7-66	140 000		

管理费用

借方		贷方	
7-66	10 000		
7-67	4 000		

累计摊销

借方		贷方	
7-70	50 000	×××	
7-71	280 000	7-67	5 000
		7-69	150 000

其他业务成本

借方		贷方	
7-67	1 000		
7-69	150 000		

应付职工薪酬

借方		贷方	
		7-64	80 000

图 7-19　无形资产交易或事项在总分类账户中的记录情况

3. 交易性金融资产交易或事项的账务处理

（1）交易性金融资产交易或事项的主要内容。交易性金融资产是企业对外投资的一个组成部分，是指企业持有的以公允价值计量且其变动计入当期损益的金融资产。例如，企业为近期内出售而持有的债券投资、股票投资和基金投资。交易性金融资产交易或事项主要有购买价款的支付、持有期间损益的处理及其处置等。

（2）投资收益的概念。投资收益是指企业确认的因对外投资而取得的收益（或发生的损失），包括企业购买股票的股利收益和购买债券的利息收益等。一般而言，企业对外投资从被投资方分得的股利（或利润）、从债券发行方获取的利息，以及处置对外投资收回金额大于实际投资金额的差额，即为企业的投资收益；购买交易性金融资产时支付的交易费用，以及处置对外投资收回金额小于实际投资金额的差额，即为企业的投资损失。除以上各项外，交易性金融资产的损益还包括该类资产在持有期间由于其公允价值变动而产生的损益。

（3）账户设置。进行交易性金融资产交易或事项的账务处理应设置“交易性金融资产”、“投资收益”、“应收股利”（或“应收利润”）、“应收利息”等主要账户。

1）“交易性金融资产”账户。资产类账户，用以核算企业持有的以公允价值计量且其变动计入当期损益的金融资产。该账户的借方登记企业取得交易性金融资产时的公允价值（发生的交易费用借记“投资收益”账户）；贷方登记企业在处置交易性金融资产时的账面成本。期末为借方余额，反映企业交易性金融资产的公允价值。

2）“投资收益”账户。收入（损益）类账户，用以核算企业确认的对外投资取得的收益或发生的损失。该账户的贷方登记取得的投资收益、投资净损失的结转；借方登记发生的投资损失和投资净收益的结转。期末结转后，该账户应无余额。

特别提示

“投资收益”账户是一个双重性质账户，这是由该账户既用来核算投资收益也用来核算投资损失的双重性质所决定的。账户的某一方既用来登记增加额，也用来登记减少额；当该账户期末有余额时，其余额方向具有不确定性。

3）“应收股利”账户（股份企业设置；或“应收利润”账户，非股份企业设置）。资产类账户，用以核算企业应从被投资方分享的现金股利（或利润）。该账户的借方登记被投资单位宣告发放的归本企业享有的现金股利（或利润）；贷方登记企业实际收到的现金股利（或利润）。期末为借方余额，反映企业尚未收回的现金股利（或利润）。

4）“应收利息”账户。资产类账户，用以核算企业应从债券发行方收取的债券利息。该账户的借方登记按债券利率计算确定的本企业应获取的债券利息；贷方登记企业实际收到的债券利息。期末为借方余额，反映企业尚未收回的债券利息。

交易性金融资产交易或事项的会计处理所设置的主要账户及其对应账户如图7-20所示。

（4）账务处理。现举例说明交易性金融资产交易或事项的账务处理。

例7-72

盛荣公司按面值购入诚信公司于当日发行的面值为50 000元的债券作为交易性金融资产，并支付交易费用1 000元。应填制付款记账凭证，会计分录为：

	借方	贷方
借：交易性金融资产——诚信公司债券	50 000	
投资收益	1 000	
贷：银行存款		51 000

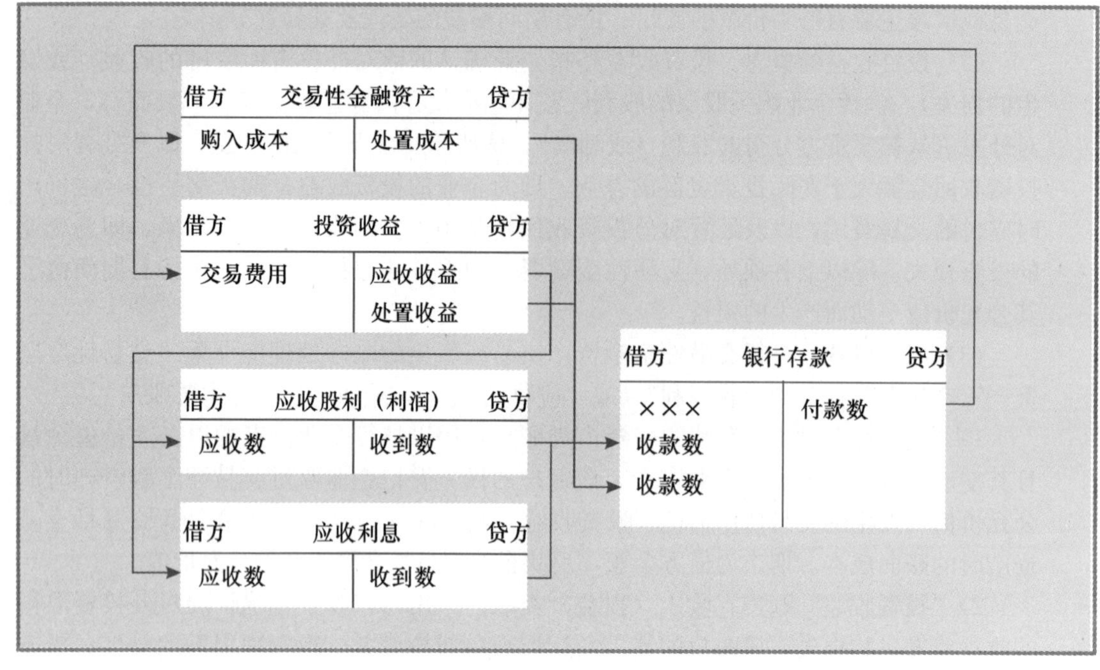

图7-20 交易性金融资产交易或事项的账务处理所设置的主要账户及其对应账户

例7-73

盛荣公司购入华美公司每股面值1元的股票80 000股作为交易性金融资产，购买股票款为80 000元，另支付交易费用2 000元，已用银行存款支付。应填制付款记账凭证，会计分录为：

借：交易性金融资产——华美公司股票	80 000	
投资收益	2 000	
贷：银行存款		82 000

例7-74

盛荣公司按诚信公司规定的债券计息日及票面利率计算本期应收利息4 800元。应填制转账记账凭证，会计分录为：

借：应收利息——诚信公司	4 800	
贷：投资收益		4 800

例7-75

盛荣公司投资的华美公司宣告发放现金股利，本公司应分得现金股利8 200元，款项暂未收到。应填制转账记账凭证，会计分录为：

借：应收股利——华美公司	8 200	
贷：投资收益		8 200

例7-76

盛荣公司处置原从华美公司购入的部分股票，获款50 000元，款项已存入银行。该部分股票的账面成本为40 000元。应填制收款记账凭证，会计分录为：

借：银行存款　　50 000
　贷：交易性金融资产——华美公司股票　　40 000
　　　投资收益　　10 000

例 7-77

盛荣公司收到华美公司支付的现金股利 8 200 元，已存入银行。应填制收款记账凭证，会计分录为：

借：银行存款　　8 200
　贷：应收股利——华美公司　　8 200

例 7-78

盛荣公司收到诚信公司支付的债券利息 4 800 元，已存入银行。应填制收款记账凭证，会计分录为：

借：银行存款　　4 800
　贷：应收利息——诚信公司　　4 800

交易性金融资产交易或事项在总分类账户中的记录情况如图 7-21 所示。

借方	交易性金融资产		贷方
7-72	50 000	7-76	40 000
7-73	80 000		

借方	银行存款		贷方
×××		7-72	51 000
7-76	50 000	7-73	82 000
7-77	8 200		
7-78	4 800		

借方	投资收益		贷方
7-72	1 000	7-74	4 800
7-73	2 000	7-75	8 200
		7-76	10 000

借方	应收利息		贷方
7-74	4 800	7-78	4 800

借方	应收股利		贷方
7-75	8 200	7-77	8 200

图 7-21　交易性金融资产交易或事项在总分类账户中的记录情况

7.5　经营成果的形成与分配及其账务处理

7.5.1　经营成果的形成

1. 经营成果的定义

经营成果是指企业在一定会计期间进行经营、投资活动等的最终成果。如果当期实现的收入大于相关的费用，二者之差为企业实现的利润，反之则为发生的亏损。根据我国现行《企业会计准则》的规定，利润包括应当计入当期损益的利得（营业外收入）和损失（营业外支出）。其中，利得会增加当期利润，损失则会减少当期利润。

经营成果是企业通过经营活动的组织和管理形成的，但究竟实现了多少利润，或发生了多少亏损，需要在会计上采用一定的方法加以确认。企业确认的最终财务成果指标是企业的净利润（或净亏损）。

2. 净利润的计算方法

企业净利润的计算可采用多种方法，这里探讨的是净利润的基本计算方法。关于采用利润表计算净利润的方法，将在第10章中讨论。

企业一定会计期间的净利润是以营业利润和利润总额为基础计算出来的。只有掌握了营业利润和利润总额的计算方法，才能最终计算出净利润。

（1）营业利润的计算方法及应用举例。营业利润是指企业通过组织日常营业活动获得的利润，其基本计算方法如图7-22所示。

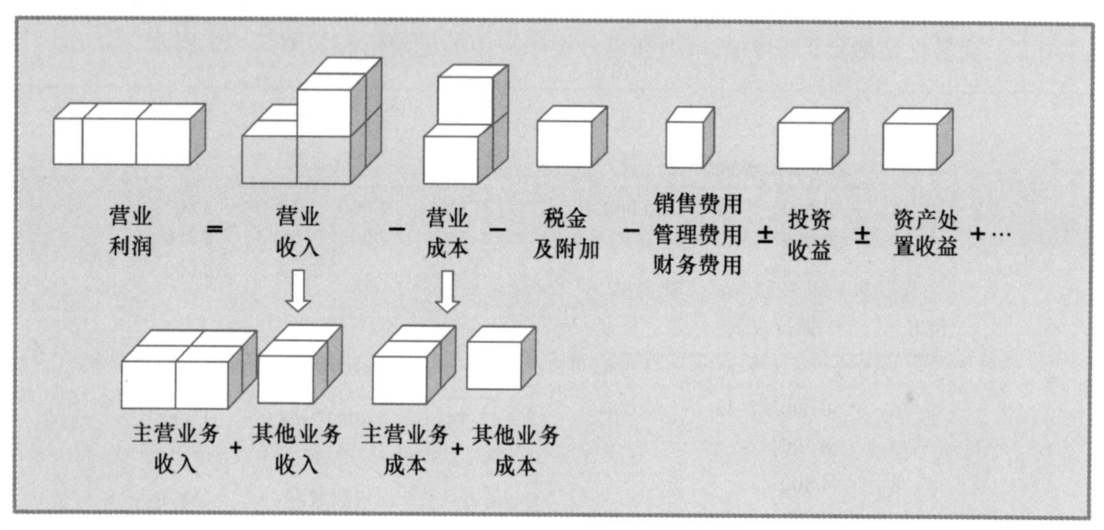

图7-22 企业营业利润的基本计算方法

特别提示

“营业收入”与“营业成本”项目的计算 “营业收入”项目的金额应为“主营业务收入”与“其他业务收入”两项金额之和；“营业成本”项目的金额应为“主营业务成本”与“其他业务成本”两项金额之和。

“投资收益”一项如果为投资净收益应相加，为投资净损失应相减。另外，如果企业有信用减值损失和资产减值损失，应作为减项列于该计算公式。

例7-79

盛荣公司2018年12月在经营活动和投资活动中发生的与经营成果计算有关的交易或事项在总分类账户中的记录情况如图7-23所示。

借方	主营业务收入		贷方
		7-32	800 000
		7-33	200 000
		7-34	200 000
		7-36	300 000
		合计	1 500 000

借方	主营业务成本		贷方
7-38	1 314 450		
合计	1 314 450		

借方	税金及附加		贷方
7-43	100 000		
合计	100 000		

	管理费用		
7-20	150		
7-58	1 600		
7-66	10 000		
7-67	4 000		
合计	15 750		

借方	营业外收入		贷方
		7-62	1 800
		合计	1 800

借方	营业外支出		贷方
7-71	20 000		
合计	20 000		

借方	资产处置损益		贷方
		7-70	50 500
		合计	50 500

借方	其他业务收入		贷方
		7-39	10 000
		7-45	20 000
		7-68	200 000
		合计	230 000

借方	其他业务成本		贷方
7-40	9 000		
7-46	12 000		
7-67	1 000		
7-69	150 000		
合计	172 000		

借方	销售费用		贷方
7-41	4 000		
7-42	300		
合计	4 300		

借方	财务费用		贷方
7-8	7 500		
7-11	9 125		
7-44	500		
合计	17 125		

借方	投资收益		贷方
7-72	1 000	7-74	4 800
7-73	2 000	7-75	8 200
		7-76	10 000
合计	3 000	合计	23 000
		净收益	20 000

图 7-23　与经营成果计算有关的交易或事项在总分类账户中的记录情况

根据以上有关账户提供的资料，可以计算出盛荣公司 2018 年 12 月实现的营业利润为：

(1 500 000＋230 000)－(1314 450＋172 000)－100 000－4 300－15 750
－17 125＋20 000＋50 500＝176 875(元)

（2）利润总额的计算方法及应用举例。利润总额是在营业利润的基础上加营业外收入，减营业外支出而求得的。其基本计算方法如图 7－24 所示。

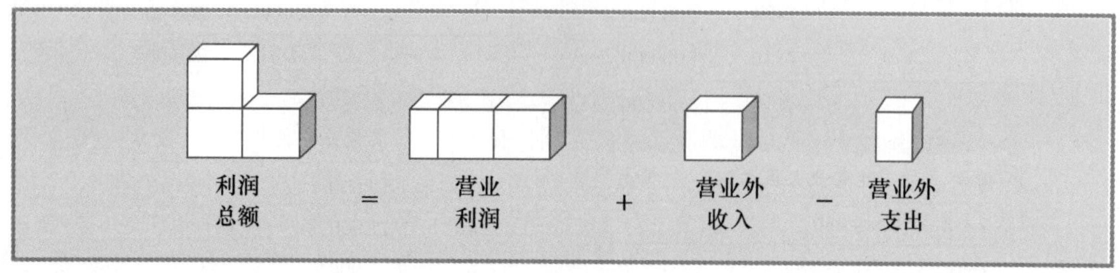

图 7－24　利润总额的基本计算方法

例 7－80

盛荣公司 2018 年 12 月实现的营业利润为 176 875 元，营业外收入和营业外支出的资料见图 7－23 有关账户的记录。根据以上资料可以计算出盛荣公司 2018 年 12 月实现的利润总额为：

176 875＋1 800－20 000＝158 675(元)

（3）净利润的计算方法及应用举例。净利润一般是在企业实现的利润总额基础上减去所得税费用计算求得的。其基本计算方法如图 7－25 所示。

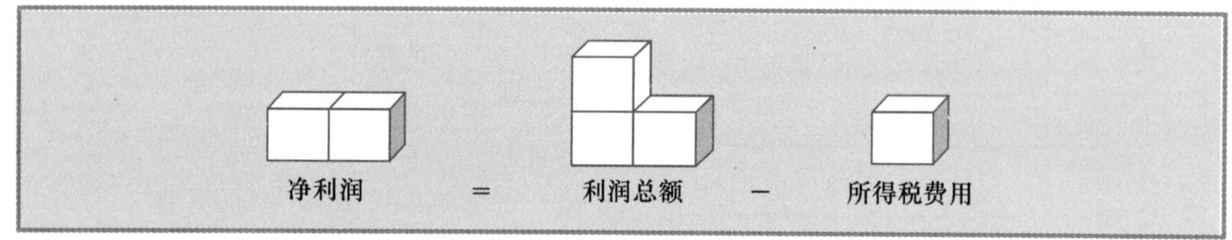

图 7－25　净利润的基本计算方法

由净利润的计算公式可见，净利润的计算与所得税费用密切相关。

1）所得税费用的基本内容。所得税费用是指企业按照税法的规定，根据其经营所得计算出来的应当缴纳的税金。其计算公式为：

应缴纳所得税费用额＝应纳税所得额×适用税率

式中，应纳税所得额是计算企业应缴纳所得税费用额的基数，这个数据一般是在企业按照会计方法计算出来的利润总额的基础上，按照税法的有关规定进行一定调整得到的。为简便起见，本书假定是以企业实现的利润总额为基数直接计算。适用的税率假定为 25%。

2）账户设置。为进行所得税费用交易或事项的核算，应设置“所得税费用”账户。该账户属于费用（损益）类账户，用以核算企业确认的应从当期利润总额中扣除的所得税费用。该账户的借方登记企业按照税法规定应缴纳的所得税费用额；贷方登记期末时结转入“本年利润”账户的所得税费用数。期末结转后，该账户应无余额。

在所得税费用的账务处理过程中，还要用到“应交税费”和“银行存款”等账户。

所得税费用交易或事项的账务处理所设置的主要账户及其对应账户如图 7－26 所示。

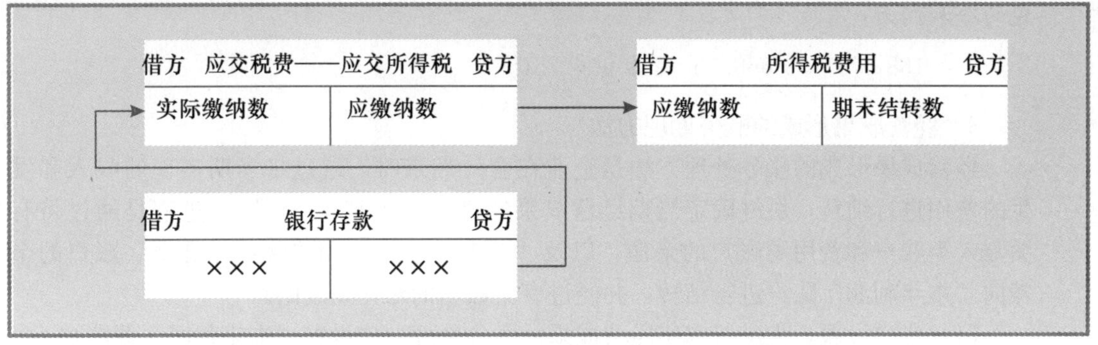

图 7－26　所得税费用总分类核算的账户设置及其对应关系

3）账务处理。现举例说明所得税费用的账务处理。

例 7－81

盛荣公司本月实现的利润总额为 158 675 元（假定不再进行调整），按规定的税率 25%计算应缴纳所得税费用额。应缴纳所得税费用额为：

$$158\ 675\times 25\%=39\ 668.75(\text{元})$$

应填制转账记账凭证，会计分录为：

借：所得税费用　　39 668.75

　贷：应交税费——应交所得税　　39 668.75

例 7－82

盛荣公司用银行存款 39 668.75 元缴纳所得税。应填制付款记账凭证，会计分录为：

借：应交税费——应交所得税　　39 668.75

　贷：银行存款　　39 668.75

所得税费用交易或事项在总分类账户中的记录情况如图 7－27 所示。

借方	应交税费		贷方
7-82	39 668.75	7-81	39 668.75

借方	所得税费用		贷方
7-81	39 668.75		

借方	银行存款		贷方
×××		7-82	39 668.75

图 7－27　所得税费用交易或事项在总分类账户中的记录情况

4）净利润的计算。

例7-83

根据以上盛荣公司利润总额和所得税费用资料，可计算出该公司2018年12月实现的净利润为：

158 675－39 668.75＝119 006.25(元)

3. 经营成果形成的账务处理方法

经营成果形成的账务处理方法是企业在会计期末时，通过将当期实现的收入和发生的费用进行结转，最终确定当期经营成果的过程。在实务中，这个过程是通过将有关收入类账户和费用类账户的余额，以及“营业外收入”和“营业外支出”账户的余额向“本年利润”账户进行结转，并经过有关数据的对比完成的。

（1）账户设置。为进行本年经营成果的账务处理，应设置“本年利润”等账户。

1）“本年利润”账户。利润（所有者权益）类账户，用以核算企业实现的净利润(或发生的净亏损，本书不展开讨论)。该账户的贷方登记期末时从有关收入类账户结转来的本期收入；借方登记期末时从有关费用类账户结转来的本期收入，以及在年度终了时结转入“利润分配——未分配利润”账户的净利润。年终结转后，该账户应无余额。

2）有关收入类账户和费用类账户。进行本年经营成果的账务处理，还需用到有关收入类账户和费用类账户，这里不再重述。

根据有关收入类账户和费用类账户余额结转入“本年利润”账户的时间不同，结转方法可分为以下两种：账结法和表结法。账结法是指企业在年中每个月的月末进行结转，并在“本年利润”账户中确定当月实现的利润额。采用这种方法进行结转时，收入类账户和费用类账户月末时应无余额。表结法是指企业只在年末时一次性进行结转。每月实现的利润是通过编制利润表计算的。采用表结法时，只需将收入类账户和费用类账户各月的余额抄入利润表有关项目的“本期金额”栏即可。在这种情况下，以上两类账户在每年1—11月各月末应有余额，年终结转后应无余额。

经营成果确定事项的账务处理所设置的主要账户及其对应账户如图7-28所示。

特别提示

期末结转的费用类账户的含义 费用类账户并不是指所有带有“费用”字样的账户，而是指反映的经济内容具有费用性质的账户。例如，“主营业务成本”“税金及附加”“管理费用”“其他业务成本”等；而“制造费用”等账户虽然带有“费用”字样，但其反映的经济内容是企业的资产（或成本），期末时不应转入“本年利润”账户。

（2）账务处理。现举例说明经营成果确定事项的账务处理。

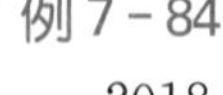
例7-84

2018年12月末，盛荣公司有关收入类账户的贷方发生额为：“主营业务收入”1 500 000元；“其他业务收入”230 000元；“投资收益”20 000元（净收益）；“资产处置损益”50 500元（净收益）；“营业外收入”1 800元。结转入“本年利润”账户。

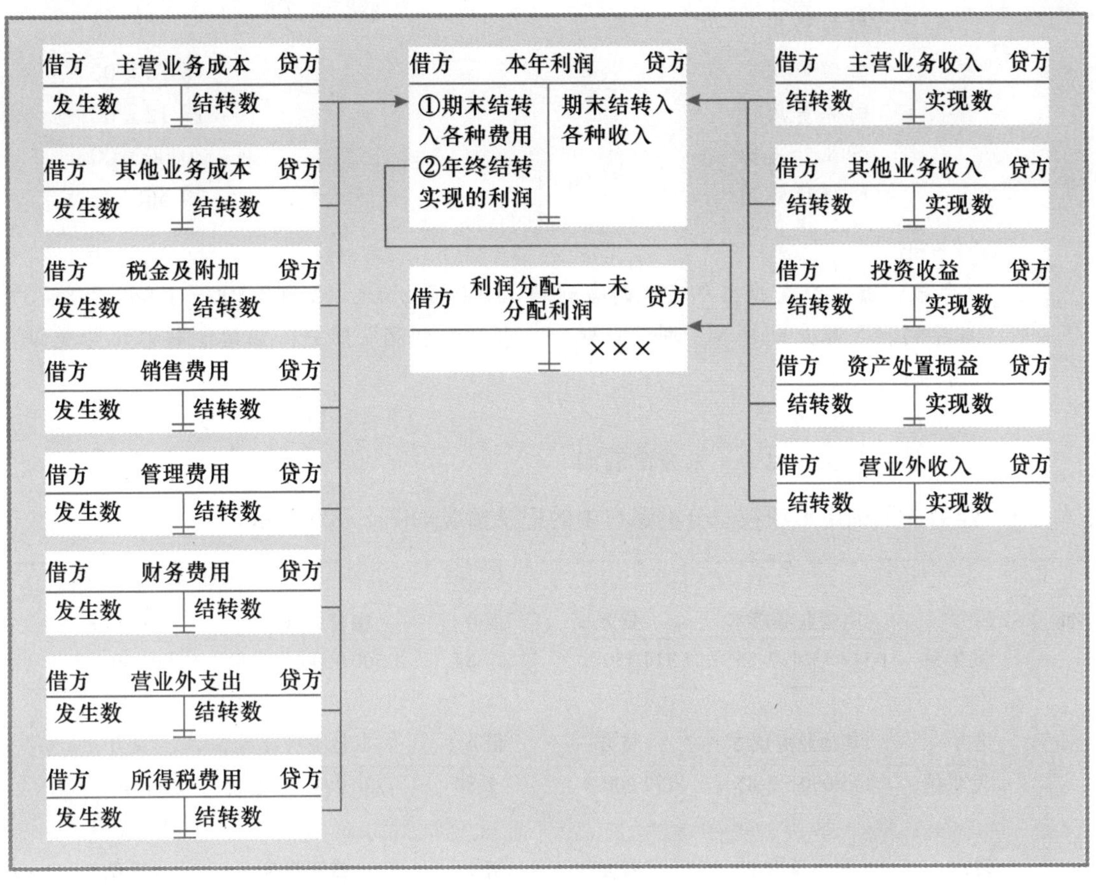

图 7-28 经营成果确定事项账务处理所设置的主要账户及其对应账户

应填制转账记账凭证，会计分录为：

借：主营业务收入	1 500 000	
其他业务收入	230 000	
投资收益	20 000	
资产处置损益	50 500	
营业外收入	1 800	
贷：本年利润		1 802 300

例 7-85

2018 年 12 月末，盛荣公司有关费用类账户的借方发生额为：“主营业务成本” 1 314 450 元；“其他业务成本” 172 000 元；“税金及附加” 100 000 元；“销售费用” 4 300 元；“管理费用” 15 750 元；“财务费用” 17 125 元；“营业外支出” 20 000 元；“所得税费用” 39 668.75 元。结转入“本年利润”账户。应填制转账记账凭证，会计分录为：

借：本年利润	1 683 293.75	
贷：主营业务成本		1 314 450.00
其他业务成本		172 000.00
税金及附加		100 000.00

销售费用　　4 300.00
管理费用　　15 750.00
财务费用　　17 125.00
营业外支出　　20 000.00
所得税费用　　39 668.75

例7-86

年末，盛荣公司将当年实现的净利润119 006.25元（1 802 300－1 683 293.75）从“本年利润”账户结转入“利润分配——未分配利润”账户。应填制转账记账凭证，会计分录为：

借：本年利润　　119 006.25
　贷：利润分配——未分配利润　　119 006.25

经营成果确定事项在总分类账户中的记录情况如图7-29所示。

借方	主营业务成本		贷方
发生额	1 314 450	7-85	1 314 450

借方	其他业务成本		贷方
发生额	172 000	7-85	172 000

借方	税金及附加		贷方
发生额	100 000	7-85	100 000

借方	销售费用		贷方
发生额	4 300	7-85	4 300

借方	管理费用		贷方
发生额	15 750	7-85	15 750

借方	财务费用		贷方
发生额	17 125	7-85	17 125

借方	营业外支出		贷方
发生额	20 000	7-85	20 000

借方	所得税费用		贷方
发生额	39 668.75	7-85	39 668.75

借方	主营业务收入		贷方
7-84	1 500 000	发生额	1 500 000

借方	其他业务收入		贷方
7-84	230 000	发生额	230 000

借方	投资收益		贷方
7-84	20 000	发生额	20 000

借方	资产处置损益		贷方
7-84	50 500	发生额	50 500

借方	营业外收入		贷方
7-84	1 800	发生额	1 800

借方	本年利润		贷方
7-85	1 683 293.75	7-84	1 802 300
7-86	119 006.25		
合计	1 802 300	合计	1 802 300

借方	利润分配		贷方
		7-86	119 006.25

图7-29　经营成果确定事项在总分类账户中的记录情况

特别提示

收入类账户和费用类账户向“本年利润”账户结转方向的把握　应特别注意这两类账户的不同结构：收入类账户平时是在贷方登记实现数（增加数），在会计期末结转时（减少数），应从这些账户的借方转出，并结转入“本年利润”账户的贷方；而费用类账户平时是在借方登记发生数（增加数），在会计期末结转时（减少数），应从这些账户的贷方转出，并结转入“本年利润”账户的借方。

7.5.2　经营成果的分配

1. 经营成果分配的定义

经营成果分配是指企业在实现利润的情况下，对净利润按照规定的程序在有关方面所进行的分配。利润分配的内容主要包括：企业按规定提取公积金和向投资者分配等。

内容扩展

《中华人民共和国公司法》(2018) 第一百六十六条规定，公司分配当年税后利润（即净利润）时，应当提取利润的 10%列入公司法定公积金。公司法定公积金累计额为公司注册资本的 50%以上的，可以不再提取。公司的法定公积金不足以弥补以前年度亏损的，在依照前款规定提取法定公积金之前，应当先用当年利润弥补亏损。公司从税后利润中提取法定公积金后，经股东会或者股东大会决议，还可以从税后利润中提取任意公积金。

可供企业当年分配的利润主要由两部分组成：一部分是本年度实现的净利润；另一部分是企业在以前年度实现但并未在以前年度分配完，留待后续年度分配的利润。对本年度而言，企业上一年度的未分配利润就是本年度的年初未分配利润。可供企业本年分配的利润应为：

本年可供分配的利润＝本年实现的净利润＋年初未分配利润

企业如果有年初未分配利润，其余额应在“利润分配——未分配利润”明细分类账户的贷方。

2. 利润分配的程序

在不存在用当年利润弥补亏损的情况下，企业实现的净利润一般应按下列顺序进行分配：(1) 按法律规定提取法定盈余公积金；(2) 按股东大会决议提取任意盈余公积金；(3) 按规定的办法向投资者分配利润（股利）。经过上述各分配环节后，剩余的部分为本年的未分配利润，可留待以后年度进行分配。利润的分配程序如图 7－30 所示。

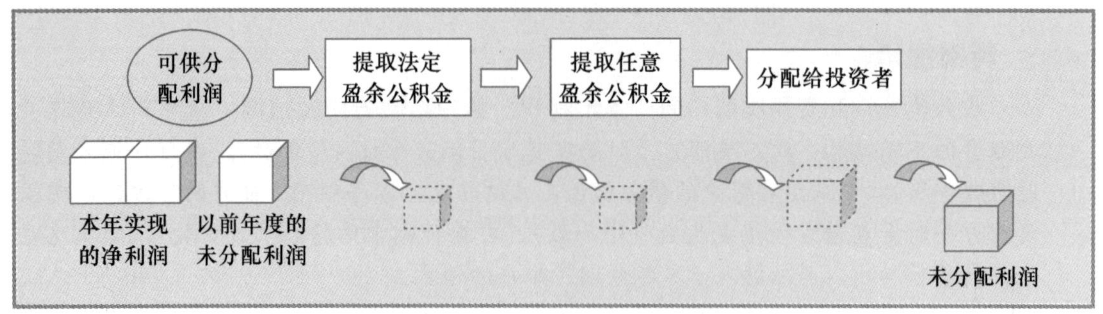

图7-30 企业利润分配的基本程序

3. 账户设置

为进行利润分配交易或事项的账务处理，应设置“利润分配”、“盈余公积”和“应付股利”（非股份企业为“应付利润”）等账户。

（1）“利润分配”账户。利润类（所有者权益类）账户，用以核算企业实现利润及其分配情况。该账户的贷方登记年终时从“本年利润”账户结转过来的全年实现的净利润（实现利润增加数），以及在年终时从“利润分配——提取法定盈余公积”“利润分配——提取任意盈余公积”“利润分配——应付现金股利（或利润）”等明细分类账户结转入“利润分配——未分配利润”明细分类账户借方的已分配利润数；借方登记按规定实际分配的利润数（可供分配利润的减少数），以及在年终时结转入“利润分配——未分配利润”明细分类账户借方的已分配利润数。期末结转后该账户如为贷方余额，则为企业历年积存的未分配利润。该账户应按“提取法定盈余公积”“提取任意盈余公积”“应付现金股利或利润”“未分配利润”等设置明细分类账户，进行明细分类核算。

“利润分配”总分类账户所属的明细分类账户的结构比较复杂，应特别注意掌握该总分类账户所设置的以下几个主要明细分类账户的结构。

1）“利润分配——提取法定盈余公积”。该明细分类账户核算企业法定盈余公积金的提取及其年末结转情况。借方登记按规定提取的法定盈余公积金数；贷方登记结转入“利润分配——未分配利润”明细分类账户的已提取的法定盈余公积金数。年终结转后，该账户应无余额。

2）“利润分配——应付现金股利”（在非股份制企业可设置为“利润分配——应付利润”）。该明细分类账户核算企业应付现金股利（或利润）的分配及其年末结转情况。借方登记按规定已经宣告分配给投资者的现金股利（或利润）数；贷方登记年末时结转入“利润分配——未分配利润”明细分类账户的已经分配给投资者的现金股利（或利润）数。该明细分类账户平时应为借方余额，反映企业已经分配给投资者的现金股利（或利润）。年末结转后，该账户应无余额。

3）“利润分配——未分配利润”。该明细分类账户核算企业实现利润（亏损）和已分配利润的转入，以及未分配利润的情况。这个明细分类账户只在年终时登记。贷方登记从“本年利润”账户结转来的本年实现的净利润数；借方登记从“本年利润”账户结转来的本年发生的亏损数和从“利润分配——提取法定盈余公积”和“利润分配——应付现金股利”等明细分类账户结转过来的已分配利润数。年终结转后，该账户贷方余额，反映企业历年积存的未分配利润；如为借方余额，则反映企业历年积存的未弥补亏损。

特别提示

“利润分配”总分类账户所属明细分类账户的结构可分为两类：一类如“提取法定盈余公积”和“应付现金股利”等，用以核算利润的具体分配情况，借方登记利润的分配数（相当于利润分配的增加数），贷方登记年终结转数（相当于利润分配的减少数）；另一类如“未分配利润”明细分类账户，用以登记企业利润的实现和分配及其结果，贷方登记净利润的实现数（相当于利润的增加数），借方登记年终时从上述明细分类账户结转过来的已经分配的利润数（相当于利润的减少数）。另外，在年末进行“利润分配”有关明细分类账户发生额的相互结转时，会出现同一事项在“利润分配”这个总分类账户的借方、贷方同时进行登记的情况（见图7-31）。这种情况是由该账户所属明细分类账户的结构不同引起的。

（2）“盈余公积”账户。所有者权益类账户，用以核算企业从净利润中提取的盈余公积。该账户贷方登记企业从净利润中提取的盈余公积；借方登记盈余公积的减少数，如转增资本和弥补亏损等。期末为贷方余额，反映企业提取的盈余公积的实际结存数。该账户应分别设置“法定盈余公积”和“任意盈余公积”明细分类账户，进行明细分类核算。

（3）“应付股利”（或“应付利润”）账户。负债类账户，用以核算企业分配的现金股利或利润。该账户的贷方登记根据股东大会或类似机构审议批准的利润分配方案，企业应支付给投资者的现金股利（或利润）；借方登记实际支付的现金股利（或利润）。期末为贷方余额，反映企业应付未付的现金股利（或利润）。该账户应按投资者设置明细分类账户，进行明细分类核算。

经营成果分配交易或事项的账务处理所设置的主要账户及其对应账户如图7-31所示。

4. 账务处理

现举例说明经营成果分配交易或事项的账务处理。

例7-87

企业本年实现净利润119 006.25元，假定没有年初未分配利润。根据规定按净利润的10%提取法定盈余公积金11 900.63元。应填制转账记账凭证，会计分录为：

借：利润分配——提取法定盈余公积　　11 900.63

　贷：盈余公积　　119 00.63

例7-88

企业按照批准的利润分配方案，向投资者分配股利80 000元。应填制转账记账凭证，会计分录为：

借：利润分配——应付现金股利　　80 000

　贷：应付股利　　80 000

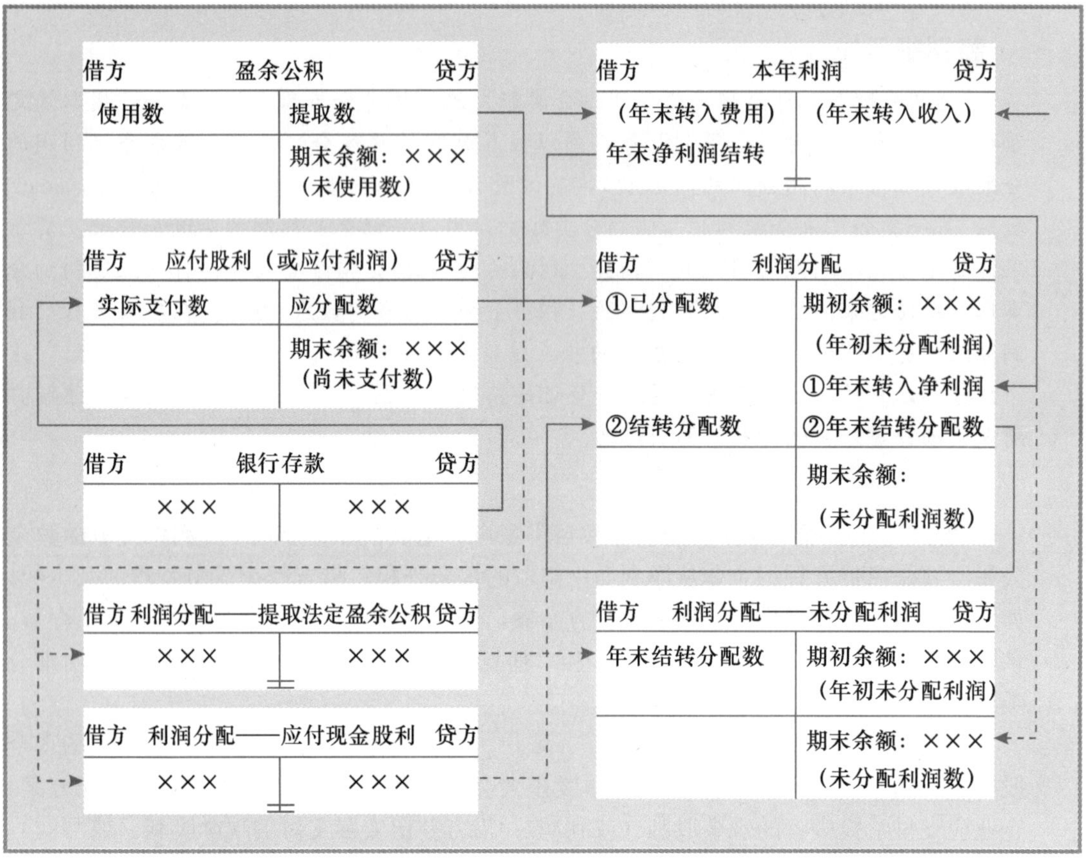

借方	盈余公积 贷方
使用数	提取数
	期末余额：××× （未使用数）

借方	本年利润 贷方
（年末转入费用） 年末净利润结转	（年末转入收入）

借方	应付股利（或应付利润） 贷方
实际支付数	应分配数
	期末余额：××× （尚未支付数）

借方	利润分配 贷方
①已分配数 ②结转分配数	期初余额：××× （年初未分配利润） ①年末转入净利润 ②年末结转分配数
	期末余额： （未分配利润数）

借方	银行存款 贷方
×××	×××

借方	利润分配——提取法定盈余公积 贷方
×××	×××

借方	利润分配——未分配利润 贷方
年末结转分配数	期初余额：××× （年初未分配利润）
	期末余额：××× （未分配利润数）

借方	利润分配——应付现金股利 贷方
×××	×××

图7-31 经营成果分配交易或事项账务处理所设置的主要账户及其对应账户

例7-89

年末，企业将已经提取的法定盈余公积金11 900.63元、已经分配的应付现金股利80 000元，分别从“利润分配——提取法定盈余公积”和“利润分配——应付现金股利”明细分类账户结转入“未分配利润”明细分类账户。应填制转账记账凭证，会计分录为：

借：利润分配——未分配利润　　91 900.63
　贷：利润分配——提取法定盈余公积　　11 900.63
　　　　　　——应付现金股利　　80 000.00

例7-90

企业用银行存款支付股东现金股利80 000元。应填制转账记账凭证，会计分录为：

借：应付股利　　80 000
　贷：银行存款　　80 000

经营成果分配交易或事项在总分类账户及有关明细分类账户中的记录情况如图7-32所示。

借方	盈余公积		贷方
		7-87	11 900.63

借方	应付股利		贷方
7-90	80 000	7-88	80 000

借方	银行存款		贷方
	×××	7-90	80 000

借方	利润分配——提取法定盈余公积		贷方
7-87	11 900.63	7-89	11 900.63

借方	利润分配——应付现金股利		贷方
7-88	80 000	7-89	80 000

借方	利润分配		贷方
7-87	11 900.63	7-86	119 006.25
7-88	80 000	7-89	91 900.63
7-89	91 900.63		

借方	利润分配——未分配利润		贷方
7-89	91900.63	7-86	119 006.25

"利润分配"总分类账户及其明细分类账户"未分配利润"年末时应有余额27 105.62元（119 006.25－91 900.63），为年末未分配利润

图7－32　经营成果分配交易或事项在总分类账户及有关明细分类账户中的记录情况

思考题

1. 什么是一般企业？其性质是怎样的？
2. 产品生产企业的交易或事项主要包括哪几种？它们之间的关系是怎样的？
3. 在现代企业中，经营资金的筹集方式主要有哪些渠道？
4. 企业的投入资本按投资主体划分可分为哪几种？
5. 企业的经营活动主要包括哪些内容？它们之间的关系是怎样的？
6. 材料采购货款的结算方式有哪些？与相应账户的设置是怎样的关系？
7. 在材料采购交易或事项的处理过程中，对进项税额应怎样进行处理？
8. 企业发生的生产费用与会计要素中的费用有怎样的区别和联系？
9. 什么是生产费用与生产成本？二者的关系是怎样的？
10. 生产费用计入产品生产成本的一般程序是怎样的？
11. 什么是主营业务成本？其经济性质是怎样的？
12. 什么是企业对内投资？对内投资主要包括哪些内容？
13. 对固定资产应怎样进行确认和计量？
14. 对无形资产应怎样进行确认和计量？
15. 交易性金融资产与长期股权投资的主要区别是什么？

练习题

一、企业筹资活动的账务处理

［目的］ 练习企业筹资活动的账务处理方法。

［资料］ 假定鸿达公司某年12月发生如下交易或事项：

(1) 溢价发行股票，面值1 000 000元，实际收到发行款1 200 000元。已存入银行。

(2) 收到某投资者投入的全新设备一台，协商作价150 000元。

(3) 收到某公司一项专有技术投资，经评估确认其价值为50 000元。

(4) 经股东大会批准，将资本公积200 000元转作实收资本。

(5) 归还投资者投资80 000元，已用银行存款支付。

(6) 取得为期6个月的短期借款100 000元，已存入在银行开立的存款户。

(7) 从银行借入长期借款200 000元，用于生产车间的扩建。已存入在银行开立的存款户。

(8) 按面值50元发行2年期、年利率为10%的债券10 000张，共获得债券发行款500 000元。已存入在银行开立的存款户。

(9) 接银行通知，短期借款利息为1 500元，已用银行存款支付。

(10) 接银行通知，长期借款利息为12 000元，长期借款到期一次还本付息。

(11) 长期借款到期，用银行存款偿还借款本金200 000元，支付利息12 000元。

(12) 计算出本期应付债券利息50 000元，暂未支付。债券到期一次还本付息，资金现用于经营周转。

(13) 发行的债券到期，用银行存款支付债券本金500 000元、债券利息50 000元。

［要求］

(1) 根据资料确定应填制专用记账凭证的种类，并编制会计分录。

(2) 根据编制的会计分录逐笔登记在交易或事项的处理过程中涉及的所有总账账户（设立T型账户即可）。

二、企业经营活动的账务处理

［目的］ 练习企业经营活动的账务处理方法。

［资料］ 假定鸿达公司某年12月发生如下交易或事项：

(1) 从北方公司购入甲材料。对方开具的增值税专用发票载明：数量2 000千克，单价2.00元，价款4 000元，增值税税额520元，价税款合计4 520元。已用银行存款支付。

(2) 根据合同规定，用银行存款6 780元向东方公司预付购买乙材料价税款。

(3) 向东方公司预付款的乙材料到货。对方开具的增值税专用发票载明：数量6 000千克，单价1.00元，价款6 000元，增值税税额780元，价税款合计6 780元。

(4) 从东方公司购入的甲、乙两种材料发生共同性运费480元。按两种材料的重量分配，甲材料应分配120元，乙材料应分配360元。

(5) 从东方公司购入乙材料。对方开具的增值税专用发票载明：数量3 000千克，单价1.00元，价款3 000元，增值税税额390元，价税款合计3 390元。另由东方公司为本企业代垫该批材料运输费180元。材料已运达企业，但货款尚未支付。

(6) 用银行存款3 570元偿还前欠东方公司货款。

(7) 购入的甲、乙两种材料已验收入库。甲材料实际成本为3 920元，乙材料实际成本为9 540元。

(8) 购入甲材料发生市内运输费100元，用现金支付。

(9) 月末计算本月设备折旧额为5 800元，其中，产品生产部门使用的固定资产折旧额为5 000元；公司管理部门使用的固定资产折旧额为800元。

(10) 根据当月各种领料单编制的发出材料汇总表及汇总结果如下：

发出材料汇总表

数量单位：千克
金额单位：元

用途	甲材料			乙材料			金额合计
	数量	单价	金额	数量	单价	金额	
制造产品耗用							
A产品	10 000	2.00	20 000				20 000
B产品				40 000	1.10	44 000	44 000
制造部门一般耗用				600	1.10	660	660
合计	10 000	2.00	20 000	40 600		44 660	64 660

(11) 计算出本月应付职工工资19 000元。其中：生产A产品工人工资7 000元，生产B产品工人工资10 000元；产品生产部门管理人员工资2 000元。

(12) 从银行提取现金19 000元备发工资。

(13) 用现金19 000元支付职工工资。

(14) 计算分配本月福利费2 660元。其中：生产A产品工人福利费980元，B产品生产工人福利费1 400元；产品生产部门管理人员福利费280元。

(15) 用银行存款支付生产车间发生的水电费420元。

(16) 计提生产车间固定资产折旧900元。

(17) 按生产A，B两种产品生产工人工资总额比例分配制造费用，并计入产品生产成本。假定本月应分配制造费用总额为4 760元。按生产工人工资总额为标准分配，A产品生产应分配制造费用1 960元，B产品生产应分配制造费用2 800元。

(18) 本月生产A，B两种产品各50件，月末全部完工，完工成本分别为29 940元和58 200元。结转两种产品的完工成本。

(19) 销售A产品200件，每件售价3 000元，增值税销项税额78 000元。价税款合计678 000元收到并已存入银行。

(20) 向盛华公司销售B产品40件，每件售价2 500元，增值税销项税额13 000元。已委托开户银行向购货方收款。

(21) 向腾达公司销售A产品30件，每件售价3 000元，增值税销项税额11 700元。商品已经发出，收到购货单位开出并承兑的商业汇票一张，票面金额为101 700元。

(22) 预收星海公司购买B产品300件的价税款847 500元，已存入银行。

(23) 向星海公司发出B产品150件，每件售价2 500元，增值税销项税额48 750元，价税款合计423 750元。

(24) 接银行通知，委托银行向盛华公司收取的应收款项113 000元已收妥入账。

(25) 本月销售A产品的成本为490 000元、销售B产品的成本为385 000元。结转已销售产品成本。

(26) 出售甲材料一批，价款10 000元，增值税销项税额1 300元。价税款合计11 300元收到并已存入银行。

(27) 确认并结转出售甲材料的成本9 000元。

[要求] 根据所给资料确定应填制专用记账凭证的种类，并编制会计分录。

三、企业投资活动的账务处理

[目的] 练习企业投资活动的账务处理方法。

[资料] 假定鸿达公司某年12月发生如下交易或事项：

(1) 购入不需要安装的E设备一台，买价18 000元，增值税进项税额2 340元，运输费1 500元，包装费500元。假定不考虑运输费增值税进项税额的账务处理。全部款项已经用银行存款支付。

(2) 购入需要安装的H设备一台，买价86 000元，增值税进项税额11 180元，包装费和运输费2 400元。假定不考虑运输费增值税进项税额的账务处理。货款暂未支付。

(3) 进行H设备安装，领用乙材料4 500元。

(4) 进行H设备安装，用银行存款支付外聘技术人员费用2 100元。

(5) H设备安装完毕，经验收合格交付使用，结转其实际成本。

(6) W设备使用寿命期满，转入报废清理。“固定资产”账户中记录的该设备原始价值为100 000元，“累计折旧”账户中记录的该设备已提折旧额为96 000元。

(7) 购得一项专利权，价款150 000元，款项已用银行存款支付。

(8) 自行组织人员开发一项专利技术。发生材料费30 000元，开发研究人员薪酬20 000元。

(9) 用银行存款支付专利技术研发费用15 000元。

(10) 本月使用无形资产应摊销使用费6 000元，其中，4 500元应计入管理费用，1 500元应计入其他业务成本。

(11) 按面值购入新鑫公司发行的面值为100 000元的债券作为交易性金融资产，产生交易费用3 000元。款项已用银行存款支付。

(12) 按面值购入华夏公司发行的股票800 000元作为交易性金融资产，产生交易费用8 000元。款项已用银行存款支付。

(13) 按规定利率计算本月应收购买欣欣公司发行的债券利息9 000元，款项暂未收到。

(14) 所投资的宏图公司宣告发放股利，本公司应分得现金股利12 000元，款项暂未收到。

(15) 收到欣欣公司支付的债券利息9 000元，已存入银行。

(16) 收到宏图公司支付的现金股利2 000元，已存入银行。

[要求] 根据所给资料确定应填制专用记账凭证的种类，并编制会计分录。

第8章

成本计算

在一般企业主要交易或事项账务处理的过程中，成本计算是一项非常重要的工作。特别是在其经营活动中，无论是材料物资的采购或发出，还是产品的生产和销售，每个环节都涉及材料或产品的成本计算问题。可以说，成本计算贯穿企业经营活动的全过程，因而是企业会计的重要方法之一。本章主要介绍成本计算方法的概念及意义、成本计算的原理及一般程序，以及不同计算对象的成本计算方法。

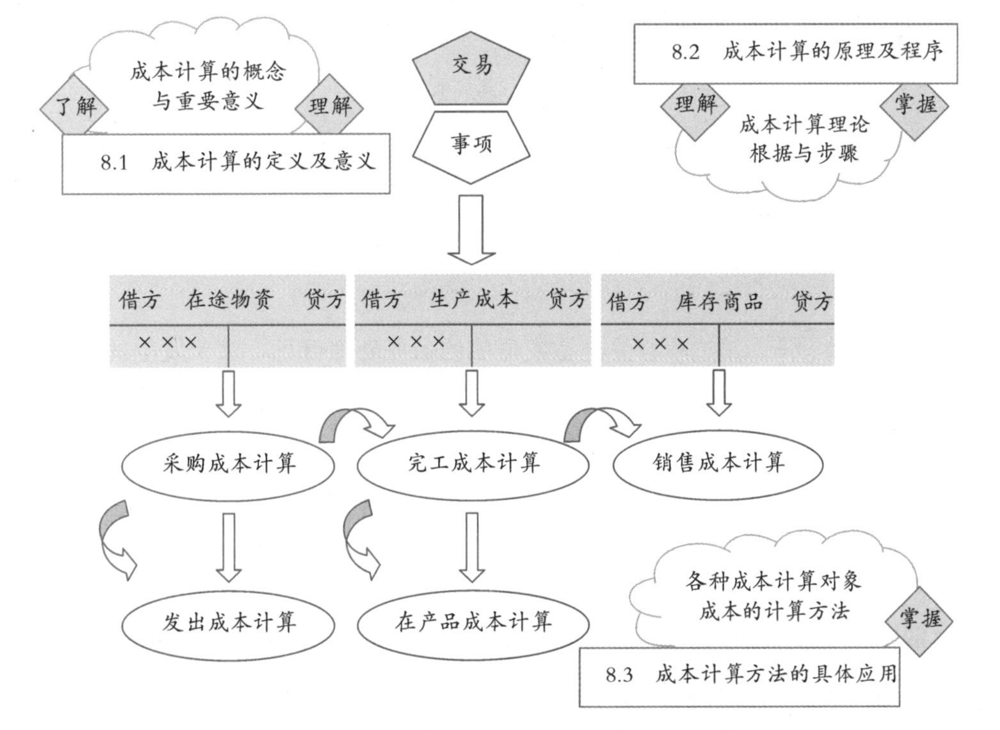

8.1 成本计算的定义及意义

8.1.1 成本计算的定义及地位

1. 成本计算的定义

成本计算是指在会计上采用一定方法归集某一特定成本计算对象发生的全部费用，借以确定该计算对象的总成本和单位成本的过程。对成本计算的定义可结合例8-1加以理解。

例8-1

企业本月生产R产品5件，发生直接材料费用8 000元，直接人工费用2 000元，制造费用1 000元。其账务处理及成本计算过程如图8-1所示。

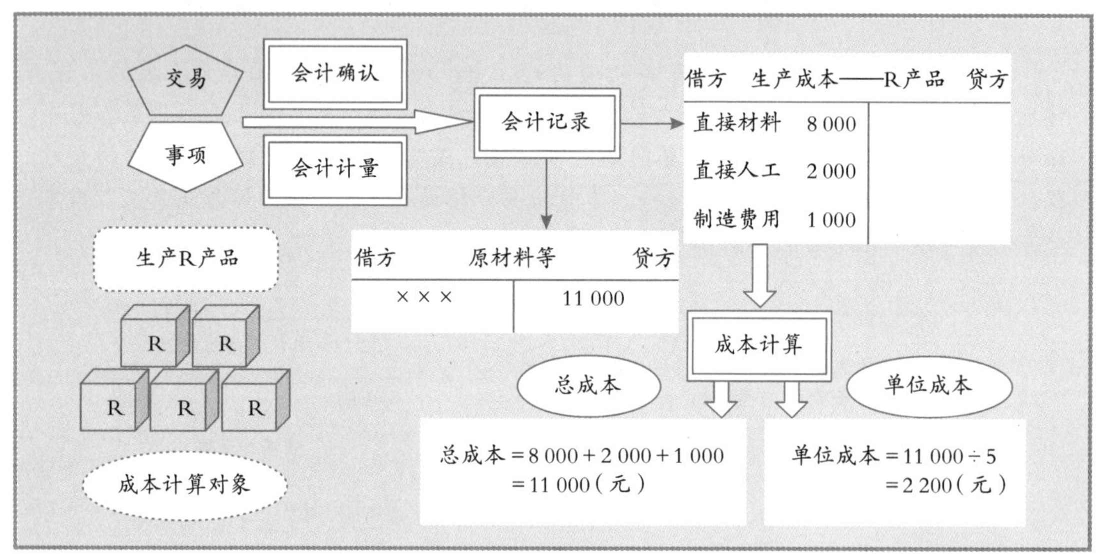

图8-1 企业的账务处理及成本计算过程

由企业供、产、销过程有关交易或事项的账务处理可见，对于发生的材料采购支出和产品生产费用等，可以利用账户设置、复式记账和账簿登记等方法，记入有关的总分类账户和明细分类账户。例如，发生的材料采购支出记入“在途物资”账户，产品生产费用记入“生产成本”账户等。成本计算就是在进行上述账务处理的基础上，采用一定方法对相关费用在有关成本计算对象之间进行归集和分配的过程。成本计算对象是指应具体负担这些费用的材料或产品等。通过归集和分配，可以计算出各成本计算对象的总成本。在此基础上，根据某一特定成本计算对象的总成本与其数量之间的关系，可以计算出该成本计算对象的单位成本，如每单位重量或每件的成本等。

2. 成本计算方法的重要地位

成本计算方法的地位是指这种会计方法在整个会计循环中所占的地位。可结合图8-2加以理解。

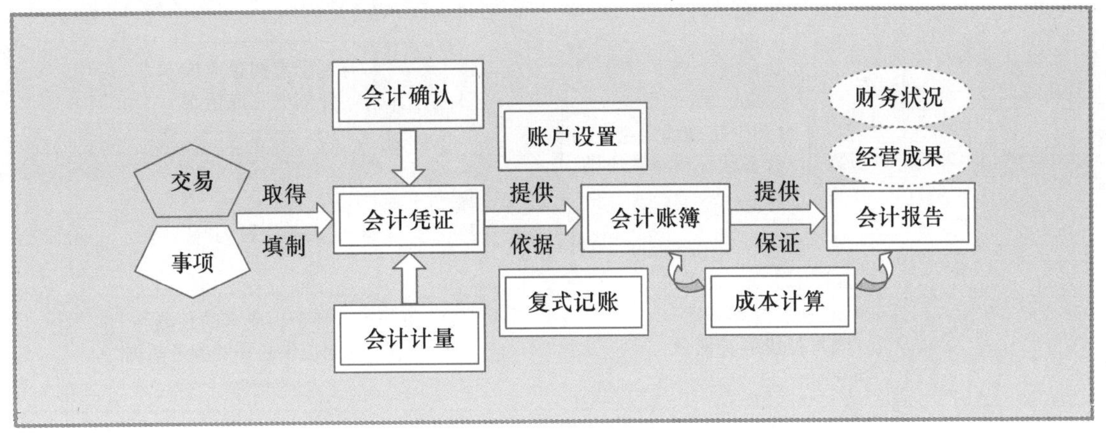

图 8-2　成本计算方法在会计循环中的地位

（1）成本计算方法是使初始信息资料得以更为有效利用的方法。由图 8-2 可见，成本计算方法虽然属于会计记录方法的构成部分，但又不同于账户设置、复式记账、会计凭证填制和审核以及账簿登记等方法。从一定意义上讲，后四种方法是企业处理交易或事项采用的主要方法，通过这些方法的应用，可以在会计账簿这个载体上把交易或事项的原始资料加以归集。成本计算方法则是利用账簿提供的数据，对其中需要进行成本计算的交易或事项资料所做的进一步加工处理。包括对材料的采购成本、产品的生产成本和产品的销售成本进行计算等。通过对初始成本信息进行加工，使账户提供的一般数据向成本资料转化，进而形成对改进企业经营管理有用的成本信息。

（2）成本计算方法为准确报告企业当期财务状况和经营成果提供保证。采用成本计算方法所获取的有关成本资料，与企业当期资产、费用和利润等要素的确认有着密切关系。例如，采购材料成本会直接关系到完工产品成本的计算；完工产品成本又会关系到产品销售成本的计算；而产品销售成本则与当期费用的确认直接有关。分析可见，成本计算可以使各种资产的增减变动建立在严密的成本计算程序基础上，保证资产的真实性和可靠性，有利于准确反映企业的财务状况。另外，有些成本资料，如已经销售的那部分产品的成本，应确认为当期的费用，计入当期损益，为当期经营成果的计算提供可靠依据。

8.1.2　成本计算的意义及要求

1. 成本计算的重要意义

对成本计算的重要意义可结合图 8-3 加以理解。

（1）有利于正确确定企业的财务状况和经营成果。成本计算主要是围绕企业的原材料、库存商品和产品销售成本的计算进行的，其计算结果直接反映了企业的资产和费用等会计要素的增减变动情况及期末余额，而资产、费用在反映企业的财务状况和经营成果方面具有至关重要的作用。例如，产品的生产成本是计算企业本期已销售产品成本和未销售产品（库存商品）成本的基础，其中本期已销售产品成本（即主营业务成本）在会计期末应作为费用列入当期的利润表，使之能够与当期实现的营业收入进行比较，成为据以确定本期经营成果的主要影响因素；期末未销售产品成本则作为

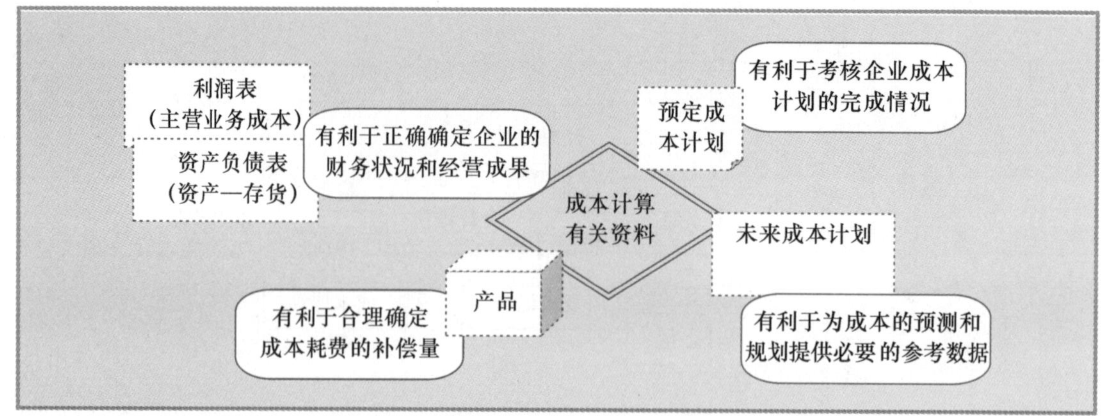

图8-3 成本计算的意义

流动资产列入期末编制的资产负债表（“存货”项目），构成企业财务状况中资产的一个组成部分。

（2）有利于考核企业成本计划的完成情况。通过成本计算，可以取得企业各成本计算对象的实际成本资料，并据以确定实际发生成本与计划成本之间的差异，考核成本计划的完成情况。例如，通过产品生产成本计算，可以获取产品生产成本的实际资料，反映企业在一定会计期间的生产成本水平；将产品实际成本资料与其投产前制定的生产成本计划进行比较，可以确定两者之间的差异，反映成本计划的实际执行情况；将不同会计期间发生的成本资料进行对比，还可以反映企业产品生产成本的升降趋势，借以分析成本升降的原因，发现企业在产品生产成本管理方面的成功经验或存在的不足，进一步挖掘降低成本的潜力。

（3）有利于合理确定成本耗费的补偿量。成本是企业在其生产经营过程中产生的耗费，为保证企业的持续经营和发展，对消耗的成本必须进行合理补偿。例如，产品的生产成本是各种资产的消耗价值，这些耗费应当用企业销售产品后收回的资金进行补偿，只有这样，才能保证企业的产品生产连续进行。通过成本计算确定的资产耗费量是量化补偿金额的重要依据。

（4）有利于为成本的预测和规划提供必要的参考数据。通过对各个会计期间实际成本资料变化情况的对比，可以反映企业的成本变动趋势，分析的结果可以作为企业预测后续经营期间产品成本升降趋势的参考数据，也可以作为企业制定后续会计期间产品生产成本计划的参照依据，使成本计划的制定建立在更加客观的基础上，避免成本制定上的盲目性。

2. 成本计算的基本要求

（1）严格遵守成本列支的范围。成本列支范围是对一定成本计算对象成本内容的规定，界定了哪些费用允许或不允许列入该计算对象的成本。例如，企业采购材料发生的买价和采购费用允许计入所采购材料的成本；生产产品所发生的直接材料、直接人工和制造费用，允许计入所生产产品的成本等；而发生的销售费用、管理费用和财务费用等则不应计入材料采购成本或产品生产成本。

（2）严格区分费用与成本的界限。这里所说的费用为一般意义上的费用，是指企业在材料采购、产品生产和产品销售过程中发生的各种耗费，体现为对企业资产的消耗，这些消耗在发生以后往往会形成企业新的资产，并构成新资产的价值；成本则是指已经计入一定成本计算对象成本中去的那部分耗费。例如，企业在产品生产中发生的直接材料、直接人工等消耗一般称为生产费用，只有采用一定方式将其计入某些产品的成本以后才称为生产成本。当然，一般意义上的费用也不同于会计上的费用要素。一般意义上的费用与成本的联系与区别及其与当期费用的关系如图 8-4 所示。

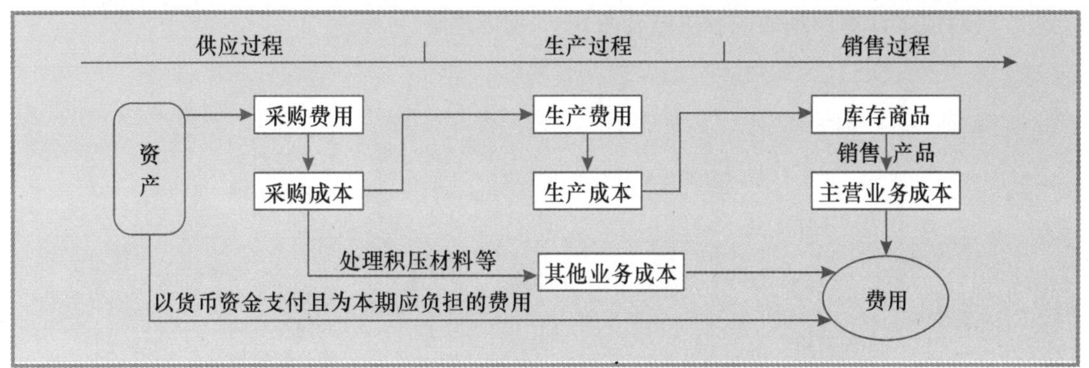

图 8-4　一般意义上的费用与成本的联系及其与当期费用的关系

（3）严格遵循权责发生制基础的要求。企业在成本计算中应严格遵循权责发生制的要求，主要是为了解决跨期费用的合理摊配问题。对可以在多个会计期间发挥效益的与成本计算有关的费用支出，应采取摊销或计提的方式合理计入受益期间成本计算对象的成本。例如，企业用于产品生产的各种设备为以前会计期间购置，在其后进行产品生产期间无须再支付货币资金，但应遵循权责发生制基础的要求，将所消耗的设备价值计入产品生产成本。

（4）认真做好成本计算的基础工作。成本计算的基础工作是指与成本计算有直接关系的各种基础性工作，包括成本计划的制定，成本定额的制定与管理，有关财产物资的计量和收发制度的制定与执行，各种成本资料的原始记录等。做好这些基础性工作，对于提供成本计算的依据和数据资料，准确地进行成本计算，保证成本计算的质量至关重要。

（5）选择适当的成本计算方法。成本计算的具体对象不同，各种成本计算对象的成本项目组成内容各异，所采用的成本计算方法也不尽相同。因而，在成本计算过程中，应根据不同的成本计算对象，合理地选择适用的成本计算方法，以提高成本计算的效率和质量。

8.2　成本计算的原理及程序

8.2.1　成本计算的原理

1. 成本计算原理的定义

成本计算原理是指在计算各种成本计算对象的成本时应当共同遵守的基本原则，

也是对成本计算的共同性要求。以产品生产企业为例，在其供应过程需要计算材料采购成本，在生产过程需要计算产品生产成本，在销售过程需要计算产品销售成本。尽管各阶段的成本计算对象不同，各成本计算对象的成本项目各异，但在计算各种对象的成本时，都应当遵循共同的要求，如直接受益直接分配、共同受益间接分配和体现成本内容的重要性等。

2. 成本计算原理的内容

对成本计算原理的内容可结合图8－5加以理解。

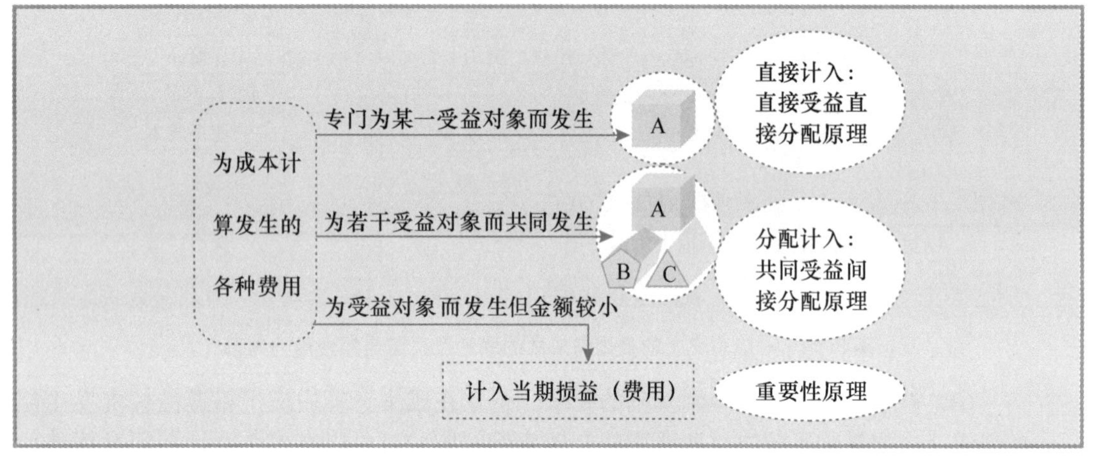

图8－5 成本计算原理的内容

（1）直接受益直接分配原理。企业发生的与成本有关的各种费用往往都有着很强的目的性。例如，企业支付材料采购费用是为了获取材料物资，支付生产费用是为了取得产成品。可见，各种费用支出的发生可以为企业带来一定的业务成果，即形成企业新的资产，这些新形成的资产就是企业所支出费用的受益对象。例如，在生产一种产品的过程中发生的直接材料和直接人工，受益的对象就是所生产的该种产品，发生的费用就应当由所生产的该产品负担。在账务处理过程中，应将发生的有关费用直接计入该受益对象的成本，体现的就是直接受益直接分配原理。

（2）共同受益间接分配原理。企业的某些费用支出有时是为若干受益对象共同发生的。例如，企业在同一供应商处一次采购若干种材料发生的共同性运费，以及为生产多种产品共同发生的制造费用等，都属于为若干受益对象而共同发生的费用，称为共同性费用。共同性费用应由受益的若干成本计算对象共同负担，采用客观、公允的标准将其在各受益对象之间进行合理分配。在账务处理过程中，应将发生的共同性费用分配计入各受益对象的成本，这样的做法体现的就是共同受益间接分配原理。

（3）重要性原理。为成本计算对象发生的主要费用支出必须计入其成本。而某些费用支出虽然与一定的成本计算对象有关，但这些费用支出不易确定客观的分配方法，或者分配计算比较烦琐，且金额相对较小，对受益对象的成本影响不是很大，则可不计入受益对象的成本。例如，企业供应部门或材料仓库发生的经常性费用、采购人员的差旅费以及市内零星运输费等，其发生额比较小，分配起来又比较麻烦，且对材料成本影响不大，可以计入当期的管理费用。这样的处理方法体现的就是重要性原理。

同理，销售费用也不计入产品的销售成本。

8.2.2　成本计算的一般程序

1. 成本计算一般程序的定义

成本计算一般程序是指企业在计算一定成本计算对象的总成本，进而计算其单位成本过程中的一系列步骤。

成本计算步骤包括确定成本计算对象，确定成本计算期，确定成本项目，收集成本计算资料，归集成本计算资料，合理分配各种费用和编制成本计算表等。其中，前三个步骤是成本计算的必要准备过程，其余步骤是成本计算的具体过程。

2. 成本计算一般程序的内容

对成本计算一般程序可结合图 8－6 加以理解。

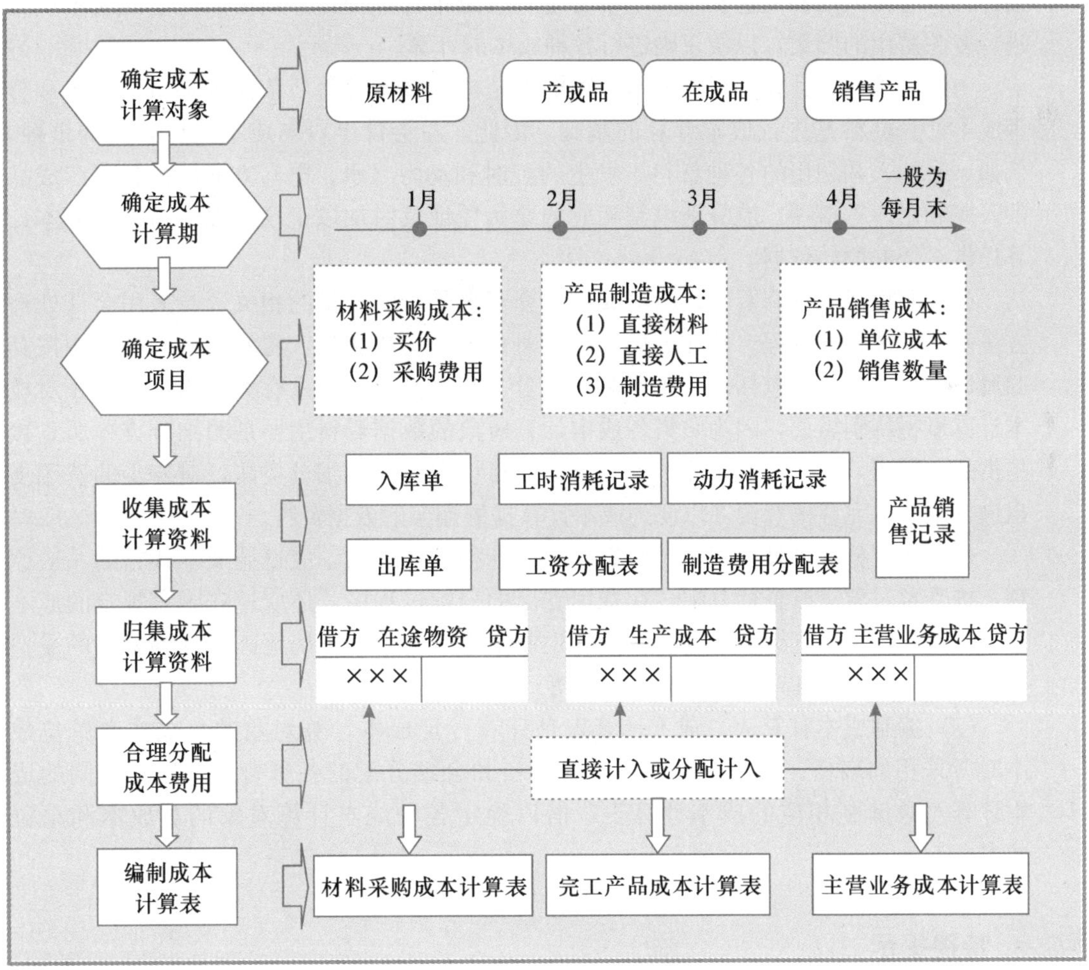

确定成本计算对象 → 原材料　产成品　在成品　销售产品

确定成本计算期 → 1月　2月　3月　4月　一般为每月末

确定成本项目 → 材料采购成本：(1) 买价 (2) 采购费用 ｜ 产品制造成本：(1) 直接材料 (2) 直接人工 (3) 制造费用 ｜ 产品销售成本：(1) 单位成本 (2) 销售数量

收集成本计算资料 → 入库单　出库单　工时消耗记录　工资分配表　动力消耗记录　制造费用分配表　产品销售记录

归集成本计算资料 → 借方 在途物资 贷方 ×××　｜　借方 生产成本 贷方 ×××　｜　借方 主营业务成本 贷方 ×××

合理分配成本费用 → 直接计入或分配计入

编制成本计算表 → 材料采购成本计算表　完工产品成本计算表　主营业务成本计算表

图 8－6　成本计算的一般程序

(1) 合理确定成本计算对象。成本计算对象是指负担和归集费用的对象，即各种费用支出的受益对象。以产品生产企业为例，其产品成本计算对象可以只是一种产品，也可以是若干种产品；可以是一个独立的产品或项目，也可以是一组相似的产品或一批相同的项目；可以是完成全部生产工序的最终产品，也可以是加工到一定程度的半成品。成本计算也可以先按各个责任环节确定成本计算中心，再按上述方法确定成本计算对象并进行产品生产成本的计算。

（2）正确确定成本计算期。确定成本计算期是指对成本计算时间的确定。以产品生产企业为例，对生产周期短，在每个月可进行多批次生产的产品，可以一个月作为成本的计算周期；对于生产周期长，需要几个月甚至一年以上才能生产出来的产品，也可以该产品的生产周期作为成本计算期。

（3）准确确定成本项目。成本项目是将应计入受益对象成本发生的费用支出按其构成内容进行分类所形成的项目。不同成本计算对象的成本项目构成内容也是不同的，例如，材料采购的成本项目包括买价和采购费用两个部分，产品生产成本项目包括直接材料、直接人工和制造费用三个部分等。在成本计算中，必须按照规定的成本项目进行有关费用的归集，以便正确进行各种成本的计算。

（4）收集成本计算资料。成本计算资料是进行成本计算所依据的资料，收集和整理成本计算资料是进行成本计算的基础。因此，在会计上对与成本计算有关的事项，例如，对购入和领用的各种材料、发生的工时和动力（水、电）方面的消耗、产成品的入库和出库等事项，应分别填制相应的原始凭证及时加以记录，以便为进行成本计算提供必要的原始依据。

（5）归集成本计算资料。归集成本计算资料是对所收集的相关资料采用会计处理方法使之系统化的过程。具体的做法是，通过填制记账凭证，将发生的各种费用按其归属记入有关账户，包括总分类账和明细分类账。其中，记入有关的明细分类账对成本计算显得特别重要，因为归集各成本计算对象的数据资料主要是明细分类账所直接提供的。因而，应按成本计算对象和成本项目设置有关明细分类账，对发生的费用支出进行系统、完整的登记，以便为成本计算提供翔实的数据资料。

（6）合理分配各种费用。对归集起来的各种费用支出，应遵循成本计算的一般原理，按受益对象进行合理分配。在费用支出的分配过程中，还应遵守国家规定的成本开支范围和费用开支标准，遵循权责发生制基础的要求，正确地确定各种费用的受益期限，以及在产品和产成品的成本界限等。

（7）编制成本计算表。成本计算表是计算一定成本计算对象的总成本和单位成本时所采用的表格。应根据账户提供的资料和合理分配的各种费用，按照不同的成本计算对象编制相应的成本计算表，借以确定各种成本计算对象的总成本和单位成本。

特别提示

在成本计算过程中，还涉及材料发出成本（如材料的领用成本）和在产品成本（如处于生产过程中的产品的成本）的计算。这些计算对象的成本计算要求有所不同，计算方法也有特别规定，其计算要求和方法将在下一节中介绍。

8.3　成本计算方法的具体应用

8.3.1　材料采购与发出成本的计算

1. 材料采购成本的计算方法

材料采购成本的计算包括采购总成本和采购单位成本两个方面。

（1）材料采购总成本的计算，可采用以下计算公式：

材料采购总成本＝买价＋采购费用

式中，买价、采购费用是材料采购成本项目。为计算材料采购成本，应加强对材料在采购过程中发生的各种费用支出的核算，按其成本项目收集和整理有关成本计算资料。例如，在采购材料过程中取得的发票、运费单据和填制的材料验收入库单等原始凭证，这些凭证详细记载了材料买价和采购费用等内容，是计算材料采购成本的重要原始资料。

（2）材料采购单位成本的计算，可采用以下计算公式：

某种材料采购单位成本＝该种材料采购总成本÷分配标准

式中，分配标准可以是采购材料的数量或重量等。

材料采购单位成本是指购入某一实物数量单位（如件、种等）或某一重量单位（如千克、克等）材料所发生的费用支出。计算材料采购单位成本，有利于正确确定材料发出（领用）成本，为产品生产领用材料等的成本计算提供依据。

企业对于购入的材料，一般应按一定的品种进行成本计算，这样便于分清受益对象。对材料采购成本一般在月末一次性计算。

为收集和整理以上有关资料，应设置“在途物资”专门账户（采用实际成本法的企业；采用计划成本法的企业应设置“材料采购”账户），进行有关材料买价和采购费用的归集，并为材料采购成本的计算积累资料。为详细反映各种材料的成本费用情况，还应按照材料品种在“在途物资”（或“材料采购”）总分类账户下设置明细分类账户，以便对各种材料的采购费用支出进行分类归集和整理。

2. 材料采购成本计算举例

在实务中，材料采购成本是根据“在途物资”明细分类账所记录的资料计算的。

例8－2

企业2018年12月采购甲、乙两种材料发生的买价和采购费用如表8－1、表8－2所示。

表8－1　“在途物资——甲材料”明细分类账

材料名称：甲材料

2018年		凭证号	摘要	借方			贷方
月	日			买价	采购费用	合计	
12	×	银付×	采购（2 000千克）	40 000		40 000	

续前表

2018年		凭证号	摘要	借方			贷方
月	日			买价	采购费用	合计	
	×	转×	分配运输费		1 200	1 200	

表8-2　“在途物资——乙材料”明细分类账

材料名称：乙材料

2018年		凭证号	摘要	借方			贷方
月	日			买价	采购费用	合计	
12	×	转×	采购（6 000千克）	60 000		60 000	
	×	转×	分配运输费		3 600	3 600	
	×	转×	采购等（3 000千克）	30 000	1 800	31 800	

两个明细分类账户所登记的是甲、乙两种材料在采购过程中发生的费用支出资料。采用材料采购成本的计算方法，既可以计算出它们的总成本，又可以计算出它们的单位成本。

（1）甲、乙两种材料的总成本。

甲材料：40 000＋1 200＝41 200(元)

乙材料：60 000＋3 600＋31 800＝95 400(元)

（2）甲、乙两种材料的单位成本。

甲材料：41 200÷2 000＝20.60(元)

乙材料：95 400÷(6 000＋3 000)＝10.60(元)

3. 材料采购成本计算表的编制方法

在实务中，材料采购的总成本和单位成本是通过编制材料采购成本计算表完成的。材料采购成本计算表的基本格式及编制方法如图8-7所示。

材料采购成本计算表
2018年12月

成本项目	甲材料（2 000千克）		乙材料（9 000千克）		成本合计
	总成本	单位成本	总成本	单位成本	
买价	40 000	20.00	90 000	10.00	130 000
采购费用	1 200	0.60	5 400	0.60	6 600
材料采购成本	41 200	20.60	95 400	10.60	136 600

图8-7　材料采购成本计算表的基本格式及编制方法

材料采购成本计算表是会计上的重要原始凭证。根据该表的计算结果，可办理材料验收入库手续，记入有关账户。根据图 8－7 中的计算结果，应填制转账记账凭证，会计分录为：

借：原材料——甲材料　　41 200
　　　　　——乙材料　　95 400
　贷：在途物资——甲材料　　41 200
　　　　　　　——乙材料　　95 400

根据上述会计分录，可分别登记“原材料”和“在途物资”总分类账及其所属的明细分类账。“在途物资”明细分类账的登记情况如表 8－3 和表 8－4 所示。

表 8－3　“在途物资——甲材料”明细分类账

材料名称：甲材料

2018 年		凭证号	摘要	借方			贷方
月	日			买价	采购费用	合计	
12	×	银付×	采购（2 000 千克）	40 000		40 000	
	×	转×	分配运输费		1 200	1 200	
	×	转×	验收入库				41 200

表 8－4　“在途物资——乙材料”明细分类账

材料名称：乙材料

2018 年		凭证号	摘要	借方			贷方
月	日			买价	采购费用	合计	
12	×	转×	采购（6 000 千克）	60 000		60 000	
	×	转×	分配运输费		3 600	3 600	
	×	转×	采购等（3 000 千克）	30 000	1 800	31 800	
	×	转×	验收入库				95 400

4. 材料发出成本的计算方法

（1）发出材料成本的再确定及其必要性。企业发出材料要用于企业生产经营的各个方面，包括产品生产领用、产品生产车间一般耗用和企业管理部门耗用等，必然会涉及发出材料的成本计算，并应根据发出材料的不同用途进行账务处理。例如，根据直接受益直接分配原理，对于产品生产领用的材料可直接计入所生产产品的成本；根据共同受益间接分配原理，对于产品生产车间一般耗用材料可分配计入所生产产品的成本；对于企业管理部门等耗用的材料，应计入管理费用或销售费用等。在一般情况下，发出材料的成本确定是比较容易的。例如，在例 8－2 中，购入甲材料单位成本为每千克 20.60 元，本月发出 150 千克，那么，发出甲材料的总成本应为 3 090 元（20.60×150）。但在一些特殊情况下，发出材料的成本需要按照规定的方法才能确定。特殊情况一般是指一种材料为多批次购入（包括本月购入及上月结余等），且每次购入的单位成本又是各不相同的。在这种情况下，确定发出材料成本时就需要考虑发出材料的批次及其单位成本等，即需要对发出材料的单位成本重新加以确认。

例8-3

假定盛荣公司本月“原材料——甲材料”明细分类账的记录情况如表8-5所示。

表8-5　　“原材料——甲材料”明细分类账

数量单位：千克

材料名称：甲材料　　金额单位：元

2018年		凭证号	摘要	单价	借方		贷方		余额	
月	日				数量	金额	数量	金额	数量	金额
12	1		月初余额	19.40					4 000	77 600
	7	转×	本月发出				1 500			
	15	转×	本月购入	20.60	2 000	41 200				
	25	转×	本月发出				4 000			
	31		合计		2 000	41 200	5 500			

在表8-5中，月初结存甲材料的单位成本（19.40元）与本月购入该材料的单位成本（20.60元）不一致，本月发出甲材料两批，共计5 500千克（1 500+4 000）。在这种情况下，采用什么样的单位成本计算发出材料的总成本，取决于企业所采用的发出材料的计价方法。

（2）发出材料的计价方法。根据我国现行《企业会计准则》的规定，企业发出材料的计价方法有先进先出法、加权平均法和个别计价法。

1）先进先出法。先进先出法是假设一种材料中先入库的批次被尽先发出，以先入库材料的单位成本作为计算发出材料的单位成本，并根据发出数量计算发出材料全部成本的一种方法。当先入库批次的材料发完后，再按该材料下一批次入库的单位成本计算发出材料的全部成本，即在先进先出法下，发出材料单位成本的确定是按照材料入库的时间顺序从前向后依次类推的。在这种假设下，材料的发出顺序与入库的顺序是一致的，如图8-8所示。

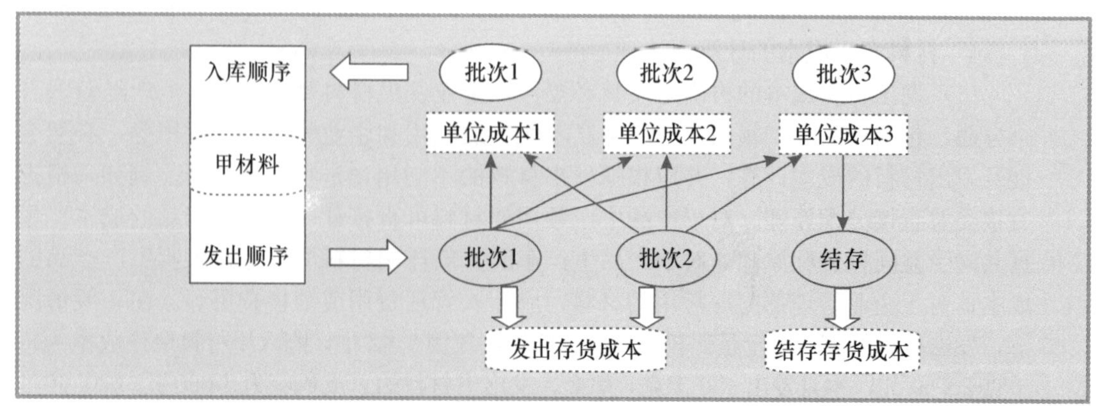

图8-8　先进先出法的基本做法

例8-4

根据表8-5提供的资料，采用先进先出法计算盛荣公司本月甲材料的发出成本。

从“原材料”明细账户可见：本月库存的甲材料有两批，从入库的时间顺序来看，月初结存的甲材料应当是以前月份购入的，与本月购入的甲材料相比，应当属于先入库的批次。与之相比，本月购入的甲材料则属于后入库的批次。按照先进先出法的要求，本月7日第一次发出甲材料1 500千克的单位成本就应按月初结存（第1批次入库）甲材料的单位成本19.40元确定；本月25日第二次发出甲材料4 000千克时，由于月初结存的甲材料还有结余2 500千克（4 000－1 500），因而其中的2 500千克的单位成本仍应按19.40元确定。至此，第1批次入库的甲材料被全部发完，其余1 500千克的单位成本应按第2批次入库（即本月15日新购入）甲材料的单位成本20.60元确定，进而计算出本月发出甲材料的全部成本。计算过程及结果如下：

12月7日发出甲材料成本：19.40×1 500＝29 100(元)

12月25日发出甲材料成本：19.40×2 500＋20.60×1 500＝79 400(元)

本月发出甲材料全部成本：29 100＋79 400＝108 500(元)

在先进先出法下，本月发出甲材料成本的账户登记情况如表8-6所示。

表8-6

数量单位：千克

材料名称：甲材料　　　　金额单位：元

2018年		凭证号	摘要	单价	借方		贷方		余额	
月	日				数量	金额	数量	金额	数量	金额
12	1		月初余额	19.40					4 000	77 600
	7	转×	本月发出				1 500	29 100		
	15	转×	本月购入	20.60	2 000	41 200				
	25	转×	本月发出				4 000	79 400		
	31		合计		2 000	41 200	5 500	108 500		

在采用先进先出法时，发出材料的成本计算工作可以在发出材料时进行，也可以在月末一次进行，与下面要介绍的月末一次加权平均法相比，这种做法可以减轻月末时计算发出材料成本以及材料结存成本的工作量，并可随时计算出材料在月中结存的数量及其成本，便于进行材料收发和结存数量的控制。

特别提示

在先进先出法下，实际上并不一定是按照材料入库顺序发出 先进先出法要解决的关键问题是某种发出材料单位成本的确定，而不是一定要按照材料入库批次的顺序发出材料，每次发出的可以是任一批次入库的同一种材料。

2）全月一次加权平均法。在这种方法下，发出材料成本的计算是在月末一次进行的。基本做法是：当企业同一种材料各批次入库的单位成本不一致时，月末时先根据该材料的月初结存成本和本月入库成本与该材料的月初结存数量和本月入库数量的关系，计算出该种材料的全月加权平均单价；之后，根据加权平均单价及发出数量计算本月发出材料的全部成本（如图8-9所示）。

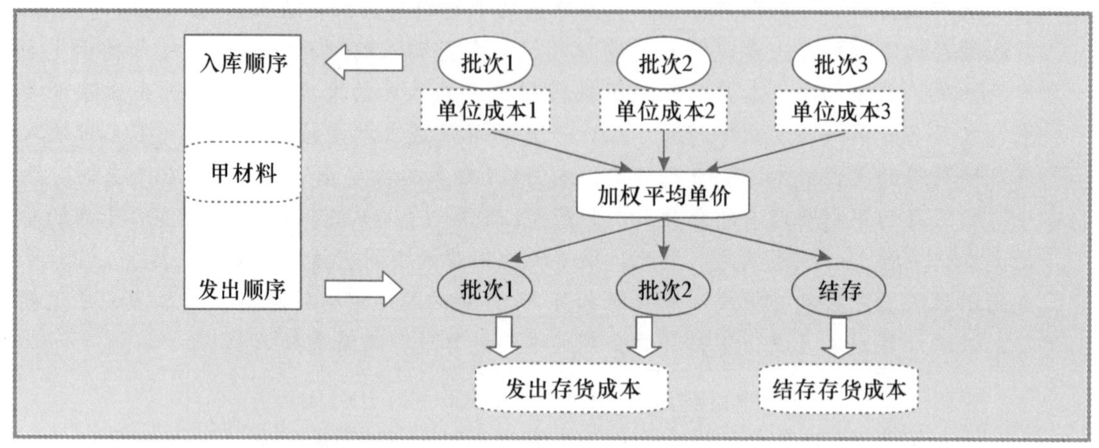

图8-9 全月一次加权平均法的基本做法

加权平均单价及某种材料本月发出成本的计算公式为：

$$\text{某种材料全月一次加权平均单价}=\frac{\text{该材料月初结存成本}+\text{该材料本月入库成本}}{\text{该材料月初结存数量}+\text{该材料本月入库数量}}$$

某种材料本月发出成本＝加权平均单价×该材料本月发出数量

例8-5

假定甲材料月初结存、本月购入和本月发出资料同表8-5。按全月一次加权平均法计算本月发出甲材料成本和月末结存成本。

采用全月一次加权平均法时，在月末首先应计算出两批甲材料的加权平均单价：

(77 600+41 200)÷(4 000+2 000)＝19.80(元)

之后，可根据加权平均单价和发出数量计算求得本月两次发出甲材料的成本：

19.80×(1 500+4 000)＝108 900(元)

在全月一次加权平均法下，甲材料本月发出成本的账户登记情况如表8-7所示。

表8-7

材料名称：甲材料　　　　数量单位：千克　金额单位：元

2018年		凭证号	摘要	单价	借方		贷方		余额	
月	日				数量	金额	数量	金额	数量	金额
12	1		月初余额	19.40					4 000	77 600
	7	转×	本月发出				1 500			
	15	转×	本月购入	20.60	2 000	41 200				
	25	转×	本月发出				4 000			
	31		合计		2 000	41 200	5 500	108 900		

采用全月一次加权平均法计算出来的本月发出材料成本比较均衡，无论是计算发出材料成本，还是期末结存材料的成本，都采用统一的单位成本，在一定程度上可以

减少材料成本计算的工作量。但在这种方法下，对发出材料的成本计算是集中在月末一次进行的，成本计算的工作量比较大，平时在材料的明细分类账户中不能及时反映各种材料的数量和成本，不便于对材料进行日常管理和控制。

内容扩展

移动加权平均法　在移动加权平均法下，每当某种材料有入库且其单位成本与该批入库前材料的单位成本不相同时，就要重新计算确定一个新的单位成本，作为其后发出材料时计算发出成本的依据。在这种方法下，发出材料的成本可在发出材料时随时计算，且更为精准；在明细分类账户上也可随时计算其结存数量和结存成本，有利于对材料进行数量和金额上的日常控制。但这种方法计算单位成本比较烦琐，且实际意义不大，因而实务中较少采用。

3）个别计价法。也称个别认定法。在这种方法下，当库存的某种材料各批次的单位成本不一致时，发出材料的单位成本是通过个别认定来确定的，即在计算本期发出材料成本前，需要逐一确认所发出材料的入库批次及单位成本，并以此作为依据计算本期发出材料成本。

例8-6

假定甲材料月初余额、本月购入和本月发出资料同表8-5。经实际确认，本月发出的5 500千克甲材料中，7日发出的1 500千克为上月结存的甲材料，25日发出的4 000千克中，2 000千克是上月结存的甲材料，2 000千克是本月购入的甲材料。按照个别计价法计算本月发出甲材料的成本。

12月7日发出甲材料的成本：19.40×1 500=29 100(元)

12月25日发出甲材料的成本：19.40×2 000+20.60×2 000=80 000(元)

本月发出甲材料的全部成本：29 100+80 000=109 100(元)

在个别计价法下，甲材料本月发出成本的账户登记情况如表8-8所示。

表8-8

数量单位：千克
金额单位：元

材料名称：甲材料

2018年		凭证号	摘要	单价	借方		贷方		余额	
月	日				数量	金额	数量	金额	数量	金额
12	1		月初余额	19.40					4 000	77 600
	7	转×	本月发出				1 500	29 100		
	15	转×	本月购入	20.60	2 000	41 200				
	25	转×	本月发出				4 000	80 000		
	31		合计		2 000	41 200	5 500	109 100		

个别计价法是按照实际发出材料具体批次的单位成本和发出数量进行成本计算的，计算结果能够更真实地反映发出材料的实际成本。在这种方法下，发出材料的成本计算可以放在平时进行，也可以在月末时一次进行。如果在平时进行，也可随时计算出材料在月中结存的数量及成本，便于对材料收发和结存数量及成本加以控制。

特别提示

关于发出存货计价方法的应用　先进先出法、全月一次加权平均法和个别计价法也称发出存货计价方法。这三种方法不仅适用于企业发出材料成本的计算，也适用于发出库存商品成本的计算。在讨论产品销售成本计算问题时，还将用到这些计价方法。

(3) 对采用发出存货计价方法的特别要求。企业在选用发出存货的计价方法时，应遵循会计信息质量的可比性要求。我国现行《企业会计准则》规定："同一企业不同时期发生的相同或者相似的交易或者事项，应当采用一致的会计政策，不得随意变更。"企业对发出存货计价方法的选用属于对会计政策的选择，因而也应当严格遵守这一要求。这是由于在采用不同发出存货计价方法时，无论是当期发出存货的成本还是期末结存存货的成本，其计算结果都有着较大差别。例如，在上述例子中，依据相同资料采用不同计价方法计算出来的本月发出甲材料的成本分别为 108 500 元、108 900 元和 109 100 元。实务中，发出材料成本一般应计入当期的成本（如产品生产成本、库存商品成本和主营业务成本）或费用（如管理费用等），对企业当期的资产（如库存商品等）和费用以及经营成果的确认等会产生直接影响。不仅如此，发出存货的成本又直接影响企业期末结存存货的成本的计算。当前者金额较小时，后者的金额必然较大；当前者金额较大时，后者的金额必然较小。这关系到企业期末的资产状况能否得到真实反映。有鉴于此，企业在发出存货计价方法的选用上遵守可比性要求，以便真实地反映企业的财务状况和经营成果。

8.3.2　完工产品成本的计算

1. 完工产品成本的基本计算方法

完工产品是指按照预定的产品生产方案已经完成了全部生产工序，并已具备对外销售条件的产品。完工产品成本的计算是将与完工产品有关的直接材料、直接人工和制造费用在一定计算对象上进行归集和分配的过程。完工产品成本的一般计算公式为：

$$\text{本月完工产品成本}=\text{直接材料}+\text{直接人工}+\text{制造费用} \tag{8-1}$$

在完工产品成本的计算中，除应考虑所发生的上述三项外，还应考虑完工产品的投产时间和完工时间等因素。在考虑这两个因素的情况下，完工产品成本的计算公式应表示为：

$$\text{本月完工产品成本}=\text{该产品月初在产品成本}+\text{本月新发生的费用}-\text{月末在产品成本} \tag{8-2}$$

需要注意的是，在该式的各个项目中都应包含直接材料、直接人工和制造费用，对该公式应根据实际情况灵活应用。因为在完工产品的投产时间和实际完工时间不一致的情况下，会有以下几种情形。

(1) 本月投产本月全部完工。如果某种产品为本月投产并在本月全部完工的，说明既没有月初在产品，也没有月末在产品，本月所发生的全部费用就是该产品的全部成本，该计算公式则为：

本月完工产品成本＝本月新发生的费用　　(8-3)

(2) 本月投产本月部分完工。如果某种产品是本月投产但只是部分完工，说明在月末时仍有在产品。那么，该产品在本月生产过程中发生的各种费用就不能全部由完工产品承担，而应在完工产品和在产品之间进行分摊，即应将月末在产品所占用的那部分费用从全部费用中扣除，余下的部分才是完工产品应当负担的费用。在这种情况下，该计算公式应为：

本月完工产品成本＝本月新发生的费用－月末在产品成本　　(8-4)

(3) 以前月份投产本月全部完工。如果某种产品是以前月份投产而在本月全部完工的，说明该产品既有月初在产品成本（即该产品在以前月份发生的费用），也有在本月生产过程中新发生的生产费用；产品本月全部完工，说明月末不存在在产品成本。在这种情况下，该计算公式应为：

本月完工产品成本＝该产品月初在产品成本＋本月新发生的费用　　(8-5)

(4) 以前月份投产本月部分完工。如果某种产品是以前月份投产而本月只是部分完工，说明该产品既有月初在产品成本，也有在本月新发生的费用，还存在月末在产品成本。在这种情况下，本月完工产品的成本应按式 (8-2) 计算。

企业对生产完工的产品一般应按一定的品种进行成本计算，这样便于分清受益对象，也便于进行成本归集。完工产品的成本一般在每月末进行一次，个别生产周期比较长的产品，也可以按照产品的生产周期计算完工产品成本。

为收集和整理以上有关成本资料，应设置“生产成本”和“制造费用”等总分类账户，用以归集有关产品发生的生产费用。为详细反映各种产品的成本情况，还应按照所生产产品的品种在“生产成本”总分类账户下设置有关明细分类账户进行明细核算。

2. 完工产品成本计算举例

例 8-7

盛荣公司 2018 年 12 月 M 产品和 N 产品月初在产品及本月发生的各种费用的资料如表 8-9、表 8-10 所示。

表 8-9　“生产成本——M 产品”明细分类账

产品名称：M 产品

2018 年		凭证号	摘要	借方			
月	日			直接材料	直接人工	制造费用	合计
12	1		月初余额	15 000	39 900	5 250	60 150
		转×	材料费用	30 000			30 000
		转×	生产工人工资		70 000		70 000
		转×	生产工人福利费		9 800		9 800
		转×	分配制造费用			10 500	10 500

表 8-10　“生产成本——N产品”明细分类账

产品名称：N产品

2018年		凭证号	摘要	借方			
月	日			直接材料	直接人工	制造费用	合计
12	1		月初余额	8 000	11 400	1 500	20 900
		转×	材料费用	80 000			80 000
		转×	生产工人工资		100 000		100 000
		转×	生产工人福利费		14 000		14 000
		转×	分配制造费用			15 000	15 000

根据以上资料，具体考虑完工产品的投产和完工时间，采用完工产品成本的计算公式，即可计算出两种完工产品的总成本和单位成本。

从以上两个明细分类账户的登记情况可见，M，N两种产品都属于在以前月份投产，在本月接续生产的产品，因为两个明细分类账户都有月初余额，本月又有新的生产费用发生。如果到月末时这两种产品全部完工，那么，两种产品的完工成本分别将其月初在产品成本加本月新发生的费用即可；如果到月末时M产品或N产品仍有在产品，就需要考虑在产品的成本有多少，并将在产品的成本从该产品的全部费用中扣除，才可以计算出已经完工的那部分产品的成本。

例 8-8

假定盛荣公司2018年12月生产M产品75件，到月末时全部完工；生产N产品60件，到月末时完工50件，另有10件尚未完工。根据测算，未完工N产品每件占用直接材料800元，直接人工1 140元，制造费用150元。两种产品的月初在产品成本和本月发生的生产费用资料同表8-9、表8-10。计算两种产品的完工成本。

(1) 完工M产品成本。由于该公司本月生产的75件M产品到月末时全部完工，其完工产品的成本可根据“生产成本——M产品”明细账户所提供的资料，采用公式“本月完工产品成本＝该产品月初在产品成本＋本月新发生的费用”直接计算。

1) 本月完工M产品总成本。

直接材料：15 000＋30 000＝45 000(元)
直接人工：39 900＋79 800＝119 700(元)
制造费用：5 250＋10 500＝15 750(元)
合　计　　　　　　　　　180 450元

2) 本月完工M产品单位成本。

180 450÷75＝2 406(元)

(2) 完工N产品成本。由于该公司本月生产的60件N产品到月末时没有全部完工，因而需要先计算确定月末在产品的成本，然后才能利用账户提供的资料，计算完工的N产品的成本。即已经完工的那部分N产品的成本要利用公式“本月完工产品成本＝该产品月初在产品成本＋本月新发生的费用－月末在产品成本”进行计算，应将“生产成本——N产品”明细账户中的月初在产品成本与本月新发生的各种费用相加，再减去月末在产品成本。

1）N 产品月末在产品成本。

直接材料：800×10＝8 000（元）
直接人工：1 140×10＝11 400（元）
制造费用：150×10＝1 500（元）
合　计　　　20 900 元

2）月末完工 N 产品总成本。

直接材料：8 000＋80 000－8 000＝80 000（元）
直接人工：11 400＋114 000－11 400＝114 000（元）
制造费用：1 500＋15 000－1 500＝15 000（元）
合　计　　　209 000 元

3）本月完工 N 产品单位成本。

209 000÷50＝4 180（元）

3. 完工产品成本计算表的编制方法

在实务中，完工产品的总成本和单位成本是通过编制完工产品成本计算表完成的。完工产品成本计算表的基本格式及编制方法如图 8－10 所示。

填列成本项目具体内容

完工产品成本计算表
2018年12月

成本项目	M产品（75件）		N产品（50件）		成本合计
	总成本	单位成本	总成本	单位成本	
直接材料	45 000	600	80 000	1 600	125 000
直接人工	119 700	1 596	114 000	2 280	233 700
制造费用	15 750	210	15 000	300	30 750
产品生产成本	180 450	2 406	209 000	4 180	389 450

根据“生产成本”明细账填列

根据发生的总成本与产品的数量计算填列

各相应行（列）中总成本的合计数

图 8－10　完工产品成本计算表的基本格式及编制方法

完工产品成本计算表是会计上的重要原始凭证。根据该表的计算结果，即可办理完工产品的验收入库手续，并记入有关账户。根据表 8－10 的计算结果，应填制转账记账凭证，会计分录为：

借：库存商品——M 产品　　180 450
　　　　　　——N 产品　　209 000
　贷：生产成本——M 产品　　　180 450
　　　　　　　——N 产品　　　209 000

根据上述会计分录，可分别登记“库存商品”和“生产成本”总分类账及其所属的明细分类账。“生产成本”明细分类账的登记情况如表 8－11 和表 8－12 所示。

表 8-11 “生产成本——M产品”明细分类账

产品名称：M产品

2018年		凭证号	摘要	借方			
月	日			直接材料	直接人工	制造费用	合计
12	1		月初余额	15 000	39 900	5 250	60 150
		转×	材料费用	30 000			30 000
		转×	生产工人工资		70 000		70 000
		转×	生产工人福利费		9 800		9 800
		转×	分配制造费用			10 500	10 500
		转×	验收入库	45 000	119 700	15 750	180 450
			本月合计	0	0	0	0

表 8-12 “生产成本——N产品”明细分类账

产品名称：N产品

2018年		凭证号	摘要	借方			
月	日			直接材料	直接人工	制造费用	合计
12	1		月初余额	8 000	11 400	1 500	20 900
		转×	材料费用	80 000			80 000
		转×	生产工人工资		100 000		100 000
		转×	生产工人福利费		14 000		14 000
		转×	分配制造费用			15 000	15 000
		转×	验收入库	80 000	114 000	15 000	209 000
			本月合计	8 000	11 400	1 500	20 900

特别提示

登记多栏式明细分类账中的红字应用及余额情况 由于在这种明细分类账账页上未设“贷方”栏，因而在账页“验收入库”行结转完工产品成本时（减少）用红字记录。M产品本月全部完工，结转完工产品成本后账户应无余额。N产品本月只是部分完工，结转完工产品成本后账户仍有余额，即月末在产品成本。

8.3.3 主营业务成本的计算

1. 主营业务成本的基本计算方法

对于生产产品的企业而言，主营业务成本是指其销售掉的那部分商品的成本，基本的计算方法是用销售商品的单价乘以销售数量。计算公式表示为：

主营业务成本=销售商品单位成本×销售数量　　(8-6)

根据直接受益直接分配原理，主营业务成本一般采用直接计入的方法，即具体销售的是哪一种商品，就直接根据该商品的单位生产成本和销售数量计算其销售成本。从实质上看，商品的销售成本就是其在生产过程中发生的生产成本。企业对于销售商品的成本，应按一定的种类进行计算，这样便于分清受益对象。主营业务成本计算一般在每月末进行一次。企业用于主营业务成本计算的有关资料，可从“库存商品”总分类账户下设置的明细分类账户记录中获取。

2. 主营业务成本计算对发出存货计价方法的应用

企业进行商品销售就是将库存商品提供给购买商品的客户。销售的产品可能是一个批次生产出来的，其单位成本完全相同，在这种情况下，主营业务成本的计算比较容易，直接利用式（8-6）计算即可。

例 8-9

假定盛荣公司本月销售本月生产的 M，N 两种产品各 20 件。两种产品的单位成本分别为 2 406 元和 4 180 元。两种产品的销售成本分别为：

M 产品销售成本：2 406×20=48 120(元)

N 产品销售成本：4 180×20=83 600(元)

但在实务中，当月销售的某种产品可能是在本月多批次生产出来的，可能还有以前月份生产的产品，它们的单位成本也各不相同。在这种情况下，首先需要采用发出存货的计价方法，包括先进先出法、加权平均法和个别计价法（详见 8.3.1 节）确定发出商品的单位成本，之后才能计算主营业务成本。企业采用的发出存货计价方法不同，计算出来的主营业务成本也会有所不同。应特别注意的是，主营业务成本属于企业当期发生的主要费用，会直接影响企业当期利润的计算，进而影响企业当期经营成果的确定。

3. 主营业务成本计算举例

例 8-10

假定盛荣公司本月 M，N 两种产品的月初余额和本月入库和销售情况如表 8-13、表 8-14 所示。

表 8-13　“库存商品——M 产品”明细分类账

数量单位：件

商品名称：M 产品　　金额单位：元

2018 年		凭证号	摘要	单价	借方		贷方		余额	
月	日				数量	金额	数量	金额	数量	金额
12	1		月初余额	3 600					200	720 000
		转×	入库	2 406	75	180 450				
		转×	销售	3 600			200	720 000		
		转×	销售	2 406			50	120 300		
	31		合计		75	180 450	250	840 300		60 150

表 8-14　　　　“库存商品——N产品”明细分类账

商品名称：N产品　　　　数量单位：件　金额单位：元

2018年		凭证号	摘要	单价	借方		贷方		余额	
月	日				数量	金额	数量	金额	数量	金额
12	1		月初余额	4 100					50	205 000
		转×	入库	4 180	50	209 000				
		转×	销售	4 100			40	164 000		
		转×	销售	4 100			10	41 000		
				4 180			50	209 000		
	31		合计		50	209 000	100	414 000		0

以上两个明细分类账户登记的是M，N两种产品验收入库及销售情况，验收入库成本就是这些商品在生产过程中发生的生产成本；销售商品成本就是以其生产成本为基础计算的商品成本。

但是，观察这两个明细分类账户可以发现，该库存商品是多批次入库的，其单位成本也各异。例如，M产品月初余额为200件，单位成本为3 600元；N产品月初余额为50件，单位成本为4 100元。显然，两种产品的月初余额部分是企业在本月之前生产出来的，并于上月验收入库。账户资料还显示，本月生产入库的M产品为75件，单位成本为2 046元；N产品为50件，单位成本为4 180元。由此可见，即使是同一种库存商品，其单位成本也不一样。那么，应以哪一单位成本为准呢？在实务中，应视企业选用的发出存货计价方法而定。以上账户的登记是假定采用先进先出法计算发出存货成本的。采用全月一次加权平均法时，发出存货单位成本及本月发出存货成本的计算见例8-11。

例8-11

假定盛荣公司按全月一次加权平均法确定销售商品单位成本。M，N两种产品的本月销售情况分别见表8-13、表8-14。销售M，N两种产品的单位成本和总成本分别计算如下：

（1）全月一次加权平均单位成本。

M产品：(720 000+180 450)÷(200+75)=3 274.36(元)

N产品：(205 000+209 000)÷(50+50)=4 140(元)

（2）全月销售两种产品成本。

M产品：3 274.36×250=818 590(元)

N产品：4 140×100=414 000(元)

4. 主营业务成本计算表的编制方法

在实务中，主营业务成本的单位成本和总成本计算是通过编制主营业务成本计算表完成的。主营业务成本计算表的基本格式及编制方法如图8-11所示。

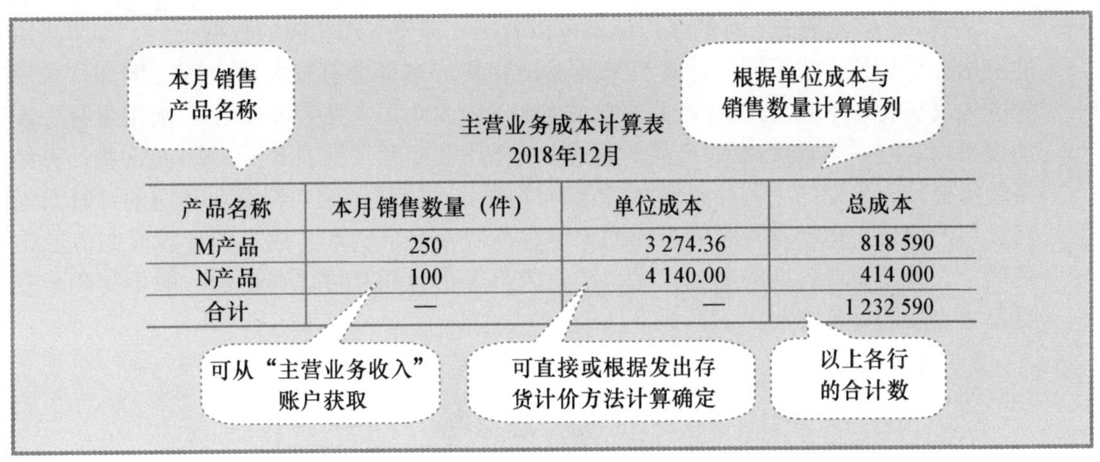

主营业务成本计算表
2018年12月

产品名称	本月销售数量（件）	单位成本	总成本
M产品	250	3 274.36	818 590
N产品	100	4 140.00	414 000
合计	—	—	1 232 590

图 8 - 11　主营业务成本计算表的基本格式及编制方法

说明：M，N 产品的单位成本是采用全月一次加权平均法计算确定的。

主营业务成本计算表是会计上的重要原始凭证。根据该表的计算结果，可办理销售产品成本的结转手续，并记入有关账户。根据图 8 - 11 的计算结果，应填制转账记账凭证，会计分录为：

借：主营业务成本——M 产品　　818 590
　　　　　　　　——N 产品　　414 000
　贷：库存商品——M 产品　　　818 590
　　　　　　　——N 产品　　　414 000

根据上述会计分录，可分别登记“主营业务成本”和“库存商品”总分类账及其所属的明细分类账。“库存商品”明细分类账的登记情况如表 8 - 15、表 8 - 16 所示。

表 8 - 15　“库存商品——M 产品”明细分类账

商品名称：M 产品　　数量单位：件　金额单位：元

2018 年		凭证号	摘要	单价	借方		贷方		余额	
月	日				数量	金额	数量	金额	数量	金额
12	1		月初余额	3 600.00					200	720 000
		转×	入库	2 406.00	75	180 450				
		转×	销售	3 274.36			200	654 872		
		转×	销售	3 601.80			50	163 718		
	31		合计	—	75		250	818 590		81 860

表 8 - 16　“库存商品——N 产品”明细分类账

商品名称：N 产品　　数量单位：件　金额单位：元

2018 年		凭证号	摘要	单价	借方		贷方		余额	
月	日				数量	金额	数量	金额	数量	金额
12	1		月初余额	4 100					50	205 000
		转×	入库	4 180	50	209 000				
		转×	销售	4 140			40	165 600		
		转×	销售	4 140			60	248 400		
	31		合计	—	50	209 000	100	41 4000		0

从表8-13至表8-16的账户记录可以看出，即使采用相同的数据资料，如果采用的发出存货计价方法不同，计算出来的发出存货成本也会有较大的差别。例如，采用先进先出法时，本月发出M产品的总成本为840 300元（见表8-13），采用全月一次加权平均法时，本月发出M产品的总成本为818 590元（见表8-15）。而这些计算结果最终要计入当期的主营业务成本（费用），并且会直接影响当期营业利润的计算及经营成果的确定，也会直接影响当期期末结存库存商品（资产）成本的计算及财务状况的确定。为使企业各期的财务状况和经营成果等信息相互可比，企业一般不得随意变更发出存货的计价方法。

思考题

1. 什么是成本计算？
2. 成本计算方法在会计循环中的地位如何？
3. 进行成本计算有哪些意义？
4. 对成本计算有哪些基本要求？
5. 成本计算的基本原理有哪些？怎样理解这些原理？
6. 什么是成本计算的程序？包括哪些内容？
7. 我国现行《企业会计准则》规定的发出存货计价方法有哪些？基本计算方法是怎样的？
8. 企业在采用发出存货计价方法时，应遵循哪一项会计信息质量要求？为什么？
9. 材料采购成本计算表、完工产品成本计算表和主营业务成本计算表的主要作用分别是什么？

练习题

一、材料采购成本的计算

［目的］ 练习材料采购成本的计算方法。

［资料］ 假定鸿达公司某年10月发生如下材料采购交易或事项：

(1) 10月5日，采购H材料5 000千克，买价20 000元，增值税进项税额2 600元，已用银行存款支付。尚未办理验收入库手续。

(2) 10月12日，采购Y材料1 000千克，买价15 000元，增值税进项税额1 950元，全部款项暂未付。尚未办理验收入库手续。

(3) 10月12日，采购H材料3 000千克，买价12 000元，增值税进项税额1 560元，已用银行存款支付。但尚未办理验收入库手续。

(4) 10月12日，以上（2）、(3) 项业务中采购的两种材料一同运回企业，共发生运输费800元，已用银行存款支付（按两种材料的重量进行分配）。

(5) 10月18日，采购Y材料3 000千克，买价45 000元，增值税进项税额5 850

元，销售方代垫运费400元。向对方开出面额为51 250元的商业汇票一张。材料尚未办理验收入库手续。

(6) 10月30日，计算材料采购成本（采用计算公式计算），办理材料的验收入库手续。

[要求]

(1) 根据所给资料编制会计分录，需写出分录中的明细科目。

(2) 根据编制的会计分录登记H，Y两种材料的明细分类账。

(3) 编制材料采购成本计算表。

二、完工产品成本的计算

[目的] 练习企业完工产品成本的计算方法。

[资料]

(1) 假定鸿达公司某年10月生产成本明细账中的“月初余额”及本月新发生费用的登记情况如下表所示。

“生产成本——M产品”明细分类账

产品名称：M产品

20××年		凭证号	摘要	借方			
月	日			直接材料	直接人工	制造费用	合计
10	1	(略)	月初余额	4 000	2 280	1 720	8 000
	31		材料费用	30 000			
			生产工人工资		10 000		
			生产工人福利费		1 400		

“生产成本——N产品”明细分类账

产品名称：N产品

20××年		凭证号	摘要	借方			
月	日			直接材料	直接人工	制造费用	合计
10	1	(略)	月初余额	20 000	9 120	1 880	30 000
	31		材料费用	54 000			
			生产工人工资		12 500		
			生产工人福利费		1 750		

(2) 本月共发生制造费用6 750元。以生产工人工资总额为标准进行分配。

(3) 本月生产M产品50台，月末完工40台，有10台尚处在生产过程中。根据完工程度估算：每台M在产品占用直接材料300元、生产工人工资100元、福利费14元、制造费用30元；N产品25件月末全部完工。

[要求]

(1) 根据资料，以生产工人工资总额分配制造费用，编制分配制造费用的会计分录。

（2）计算材料完工产品成本（采用计算公式计算）；编制结转完工产品成本的会计分录。

（3）根据编制的会计分录，登记M，N两种产品的明细分类账。

（4）编制完工产品成本计算表。

第9章

财产清查

财产清查是七种会计方法之一，采用这种方法进行相关交易或事项的账务处理，能够保证账簿记录的真实性和准确性，并为提高会计信息质量提供有力支持。本章主要介绍财产清查方法的基本概念及重要意义、财产清查的内容与基本方法，以及财产清查结果的账务处理方法。

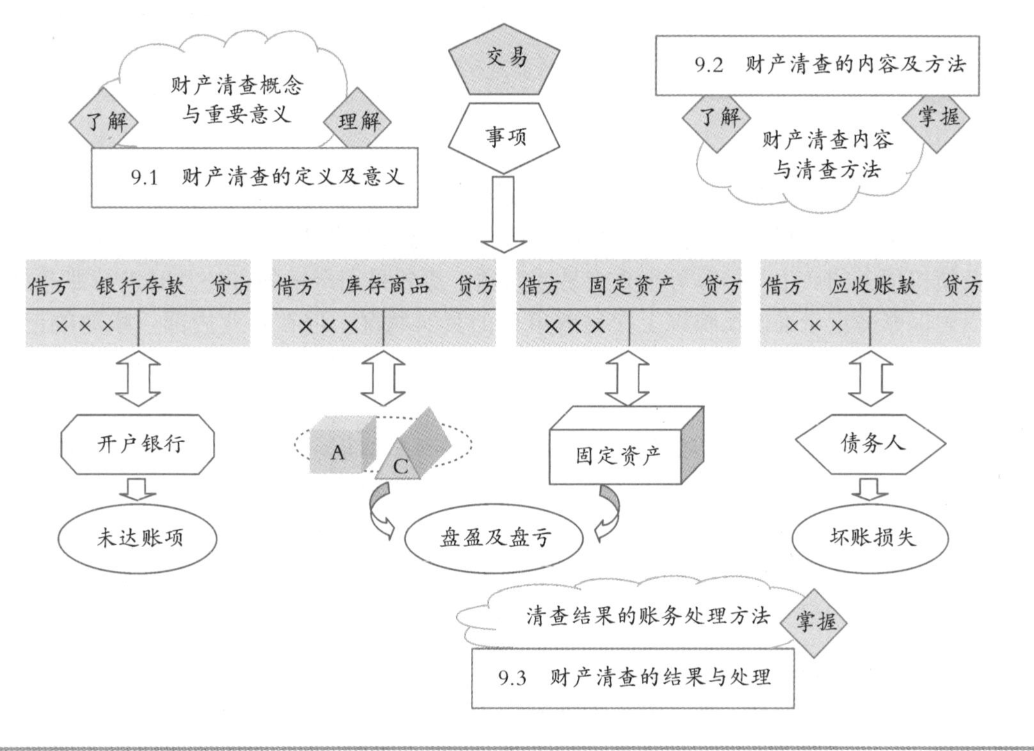

9.1 财产清查的定义及意义

9.1.1 财产清查的定义与财产清查方法的地位

1. 财产清查的定义

财产清查是对企业的货币资金、存货、固定资产等实物资产和债权债务等进行盘点或核对，并将清查盘点结果与相关的账簿记录资料进行核对，据以查明各项财产的实际结存数量与其账面结存数量以及债权债务的实际状况是否相符的一种专门方法。

对财产清查的定义可结合图9-1加以理解。

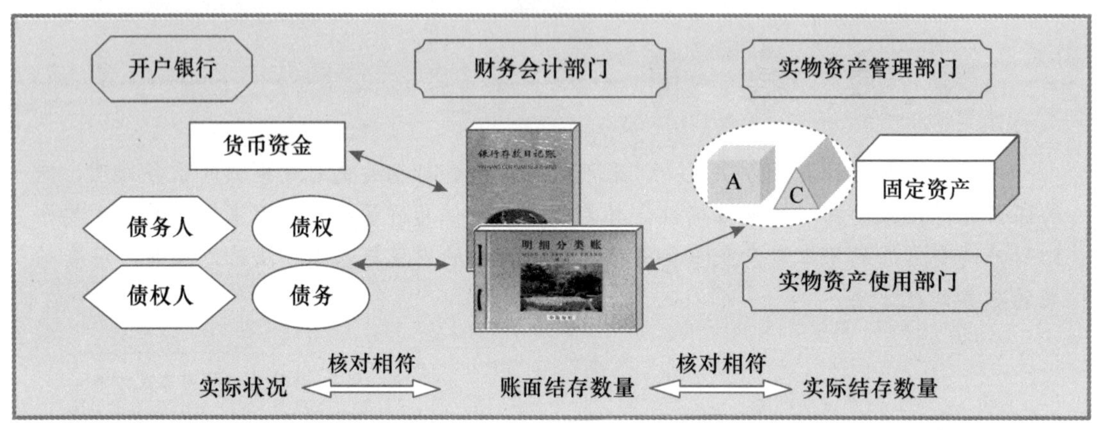

图9-1 财产清查的定义

在实务中，企业对发生的所有交易或事项都要采用专门的会计方法进行账务处理，记入有关账簿（账户）。特别是对货币资金、原材料和设备等实物资产的增减变动，以及债权债务的产生与结算等重要交易或事项，更要采用严密的方法及时进行账务处理，以确保账簿记录准确反映以上交易或事项的真实状况。但在企业内部，账簿的记录与货币资金和各种实物资产的保管及使用等往往是由不同部门分工负责的，为保证会计部门的账簿记录情况与企业各种财产物资等的实际情况一致，就需要采用一定的方法，定期或不定期地进行财产清查，并将清查结果与账簿记录情况进行核对，借以查明账实是否相符。从财会部门内部来看，为确认其所管理的货币资金与账面记录情况是否相符，也需要与开户银行以及在内部有关部门之间进行核对。此外，企业为确认债权债务情况，也应定期或不定期地与债务人和债权人进行核对，以确保债权债务的实际情况与账面的记录相符。

2. 财产清查方法的重要地位

与成本计算方法一样，财产清查方法并不主要用于对交易或事项的账务处理，但其在企业整个会计循环中的重要地位不可小觑。对财产清查方法的重要地位可结合图9-2加以理解。

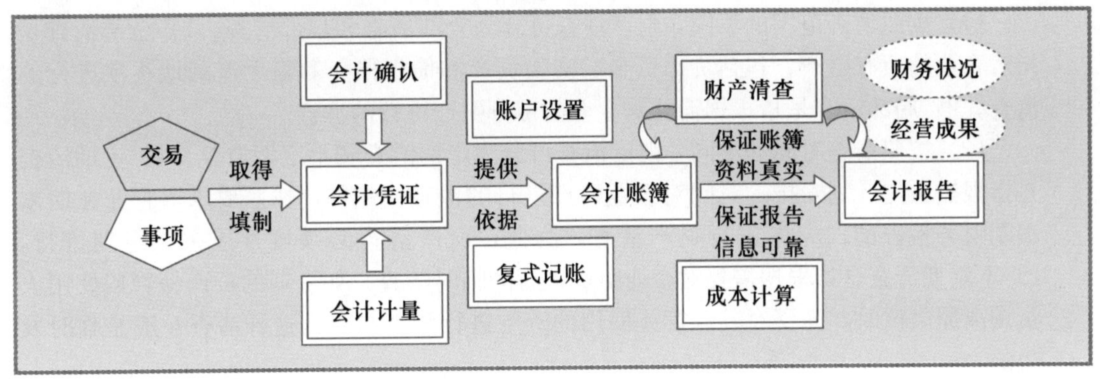

图 9-2　财产清查方法在会计循环中的重要地位

(1) 财产清查是保证账簿所提供的资料更为真实客观的一种方法。财产清查是从会计记录的结果与实物财产的实有状况是否吻合的角度进行检验和处理的方法。为使各项财产物资的账面数与其实际状况完全相符，就需要进行财产清查，将清查结果与账面记录核对，在发现二者不一致时及时进行处理，使二者之间能够达到完全吻合，保证账簿记录所提供的资料更为真实客观。

(2) 财产清查是保证企业报告的会计信息完整可靠的一种方法。财产清查方法可以为财务报告的编制提供可靠数据，使财务报告所提供的信息更加真实公允。编制财务报告是账簿登记的延续，是加工整理并提供会计信息所采用的具体方法。但财务报告的编制必须以账簿记录的真实、完整和可靠为基本前提，而账簿记录真实、完整和可靠的一个重要方面是各种财产物资的实有数与其账簿记录相符。财产清查方法的应用可以达到使二者之间完全相符的目的，从而使财务报告的编制建立在更加可靠的基础上，切实提供企业真实、完整和可靠的财务状况和经营成果信息，进而为财务报告使用者进行相关经济决策提供有益的帮助。

9.1.2　财产清查的种类及意义

1. 财产清查的种类

根据财产清查的范围、时间和执行单位的不同，可以对财产清查采用不同方法进行分类。对财产清查的种类可结合图 9-3 加以理解。

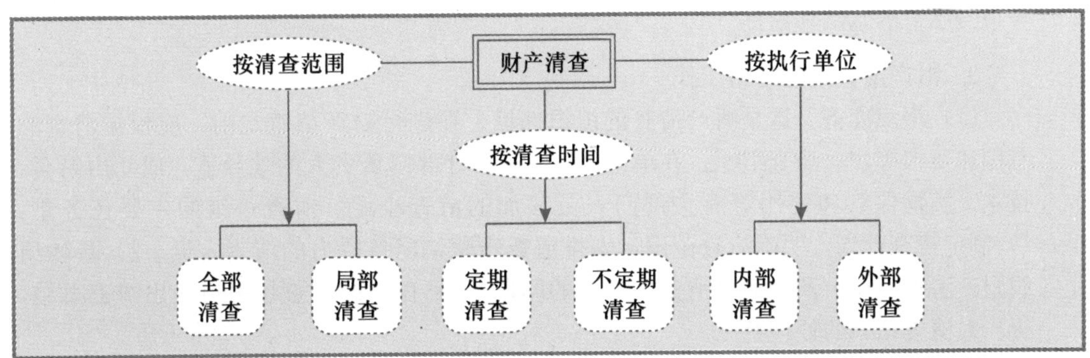

图 9-3　财产清查的种类

(1) 按照清查范围的不同，财产清查可分为全部清查和局部清查。1) 全部清查是指对企业的所有财产，包括货币资金、实物资产和债权债务等毫无遗漏地逐项进行的清查。2) 局部清查是指根据需要对企业的部分财产进行的清查。

(2) 按照清查时间的不同，财产清查可分为定期清查和不定期清查。1) 定期清查是指根据预先计划安排的时间对企业财产进行的清查。例如，按照要求，企业在期末编制财务报告前，应先进行财产清查。为此，财产清查必须按月或按年定期进行。2) 不定期清查是指根据需要对企业财产进行的临时清查。如企业的资产保管或使用人员调离原岗位时，需要对其保管或使用的资产进行清查盘点。这种清查一般是临时发生的。

(3) 按照清查执行单位的不同，财产清查可分为内部清查和外部清查。1) 内部清查是指企业组织内部有关人员对本企业财产进行的清查。2) 外部清查是指由企业外部的有关部门或人员根据有关规定对本企业财产进行的清查。例如，企业的上级管理部门和保险公司等由于某些方面的需要而对本企业财产所进行的清查等。

2. 财产清查的重要意义

(1) 进行财产清查能够保证账簿记录的真实准确，确保账实相符。在实务中，由于诸多因素的影响，财产物资等的账面记录情况与其实际状况之间有时会出现差异。例如，自然损耗，收发过程中计量不准确，自然灾害的破坏，以及贪污或盗窃等，都会引起企业资产的流失和短缺，从而导致各种财产物资的实际情况与其账簿记录不符，即账实不符。企业的债权也有可能由于债务人清偿能力的不足，或清算、破产等原因，使债权企业不能按预期收回或不能足额收回。因此，为了保证账簿记录的真实准确，确保账实相符和企业财产的安全完整，就必须定期或不定期地进行清查。

(2) 进行财产清查能够真实反映企业的财务状况，确保财务报告质量。企业进行财产清查的根本目的在于切实反映资产的状况，通过对财产进行清查，及时反映由于某些特殊原因（如盘盈、盘亏或毁损）增加或减少的资产，切实确认企业的债权债务，并经过账务处理，使企业的财产物资和债权债务等的实际情况与其账面记录达到完全一致，使账簿记录能够真实地反映企业的资产、负债等情况。分析可知，企业的资产、负债状况是企业财务状况的主要构成部分，也是企业向财务报告使用者提供相关会计信息的主要内容，因而，进行财产清查，夯实企业资产的真实结存数额等，是保证财务报告质量的基础和前提。

3. 财产清查前的准备工作

(1) 组织准备。这是财产清查的组织保证。在进行财产清查之前，应根据清查的范围和要求等建立清查组织。在单位负责人和会计部门负责人的领导下，成立由财会、技术、实物保管和使用等有关部门人员参加的清查小组。清查小组的主要任务是：1) 制定清查计划，明确清查范围，安排清查步骤，配备得力的清查人员。2) 具体组织财产清查工作，及时解决清查中出现的问题。3) 在财产清查结束后作出清查总结，提出对清查结果的处理意见。

(2) 业务准备。业务准备是进行财产清查的必要条件。1) 会计部门的账簿资料准备。应将当前所有的交易或事项登记入账，做到账证相符、账账相符，为财产清查提供可靠依据。2）物资保管部门的物资整理准备。应检查财产物资收发和保管的凭证手续是否齐全，并与会计部门有关财产物资的账簿记录核对相符。对各种实物资产进行必要的整理，以便进行实物盘点。3）清查量具等的准备。财产清查人员应准备好必要的计量器具，以便对在清查中需要计量的资产进行计量。还要准备好必要的表格，以便及时登记财产清查中应当记录的事项。

9.2　财产清查的内容及方法

9.2.1　货币资金清查的内容及方法

货币资金清查具体包括库存现金的清查和银行存款的清查。

1. 库存现金的清查

库存现金是指企业存放于财会部门，可随时用于日常交易或事项支付的货币资金。

（1）清查方法。对库存现金清查一般采用实地盘点法。每日终了，应当在库存现金日记账上计算当日的现金收入合计数、现金支出合计数和结余数，再对库存现金进行盘点确定其实有数，并将库存现金日记账上的结余数与库存现金实有数进行核对，做到账实相符。

（2）清查手续。对库存现金进行盘点并核对后，如果账实不符，应根据核对结果填写库存现金盘点报告表，并由盘点人员和出纳员共同签名或盖章。库存现金盘点报告表是进行库存现金清查结果处理的重要原始凭证，其格式及内容如表 9－1 所示。

表 9－1　　库存现金盘点报告表

年　　月　　日

实存金额	账存金额	实存金额与账存金额对比		备注
		盘盈（长款）	盘亏（短款）	
（盘点后得到的实际结存金额）	（企业库存现金日记账金额）	（实存金额多于账存金额）	（实存金额少于账存金额）	

对库存现金清查中发现的盘盈（长款）、盘亏（短款），清查人员应认真查明原因，及时报请企业有关部门负责人批准，财会部门应按规定进行相关的账务处理。

2. 银行存款的清查

银行存款是企业存放在银行存款户的货币资金，清查银行存款时应与企业的开户银行进行核对。

（1）清查方法。银行存款清查的基本方法是将企业银行存款日记账的记录情况与其开户银行转来的对账单逐笔核对，确定双方的记录是否相符。

内容扩展

银行对账单　银行对账单是企业的开户银行对企业存款的收支和结余情况的账户

记录，应由银行定期或不定期地转给企业，以便企业进行核对。在正常情况下，对账单的记录及结果应当与企业的银行存款日记账记录情况一致。这样，企业就可将银行存款日记账与对账单的记录逐笔进行核对，据以确认双方对企业银行存款收支事项记录的完整性和准确性。

(2) 清查手续。经过核对，如果企业的银行存款日记账与银行对账单双方记录一致，说明不存在问题；如果双方记录不一致，则应查明原因。双方记录不一致的原因主要有：其一，可能在银行或企业的某一方存在错账，如方向记错或金额写错等，企业应及时与开户银行沟通并加以更正。其二，可能存在未达账项。如果存在未达账项，企业应编制银行存款余额调节表进行调节，借以确认双方的记录是否相符。

(3) 未达账项。未达账项是指企业与其开户银行之间由于结算凭证传递时间上的差异，导致双方记账时间不一致，对于双方都应予登记的同一笔交易或事项，一方已经登记入账，另一方由于没有接到有关结算凭证而暂未登记入账的款项。

例如，假定盛荣公司委托其开户银行向购货方收取的货款已经收回，银行已记入企业开立的存款户。开给企业的入账通知（结算凭证）也已发出，但盛荣公司暂未接到入账通知。这时就会出现银行已收款记账，而企业暂未登记银行存款日记账的情况，从而形成“银行已收款记账，企业未收款记账”这种未达账项（如图9-4所示）。

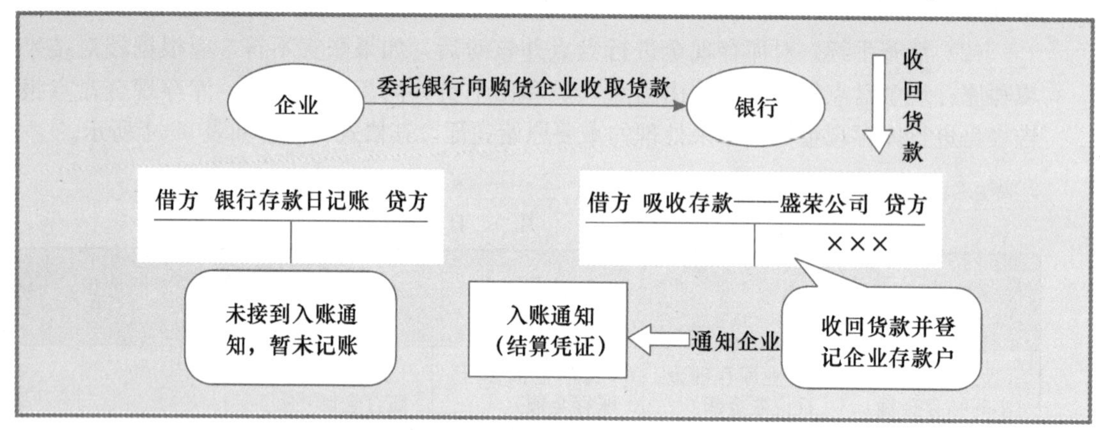

图9-4 银行已收款记账，企业未收款记账的未达账项

内容扩展

“吸收存款”账户 该账户是银行为企业开设的账户，用以核算企业存款的存入、支付和余额情况。银行吸收的企业存款既是银行的一种经营资金来源，也相当于银行对企业的一种负债。对于银行来说，该账户属于负债类账户。在借贷记账法下，该账户的基本结构是：在贷方登记增加数（存入数），在借方登记减少数（支付数）。应予注意：在一般企业交易或事项的账务处理过程中不会用到该账户。

未达账项并非只有上述一种情况。从企业和银行双方来看，未达账项可分为如下两类：一类是企业已经入账而银行尚未入账的款项；另一类是银行已经入账而企业尚未入账的款项。具体包括以下四种情况（如图 9-5 所示）。

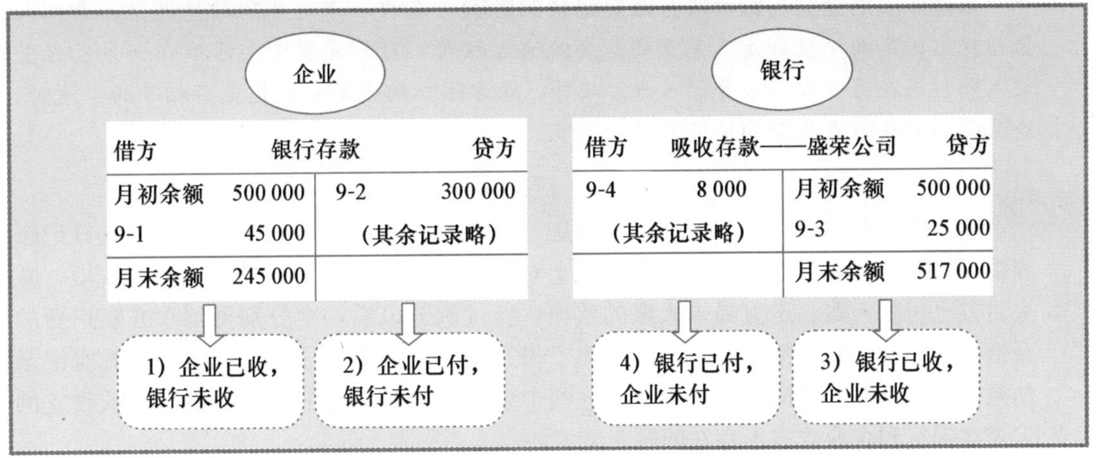

图 9-5　未达账项的类型

1）企业已收，银行未收。即企业已收款入账，而银行尚未收款入账的款项。

例 9-1

12 月 29 日，盛荣公司收到购货方开具的用于支付货款 45 000 元的转账支票一张。企业已记银行存款增加，但企业尚未到银行办理转账手续，银行尚未记企业存款增加。

2）企业已付，银行未付。即企业已付款记账，而银行尚未付款记账的款项。

例 9-2

12 月 29 日，盛荣公司开出转账支票 300 000 元支付购料款，但持票人尚未到银行办理转账手续。企业已记银行存款减少，但银行尚未记企业存款减少。

3）银行已收，企业未收。即银行已收款入账，而企业尚未收款入账的款项。

例 9-3

12 月 30 日，银行受盛荣公司委托收回某购货企业汇来的购货款 25 000 元。银行已记企业存款增加，但收款通知还没有送达企业，企业尚未记银行存款增加。

4）银行已付，企业未付。即银行已付款记账，而企业尚未付款记账的款项。

例 9-4

12 月 31 日，根据企业与银行双方预先达成的协议，银行从盛荣公司的存款中支付其应缴纳的水电费 8 000 元给水电管理部门，但企业尚未接到付款通知。银行已记企业存款减少，但企业尚未记银行存款减少。

假定除以上未达账项的四种情况外，其他账项的登记在企业与银行双方是相同的，也不应存在其他方面的错账。

特别提示

未达账项对企业与银行双方账户记录的影响 在存在未达账项的情况下，企业与银行双方的账面记录都是不完整的。企业通过核对，可以发现哪些账项在一方已经登记入账，而在另一方尚未登记入账。此外，双方账户的余额也肯定是不相等的。这时，企业需编制银行存款余额调节表进行调节。

(4) 银行存款余额调节表的编制方法。先在该表中分别抄入企业银行存款日记账和银行对账单在对账日的余额，之后加上对方已收款入账、本方尚未入账的款项，减去对方已付款入账、本方尚未入账的款项。经过调节以后，会分别得到双方账户新的余额。调节以后的余额就是假定在消除了未达账项因素影响之后双方账户的真实记录结果。在不存在其他问题的情况下，这两个余额应当是相等的，说明银行存款收支的记录在银行和企业双方不存在问题。

例 9－5

盛荣公司 12 月 31 日接到开户银行转来的对账单，余额为 517 000 元；当日企业银行存款日记账的余额为 245 000 元。经核对，发现有 4 笔未达账项（见例 9－1 至例 9－4），编制银行存款余额调节表，该表的基本编制方法如图 9－6 所示。

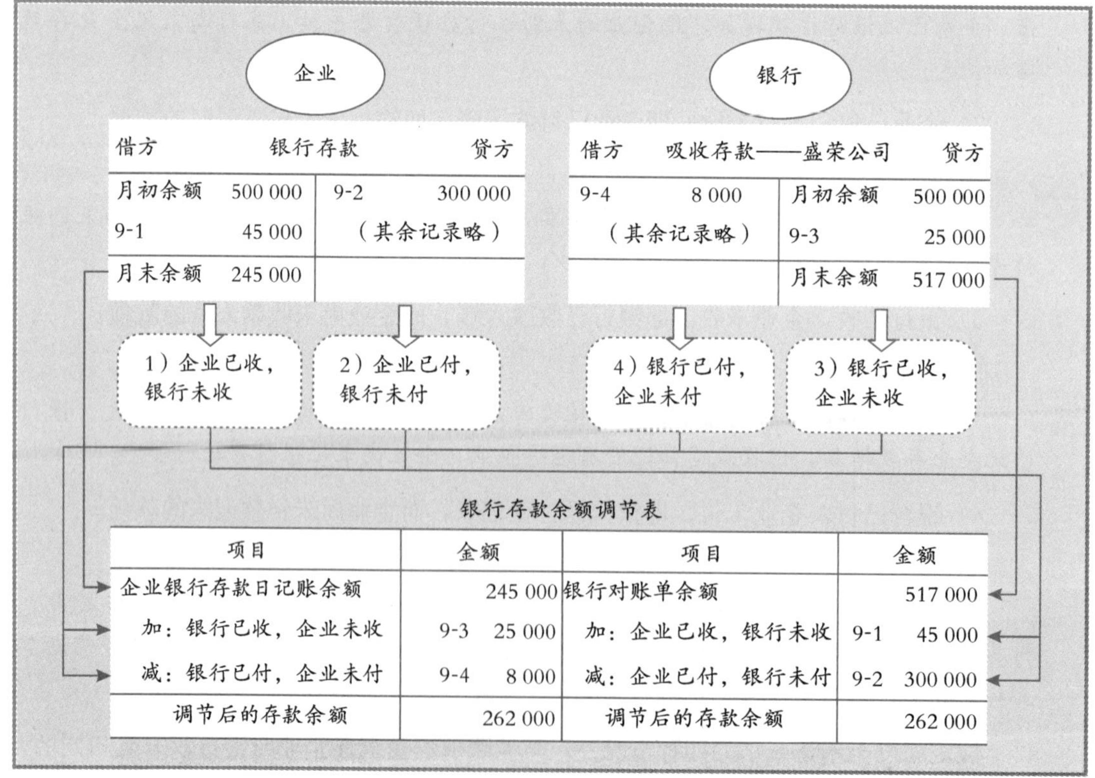

项目	金额	项目	金额
企业银行存款日记账余额	245 000	银行对账单余额	517 000
加：银行已收，企业未收	9-3 25 000	加：企业已收，银行未收	9-1 45 000
减：银行已付，企业未付	9-4 8 000	减：企业已付，银行未付	9-2 300 000
调节后的存款余额	262 000	调节后的存款余额	262 000

图 9－6 银行存款余额调节表的基本编制方法

(5) 关于银行存款余额调节表的注意要点。第一，银行存款余额调节表不能作为调整账户记录的原始凭证。编制该调节表只是进行存款记录完整性核对的一种技术方法，只能起到对账的作用，不能根据该表调整企业银行存款日记账的账面记录。对于未达账项，应在以后实际收到有关结算凭证时，再据其登记银行存款日记账。第二，调节后的存款余额是企业可以实际使用的银行存款。在银行存款余额调节表上尽管有几个余额指标，但在调节前双方的账面余额都不是企业银行存款的真实余额，只有经过调节后的余额才是企业在银行存款的真实余额，也是企业可以实际动用的银行存款数。

9.2.2　存货清查的内容及方法

1. 存货清查的内容

在产品生产企业，存货是指企业购入的准备用于产品生产的原料和材料、处于生产过程中的在产品，以及生产完工但暂未销售的产成品，主要包括原材料、在产品（生产成本）和库存商品等。存货清查的目的在于查明各种存货的实际结存数量与其账面结存数量是否相符。由此可见，存货结存数量是存货清查需要解决的关键，而存货结存数量的确定方法与企业采用的存货盘存制度有密切关系。

2. 存货盘存制度

存货盘存制度是指企业用以确定原材料和库存商品等结存数量的方法。进行存货资产的清查时，首先应对各种存货进行清查盘点确定其实有数量，之后才可能将该实有数量与该存货账户中记录的结存数量相互核对，进而查明账实是否相符。企业存货的品种较多，收发也较为频繁，受各种因素的影响极易发生流失或毁损等情况，应采用科学的方法对存货结存数量加以确定。在实务中，存货盘存制度有永续盘存制和实地盘存制两种。

(1) 永续盘存制。也称账面盘存制，是一种通过设置存货明细分类账，逐笔登记存货的收入数量和发出数量，并可随时结出存货结存数量的方法。

1) 永续盘存制确定期末存货结存数量的基本做法。采用这种方法时，对存货的收入（增加）和发出（减少），平时都要在账簿中连续记录，根据账面记录可以随时计算出存货的账面结存数量，如图 9-7（资料见第 8 章的表 8-5）所示。

永续盘存制的特点是：通过账面记录反映和控制存货的结存数量。在这种方法下，对各种存货的账面结存数量不仅在平时可以随时结出，在会计期末也很容易计算求得。但是，采用永续盘存制的企业，由于受收发计量不准确、存货非正常原因减少等各种因素的影响，存货的账面结存数量与其实际结存数量之间很可能存在不符。因此，在永续盘存制下，也需要对存货进行定期或不定期的清查，盘点确定存货的实际结存数量，与账面结存数进行比对，确定存货的账实是否相符。如果账实不符，则需查明账实不符的原因，并按照规定方法进行处理，以保证账实完全相符。

2) 永续盘存制下期末结存存货成本的确定。在会计上对存货进行实物数量核算，对某些资产而言是十分重要的。但是，会计管理的性质决定了对存货还需要进行价值量的核算。企业在会计期末确定了存货结存数量的基础上，还应采用一定方法确认结存存货的成本。在实务中，期末结存存货实际成本的计算应分以下两种情况进行。

a. 同一种存货各入库批次的单位成本一致。这种情况是指某种存货（如购入的某种原材料，或生产出来的某种库存商品）虽然其验收入库的时间有先有后，但各批次

材料名称：甲材料　　　　数量单位：千克　金额单位：元

2018年		凭证号	摘要	单价	借方		贷方		余额	
月	日				数量	金额	数量	金额	数量	金额
12	1		月初余额	19.40					4 000	77 600
	7	转×	本月发出				1 500		2 500	
	5	转×	本月购入	20.60	2 000	41 200			4 500	
	5	转×	本月发出				4 000		500	
	31		合计		2 000	41 200	5 500		500	

可随时结出存货的结存数量

或在期末时采用下列公式计算：
期末存货结存数量＝账面期初结存数量＋本期增加合计数－本期减少合计数

图9－7　在永续盘存制下确定期末存货结存数量的基本做法

的单位成本（如该种材料各批次的单位采购成本，或该种库存商品各批次的单位生产成本）是一样的。在这种情况下，不论是本期发出的存货，还是期末结存的存货，在单位成本上是没有差异的。因此，期末结存存货的实际成本就可以按照下列公式计算：

某种期末存货成本＝该存货单位成本×该存货数量

b. 同一种存货各入库批次的单位成本不一致。这种情况是指同一种存货由于采购或生产时间的不同，各批次的单位成本也不完全一样。例如，同样是甲材料，由于采购时间、地点和运输方式不同，各批次的单位成本也可能会有较大差别，这种情况直接影响到期末结存存货成本的确定。当同一种存货各入库批次的单位成本不一致时，其期末结存成本应采用以下公式计算（如图9－8所示）。

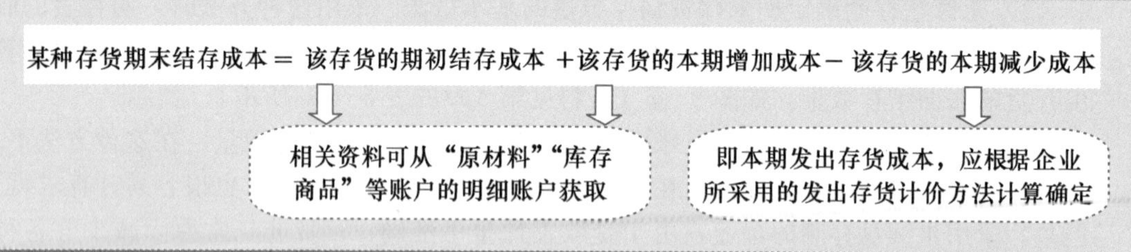

图9－8　同一种存货各批次单位成本不一致时计算其期末结存成本的基本方法

在图9－8中，存货本期减少成本的计算是至关重要的一环，而存货本期减少成本的计算与企业所采用的发出存货计价方法有着直接关系，必然会用到在上一章已经学习的先进先出法、全月一次加权平均法和个别计价法。已知在不同计价方法下计算出来的本期发出存货的成本各不相同，因而期末存货的结存成本也会有所不同。

例9－6

根据第8章中采用不同计价方法计算出来的本月发出甲材料成本的举例资料（分别见表8－6、表8－7和表8－8），计算期末结存成本。计算结果分别见表9－2、表9－3和表9－4“余额”栏中的“金额”栏数字。

表9-2　　先进先出法下甲材料月末结存成本的计算确定

数量单位：千克
金额单位：元

材料名称：甲材料

2018年		凭证号	摘要	单价	借方		贷方		余额	
月	日				数量	金额	数量	金额	数量	金额
12	1		月初余额	19.40					4 000	77 600
	7	转×	本月发出				1 500	29 100		
	15	转×	本月购入	20.60	2 000	41 200				
	25	转×	本月发出				4 000	79 400		
	31		合计		2 000	41 200	5 500	108 500	500	10 300

表9-3　　全月一次加权平均法下甲材料月末结存成本的计算确定

数量单位：千克
金额单位：元

材料名称：甲材料

2018年		凭证号	摘要	单价	借方		贷方		余额	
月	日				数量	金额	数量	金额	数量	金额
12	1		月初余额	19.40					4 000	77 600
	7	转×	本月发出				1 500			
	15	转×	本月购入	20.60	2 000	41 200				
	25	转×	本月发出				4 000			
	31		合计		2 000	41 200	5 500	108 900	500	9 900

表9-4　　个别计价法下甲材料月末结存成本的计算确定

数量单位：千克
金额单位：元

材料名称：甲材料

2018年		凭证号	摘要	单价	借方		贷方		余额	
月	日				数量	金额	数量	金额	数量	金额
12	1		月初余额	19.40					4 000	77 600
	7	转×	本月发出				1 500	29 100		
	15	转×	本月购入	20.60	2 000	41 200				
	25	转×	本月发出				4 000	80 000		
	31		合计		2 000	41 200	5 500	109 100	500	9 700

对比以上账户记录的余额可见，采用一定的发出存货计价方法计算确定的本月发出存货成本越高，期末结存存货的成本越低，反之则越高，足见发出存货计价方法的选用对期末存货结存成本的重要影响。

特别提示

由于在先进先出法下是假定先入库的材料尽先发出，因而在期末时，后入库的材料就会被结存下来，期末结存材料的成本也应当是后入库材料的成本。由表9-2可见，月末结存的500千克就是本月新购入批次的甲材料；月末结存成本10 300元恰好是库存的本月新购入批次的甲材料500千克的实际成本：20.60×500=10 300元。而在全月一次加权平均法下，期末结存材料的成本则不受材料入库批次的影响（见表9-3）。

3）永续盘存制的优缺点及适用范围。永续盘存制的优点有：a. 便于随时掌握各种财产的拥有情况及其动态。在存货明细分类账中，可以随时反映各种存货的收入、发出和结存情况，并能进行数量和金额的双重控制。b. 有利于企业加强对财产物资的管理。明细分类账的结存数量可以与实际盘存数进行核对，如发现差异可以及时查明原因并予以处理。c. 有利于实施对存货的即时控制。可将存货明细分类账的结存数量与其预定储备限额进行比较，及时反映库存不足或积压等情况，便于及时采取相应的解决措施。在实务中，永续盘存制为绝大多数企业所采用。这种方法的缺点是存货明细分类核算工作量较大，需要较多的人力和费用。另外，这种方法会出现存货的账实不符，需要对存货进行清查，以保证存货账实相符。

（2）实地盘存制。实地盘存制也是确定期末存货结存数量的基本方法之一，但其具体做法与永续盘存制有着较大不同。

1）实地盘存制确定存货期末结存数量的基本做法。实地盘存制是在会计期末时通过实地盘点确定存货结存数量，并据以计算本期发出存货成本和期末结存存货成本的一种方法。

采用实地盘存制时，也需要设置有关存货的明细分类账，在账户中登记其月初结存数量，平时只登记存货的收入数（增加数），不登记存货的发出数（减少数），月末时，先通过实地盘点确定存货的结存数量，再采用倒推的方法计算确定本月存货的发出数，并登记入账。对实地盘存制的基本方法可结合图9－9加以理解。

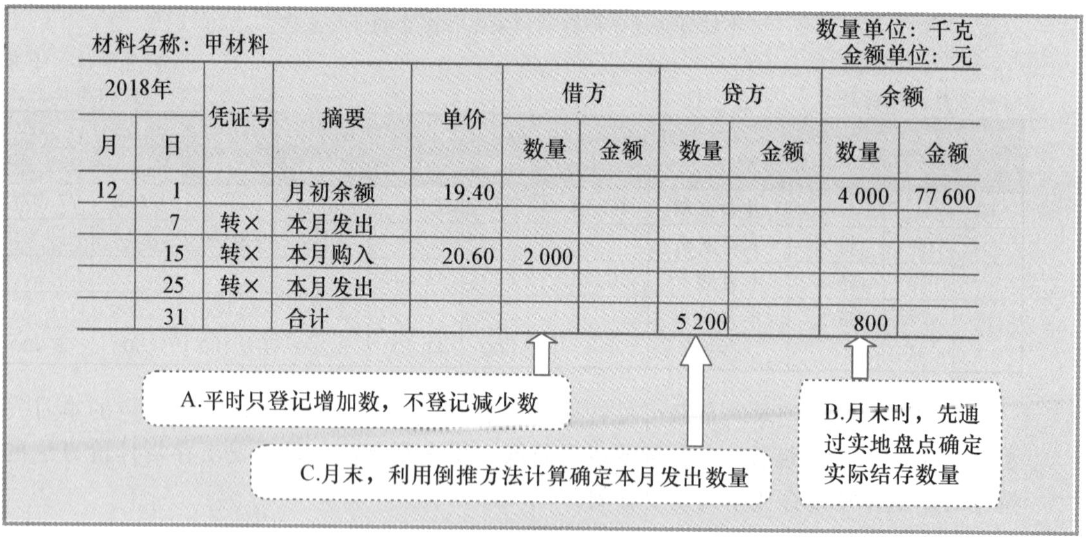

材料名称：甲材料

数量单位：千克
金额单位：元

2018年		凭证号	摘要	单价	借方		贷方		余额	
月	日				数量	金额	数量	金额	数量	金额
12	1		月初余额	19.40					4 000	77 600
	7	转×	本月发出							
	15	转×	本月购入	20.60	2 000					
	25	转×	本月发出							
	31		合计				5 200		800	

A.平时只登记增加数，不登记减少数

B.月末时，先通过实地盘点确定实际结存数量

C.月末，利用倒推方法计算确定本月发出数量

图9－9　实地盘存制下确定存货期末结存数量的基本方法

显然，在实地盘存制下，存货的结存数量并不是通过账簿的记录计算求得，而是到月末进行实地盘点后确定。存货的发出数也不是通过账簿的记录及时反映的，而是在月末时根据月初结存数量与本月增加数之和减去经过实地盘点得到的实际结存数量倒推计算出来的。采用实地盘存制，一般情况下，企业不会出现存货的账实不符。

2）实地盘存制下计算发出存货成本和期末结存成本的方法。在实地盘存制下，由于各种存货的结存数量和当月发出数只有在月末时才能得以确认，因而发出存货成本的计算只能放在月末进行。在实地盘存制下，对发出存货成本的计算同样取决于企业所采用的发出存货计价方法。在计算确定本期发出存货成本的基础上，期末存货的结存成本采用图 9－8 中的公式计算即可，此处不再赘述。

3）实地盘存制的优缺点及适用范围。实地盘存制的优点有：a. 可以减轻平时登记账户的工作量，存货成本计算的工作量也会大大减少；b. 方法比较简单，易于掌握。缺点有：a. 不能随时反映存货的增减变动情况和结存数量及结存成本，对财产物资的减少缺乏严密的管理手续。b. 采用倒推方法计算出来的存货减少数中可能存在一些非正常因素，不利于加强对存货资产的管理与控制。实地盘存制一般只用于对那些品种多、价值低、收发比较频繁、数量不稳定、损耗大且难以控制的存货的盘点。

3. 存货清查的方法

进行存货清查的基本做法是实地盘点法。由于存货的实物形态和存放或使用方式等各不相同，因此对其进行实地盘点的做法也有所不同。具体方法有：（1）全面盘点法。就是对企业的所有存货通过点数、过磅和丈量等方法确定其实有数量。一般用于原材料、包装物、在产品和库存商品等存货的清查。（2）技术推算法。是指利用技术推断方法确定存货实有数量的一种方法。一般用于零散堆放的大宗材料等存货的清查。（3）抽样盘存法。是指采用抽取一定数量样品的方式确定存货实有数量的一种方法。一般用于数量比较多、重量和体积等都比较均衡的存货的清查。（4）函证核对法。是指采用向对方发函的方式对存货的实有数进行确定的一种方法。一般用于委托外单位加工或保管存货的清查。将实地盘点或核对的结果分别与其账面的结存数量进行核对，可以确定存货的账实是否相符。

4. 存货清查的手续

进行存货资产的清查应填写盘存单和实存账存对比表。盘存单是在存货清查过程中填写的单据，反映的是存货的实存数量，填写盘存单是为与各种存货的账面数量进行核对提供依据。实存账存对比表是在将盘存单上的实存数量与账面数量核对以后，根据存货账实不符的情况填制的单据。盘存单和实存账存对比表的一般格式及内容如表 9－5 和表 9－6 所示。

表 9－5　　　　　　盘存单

单位名称：　　　　　　盘点时间：　　　　　　编号：

财产类别：　　　　　　存放地点：

序号	名称	规格型号	计量单位	实存数量	单价	金额	备注

表9-6 实存账存对比表

单位名称： 年 月 日

财产名称	实存数量	账存数量	实存与账存对比		备注
			盘盈	盘亏	
	（盘点后确认的实际数量）	（账面上的现有数量）	（实存数量大于账面数量之差）	（实存数量小于账面数量之差）	

盘点人签章： 保管人员签章：

特别提示

盘存单及实存账存对比表的作用 盘存单反映的只是各种存货的实存数量，不能作为调整账面记录的依据。实存账存对比表列示了存货在清查中发现的问题，因而是进行存货清查结果处理的重要原始凭证，可作为调整有关存货账面记录的依据。

9.2.3 固定资产清查的内容及方法

1. 固定资产清查的内容

在产品生产企业，固定资产清查的内容主要包括：企业购建的用于产品生产或经营管理的房屋、建筑物以及各种设备等。清查的目的是保证各种固定资产的实际结存数量与其账面结存数量完全相符。

2. 固定资产清查的方法

固定资产清查的基本方法是实地盘点法，一般采用全面盘点法。将通过实地盘点得到的各种固定资产的实有数量分别与其账面的结存数量进行核对，借以确定账实是否相符。

3. 固定资产清查的手续

进行固定资产清查也应填写盘存单和实存账存对比表。盘存单是在固定资产清查过程中填写的，反映固定资产的实存数量，目的是为与各种固定资产账面数的核对提供依据。实存账存对比表是将盘存单上的实存数量与账面数量核对以后，根据固定资产账实不符的情况填制的单据。盘存单和实存账存对比表的格式可参见表9-5和表9-6。

9.2.4 往来款项清查的内容及方法

1. 往来款项清查的内容

往来款项是指企业的各种应收款项、预付款项、应付款项和预收款项等，其中前两项属于企业的债权，后两项属于企业的债务。对往来款项进行清查的目的主要是保证各种往来款项的实际状况与其账面记录完全相符。

2. 往来款项清查的方法

对各种往来款项的清查一般应采用询证核对法。即由企业根据有关账户记录的情况，开具往来款项对账单，寄发或派人送交对方，与债务人或债权人进行核对，以确定账面记录与实际情况是否相符。

3. 往来款项清查的手续

清查时，应根据企业的债权和债务情况，填写往来款项对账单，交由对方进行核对，并由核对方提出确认或不确认的意见。往来款项对账单的基本格式及内容如表 9－7所示。

表 9－7　　往来款项对账单的基本格式及内容

往来款项对账单

G 公司：

你单位 2018 年 8 月购入我单位 M 产品 20 件，总货款为 232 000 元，已付 200 000 元，尚有 32 000 元未付，请核对后将回联单寄回。

核查单位：盛荣公司（盖章）
2018 年 12 月 25 日

沿此虚线裁开，将以下回联单寄回。

往来款项对账单（回联）

盛荣公司：

你单位寄来的往来款项对账单已收到，经核对无误。

G 公司（盖章）
2018 年 12 月 30 日

9.3 财产清查的结果与处理

9.3.1 财产清查结果处理的原则与步骤

1. 财产清查结果的基本含义

财产清查结果一般是指企业在经过清查以后所确认的各种财产的账面结存数量与其实际结存数量之间的差额，即盘盈或盘亏，体现为账实不符。债权债务的清查结果是指在清查中发现的无法收回的应收账款或无法支付的应付账款等，体现为这些款项的账面记录与其实际状况不符。财产清查结果处理是指对以上清查结果进行的账务处理。对财产清查结果的内容可结合图 9－10 加以理解。

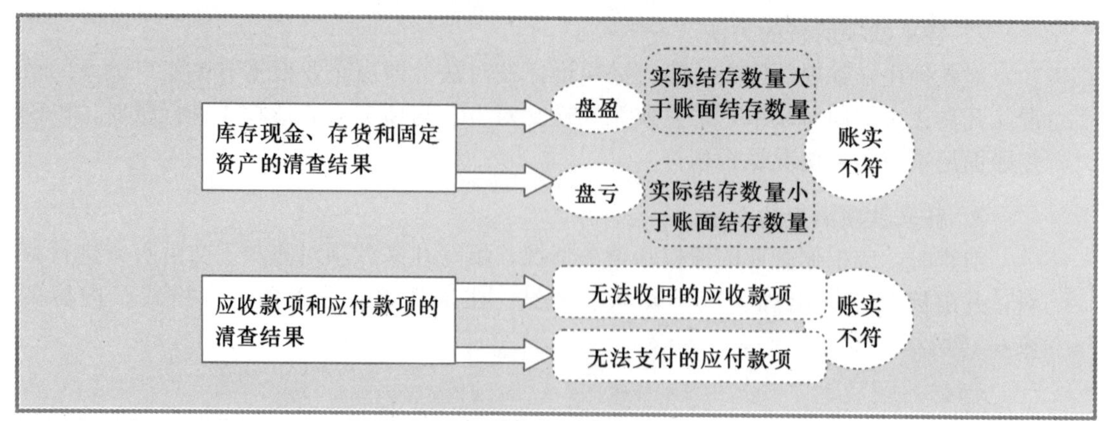

图 9－10 财产清查的结果

货币资产和实物资产的清查结果具体包括对企业的库存现金、库存材料、库存商品和房屋及设备等进行清查的结果，不包括在银行存款清查过程中发现的未达账项。债权和债务的清查结果，是指企业在财产清查中确认的债务人所拖欠的应收账款发生的坏账，以及企业应当偿还但无法向债权人支付的款项。对债权和债务的清查结果，需采用不同于货币资产和实物资产清查结果的账务处理方法。

2. 对财产清查结果的处理原则

（1）对财产清查中盘盈资产的处理原则。对于存货的盘盈，应冲减清查当期的管理费用；对于固定资产的盘盈，应作为前期差错进行以前年度损益调整。

（2）对财产清查中盘亏资产的处理原则。对于存货的盘亏，属于自然损耗产生的定额内合理损耗的，应计入企业本期的管理费用（增加）；属于超定额短缺的，如能确定过失人的应由过失人赔偿，属于保险责任范围的应向保险公司索赔，扣除过失人赔偿、保险赔款和残料价值后的其余部分，应计入清查当期的管理费用（增加）；属于非常损失造成的实物资产的毁损等，属于保险责任范围的应向保险公司索赔，扣除保险赔款和残料价值后的其余部分，计入清查当期的营业外支出。对于固定资产的盘亏应计入清查当期的营业外支出。

（3）对在财产清查中发现的坏账及无法支付款项的处理原则。对于确实无法收回的应收账款，应冲减已经提取的坏账准备；对由于收款方已不存在等原因而确实无法支付给债权人的应付款项，应转作企业的营业外收入。

3. 财产清查结果处理的主要步骤

对在财产清查中发现的盘盈和盘亏，应按以下步骤进行处理：

（1）核准盈亏金额，提出处理意见。财产清查结束以后，清查人员要核准盈亏金额，查明盈亏的性质和原因，据实提出处理意见，并报告给单位负责人或有关部门。

（2）调整账簿记录，做到账实相符。会计人员根据财产清查的有关原始凭证调整账簿记录，做到账实相符。同时，将发生的盘盈和盘亏在专门的账户中记录，以待处理。

（3）报经批准以后，核销盘盈盘亏。会计人员应根据单位负责人或有关部门的批准意见，将待处理的盘盈和盘亏等予以转销。

对在财产清查中发现的坏账及无法支付的款项，应根据上述处理原则进行账务处理。

9.3.2 财产清查结果的账务处理

1. 库存现金清查结果的账务处理

（1）账户设置。进行库存现金清查结果的账务处理，主要设置“待处理财产损溢”账户。此外，库存现金清查结果的账务处理还要涉及“库存现金”和“其他应收款”等账户。这里重点介绍“待处理财产损溢”账户。

“待处理财产损溢”账户。资产类账户，用以核算企业在财产清查过程中查明的各种财产的盘盈、盘亏和毁损的价值及其处理情况。该账户借方登记各项财产的盘亏或毁损数和盘盈财产报经批准后的转销数；贷方登记各项财产（固定资产除外）的盘盈和盘亏或毁损报经批准后的转销数。我国的《企业会计准则——应用指南》规定，对于企业的待处理财产损溢应及时查明原因，在期末结账前处理完毕，处理后该账户应无余额。该账户应分别按盘盈、盘亏资产的种类和项目设置明细分类账户，进行明细分类核算。

特别提示

“待处理财产损溢”账户的重要作用 该账户是对货币资产和实物资产清查结果进行账务处理时采用的一个非常重要的账户，不仅在库存现金清查结果的账务处理中要用到，而且在库存材料和库存商品以及固定资产等清查结果的账务处理中也要用到。但应收款项和应付款项清查结果的账务处理不通过该账户。

进行库存现金盘盈、盘亏账务处理的基本做法是：当库存现金盘盈时，应记入“库存现金”账户的借方，以保证账实相符，同时记入“待处理财产损溢”账户的贷方，等待批准处理；当库存现金盘亏时，应记入“库存现金”账户的贷方，以保证账实相符，同时记入“待处理财产损溢”账户的借方，等待批准处理。经批准后，对库存现金盘盈和盘亏，应根据其产生的原因采取不同的处理方法。一般来说，对于无法查明原因的库存现金盘盈，经批准后可记入“营业外收入”账户，同时，记入“待处理财产损溢”账户的借方；对于已经查明原因应付给其他单位或个人的库存现金盘盈，应记入“其他应付款”账户，并记入“待处理财产损溢”账户的借方；对于库存现金的盘亏，如果应由责任人（一般为出纳员）赔偿的，应记入“其他应收款”账户，同时，记入“待处理财产损溢”账户的贷方。

为对库存现金清查结果进行账务处理设置的账户及有关账户之间的对应关系如图9-11所示。

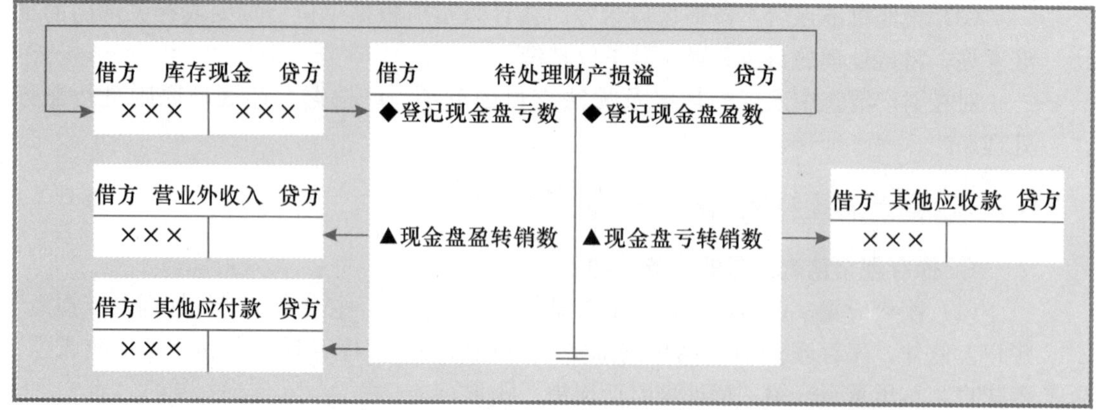

图9-11 库存现金清查结果账务处理的账户设置及其对应关系

特别提示

“待处理财产损溢”账户的双重性质 该账户核算的内容具有盘盈和盘亏两种截然不同的经济性质，这决定了该账户是一个双重性质账户。在对财产清查结果进行账务处理时，大多数情况下要用到这个账户。在后续内容中涉及这个账户时，对其结构不再详述，只介绍与该账户有关的核算内容的变化。待将所有财产清查结果账务处理的内容学完以后，学习者应当对“待处理财产损溢”账户有一个总体上的把握。

（2）账务处理。现举例说明库存现金清查结果的账务处理。

例9-7

盛荣公司在库存现金清查中发现长款（盘盈）200元。反复核查未查明原因，经批准转作企业的营业外收入。

（1）对发现的库存现金盘盈首先应调整账簿记录，做到账实相符。应填制收款记账凭证，会计分录为：

借：库存现金　　200
　贷：待处理财产损溢　　200

（2）经批准后转作企业的营业外收入，对盘盈进行转销。应填制转账记账凭证，会计分录为：

借：待处理财产损溢　　200
　贷：营业外收入　　200

例9-8

盛荣公司在库存现金清查中发现短款（盘亏）300元。经查，属于出纳员的保管责任，应由出纳员赔偿。

（1）对发现的库存现金盘亏首先应调整账簿记录，做到账实相符。应填制付款记账凭证，会计分录为：

借：待处理财产损溢　　300
　贷：库存现金　　300

（2）经批准后由出纳员赔偿。应填制转账记账凭证，会计分录为：

借：其他应收款　　300

　贷：待处理财产损溢　　300

库存现金清查结果在总分类账户中的记录情况如图 9－12 所示。

借方	待处理财产损溢		贷方
9-7	200	9-7	200
9-8	300	9-8	300

借方	库存现金		贷方
	×××	9-8	300
9-7	200		

借方	营业外收入		贷方
		9-7	200

借方	其他应收款		贷方
9-8	300		

图 9－12　库存现金清查结果在总分类账户中的记录情况

2. 存货清查结果的账务处理

存货清查结果的账务处理主要包括在财产清查中发现的库存材料、库存商品的盘盈和盘亏的账务处理。

（1）账户设置。存货清查结果的账务处理也主要通过“待处理财产损溢”账户进行，此外还涉及“原材料”“库存商品”等账户。存货清查结果账务处理的账户设置及其对应关系如图 9－13 所示。

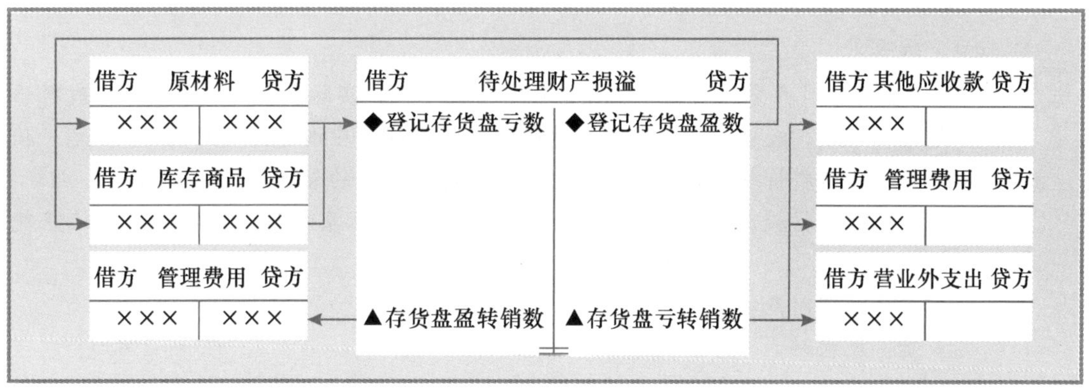

图 9－13　存货清查结果账务处理的账户设置及其对应关系

（2）账务处理。现举例说明存货清查结果的账务处理。

例 9－9

盛荣公司在对存货的清查中，发现盘盈钢材 1 000 千克，实际成本为 2 000 元。经查，是由收发材料时量具不准确造成的。经批准，冲减企业的管理费用。

（1）对发现的材料盘盈首先应调整账簿记录，做到账实相符。应填制转账记账凭证，会计分录为：

借：原材料　　2 000

　贷：待处理财产损溢　　2 000

（2）经批准，冲减企业的管理费用。应填制转账记账凭证，会计分录为：

借：待处理财产损溢　　2 000

　贷：管理费用　　2 000

例9－10

盛荣公司在对存货的清查中，发现盘亏丙材料10千克，实际成本为500元。经查，属于定额内的合理损耗。经批准，增加企业的管理费用。

（1）对发现的材料盘亏首先应调整账簿记录，做到账实相符。应填制转账记账凭证，会计分录为：

借：待处理财产损溢　　500

　贷：原材料　　500

（2）经批准，增加企业的管理费用。应填制转账记账凭证，会计分录为：

借：管理费用　　500

　贷：待处理财产损溢　　500

特别提示

存货跌价准备和应交增值税进项税额转出的处理　在实务中，在对存货清查结果的账务处理过程中，通常涉及对存货已计提的存货跌价准备和应交增值税进项税额转出的处理。为讨论问题简便起见，例9－10的账务处理未涉及这两方面的内容。

例9－11

盛荣公司在对存货的清查中发现盘亏丁材料一批，实际成本为1 800元。残料作价100元验收入库。经查，属于过失人造成的材料毁损，应由过失人赔偿1 000元。扣除过失人赔偿和残料价值后，其余700元经批准计入企业的管理费用。

（1）对发现的材料盘亏首先应调整账簿记录，做到账实相符。应填制转账记账凭证，会计分录为：

借：待处理财产损溢　　1 800

　贷：原材料　　1 800

（2）对残料验收入库部分，应填制转账记账凭证，会计分录为：

借：原材料　　100

　贷：待处理财产损溢　　100

（3）经批准后，对由过失人赔偿部分，应填制转账记账凭证，会计分录为：

借：其他应收款　　1 000

　贷：待处理财产损溢　　1 000

（4）经批准后，对净损失部分计入企业的管理费用。应填制转账记账凭证，会计分录为：

借：管理费用　　700

　贷：待处理财产损溢　　700

例 9-12

盛荣公司在对存货的清查中发现盘亏丙材料一批，实际成本为 9 000 元。经查明是属于自然灾害造成的毁损。假定没有残料收回。经批准，计入企业的营业外支出。

（1）对发现的材料盘亏首先应调整账簿记录，做到账实相符。应填制转账记账凭证，会计分录为：

借：待处理财产损溢	9 000	
贷：原材料		9 000

（2）经批准后，计入企业的营业外支出。应填制转账记账凭证，会计分录为：

借：营业外支出	9 000	
贷：待处理财产损溢		9 000

存货清查结果在总分类账户中的记录情况如图 9-14 所示。

借方　待处理财产损溢　贷方

日期	借方金额	日期	贷方金额
9-9	2 000	9-9	2 000
9-10	500	9-10	500
9-11	1 800	9-11	100
9-12	9 000	9-11	1 000
		9-11	700
		9-12	9 000

借方　原材料　贷方

日期	借方金额	日期	贷方金额
	×××	9-10	500
9-9	2 000	9-11	1 800
9-11	100	9-12	9 000

借方　管理费用　贷方

日期	借方金额	日期	贷方金额
9-10	500	9-9	2 000
9-11	700		

借方　其他应收款　贷方

日期	借方金额	日期	贷方金额
9-11	1 000		

借方　营业外支出　贷方

日期	借方金额	日期	贷方金额
9-12	9 000		

图 9-14　存货清查结果在总分类账户中的记录情况

3. 固定资产清查结果的账务处理

固定资产清查结果的账务处理主要包括处理固定资产在清查中发现的盘亏和盘盈。

（1）账户设置。进行固定资产盘亏的账务处理，应通过“待处理财产损溢”账户进行。根据我国《企业会计准则——应用指南》的规定，固定资产的盘盈应作为前期差错处理（对这部分内容本书不展开探讨），而不再记入“待处理财产损溢”账户。

在固定资产盘亏的账务处理中，还会涉及盘亏固定资产已提折旧额等的处理问题，即在进行有关账户的账面调整时，一方面要按盘亏固定资产的原价记入“固定资产”账户的贷方（减少数）；另一方面要按该固定资产已提取的折旧额记入“累计折旧”等账户的借方（减少数），以转销已经在企业中消失的盘亏固定资产的所有账面记录资料。

固定资产盘亏账务处理的账户设置及其对应关系如图 9-15 所示。

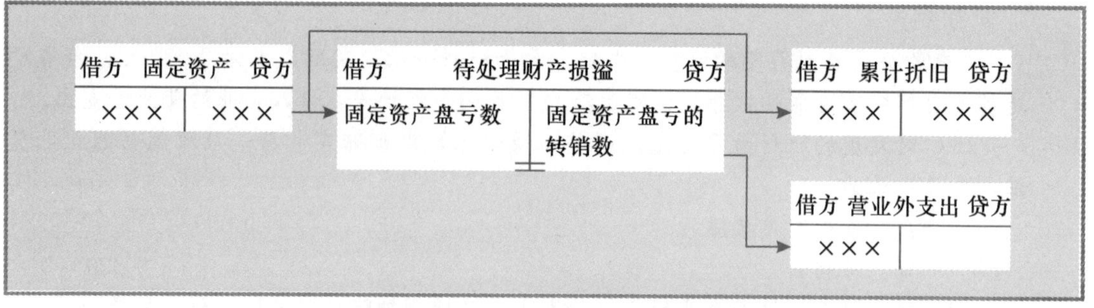

图 9-15 固定资产盘亏账务处理的账户设置及其对应关系

（2）账务处理。下面举例说明固定资产清查结果的账务处理。

例 9-13

盛荣公司在对固定资产的清查中发现设备盘亏一台，其账面原价为 100 000 元，累计折旧为 30 000 元。经查明属于非人为原因所致。盘亏净额为 70 000 元，其中 65 000元应由保险公司赔付，另 5 000 元经批准转为营业外支出。

（1）对发现的固定资产盘亏首先应调整账簿记录。应填制转账记账凭证，会计分录为：

借：待处理财产损溢　　70 000
　　累计折旧　　30 000
　贷：固定资产　　100 000

（2）对应由保险公司赔付和经批准转为营业外支出的部分，应填制转账记账凭证，会计分录为：

借：其他应收款　　65 000
　　营业外支出　　5 000
　贷：待处理财产损溢　　70 000

特别提示

“累计折旧”账户余额的转销　提取固定资产折旧时贷记“累计折旧”账户，即累计折旧额的增加。当固定资产盘亏时，一方面应将固定资产原值从“固定资产”账户转销；另一方面对该固定资产的已提折旧额也应一并转销，即借记“累计折旧”账户。

另外，在对固定资产的盘亏进行账务处理时，也涉及对已计提固定资产减值准备的处理。为简便起见，举例中未涉及这方面的内容。

例 9-14

盛荣公司在对固定资产的清查中发现盘亏设备一台，其账面原价为 210 000 元，累计折旧为 40 000 元。经查明属于自然灾害造成的毁损，假定没有残值。经批准，转作企业的营业外支出。

（1）对发现的固定资产盘亏首先应调整账簿记录，做到账实相符。应填制转账记账凭证，会计分录为：

借：待处理财产损溢　　170 000
　　累计折旧　　40 000
　贷：固定资产　　210 000

（2）经批准转作企业的营业外支出。应填制转账记账凭证，会计分录为：

借：营业外支出　　170 000
　贷：待处理财产损溢　　170 000

固定资产盘亏处理在总分类账户中的记录情况如图 9－16 所示。

借方	待处理财产损溢		贷方
9-13	70 000	9-13	70 000
9-14	170 000	9-14	170 000

借方	固定资产		贷方
	×××	9-13	100 000
		9-14	210 000

借方	其他应收款		贷方
9-13	65 000		

借方	累计折旧		贷方
9-13	30 000		
9-14	40 000		

借方	营业外支出		贷方
9-13	5 000		
9-14	170 000		

图 9－16　固定资产盘亏处理在总分类账户中的记录情况

4. 往来款项清查结果的账务处理

往来款项清查结果的账务处理主要是指应收账款和应付账款清查结果的账务处理。

（1）应收账款清查结果的账务处理。企业在财产清查中发现债务人已经破产清算，或确实没有还债能力，原来所欠的款项就有可能全部或部分收不回来，由此会给企业造成损失，这种损失在会计上称为坏账损失。应收账款清查结果的处理主要是对坏账损失进行账务处理。

1）处理方法。企业对坏账损失应采用备抵法进行处理。在备抵法下，应按期（一般在每年年末）估计可能发生的坏账损失，采用一定方法计提坏账准备，并计入当期信用减值损失；当确认发生坏账时，可根据确认的实际坏账金额转销（冲减）上一年度已经提取的坏账准备。企业估计坏账损失的方法有应收账款余额百分比法和账龄分析法等。

2）账户设置。采用备抵法时，应设置“坏账准备”账户。该账户属于资产类账户，用以核算企业坏账准备的提取和转销情况，贷方登记按企业择定的方法提取的坏账准备（增加数，提取数），借方登记根据已经确认的坏账损失金额转销的坏账准备（减少数，抵补数）。该账户的期末余额具有不确定性。在年度中（1—11 月）如为借方余额，反映企业多转销的坏账准备，表明上一年度提取的坏账准备不足，未能满足抵补实际发生的坏账损失的需要；贷方余额为已提取但尚未使用的坏账准备。年末时，经过冲销或补提处理以后，该账户应为贷方余额，即为下一年度提取的坏账准备。坏账准备冲销和补提的做法参见本章例 9－17、例 9－18。

采用备抵法处理坏账损失的账户设置及其对应关系如图 9－17 所示。

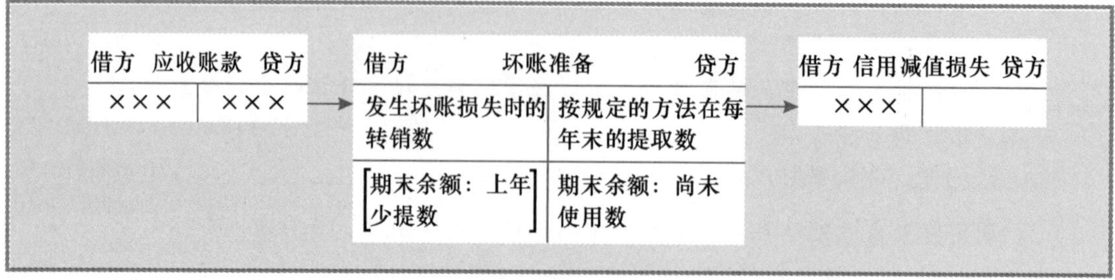

图 9－17　采用备抵法处理坏账损失的账户设置及其对应关系

特别提示

“坏账准备”账户结构的特殊性　与“累计折旧”账户一样，“坏账准备”账户也是一个结构非常特殊的资产类账户。虽为资产类账户，但由于会计核算的特殊需要，该账户应先有贷方发生额（提取数，增加数），后有借方发生额（转销数，减少数）。另外。该账户的余额方向在年中的各个月份具有不确定性，可能是贷方余额，也可能是借方余额。

备抵法采用提取坏账准备方式处理坏账损失，不高估年末应收账款的价值和当期收益，符合会计信息质量的谨慎性要求。估计各年应收账款可能发生的损失，在应收账款形成当期进行确认，使得费用（损失）与相应的收入在同一会计期间确认，符合配比原则要求。避免了把以前年度应收账款的坏账损失确认在与其无关的以后年度，而是在应该承担的期间确认相应的损失，符合权责发生制的要求。

3）账务处理。下面举例说明应收账款清查结果的账务处理。

例 9－15

盛荣公司从 2017 年起采用应收账款余额百分比法提取坏账准备，提取比例为 5%。当年年末“应收账款”账户余额为 800 000 元。

当年应提取的坏账准备为：

800 000×5%＝40 000(元)

对于提取的坏账准备，应填制转账记账凭证，会计分录为：

借：信用减值损失　　40 000

　贷：坏账准备　　40 000

例 9－16

盛荣公司 2018 年 9 月在财产清查中确认，有 30 000 元货款无法收回。经批准作为坏账损失予以转销。应填制转账记账凭证，会计分录为：

借：坏账准备　　30 000

　贷：应收账款　　30 000

以上是采用备抵法处理坏账损失的基本做法。在实务中，各年年末提取坏账准备时，既要考虑提取的基数和提取的比例等，也应考虑“坏账准备”账户年末的结余情况。例如，从例 9－15、例 9－16 的账务处理结果可以判断：2018 年年末时，该企业“坏账准备”账户有贷方余额 10 000 元（40 000－30 000），说明企业 2017 年提取的坏账准备未用完。当然，也可能会出现相反的情况。例如，假定该企业 2018 年实际发生的坏账损失为 48 000 元，“坏账准备”账户在 2018 年年末就会出现借方结余额 8 000 元（40 000－48 000），这说明企业上年提取的坏账准备未够使用。在以上两种情况下，企业在 2018 年年末提取坏账准备时，应充分考虑“坏账准备”账户余额的不同情况，采用以下公式确定当年应提取的坏账准备金额：

自第 2 年起应提取坏账准备金额＝应收账款年末余额×坏账准备提取比例±坏账准备的结余额

如果“坏账准备”账户为贷方余额，反映的是企业多提取的坏账准备，表明上一年度提取的坏账准备过多，不仅满足了抵补坏账损失的实际需要，而且还有结余。在年末计提本年的坏账准备时，应在计算确定的本年提取坏账准备金额中减去上一年度结余部分，以二者差额提取当年的坏账准备。

例 9－17

假定盛荣公司 2018 年年末应收账款余额为 700 000 元，提取坏账准备比例仍为 5%，“坏账准备”账户有贷方结余 10 000 元。

2018 年年末应提取的坏账准备为：

700 000×5%－10 000＝25 000(元)

应填制转账记账凭证，会计分录为：

借：信用减值损失　　25 000

　贷：坏账准备　　25 000

这样，2018 年年末新提取的 25 000 元与原来“坏账准备”账户贷方余额 10 000 元共计 35 000 元，这个数字应为 2018 年度所提取的坏账准备总额，即 700 000×5%＝35 000元。在本年度提取坏账准备时，从年末应提取的坏账准备中减去“坏账准备”账户本年年末贷方余额的做法称为坏账准备的冲销。

如果 2018 年年末“坏账准备”账户为借方余额，说明上一年度提取的坏账准备有“欠账”，则应按本年应提取数与“坏账准备”账户借方结余额之和提取当年的坏账准备。这样，一方面使上一年度未提足的部分得以弥补，另一方面又提取了用于应付下一年度可能发生的坏账损失部分，使坏账准备始终处于能够满足需要的状态。

例 9－18

假定盛荣公司 2018 年年末时，“应收账款”账户的余额为 850 000 元，提取坏账准备比例仍为 5%，“坏账准备”账户为借方余额，为 8 000 元。

2018 年年末应提取的坏账准备为：

850 000×5%＋8 000＝50 500(元)

应填制转账记账凭证，会计分录为：

借：信用减值损失　　50 500

　贷：坏账准备　　　　50 500

这样，2018年年末新提取的50 500元，除了应为2019年度准备的坏账准备42 500元以外，也使2017年坏账准备的“欠账”8 000元得到了弥补。在本年度提取坏账准备时，从年末应提取的坏账准备中加上“坏账准备”账户本年借方余额的做法称为补提。

（2）应付账款清查结果的账务处理。应付账款清查结果主要是指由于债权人单位已经撤销等原因，企业无法支付给对方的应付款项。对这种确实无法支付的应付款项，经批准后应转作企业的营业外收入，直接借记“应付账款”账户，贷记“营业外收入”账户。

例9-19

盛荣公司2018年10月在财产清查中确认，有5 000元应付款无法偿还给债权人。经批准转作企业的营业外收入。

应填制转账记账凭证，会计分录为：

借：应付账款　　5 000

　贷：营业外收入　　　　5 000

特别提示

应付账款清查结果的账务处理不通过“待处理财产损溢”账户　这一做法与应收账款清查结果的账务处理相同。另外，对在清查中发现的坏账损失和企业无法支付的应付账款，只有在经批准后才进行账务处理，批准前不做任何账务处理，这种做法与货币资产和实物资产清查结果的处理方法不同。

往来款项清查结果在总分类账户中的记录情况如图9-18所示。

借方	坏账准备		贷方
9-16	30 000	9-15	40 000
		9-17	25 000
		9-18	50 500

借方	信用减值损失		贷方
9-15	40 000		
9-17	25 000		
9-18	50 500		

借方	应收账款		贷方
	×××	9-16	30 000

借方	应付账款		贷方
9-19	5 000		

借方	营业外收入		贷方
		9-19	5 000

图9-18　往来款项清查结果在总分类账户中的记录情况

思考题

1. 什么是财产清查？财产清查方法在整个会计循环中具有怎样的地位？
2. 对财产清查可按哪些方法进行分类？各包括哪些内容？
3. 企业进行财产清查的重要意义有哪些？
4. 什么是未达账项？未达账项具体包括哪几种情况？
5. 未达账项与银行存款余额调节表的编制是怎样的关系？
6. 可否将银行存款余额调节表作为会计上的原始凭证？为什么？
7. 什么是永续盘存制？该做法的主要特点及优缺点各是什么？
8. 什么是实地盘存制？该做法的主要特点及优缺点各是什么？
9. 存货与固定资产的清查需办理哪些手续？这些手续与账务处理是怎样的关系？
10. 什么是财产清查结果的处理？其处理上的基本步骤是怎样的？
11. “待处理财产损溢”账户的结构是怎样的？财产清查结果的账务处理都要通过这个账户吗？
12. 对坏账损失采用备抵法处理，体现了会计信息质量要求的哪方面要求？进行账务处理的基本做法是怎样的？

练习题

一、货币资金清查

［目的］　练习货币资金清查与账务处理方法。

［资料］　假定鸿达公司某年10月发生如下交易或事项：

1. 在库存现金清查中发现长款（盘盈）80元，未查明原因，经批准转作企业的营业外收入。（提示：按批准前后两个环节处理。）

2. 在库存现金清查中发现短款（盘亏）200元，经查明属于出纳员的保管责任，应由出纳员赔偿。（提示：按批准前后两个环节处理。）

3. 10月31日接到开户银行转来的对账单，余额为148 000元；当日银行存款日记账的余额为112 000元。经核对发现有四笔未达账项：

（1）10月28日，企业收到购货方开出的用于支付货款4 000元的转账支票一张。企业已记银行存款增加，但尚未到银行办理转账手续，银行尚未记企业存款增加。

（2）10月29日，企业开出转账支票支付购料款36 000元，持票人尚未到银行办理转账手续。企业已记银行存款减少，但银行尚未记企业存款减少。

（3）10月29日，银行代企业收到某购货企业汇来的购货款20 000元。银行已记企业存款增加，但企业尚未记银行存款增加。

（4）10月30日，银行从企业的存款中代企业支付水电费16 000元。银行已记企业存款减少，但企业尚未记银行存款减少。

［要求］

(1) 根据资料1～2确定应填制的专用记账凭证，并编制会计分录。

(2) 根据资料3编制银行存款余额调节表。

二、实物资产清查

［目的］ 练习掌握实物资产清查结果的账务处理方法。

［资料］ 假定鸿达公司某年10月发生如下交易或事项：

(1) 在对存货的清查中发现盘盈钢材20千克。经查明是收发材料时量具不准确造成的，实际成本为100元。经批准冲减企业的管理费用。

(2) 在对存货的清查中发现盘亏N产品10千克，实际成本为1 000元。经查明属于定额内的合理损耗。经批准增加企业的管理费用。

(3) 在对存货的清查中发现盘亏甲材料一批，实际成本为1 100元。经查明属于过失人造成的材料毁损，应由过失人赔偿800元，残料验收入库作价100元。扣除过失人赔偿和残料价值后其余200元经批准计入企业的管理费用。

(4) 在对存货的清查中发现盘亏B材料一批，实际成本为8 000元。经查明属于非常事故造成的材料毁损。经批准计入企业的营业外支出。

(5) 在对固定资产的清查中发现盘亏设备一台，其账面原价为100 000元，累计折旧为80 000元。经批准转作企业的营业外支出。

［要求］ 根据资料确定应填制的专用记账凭证，并编制会计分录。

第10章

财务报告

内容导图

财务报告编制是财务会计最具影响力的一种方法。这种方法的应用是建立在其他会计方法应用成果的基础上的，也是最终实现财务会计目标的主要手段。财务报告是会计循环中的最后一个环节，同时也是一个关键环节。本章主要介绍财务报告的基本概念及其种类，企业财务报表中的两张主要报表——资产负债表和利润表的列示方法，以及财务报表附注的披露方法。

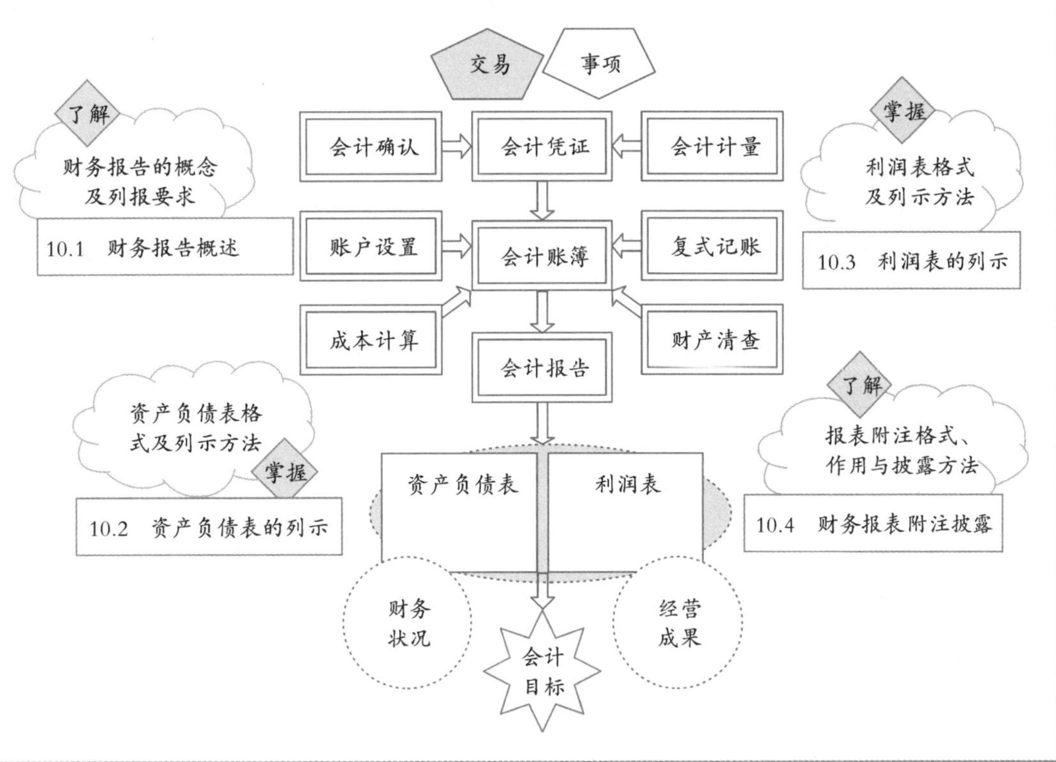

10.1 财务报告概述

10.1.1 财务报告的定义与作用

1. 财务报告的定义及构成

（1）财务报告的定义。财务报告又称财务会计报告，是指企业对外提供的反映企业某一特定日期的财务状况和某一会计期间的经营成果、现金流量等会计信息的文件。

“财务报告”是国际上通用的术语，但在我国现行有关法律、行政法规中使用的是“财务会计报告”一词，为了保持法规体系上的一致性，我国现行《企业会计准则》在基本准则中仍沿用财务会计报告的提法，同时也引入了财务报告这一国际通用概念，指出财务会计报告又称财务报告，并在所有具体准则中统一使用财务报告术语。

对财务报告的定义可结合图10-1加以理解。

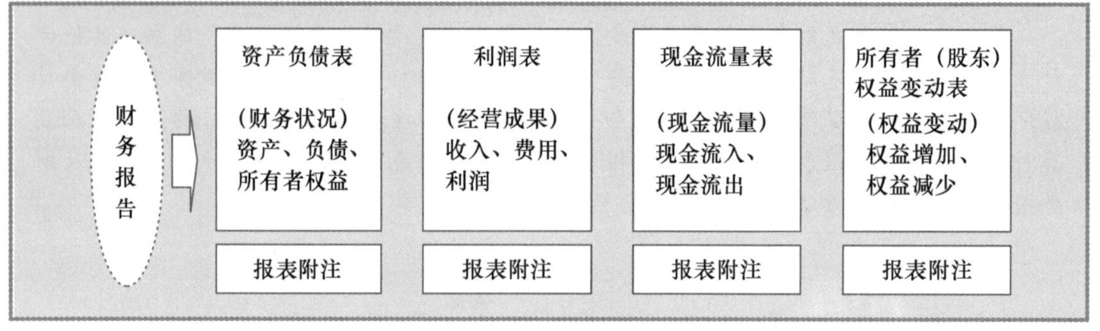

图10-1 财务报告的定义

财务报告至少包括以下几层含义：

1）财务报告应当是对外报告，其服务对象主要是投资者、债权人等外部使用者。对外报告的目的是在企业管理层与外部信息使用者存在信息不对称的情况下，通过向外部使用者提供有用的会计信息，帮助他们作出相关经济决策。承担这一信息载体和功能的便是企业编制的财务报告，它是财务会计确认和计量的最终成果，是沟通企业管理层与外部信息使用者的桥梁和纽带。会计上为满足企业内部管理的需要而形成的报告不属于财务报告的范畴。

2）财务报告应当综合反映企业的生产经营状况，能够从整体上勾画企业财务状况和经营成果的全貌。财务报表是企业财务报告的重要组成部分，主要包括资产负债表、利润表和现金流量表等。其中，资产负债表反映的是企业在某一特定日期的资产、负债和所有者权益，从总体上反映企业的财务状况；利润表反映企业某一会计期间的收入、费用和利润（或亏损），从总体上反映企业的经营成果；现金流量表反映企业某一会计期间的现金流入和现金流出，从某一方面反映企业的财务状况。

3）财务报告必须形成一套系统的文件，能够提供系统、完整的信息。财务报告是在一定会计期末由会计人员根据本期账簿记录所提供的数据资料，按照规范的列报要求进行汇总和加工编制并形成一套系统的文件，财务报告文件既是企业会计工作的定期总结，也是为了向企业外部的财务报告使用者提供系统、完整的信息。

（2）财务报告的构成。企业的财务报告包括财务报表及其附注和其他应当在财务会计报告中披露的相关信息和资料。

1）财务报表。财务报表也称会计报表，是形成财务报告信息的主要载体。上述财务报表中的每一份报表都能够从不同方面提供与信息使用者进行经济决策相关的信息。例如，所有者权益变动表主要提供企业一定会计期间所有者权益的增减变动及年末时的余额信息。

内容扩展

国际会计准则中资产负债表、利润表名称和结构有变化　根据国际会计准则理事会（IASB）和美国财务会计准则委员会（FASB）发起的财务报表列报合作项目的成果，IAS 1（修订稿）将资产负债表更名为财务状况表、利润表更名为综合收益表，IASB 和 FASB 发布的《财务报表列报初步意见》（讨论稿）提出的报表格式与内容的列报也发生了较大变化。

2）财务报表附注。是指每一份财务报表所附的、对财务报表中列示项目的详细情况等所作的进一步说明。附注是财务报表的重要组成部分。

3）其他相关信息。其他应当在财务报告中披露的相关信息和资料，如编报财务报表企业的基本情况、财务报表的编制基础、遵循企业会计准则的声明、重要会计政策等。此外，企业可以根据有关法律法规的规定和外部使用者的信息需求，在财务报表之外披露其承担的社会责任、对社区的贡献、可持续发展能力等信息。这些信息与信息使用者的经济决策也是相关的，尽管属于非财务信息，无法包括在财务报表中，但是如果有规定或者使用者有需求的，企业应当在财务报告中予以披露，有时企业也可以自愿选择在财务报告中披露。

《中华人民共和国公司法》规定，公司应当在每一会计年度终了时编制财务会计报告，并依法经会计师事务所审计。财务会计报告应当依照法律、行政法规和国务院财政部门的规定制作。

2. 财务报告的作用

根据我国现行《企业会计准则》的规定，企业编制财务报告的主要目的是向财务报告使用者提供对其经济决策有用的会计信息。财务报告使用者包括投资者、债权人、政府及其有关部门和社会公众等。对财务报告的作用可结合图 10－2 加以理解。

（1）有助于投资者和债权人作出投资和贷款等经济决策。在现代企业制度下，企业的经营资金主要来自投资者。企业提供的财务报告，可以使投资者了解、掌握其所投资企业的财务状况和经营成果等信息，并据以考核企业管理层履行受托责任情况，有助于投资者作出是否向企业投资或是否撤回投资，以及是否继续聘用现任企业管理者等决策。债权人是企业经营资金的又一主要提供者。债权人可以根据企业提供的偿债能力和偿债保证程度等信息，作出是否向企业贷款、贷款多少或是否收回贷款等经济决策。

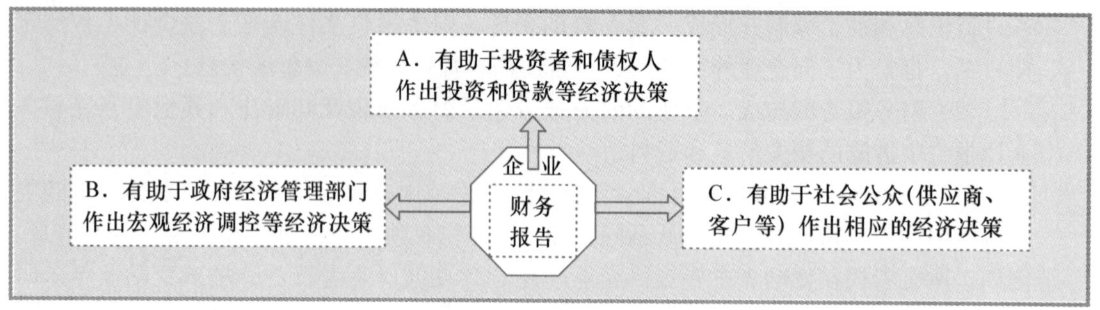

图 10-2　财务报告的作用

（2）有助于政府经济管理部门作出宏观经济调控等经济决策。财务报告能够为政府宏观经济管理部门（如统计部门和税务部门等）提供资源分配和税费征缴基数等方面的信息，有助于政府经济管理部门进行宏观经济调控，加强宏观经济管理。例如，经过综合汇总而形成的各区域、各行业或全国范围的企业发展状况报告，可以为政府加强对整个国民经济的宏观经济调控提供参考依据。利用财务会计方法确认的会计利润又是税务部门确定企业应缴所得税额的基础数据。

（3）有助于社会公众作出相应的经济决策。社会公众包括供应商和客户等，这些财务报告使用者的经济利益与企业也有着密切关系。例如，供应商为企业提供材料和设备，需要考虑企业信誉以及支付货款的经济实力等，进而作出是否向企业供货、采取什么样的货款结算方式等决策。客户是企业产品的主要消费者，他们在购买企业的产品时，一方面特别注重产品的质量，另一方面也要考虑企业的售后服务体系是否健全等，进而作出是否购买企业产品的决策。

10.1.2　财务报表的种类与列报要求

1. 财务报表的种类

（1）按财务报表编报时间不同，可分为中期财务报表和年度财务报表。如图 10-3 所示。

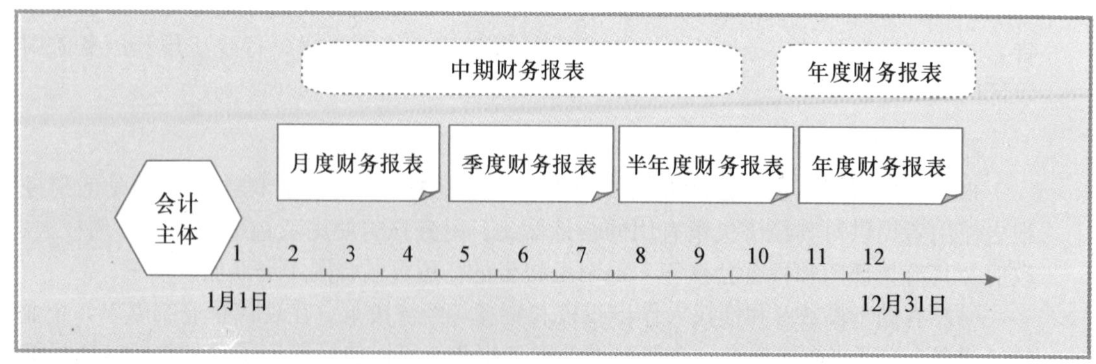

图 10-3　财务报表按编报时间不同分类的组成内容

中期财务报表是以短于一个完整的会计年度的报告期间为基础编制的财务报表。包括月报、季报和半年报等。中期财务报表至少应包括资产负债表、利润表、现金流量表和附注。其中，中期资产负债表、利润表、现金流量表应当是完整报表，其格式和内容应当与年度财务报表相一致，中期财务报表中的附注披露可适当简略。年度财务报表是指年度终了时由企业编报的财务报表。年度财务报表应当包括资产负债表、利润表、现金流量表、所有者（股东）权益变动表和附注。

(2) 按财务报表编报主体不同，可分为个别财务报表和合并财务报表。如图 10 - 4 所示。

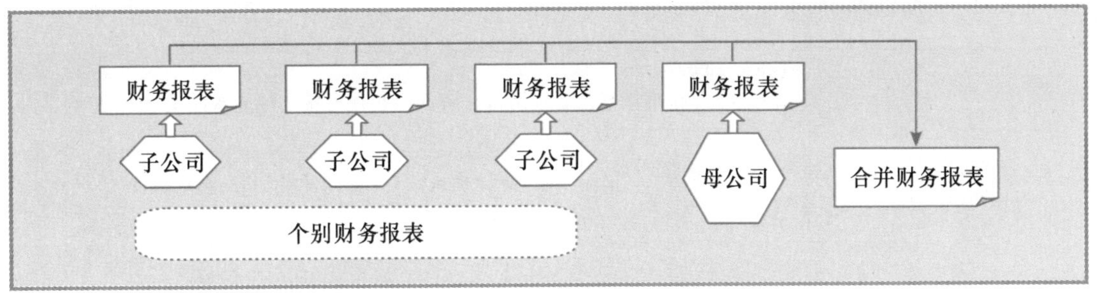

图 10 - 4　财务报表按编报主体不同分类的组成内容

个别财务报表是由企业在其自身交易或事项的会计处理基础上，对账簿记录进行加工和整理而编制的财务报表，主要反映企业自身的财务状况、经营成果和现金流量等。合并财务报表是以母公司和子公司组成的企业集团为会计主体，根据母、子公司的财务报表，由母公司编制的综合反映企业集团财务状况、经营成果和现金流量的财务报表。

2. 财务报表列报的基本要求

财务报表列报是指将企业发生的交易或事项在报表中的列示和在附注中的披露。列示通常是指利用资产负债表、利润表和现金流量表等报表提供有关信息，披露通常是指利用财务报表附注提供有关信息。财务报表列报应遵循如下要求：

(1) 遵循各项会计准则进行确认和计量。企业应当根据实际发生的交易或事项，遵循各项具体会计准则的规定进行确认和计量，并在此基础上编制财务报表。还应在附注中对遵循企业会计准则编制财务报表的情况做出声明。对遵循准则进行财务报表列报的基本要求可结合图 10 - 5 加以理解。

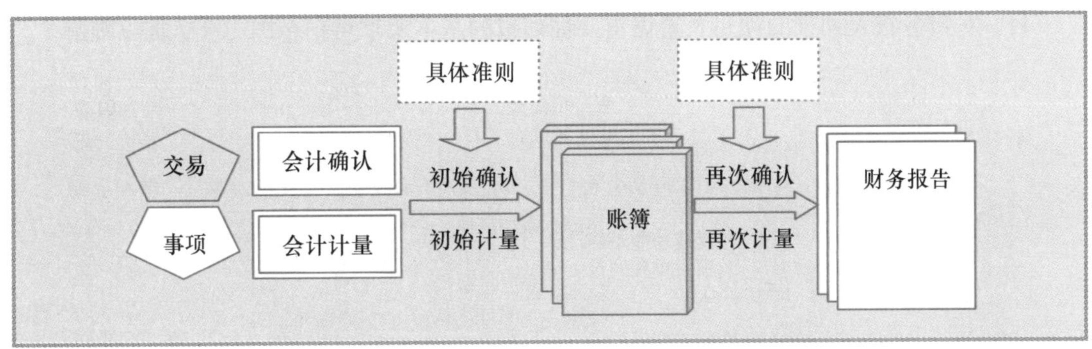

图 10 - 5　遵循准则进行财务报表列报的基本要求

(2) 以企业的持续经营作为列报基础。持续经营是会计的基本前提，是会计确认、计量及编制财务报表的基础。我国《企业会计准则》规范的是企业持续经营基础上的财务报表列报。如果企业已正式决定在当期或将在下一个会计期间进行清算或停止营业，表明其处于非持续经营状态，导致以持续经营为基础编制财务报表不再合理，则应当采用其他基础编制财务报表。例如，破产企业的资产采用可变现净值计量、负债按其预计的结算金额计量等。在非持续经营的情况下，企业应在附注中声明报表未以持续经营基础列报、披露的原因等。对以企业持续经营为基础列报的基本要求可结合图10－6加以理解。

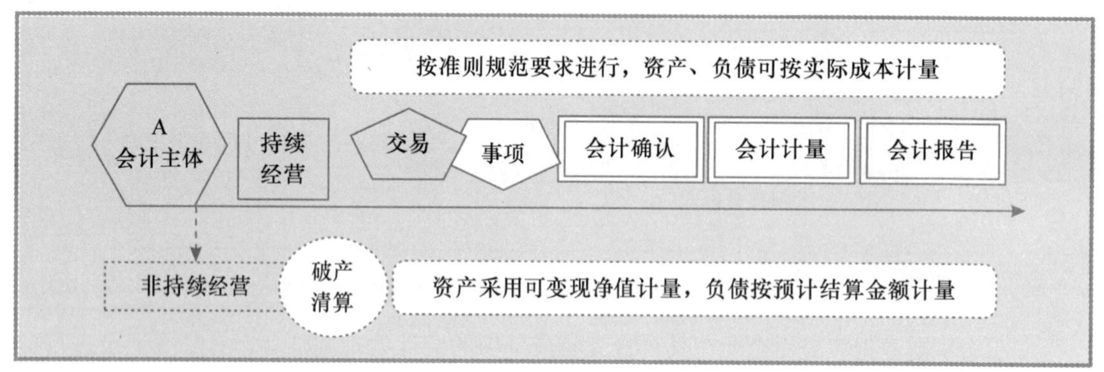

图10－6 以企业持续经营为基础列报的基本要求

（3）遵循重要性要求进行财务报表项目的列报。财务报表项目是对其反映的交易或事项按性质或功能汇总归类而形成的，应当根据会计信息质量要求判断这些项目的重要性。基本的判断标准为：如果财务报表某项目的省略或错报会影响使用者据此作出经济决策，该项目就具有重要性。具体的判断标准为：1）应当考虑项目的性质。即该项目是否属于企业日常活动，是否对企业的财务状况和经营成果具有较大影响。2）应当考虑金额的大小。应通过单项金额占资产总额、负债总额、所有者权益总额等直接相关项目金额的比重加以确定。如果某项目单独看具有重要性，则应当单独列报，如图10－7中资产负债表上的“交易性金融资产”“应收票据”“应收账款”“预付款项”“固定资产”“短期借款”等项目；如果不具有重要性，可与其他项目合并列报，如图10－7中资产负债表上的“货币资金”“其他应收款”“存货”“其他应付款”等项目。对财务报表列报的项目及遵循重要性列报的基本要求可结合图10－7加以理解。

资产负债表

会企01表

编制单位： 年 月 日 单位：元

资产	期末余额	年初余额	负债及所有者权益	期末余额	年初余额
流动资产：			流动负债：		
货币资金			短期借款		
交易性金融资产			应付票据		
应收票据			应付账款		
应收账款			预收款项		
预付款项			应付职工薪酬		
其他应收款			应交税费		
存货			其他应付款		
⋮			⋮		

财务报表项目

性质或功能不同的项目单独列报

性质或功能相同的项目合并列报

财务报表项目

图10－7 财务报表列报的项目及遵循重要性列报的基本要求

特别提示

财务报表项目与企业设置的会计科目（账户）的关系 在财务报表中，一部分项目与企业设置的会计科目（账户）名称相同，也有一部分项目与会计科目（账户）的名称不同。一般可以这样认为，与企业设置的会计科目（账户）名称一致的项目一般属于重要项目，而与会计科目（账户）名称不一致的项目一般不属于重要项目。

（4）遵循列报的一致性要求并列报比较信息。一致性要求企业财务报表项目的列报应当在各个会计期间保持一致，不得随意变更。列报项目的名称、分类和排列顺序等都应保持一致。但是，当会计准则要求改变或企业经营业务的性质发生重大变化，如果变更财务报表项目的列报能够提供更可靠、更相关的会计信息，也可以做相应改变。列报比较信息要求企业在列报当期财务报告时，至少应当提供所有列报项目上一可比会计期间的比较数据，以及与理解当期财务报表相关的说明。列报比较信息的目的是为财务报告使用者提供对比数据，反映企业财务状况、经营成果和现金流量的变动趋势，更有利于财务报告使用者进行经济决策分析。对遵循列报的一致性和列报比较信息的基本要求可结合图 10－8 加以理解。

资产负债表　　会企01表

编制单位：　　年　月　日　　单位：元

资产	期末余额	年初余额	负债及所有者权益	期末余额	年初余额
流动资产：	本期	上期	流动负债：	本期	上期
货币资金			短期借款		
交易性金融资产			应付票据		
应收票据			应付账款		
应收账款			预收款项		
预付款项			应付职工薪酬		
其他应收款			应交税费		
存货			其他应付款		
⋮			⋮		

便于比较

报表列报项目应在各个会计期间保持一致

便于比较

图 10－8　遵循列报的一致性和列报比较信息的基本要求

（5）遵循财务报表项目金额间不得相互抵销列报要求。财务报表项目应当以总额列报，资产和负债、收入和费用不能相互抵销，即不得以净额列报。这是因为，如果以上项目相互抵销列报，所提供的信息就不完整，信息的可比性也会大大降低。例如，如果将企业的应收款项（资产）和预收款项（负债）相互抵销列报，就掩盖了交易的经济实质，财务报告使用者很难根据金额间相互抵销后的信息作出正确判断。“应收账款”和“预收账款”需要根据明细账户的余额方向进行分析填列。但企业会计准则另有规定的以下两种情况不属于抵销列报：1）资产项目按扣除减值准备以后的净值列示；2）非日常活动形成的利得和损失按其余额列示。例如，非流动资产处置形成的利得和损失，应按照非流动资产处置收入扣除该资产的账面金额和相关费用后的余额列示。

（6）遵循财务报表表首的列报要求。财务报表一般分为表首、正表两部分。在表首部分，企业应当概括说明下列基本信息：1）披露编报企业的名称。如果企业名称在当期发生了变更，应明确标明。2）标明报表的列报时限。对资产负债表须列示资产负债表日（某一特定日期）；对于利润表、现金流量表和所有者（股东）权益变动表须列示报表涵盖的会计期间。3）披露货币名称和单位。按照我国现行《企业会计准则》规定，企业应当以人民币作为记账本位币列报，并标明金额单位，如元、万元等。4）财务报表是合并财务报表的，应当予以说明。

（7）遵循报告期间规定的要求。企业至少应当编制年度财务报表。根据《中华人民共和国会计法》规定，会计年度自公历 1 月 1 日起至 12 月 31 日止。有些企业可能是在年度中间设立的，存在年度财务报表涵盖的期间短于一年的情况，企业应当披露年度财务报表的实际涵盖期间及短于一年的原因，并说明由此而引起的财务报表项目与比较数据不具可比性这一事实。

10.2 资产负债表的列示

10.2.1 资产负债表的定义与列示要求

1. 资产负债表的定义

资产负债表是反映企业某一特定日期财务状况的财务报表。

对资产负债表定义的理解应特别注意两点：一是“某一特定日期”这一特定的时间概念；二是“财务状况”这一特别反映的内容，可结合图 10－9 加以理解。

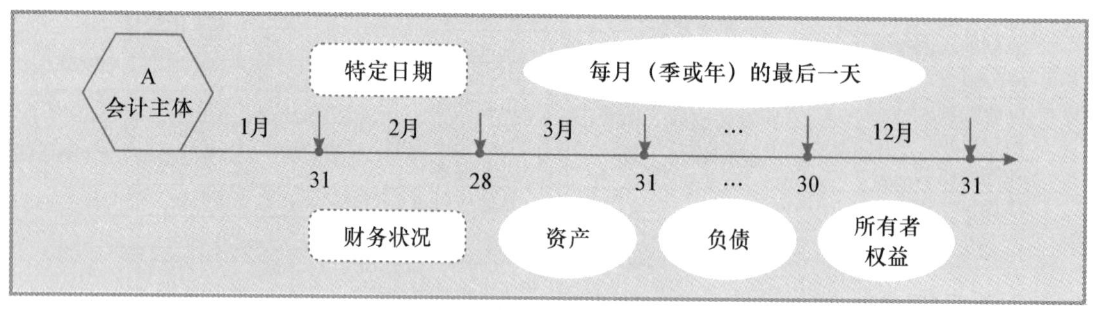

图 10－9 资产负债表定义中特定的时间概念及其反映的内容

（1）资产负债表特定的时间概念。定义中的“特定日期”是指企业编制资产负债表的那一日，一般是指一定会计期间（月度、季度和年度等）的最后一日。例如，编制某一月度的资产负债表时，“特定日期”就是该月的最后一日；而在编制某一年度的资产负债表时，“特定日期”就是该年度的最后一日等。这一“特定日期”也称“资产负债表日”。强调“特定日期”很有实际意义，因为对于持续经营的企业而言，其财务状况在每一个时点上都会呈现出不同的状态。但一般而言，企业并不需要每天都对其财务状况进行反映，只有在按要求的编报时间编制资产负债表时才有这种必要。因而，企业对所编制的资产负债表究竟反映的是哪一会计期间哪一天的财务状况必须清楚地加以界定，也便于不同会计期间资产负债表的相互比较。

（2）资产负债表反映的主要内容。定义中的“财务状况”即企业的资金状况。前已述及，资产负债表是用来反映企业财务状况的报表。财务状况具体包括资金的存在形态和资金的来源方式两个方面。在资产负债表上，“资产”部分提供企业资产的分布形态等信息；“负债”和“所有者权益”两个部分则提供企业资产的来源渠道方面的信息，从两个不同侧面全面反映了企业的财务状况。

2. 资产负债表的作用

（1）提供企业某一特定日期的资产总额及其结构信息。资产总额及其结构信息表明企业拥有和控制的经济资源总量及其分布情况，财务报告使用者可以从中了解企业在某一特定日期掌控的资产总量及其结构，是会计信息使用者分析企业经营能力的重要资料。

（2）提供企业某一特定日期的负债总额及其结构信息。负债总额及其结构信息表明企业未来需要多少资产或劳务清偿债务和分布情况及清偿时间，是财务报告使用者分析企业的负债状况及债务清偿能力的重要资料。

（3）提供企业某一特定日期的所有者权益总额及其结构信息。所有者权益总额及其结构信息表明所有者投入资本和盈余公积等在所有者权益中所占的比重，是财务报告使用者判断企业资本保值增值情况的主要资料。

（4）提供进行财务分析的有关数据资料。通过资产负债表提供的有关数据，可以计算资产负债率、流动比率和速动比率等财务分析指标，财务报告使用者可据以评价企业的偿债能力和资金周转能力等。例如，可以将资产负债表中的资产总额与负债总额进行比较，分析企业目前的偿债能力；也可以根据二者的对比确定企业的资产负债率，并将其与该企业其他年度的资产负债比率进行比较，分析企业资产负债率的升降情况和变动趋势等。

3. 资产负债表列示的总体要求

（1）分类别列示。资产负债表应当按照资产、负债和所有者权益分类列示。

（2）资产和负债按流动性列示。资产应当按照流动资产和非流动资产两大类在资产负债表中列示，再进一步按其性质分项列示。负债应当按照流动负债和非流动负债两大类在资产负债表中列示，再进一步按其性质分项列示。

（3）所有者权益按组成项目列示。资产负债表中的所有者权益一般按照净资产的不同来源和特定用途进行分类，应当按照实收资本（或股本）、资本公积、盈余公积和未分配利润等分别列示。

10.2.2　资产负债表的列示格式和内容

1. 一般企业资产负债表的列示格式

（1）资产负债表的基本列示格式。一般有账户式和报告式两种。

1）账户式资产负债表的列示格式。账户式资产负债表因其外表与 T 型账户相似而得名。该表由表首和表格两个部分组成。其中，表首部分填写编制单位、编制时间，以及表中数据的计量单位等内容；表格部分可分为左右两方，即左方列示资产项目，一般按资产的流动性大小排列；右方列示负债和所有者权益项目，负债一般根据清偿时间的长短按顺序列示，所有者权益按其组成项目排列。该表中资产各项目的总计数应等于负债与所有者权益各项目的总计数，能够直接体现资产、负债和所有者权益之间的内在联系，即“资产=负债+所有者权益”。一般企业账户式资产负债表（适用于已执行新金融准则、新收入准则和新租赁准则的企业）① 简表②的列示格式如表10-1所示。

表10-1　　资产负债表（账户式）　　会企01表

编制单位：　　年　月　日　　单位：元

资产	期末余额	年初余额	负债及所有者权益	期末余额	年初余额
流动资产：			流动负债：		
货币资金			短期借款		
交易性金融资产			交易性金融负债		
衍生金融资产			衍生金融负债		
应收票据			应付票据		
应收账款			应付账款		
预付款项			预收款项		
其他应收款			合同负债		
存货			应付职工薪酬		
合同资产			应交税费		
持有待售资产			其他应付款		
一年内到期的非流动资产			持有待售负债		
其他流动资产			一年内到期的非流动负债		
流动资产合计			其他流动负债		
非流动资产：			流动负债合计		
债权投资			非流动负债：		
其他债权投资			长期借款		
长期应收款			应付债券		
长期股权投资			非流动负债合计		
固定资产			负债合计		
在建工程			所有者权益：		
使用权资产			实收资本（或股本）		
无形资产			资本公积		
开发支出			其他综合收益		
长期待摊费用			盈余公积		
其他非流动资产			未分配利润		
非流动资产合计			所有者权益合计		
资产总计			负债及所有者权益（或股东权益）总计		

2）报告式资产负债表的列示格式。这种格式的资产负债表是上下结构，上半部分列

① 2019年4月，财政部发布《关于修订印发2019年度一般企业财务报表格式的通知》（财会〔2019〕6号），针对2019年1月1日起分阶段实施的《企业会计准则第21号——租赁》以及企业会计准则实施中的有关情况，对一般企业财务报表格式进行了修订，颁布了两套报表格式，分别适用于尚未执行新金融准则、新收入准则及新租赁准则的企业和已执行新金融准则、新收入准则或新租赁准则的企业。基于两套报表格式中存在差异的项目主要为金融资产项目、与收入准则相关的合同资产和合同负债及与租赁准则相关的使用权资产、租赁负债等，属于后续财务会计课程内容，在本教材中不做讲解，以及从2021年1月1日起，所有执行企业会计准则的公司都将执行新金融准则、新收入准则和新租赁准则，因此，本教材仅选用了一般企业财务报表格式（适用于已执行新金融准则、新收入准则和新租赁准则的企业）讲解资产负债表和利润表编制的基本原理和方法。

② 根据基础会计课程的学习目标，为着重理解报表编制的基本原理和方法，本教材的资产负债表未列出一般企业资产负债表的全部项目，其他未列出项目将在后续财务会计课程中学习。

示资产，下半部分列示负债和所有者权益。具体排列方式又有两种：一种是按“资产＝负债＋所有者权益”的原理排列；另一种是按“资产－负债＝所有者权益”的原理排列。

（2）列示资产负债表的比较信息。根据财务报表列示准则的规定，企业编报的年度、半年度财务报表至少应当反映两个年度或者相关两个会计期间的比较数据。因此，资产负债表还应就各项目再分为“年初余额”和“期末余额”两栏分别列示。这种格式的资产负债表称为比较资产负债表。编制比较资产负债表的目的是为会计信息的使用者提供更为全面的会计信息，以便于财务报告使用者比较不同时点的资产负债表的数据，借以判断企业财务状况的变动情况及发展趋势。

2. 资产负债表的基本内容

资产负债表主要反映以下三个方面的财务状况：

（1）资产的结构状况。即企业在一定日期的资产总额及其分布情况。这方面的信息反映在资产负债表的左方，具体项目分流动资产和非流动资产两个部分顺序排列。

（2）负债的结构状况。即企业在一定日期的负债总额及其构成情况。这方面的信息反映在资产负债表右方的上半部分，具体项目分别按流动负债和非流动负债两个部分顺序排列。

（3）所有者权益的结构状况。即企业在一定日期的所有者权益总额及其构成情况。这方面的信息反映在资产负债表右方的下半部分，分别按所有者权益的组成内容实收资本、资本公积、盈余公积和未分配利润等顺序排列。

10.2.3　一般企业资产负债表的基本列示方法

资产负债表列示主要是填列表中“年初余额”和“期末余额”两栏有关项目的数据。

1. 各项目“年初余额”栏的列示方法

在编制年度资产负债表时，相对于本年而言，资产负债表中的“年初余额”就是上一年的“年末余额”。应根据上年末资产负债表中的“期末余额”栏内所列数字列示，即可以将上年末资产负债表中“期末余额”栏的数字按照项目的对照关系直接抄入本年资产负债表的“年初余额”各相应行次。如果上年度资产负债表规定的各个项目的名称和内容与本年不一致，则应对上年年末资产负债表有关项目的名称和数字按照本年度的规定进行调整，并按照调整后的数字填入本年资产负债表的“年初余额”栏。在编制月度资产负债表时，“年初余额”可改为“上期余额”，并根据上一月份资产负债表的“期末余额”列示。

2. 各项目“期末余额”栏的列示方法

资产负债表中各项目的“期末余额”实质上反映的是资产、负债和所有者权益三类账户在编制资产负债表会计期末的余额。观察可见，资产负债表中的大多数项目名称与此前讲过的账户名称是一致的，这体现了资产负债表中的项目内容与账户内容的一致性。因而，各项目的“期末余额”可以根据资产负债表日有关账户的期末余额直接列示。但观察也会发现，资产负债表上的有些项目的名称与账户的名称并不完全一致，例如“货币资金”“存货”等项目，实务中并没有设置与之名称一致的账户；另外，有些项目名称虽然与设置的账户名称一致，但其内容的列示要求发生了变化。这些项目就不能根据有关账户的余额直接列示了，而应采用其他列示方法。各项目“期末余额”的列示方法可概括为以下七种。

（1）根据有关总账账户期末余额直接列示。如资产负债表中的“短期借款”“应付票据”“实收资本”“资本公积”“盈余公积”等项目的数字，可以分别根据“短期借款”“应付票据”“实收资本”“资本公积”“盈余公积”等总账账户的期末余额直接列示。具体方法如图10－10所示。

资产负债表

资产	期末余额	年初余额	负债及所有者权益	期末余额	年初余额
			流动负债：		
			短期借款	60 000	
			应付票据		
			…		
			实收资本	30 000	
			资本公积		
			盈余公积		
			…		

借方	短期借款	贷方
	期末余额	60 000

借方	实收资本	贷方
	期末余额	30 000

图10－10 “期末余额”根据有关总账账户期末贷方余额直接列示的方法

（2）根据若干有关总账账户期末余额加计汇总列示。资产负债表上有些项目的余额在总账账户中是不能直接查到的，这类项目的余额往往被分散在若干个总账账户中。只有根据若干个相关总账账户的余额进行加计汇总，才能确定资产负债表上这类项目的余额，例如，资产负债表左方的“货币资金”项目的填列方法就是如此。实务中，在会计上并没有设置“货币资金”账户，企业的货币资金是用“库存现金”“银行存款”“其他货币资金”等账户反映的，表中“货币资金”项目的余额就应根据这些账户的期末余额合计数填列；又如，用来反映企业“存货”项目内容的账户有“原材料”“生产成本”“库存商品”等，表中“存货”项目也应根据这些账户的余额合计数列示。“其他应付款”项目，根据“应付利息”“应付股利”“其他应付款”账户的期末余额合计数列示。具体方法如图10－11所示。

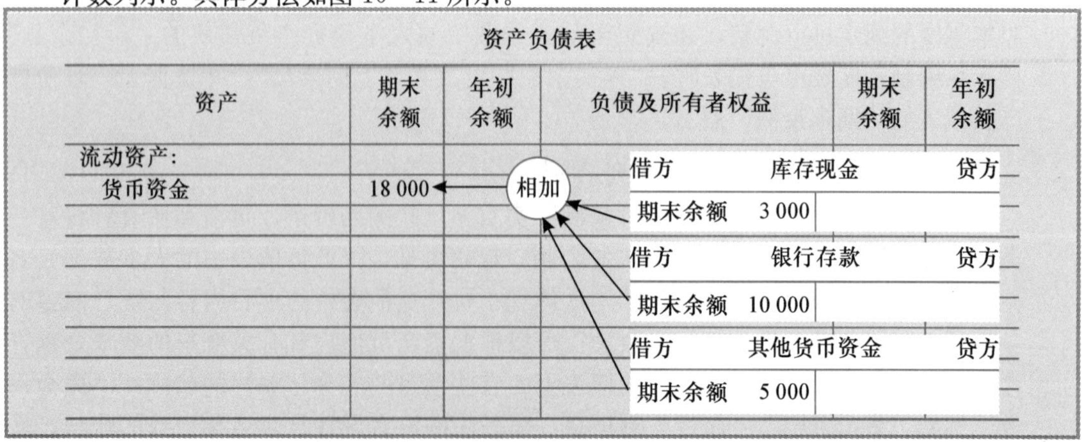

图10－11 “期末余额”根据若干总账账户期末余额加计汇总列示的方法

(3) 根据有关明细账户的期末余额计算列示。之所以采用这种方法，是因为填列资产负债表上的有些项目所依据的有关明细账户既有正常方向的余额，体现其所隶属的总账账户余额的性质；也有相反方向的余额，与其所隶属的总账账户余额的性质背道而驰，并且与其他总账账户余额的性质趋同。因此，需要根据不同明细账户不同方向余额的经济性质确定其在资产负债表上所应列示的项目。

1)“应付账款”项目和“预付款项”项目“期末余额”的列示。资产负债表上的“应付账款”项目和“预付款项”项目是依据“应付账款”账户和“预付账款”账户的余额填列的。如果这两个账户的所有明细账户的余额方向都是正常的，采用直接列示的方法即可。但是，如果两个账户所属的明细账户出现了相反方向的余额，则应具体认定各明细账户余额的经济实质，之后再确定其应列示于资产负债表中的哪个项目。

“应付账款”账户属于负债性质，其正常方向的余额应当在贷方，表示企业尚未偿还的应付供应商的货款等。在正常情况下，其明细账户的贷方余额也应属于负债性质。但在个别情况下，该账户所属的明细账户可能会出现借方余额。例如，企业在向某供应商偿还原拖欠货款的同时，又向供应商预付了一笔货款准备购买另一批商品，连同偿还的货款一并支付给了供应商，并记入了“应付账款”账户的借方，这时，“应付账款”所属的明细账户就会出现借方余额。但这种余额已不再是应付账款性质（负债），而是演变成了预付账款性质（资产）。在这种情况下，对“应付账款”该明细账户相反方向（借方）的余额，在资产负债表上就应填入“预付款项”项目，而不是填入“应付账款”项目。同理，如果“预付账款”（资产）所属的明细账户出现了相反方向（贷方）的余额，其性质也不再属于资产性质，而属于负债性质（应付账款）。在这种情况下，其余额在资产负债表上就应填入“应付账款”项目，而不是填入“预付款项”项目。

例 10－1

某企业本月末“应付账款”和“预付账款”总账账户及其所属明细账户的余额情况如下：

“应付账款”总账账户余额	38 000 元（贷方）	
“应付账款——F 企业”明细账户余额		20 000 元（贷方）
“应付账款——H 企业”明细账户余额		12 000 元（借方）
“应付账款——W 企业”明细账户余额		30 000 元（贷方）
“预付账款”总账账户余额	3 000 元（借方）	
“预付账款——D 企业”明细账户余额		4 000 元（借方）
“预付账款——E 企业”明细账户余额		1 000 元（贷方）

由于以上两个总账账户所属的明细账户都存在相反方向的余额，因此资产负债表上的“应付账款”项目和“预付款项”项目“期末余额”不能直接按这两个总账账户的月末余额填列，而应根据其所属明细账户余额的性质填列。分析可知，“应付账款——H 企业”借方余额 12 000 元为相反方向的余额，具有预付账款的性质，应与“预付账款”正常方向的余额一起填入资产负债表的“预付款项”项目；“预付账款——E 企业”贷方余额 1 000 元为相反方向的余额，具有应付账款的性质，应与“应付账款”正常方向的余额一起填入资产负债表的“应付账款”项目。具体列示方法如

图10－12所示。

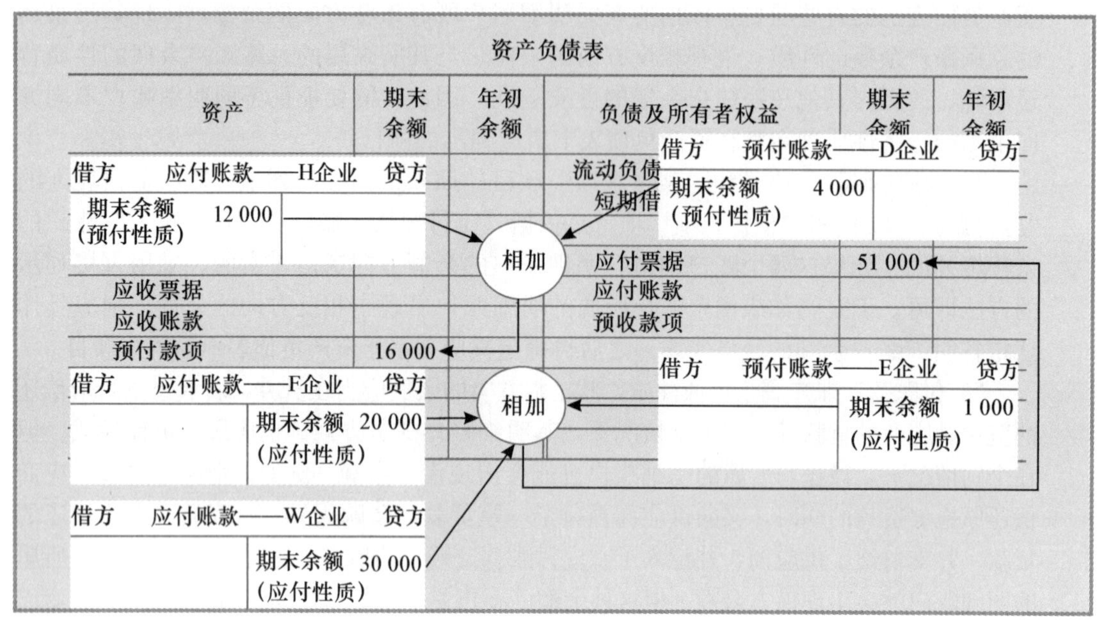

图10－12 “应付账款”项目和“预付款项”项目“期末余额”的列示方法

2）“应收账款”项目和“预收款项”项目“期末余额”的列示。资产负债表上的“应收账款”项目和“预收款项”项目是依据“应收账款”账户和“预收账款”账户的余额列示的。如果这两个账户的所有明细账户的余额方向都是正常的，采用直接列示的方法即可。但是，如果两个账户所属的明细账户出现了相反方向的余额，则应具体认定各明细账户余额的经济实质，之后再确定其应列示于资产负债表中的哪个项目。

“应收账款”账户及其所属的有关明细账户，其正常方向的余额应当在借方，表示企业尚未收回的应收账款。但在个别情况下，“应收账款”账户所属的有些明细账户可能会产生贷方余额。例如，企业在收到某客户原欠货款的同时，一并收到了该客户交来的订购下一批产品的货款，且记入了“应收账款”账户的贷方，从而使“应收账款”账户的明细账户出现贷方余额，这种相反方向的余额则就不再是应收账款的资产性质，而是具有了预收账款的负债性质。在这种情况下，就需要根据已经变化的余额性质，具体确定其在资产负债表上应列示的项目，如对上述“应收账款”账户下在性质上已经改变的明细账户，其余额应填入资产负债表中的“预收款项”项目。同理，如果“预收账款”账户所属的明细账户出现了借方余额，也就不再具有负债的性质，而是演变为应收（资产）性质，其余额应填入资产负债表中的“应收账款”项目，而不应再填入“预收款项”项目。

例10－2

某企业本月末“应收账款”和“预收账款”总账账户及其所属明细账户的余额情况如下：

“应收账款”总账账户余额　　23 000元（借方）

“应收账款——A 企业”明细账户余额	10 000 元（借方）
“应收账款——B 企业”明细账户余额	2 000 元（贷方）
“应收账款——C 企业”明细账户余额	15 000 元（借方）
“预收账款”总账账户余额	3 000 元（贷方）
“预收账款——U 企业”明细账户余额	4 000 元（借方）
“预收账款——V 企业”明细账户余额	7 000 元（贷方）

在以上两个总账账户所属的明细账户的余额中，有正常方向的余额，也有反方向的余额。属于正常方向的余额，经过计算以后可直接填入资产负债表上的有关项目；对于相反方向的余额则应根据不同情况确认其应予填列的资产负债表项目。如“应收账款——B 企业”贷方余额 2 000 元为相反方向的余额，具有预收款的性质，应与“预收账款”正常方向的余额相加填入资产负债表的“预收款项”项目；又如“预收账款——U 企业”借方余额 4 000 元为相反方向的余额，具有应收款的性质，就应与“应收账款”正常方向的余额一起列入资产负债表的“应收账款”项目。具体方法如图 10－13 所示。

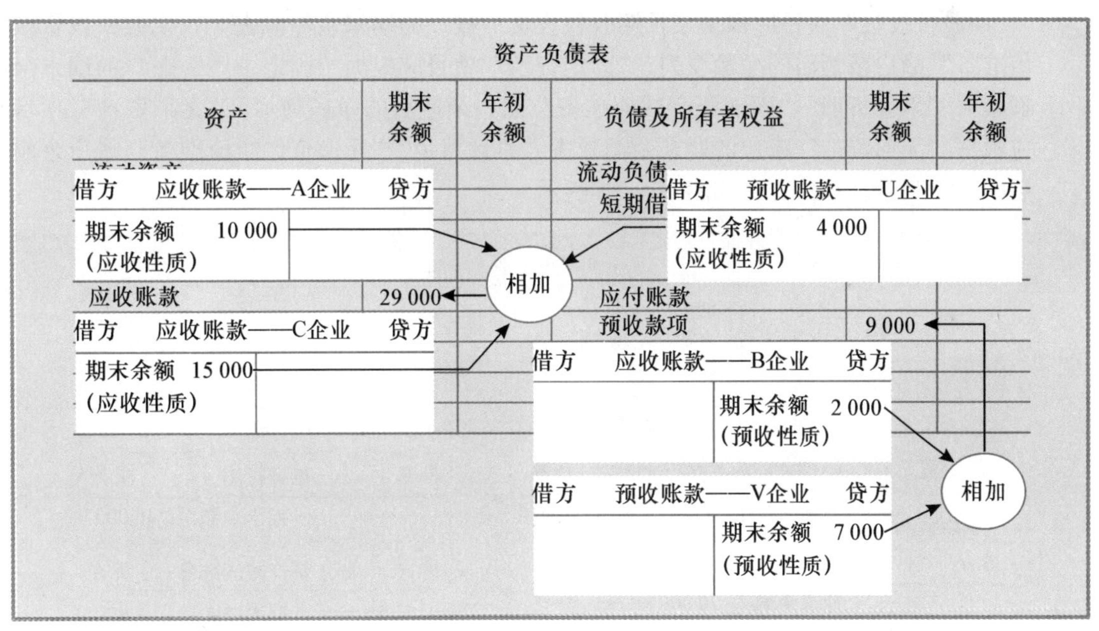

图 10－13 “应收账款”项目和“预收款项”项目“期末余额”的填列方法

（4）根据有关总账账户及其所属明细账户期末余额分析计算列示。如资产负债表右方的“长期借款”项目，应根据“长期借款”账户余额扣除该账户所属明细账户中将在资产负债表日起一年内到期、企业不能自主地将清偿义务展期的长期借款后的金额列示。另外，资产负债表右方的“应付债券”和“长期应付款”项目，也应考虑与长期借款同样的情况，根据有关总账账户及其所属明细账户期末余额分析计算后列示。“交易性金融资产”项目，应根据“交易性金融资产”科目的相关明细科目余额分析填列，其中，自资产负债表日起超过一年到期且预期持有超过一年的以公允价值计量且其变动计入当期损益的非流动金融资产的期末账面价值，在非流动资产有关项目反映。

具体方法如图 10－14 所示。

图 10－14　“期末余额”根据有关总账账户及其所属明细账户期末余额分析计算列示的方法

（5）根据有关账户余额减去其备抵账户余额后的净额列示。如资产负债表中的“长期股权投资”项目应根据“长期股权投资”账户的期末余额减去“长期股权投资减值准备”账户余额后的净额填列；“固定资产”项目应根据“固定资产”账户的期末余额减去“累计折旧”“固定资产减值准备”账户余额后的净额列示；“无形资产”项目应根据“无形资产”账户的期末余额减去“累计摊销”“无形资产减值准备”账户余额后的净额列示。具体方法如图 10－15 所示。

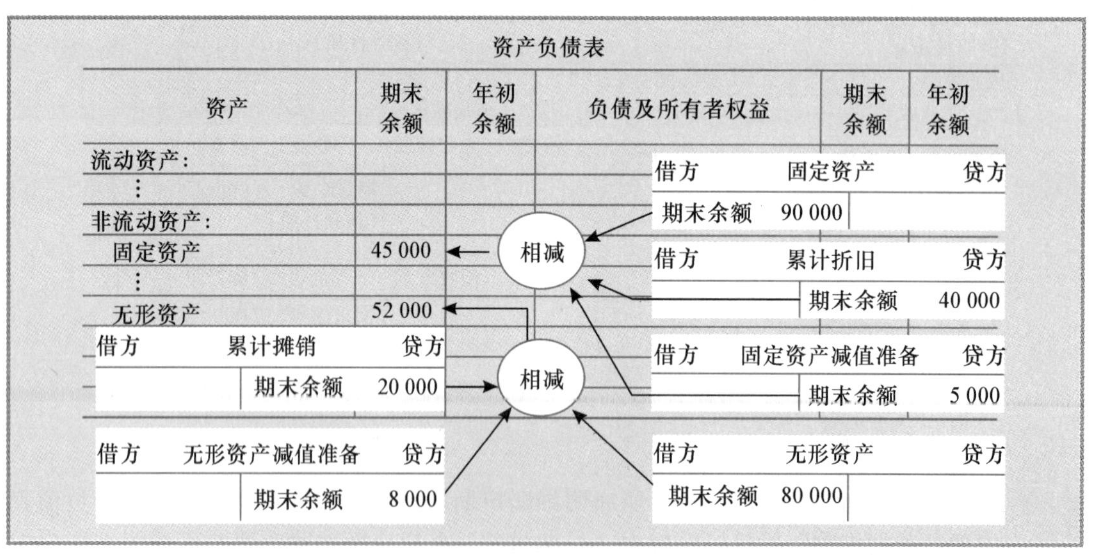

图 10－15　“期末余额”根据有关账户余额减去其备抵账户余额后的净额列示的方法

（6）综合运用上述各种填列方法分析列示。如资产负债表中的“应收账款”项目，应根据“应收账款”“预收账款”明细账户期末借方余额的合计数，再减去“坏账准备”账户中的相关坏账准备期末余额后的金额填列。“存货”项目，应根据“原材料”“生产成本”“库存商品”“委托加工材料”“周转材料”“在途物资”“材料成本差异”等总账账户期末余额的分析汇总数，再减去“存货跌价准备”账户余额后的金额列示。

“其他应收款”项目，应根据“应收利息”“应收股利”“其他应收款”账户的期末余额合计数，减去“坏账准备”账户中的相关坏账准备期末余额后的金额填列。“固定资产”项目应根据“固定资产”账户的期末余额减去“累计折旧”“固定资产减值准备”账户余额后的净额，还要加上“固定资产清理”账户的期末借方余额或减去其期末贷方余额后的金额列示。具体方法如图 10－16 所示。

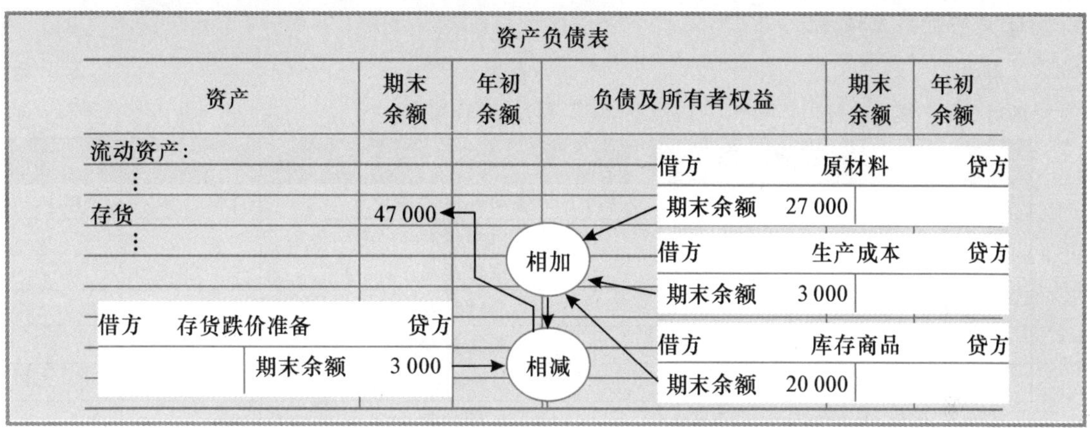

图 10－16　“期末余额”综合运用各种填列方法分析列示的方法

（7）“合计”数和“总计”数的列示。资产负债表中的“合计”数是对该表中所反映的某一部分项目的数据的加计汇总。例如，资产负债表左方的“流动资产合计”就是对该表中流动资产各个项目余额的加计汇总，“非流动资产合计”则是对该表中非流动资产各个项目余额的加计汇总。同理，资产负债表右方的“负债合计”和“所有者权益合计”也分别是对相关项目余额的加计汇总。应分别根据加计汇总的数字列示；资产负债表最后一行的两个“总计”数分别是对表中某一方所反映的全部项目数字的加计汇总，应分别根据该表左右两方的各个项目的数字计算列示，也可分别按其各部分的“合计”数加计汇总列示。具体方法如图 10－17 所示。

资产负债表

资产	期末余额	年初余额	负债及所有者权益	期末余额	年初余额
流动资产：			流动负债：		
货币资金			短期借款		
⋮			⋮		
流动资产合计			流动负债合计		
长期股权投资			长期借款		
固定资产			⋮		
无形资产			非流动负债合计		
长期待摊费用			实收资本（或股本）		
⋮			⋮		
非流动资产合计			所有者权益合计		
资产总计			负债及所有者权益（或股东权益）总计		

各合计数：按所包含项目计算填列

各总计数：可按以上各合计数计算填列

图 10－17　“合计”数和“总计”数的列示方法

10.2.4 资产负债表列示举例

例 10-3

假定盛荣公司 2017 年 12 月 31 日的资产负债表如表 10-2 所示，2018 年 12 月 31 日有关总分类账户的余额如表 10-3 所示。根据所给资料编制该公司 2018 年 12 月 31 日的资产负债表。

表 10-2　　资产负债表　　会企 01 表

编制单位：盛荣公司　　2017 年 12 月 31 日　　单位：元

资产	期末余额	年初余额	负债及所有者权益	期末余额	年初余额
流动资产：		（略）	流动负债：		（略）
货币资金	2 003 000		短期借款		
交易性金融资产	200 500		应付票据	20 000	
应收票据			应付账款		
应收账款	10 000		预收款项		
预付款项	5 000		应付职工薪酬		
其他应收款	25 500		应交税费		
存货	103 000		其他应付款		
合同资产			其他流动负债		
持有待售资产			流动负债合计	20 000	
其他流动资产			非流动负债：		
流动资产合计	2 347 000		长期借款	110 000	
非流动资产：			应付债券		
长期股权投资	500 000		非流动负债合计	110 000	
固定资产	8 889 000		负债合计	130 000	
在建工程			所有者权益：		
无形资产	71 000		股本	11 113 500	
研发支出			资本公积	470 000	
长期待摊费用			盈余公积	93 500	
其他非流动资产			未分配利润		
非流动资产合计	9 460 000		所有者权益合计	11 677 000	
资产总计	11 807 000		负债及所有者权益总计	11 807 000	

表 10-3　　盛荣公司 2018 年 12 月 31 日有关总分类账户余额　　单位：元

账户名称	借方	贷方
库存现金	1 350	
银行存款	16 047 881.25	
交易性金融资产	688 500	
应收票据	234 000	
应收账款		
预付账款		
应收股利		
应收利息		

续前表

账户名称	借方	贷方
其他应收款	400 000	
在途物资		
原材料	57 600	
周转材料		
库存商品		
生产成本	20 900	
固定资产	14 644 400	
累计折旧		256 500
无形资产	590 500	
累计摊销		75 000
短期借款		120 000
应付账款		600 000
预收账款		70 200
应付职工薪酬		141 600
应交税费		324 400
应付利息		7 500
长期借款		4 870 500
应付债券		549 125
股本		24 524 500
资本公积		400 000
盈余公积		718 700.63
利润分配		27 105.62
合　计	32 685 131.25	32 685 131.25

根据上述资料和资产负债表"期末余额"的列示要求，编制盛荣公司 2018 年 12 月 31 日的资产负债表，如表 10-4 所示。

表 10-4　　资产负债表　　会企 01 表

编制单位：盛荣公司　　2018 年 12 月 31 日　　单位：元

资产	期末余额	年初余额	负债及所有者权益	期末余额	年初余额
流动资产：			流动负债：		
货币资金	16 049 231.25	2 003 000	短期借款	120 000	
交易性金融资产	688 500	200 500	应付票据		
应收票据	234 000		应付账款	600 000	20 000
应收账款		10 000	预收款项	70 200	
预付款项		5 000	应付职工薪酬	141 600	
其他应收款	400 000	25 500	应交税费	324 400	
存货	78 500	103 000	其他应付款	7 500	
合同资产			其他流动负债	7 500	

续前表

资产	期末余额	年初余额	负债及所有者权益	期末余额	年初余额
持有待售资产			流动负债合计	1 243 700	20 000
其他流动资产			非流动负债：		
流动资产合计	17 450 231.25	2 347 000	长期借款	4 870 500	110 000
非流动资产：			应付债券	549 125	
长期股权投资		500 000	非流动负债合计	5 419 625	110 000
固定资产	14 387 900	8 889 000	负债合计	6 663 325	130 000
在建工程			所有者权益：		
无形资产	515 500	71 000	股本	24 524 500	11 113 500
研发支出			资本公积	400 000	470 000
长期待摊费用			盈余公积	718 700.63	93 500
其他非流动资产			未分配利润	27 105.62	
非流动资产合计	14 903 400	9 460 000	所有者权益合计	25 669 406.25	11 677 000
资产总计	32 353 631.25	11 807 000	负债及所有者权益总计	32 353 631.25	11 807 000

应予注意：该资产负债表中的资产“总计”数（32 353 631.25元）与表10－3有关资产类账户借方余额“合计”数（32 685 131.25元）之间并不相等。其原因在于资产负债表上反映的是固定资产、无形资产的净值，固定资产累计折旧（256 500元）和无形资产累计摊销（75 000元）已经分别从固定资产和无形资产的原始价值总额中做了相应扣除。

特别提示

资产负债表项目列示的主要依据 资产负债表各项目列示的“期末余额”数据来自资产、负债和所有者权益三类账户的期末余额，与收入和费用类账户的发生额（或余额）没有关系。

另外，表中“未分配利润”项目应根据“利润分配——未分配利润”明细账户的贷方余额列示。

10.3 利润表的列示

10.3.1 利润表的定义与作用

1. 利润表的定义

利润表是反映企业一定会计期间经营成果的财务报表。

对利润表定义的理解应特别注意两点：一是“一定会计期间”这一特定的时间概念；二是“经营成果”这一特定的反映内容，可结合图10－18加以理解。

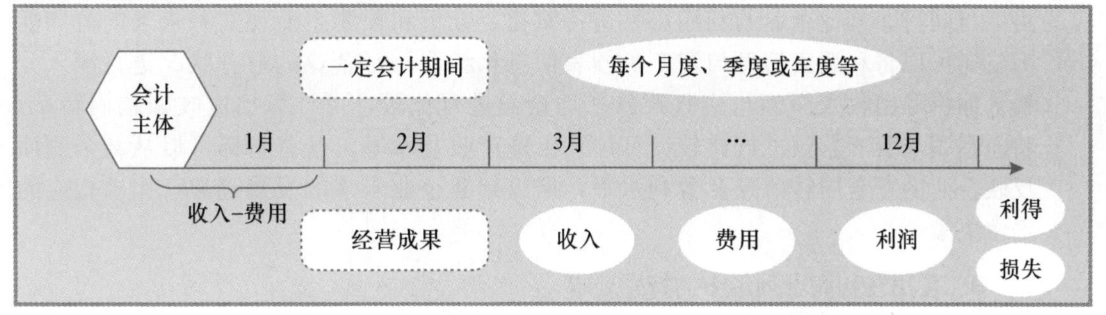

图10-18 利润表定义中特定的时间概念及其反映的内容

(1) 利润表特指的时间概念。定义中强调的“一定会计期间”是指一个时间过程，而非一个特定的时间点。这是由于为进行经营成果的确定而在利润表中列示的收入是在一定的会计期间内陆续实现的，所列示的费用也是在一定的会计期间内陆续发生的，收入和费用都是企业在一定的会计期间内（如一个月）多次发生额累积的结果，并不是在某个时间点上一次性实现或发生的。

(2) 利润表反映的主要内容。利润表是专门用来反映企业经营成果的财务报表。经营成果主要是指企业将一定会计期间内取得的收入与同一会计期间发生的相关费用进行比较的结果。如果收入大于费用，即实现了利润；反之，则发生了亏损。另外，按规定可直接列入利润表的利得和损失，对企业的利润总额会产生一定影响。如果利得大于损失，会增加企业的利润总额；反之，则会减少企业的利润总额。

2. 利润表的作用

利润表的列示应充分反映企业经营业绩的主要来源和构成，有助于财务报告使用者判断净利润的质量及其风险，有利于使用者预测企业实现净利润的持续性，进而作出正确的经济决策。利润表的主要作用有：

(1) 可以提供企业一定会计期间的收入和费用信息。利用利润表计算企业一定会计期间的经营成果时，应将该会计期间的收入和费用资料从有关账户抄入利润表的有关项目栏。财务报告使用者通过阅读报表就可以清楚地了解企业在一定会计期间内收入实现和费用发生的具体情况。如营业收入、实现的投资收益等有多少，产生的营业外收入有多少，发生的营业成本、税金及附加、销售费用、管理费用和财务费用等各有多少，以及发生的营业外支出有多少等。

(2) 可以提供企业一定会计期间的经营成果信息。按照规定的计算步骤将抄入利润表的有关收入和费用资料进行一定加工，即可计算出企业在一定会计期间的经营成果，并能够清晰地反映企业利润的构成情况。如企业的日常活动实现的经营成果有多少，非日常活动的营业外收入和营业外支出计入当期利润的情况怎样等。对财务报告使用者而言，既可以掌握企业收入与费用对比产生的净额信息，也可以掌握利得和损失对企业经营成果的影响，据以判断企业资本的保值增值等情况。

(3) 可以提供分析企业盈利能力的有关数据资料。利用利润表提供的对比数据，财务报告使用者可以将企业在不同会计期间的收入、费用和利润之间进行对比，也可以与同行业其他企业的利润水平进行对比，分析和预测企业现实和未来的盈利能力。还可以将利润表信息与资产负债表信息相结合，对企业的财务状况进行深入分析。如将赊销收入净额与应收账款平均余额进行比较，可计算出应收账款周转率；将净利润与资产总额进行比较，可计算出资产收益率等。这些指标可以从某个侧面反映企业的资金周转情况及盈利水平，据以判断企业未来的发展趋势，作出相应的经济决策。

3. 费用在利润表列示中的特别要求

根据财务报表列示准则的规定，企业对于费用的列示应当采用功能法，即按照费用在企业中发挥的功能进行分类列示。通常分为营业成本、销售费用、管理费用和财务费用等，并且在利润表上分开列示。就一般企业而言，其活动通常可以划分为生产、销售、管理和融资等，在每一种活动上发生的费用所发挥的功能并不相同。因此，按照功能法将各种费用分开列示，功能法通常能够向财务报告使用者提供结构性的费用信息，更加清晰地揭示企业经营业绩的主要来源和构成，所提供的信息与财务报告使用者进行经济决策更为相关。

对企业的费用除按功能法分类外，还可按其性质分类。可将费用分为耗用的原材料、职工薪酬费用、折旧费和摊销费等。关于费用性质的信息有助于财务报告使用者预测企业的未来现金流量，企业可以在利润表的附注中披露费用按性质分类的补充资料。

10.3.2 利润表的列示格式和基本内容

1. 一般企业利润表的列示格式

（1）利润表列示格式的种类。利润表的列示格式一般有多步式和单步式两种。

1）多步式利润表。采用这种格式的利润表时，是在表中对当期的收入、费用等项目按性质加以归类，并按利润形成的主要环节列示一些中间性利润指标，即可分步计算出当期的净利润（或净亏损）。我国财务报表列示准则规定，企业应当采用多步式利润表，将不同性质的收入和费用类别进行对比，从而得出一些中间性的利润指标数据，便于财务报告使用者理解企业经营成果的不同来源。

2）单步式利润表。采用这种格式的利润表时，是在表中将收入与费用项目自上而下顺序排列：先列示企业在当期所有收入项目的发生额，并计算出其合计数；再列示所有费用项目的发生额，并计算出其合计数；之后从收入合计数中减去费用合计数，经过一次性比较即可计算出当期的净利润（或净亏损）。这种格式的利润表列示方法比较简单，但不便于财务报告使用者理解企业经营成果的不同来源。

（2）利润表比较信息的列示。根据财务报表列示准则的规定，企业需要提供比较利润表，以使财务报告使用者通过比较企业不同期间实现利润的情况，判断企业未来实现经营成果的趋势。因此，应将利润表的各个项目按“本期金额”和“上期金额”两栏分别列示。

多步式利润表简表（适用于已执行新金融准则、新收入准则和新租赁准则的企业）的列示格式如表10-5所示。

表 10－5　　利润表（多步式）　　会企 02 表

编制单位：　　年　月　　单位：元

项目	本期金额	上期金额
一、营业收入		
减：营业成本		
税金及附加		
销售费用		
管理费用		
研发费用		
财务费用		
其中：利息费用		
利息收入		
加：其他收益		
投资收益（损失以“－”号填列）		
公允价值变动收益（损失以“－”号填列）		
信用减值损失		
资产减值损失		
资产处置收益（损失以“－”号填列）		
二、营业利润（亏损以“－”号填列）		
加：营业外收入		
减：营业外支出		
三、利润总额（亏损总额以“－”号填列）		
减：所得税费用		
四、净利润（净亏损以“－”号填列）		
（一）持续经营净利润（净亏损以“－”号填列）		
（二）终止经营净利润（净亏损以“－”号填列）		
五、其他综合收益的税后净额		
（一）不能重分类进损益的其他综合收益		
（二）将重分类进损益的其他综合收益		
六、综合收益总额		
七、每股收益：		
（一）基本每股收益		
（二）稀释每股收益		

内容扩展

综合收益与每股收益　综合收益总额为净利润与其他综合收益的税后净额相加后的合计金额。其他综合收益的税后净额反映企业根据《企业会计准则》规定未在当期损益中确认的各项利得和损失扣除所得税影响后的净额；综合收益总额为净利润与其他综合收益扣除所得税影响后的净额相加后的合计数额；每股收益即每股盈利，又称每股税后利润，指税后利润（净利润）与股本总数的比率。

2. 利润表的基本内容①

多步式利润表主要反映以下三个利润指标：

（1）营业利润。营业利润是根据企业一定会计期间的营业收入与营业成本等之间的关系而计算确认的。其中，营业收入是指企业所确认的一定会计期间的主营业务收入和其他业务收入之和；营业成本是企业确认的与以上收入相关的主营业务成本和其他业务成本之和。主营业务和其他业务都属于企业在日常活动中发生的业务，这些业务实现的收入与发生的相关费用之间有着密切的配比关系和因果关系。营业利润是以营业收入为基数，减去与之相关的营业成本，减税金及附加、销售费用、管理费用、财务费用等，再加投资收益（或减投资损失）等而计算得到的，是企业利润的主要构成部分。

（2）利润总额。利润总额是在营业利润的基础上加营业外收入，减营业外支出的结果。与企业的主营业务和其他业务实现的收入和发生的费用不同，营业外收入和营业外支出是企业在非日常活动中发生的，并且两者之间也不存在相互配比关系和因果关系。按照我国现行《企业会计准则》的规定，营业外收入和营业外支出应直接计入企业的利润总额。利润总额是企业计算缴纳所得税费用的基础，一般称为税前利润。

（3）净利润。净利润一般是从利润总额中减所得税费用以后得到的，因此净利润也称税后利润。所得税费用一般是以利润总额为基础计算确定，并在当期的利润总额中予以减除。

10.3.3 一般企业利润表的基本列示方法

一般企业利润表的列示主要是采用不同方法填列表中各项目的“上期金额”和“本期金额”两栏的数据。

1. 各项目“上期金额”的列示方法

对利润表中的“上期”概念应特别注意：对于月度利润表而言，“上期”并不是指本年度“本月”的上一个月，而是指上一年度的同一月份。因此，本月利润表中的“上期金额”应根据上年同月编制的利润表中的“本期金额”栏所列金额列示，“上期金额”一般可采用直接抄列的方法。如果上年该月利润表规定的各个项目的名称和内容与本年不一致，则应按本年的规定进行调整后列示；对于年度利润表而言，“上期”就是指上一个年度。这时，表中的“上期金额”就应根据上年年末的利润表相同项目的数字列示。

2. 各项目“本期金额”的列示方法

（1）根据当期有关总账账户发生额分析列示。利润表中列示的“本期金额”是指这些项目在本期的发生额，其列示依据是相关收入类和费用类账户提供的本期发生额。利润表中的大多数项目名称与在日常交易或事项处理时所采用账户的名称是一样的，如“税金及附加”“销售费用”“财务费用”“投资收益”“营业外收入”“营业外支出”“所得税费用”等项目都是如此，这表明利润表项目与有关账户所反映的经济内容上的一致性。因而，对利润表的以上这些项目都可以根据有关总账账户发生额分析填列。

---

① 根据基础会计课程的学习目标，本教材重点讲解利润表的前四项内容。其他综合收益、每股收益将在后续课程中学习。因此，以下利润表只列示到第四项净利润。

如果这些账户在本期只有增加发生额，没有减少发生额，就可直接将其增加发生额抄列于利润表中相应项目的“本期金额”栏；如果账户有相反方向的余额，例如，企业当期没有实现投资收益而是发生了投资损失，则应在“投资收益”项目以“－”号列示。“本期金额”根据当期有关总账账户发生额分析填列的方法如图 10－19 所示。

特别提示

根据总账账户发生额分析填列的注意事项　当某些账户在本期既有借方发生额又有贷方发生额时，应对其发生额情况进行具体分析，之后再确定列示于利润表有关项目的数字。例如，在“投资收益”账户有时可能会既有贷方发生额，也有借方发生额，利润表上的“投资收益”项目就应按双方的差额列示。又如，正常发生的财务费用应记在“财务费用”账户的借方（增加），但由于某些原因（如获取的银行存款利息收入等）而冲减财务费用时，就应记在该账户的贷方（减少）。利润表中的“财务费用”项目，就应按照该账户的借方、贷方发生额之差列示。

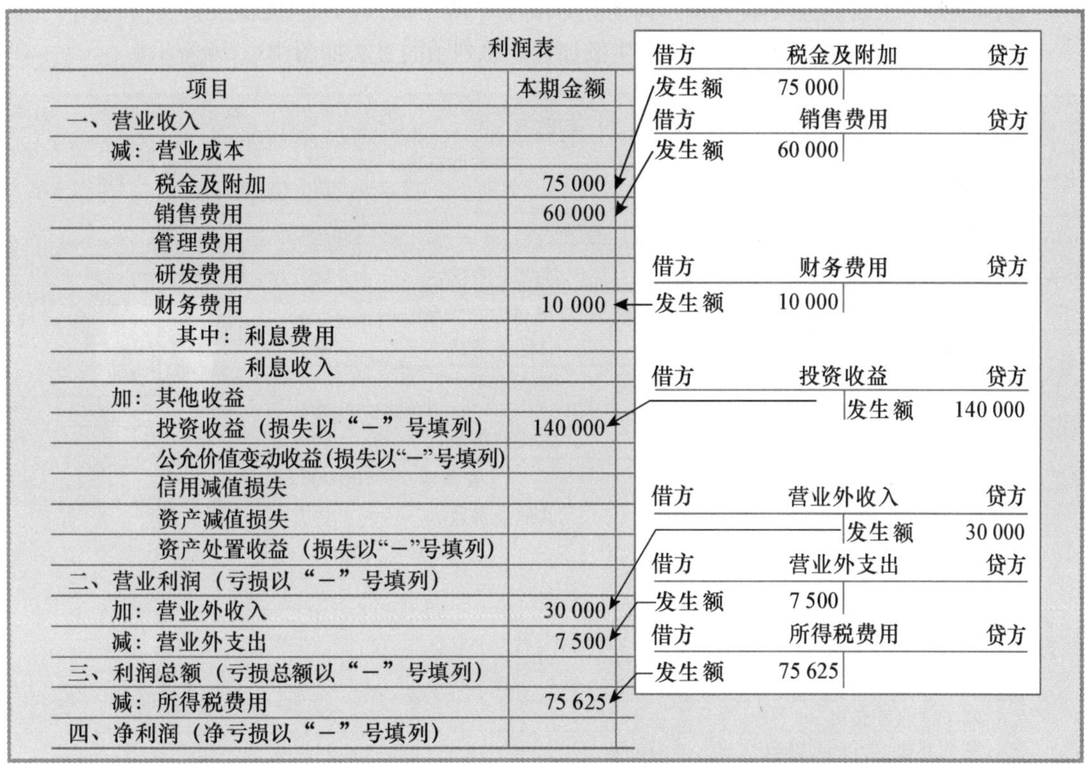

利润表

项目	本期金额
一、营业收入	
减：营业成本	
税金及附加	75 000
销售费用	60 000
管理费用	
研发费用	
财务费用	10 000
其中：利息费用	
利息收入	
加：其他收益	
投资收益（损失以“－”号填列）	140 000
公允价值变动收益（损失以“－”号填列）	
信用减值损失	
资产减值损失	
资产处置收益（损失以“－”号填列）	
二、营业利润（亏损以“－”号填列）	
加：营业外收入	30 000
减：营业外支出	7 500
三、利润总额（亏损总额以“－”号填列）	
减：所得税费用	75 625
四、净利润（净亏损以“－”号填列）	

图 10－19　“本期金额”根据当期有关总账账户发生额直接列示的方法

（2）根据当期有关总账账户发生额和明细账户发生额分析列示。利润表中“管理费用”项目是根据“管理费用”账户的发生额，减去“管理费用”账户下的“研发费用”和“无形资产摊销”明细账户的发生额分析填列。如本期“管理费用”账户的借方发生额为 43 000 元，贷方发生额为 3 000 元，其中“研发费用”明细账户的借方发生额为 10 000 元，则本期利润表中“管理费用”项目列示的本期金额为 30 000 元

(43 000 －3 000－10 000)。

(3) 根据当期明细账户发生额分析列示。利润表中的“研发费用”项目，反映企业进行研究与开发过程中发生的费用化支出，以及计入管理费用的自行开发无形资产的摊销应根据“管理费用”账户下的“研发费用”和“无形资产摊销”明细账户的发生额分析填列。如本期“研发费用”明细账户的借方发生额为10 000元，“无形资产摊销”明细账户无发生额，则“研发费用”项目列示的本期金额为10 000元。“利息费用”项目，反映企业为筹集生产经营所需资金等而发生的应予费用化的利息支出，应根据“财务费用”账户的相关明细科目的发生额分析填列。“利息收入”项目，是“财务费用”项目的其中项，反映企业按照相关会计准则确认的应冲减财务费用的利息收入，应根据“财务费用”账户的相关明细科目的发生额分析填列。

(4) 根据有关总账账户发生额加计汇总列示。例如，“营业收入”和“营业成本”项目的数据在现有账户中是不能直接查到的，应将反映该项目内容的有关账户的发生额相加，求得该项目金额的合计数之后再予列示。例如，“营业收入”项目列示的金额应为“主营业务收入”和“其他业务收入”两个账户的发生额之和；“营业成本”项目列示的金额应为“主营业务成本”和“其他业务成本”两个账户的发生额之和。利润表中“本期金额”根据当期有关总账账户发生额加计汇总列示的方法如图10－20所示。

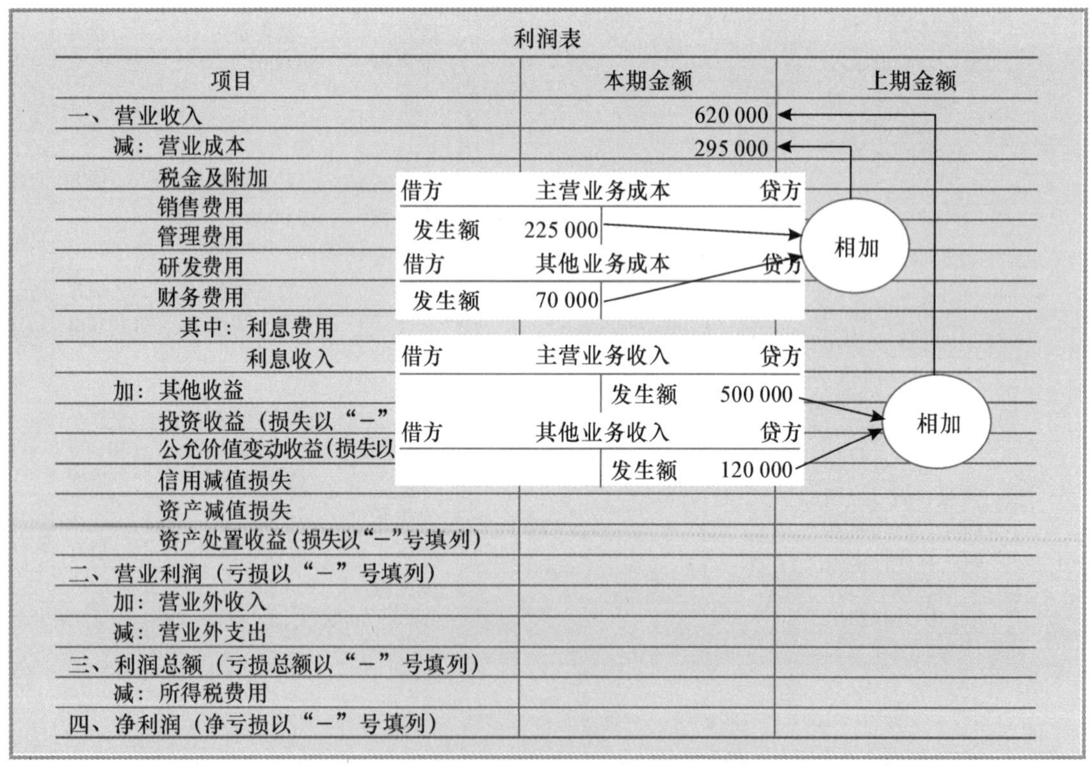

图10－20 “本期金额”根据当期有关总账账户发生额加计汇总列示的方法

应予注意：在采用加计汇总方法时，如果某一账户在本会计期间其借方和贷方都有发生额，有关项目的数据应以该账户双方的差额作为加计的基数。例如，当企业销售产品并确认收入后，已记入“主营业务收入”账户贷方（增加），但之后发生了客户退货，即记入了“主营业务收入”账户的借方（减少）。在这种情况下，计算“营业收入”项目的数据时，就应以本期确认收入的总额减退货部分之差作为加计的基数。同理，对“主营业务成本”账户的记录也应考虑已扣除的退货成本等。

(5) 根据本表有关数据计算列示。利润表上的“营业利润”“利润总额”“净利润”等项目数据是按照一定的计算程序要求，将表中的有关数据相加或相减而计算得到的。计算的结果为盈利时应直接列示，不必加任何标志；如果为亏损，则应以“－”号填列。利润表中各利润指标根据本表有关数据计算列示的方法如图 10－21 所示。

利润表

项目	本期金额	上期金额
一、营业收入	620 000	
减：营业成本	295 000	相减
税金及附加	75 000	
销售费用	60 000	
管理费用	40 000	
研发费用		
财务费用	60 000	
其中：利息费用		
利息收入		
加：其他收益	0	
投资收益(损失以“－”号填列)	0	相加
公允价值变动收益(损失以“－”号填列)	140 000	
信用减值损失	0	
资产减值损失	0	
资产处置收益（损失以“－”号填列）	0	
二、营业利润（亏损以“－”号填列）	280 000	
加：营业外收入	30 000	相加
减：营业外支出	7 500	相减
三、利润总额（亏损总额以“－”号填列）	302 500	
减：所得税费用	75 625	相减
四、净利润（净亏损以“－”号填列）	226 875	

图 10－21　各利润指标根据本表有关数据计算列示的方法

10.3.4　利润表列示举例

例 10－4

盛荣公司 2017 年 12 月的利润表和 2018 年 12 月的收入与费用情况如下：

(1) 该公司 2017 年 12 月的利润表，如表 10－6 所示。

表 10－6　利润表　会企 02 表

编制单位：盛荣公司　2017 年 12 月　单位：元

项目	本期金额	上期金额
一、营业收入	5 500 000	(略)
减：营业成本	3 700 000	
税金及附加	200 000	
销售费用	500 000	

续前表

项目	本期金额	上期金额
管理费用	450 000	
研发费用		
财务费用	90 000	
其中：利息费用		
利息收入		
加：其他收益		
投资收益（损失以“—”号填列）	300 000	
公允价值变动收益（损失以“—”号填列）		
信用减值损失		
资产减值损失		
资产处置收益（损失以“—”号填列）		
二、营业利润（亏损以“—”号填列）	860 000	
加：营业外收入	200 000	
减：营业外支出	70000	
三、利润总额（亏损总额以“—”号填列）	990 000	
减：所得税费用	247 500	
四、净利润（净亏损以“—”号填列）	742 500	

（2）该公司2018年12月有关收入类账户和费用类账户的发生额资料如表10-7所示。

表10-7　盛荣公司2018年12月收入与费用类账户的发生额　单位：元

账户名称	本期发生额	
	借方	贷方
主营业务收入		1 500 000
其他业务收入		230 000
投资收益	53 000	73 000
资产处置损益		50 500
营业外收入		1 800
主营业务成本	1 314 450	
其他业务成本	172 000	
税金及附加	100 000	
销售费用	4 300	
管理费用	15 750	
财务费用	17 125	
营业外支出	20 000	
所得税费用	39 668.75	

要求：根据上述资料编制盛荣公司2018年12月的利润表。

盛荣公司2017年12月的利润表中各项目的“本期金额”是列示2018年12月的利润表中各项目“上期金额”的依据；而该公司2018年12月有关收入和费用类账户

的发生额则是列示 2018 年 12 月的利润表各项目"本期金额"的依据。

根据上述资料和利润表的列示要求所编制的盛荣公司 2018 年 12 月的利润表参见表 10-8。

表 10-8　　　　利润表　　　　会企 02 表

编制单位：盛荣公司　　　　2018 年 12 月　　　　单位：元

项目	本期金额	上期金额
一、营业收入	1 730 000	5 500 000
减：营业成本	1 486 450	3 700 000
税金及附加	100 000	200 000
销售费用	4 300	500 000
管理费用	15 750	450 000
研发费用		
财务费用	17 125	90 000
其中：利息费用		
利息收入		
加：其他收益		
投资收益（损失以"—"号填列）	20 000	300 000
公允价值变动收益（损失以"—"号填列）		
信用减值损失		
资产减值损失		
资产处置收益（损失以"—"号填列）	50 500	0
二、营业利润（亏损以"—"号填列）	176 875	860 000
加：营业外收入	1 800	200 000
减：营业外支出	20 000	70 000
三、利润总额（亏损总额以"—"号填列）	158 675	990 000
减：所得税费用	39 668.75	247 500
四、净利润（净亏损以"—"号填列）	119 006.25	742 500

在表 10-8 中，大部分项目的"本期金额"是根据账户中本月收入和费用资料直接列示的，"营业收入"和"营业成本"这两个项目则是采用加计汇总方法列示的。有些项目是根据有关账户的借方、贷方发生额之差列示的。如"投资收益"项目就是根据"投资收益"账户的贷方发生额（73 000 元）与其借方发生额（53 000 元）之差（20 000 元）列示的。如果其他收入和费用类账户存在这种情况，也应按这种方法列示。此外，"营业利润""利润总额""净利润"等项目是根据本表的有关数据，按规定的方法计算求得的。

10.4　财务报表附注披露

10.4.1　财务报表附注的定义与披露要求

1. 财务报表附注的定义

财务报表附注是财务报表不可或缺的组成部分，是资产负债表、利润表、现金流量表和所有者（股东）权益变动表等报表中所列示项目的文字描述或明细资料，以及对未能在这些报表中列示项目的详细说明。

财务报表中各个项目填列的数据是对企业发生的大量交易或事项进行综合处理以后形成的。虽然这些数据本身也很重要，但有些内容仅从数据本身是看不出来的。因为这些数据的形成往往与企业采用的会计政策有直接关系，同一项目的数据会因企业采用的不同会计政策而有所不同。例如，资产负债表上的"固定资产"项目反映的是企业固定资产的净值。但即使两个企业的该项目数字相同，也不能说明它们的固定资产情况是完全一致的，因为不同的企业可能会采取不同的计提折旧方法和不同的资产减值准备政策。因而，如果企业只有报表数字的列报而没有对形成这些数据所采用的会计政策等有关情况的说明，财务报告使用者仍然不能充分理解这些数据，财务报表也就不可能充分发挥其应有的效用。因此，附注与资产负债表和利润表等报表具有同等的重要性，是财务报表的重要组成部分。为使财务报告使用者完整了解企业的财务状况、经营成果和现金流量等信息，企业应当提供全面的报表附注，详细披露报表中列示项目的明细资料。

2. 财务报表附注披露的基本要求

（1）定量信息与定性信息相结合。定量信息是对在报表中列报项目数据的进一步全面披露；定性信息是对在报表中列报数据相关情况所做的文字说明。将定量信息与定性信息相结合，能够从量和质两个角度对企业的交易或事项进行完整反映，满足财务报告使用者的经济决策需求。

（2）按一定结构进行系统合理的排序。即对于需要在附注中披露的内容应按照一定的结构排列和分类，按顺序披露信息。由于附注的内容繁多，且与财务报告使用者的经济决策更加密切相关，因此更应按逻辑顺序排列，具有一定的组织结构，做到分类披露，条理清晰，以方便财务报告使用者理解和掌握，也可以保证更好地实现财务报表信息之间的可比。

（3）与相关财务报表相互参照。附注主要是对财务报表中列示项目的文字描述或提供的明细资料，因此，附注中的相关信息应当与资产负债表和利润表等报表中列示的项目相互参照，以帮助财务报告使用者相互关联地使用这些信息，从整体上更全面地理解企业的财务报表。

10.4.2 财务报表附注披露的内容与方法

现以资产负债表和利润表为例，简要介绍财务报表附注披露的基本方法。

1. 资产负债表附注的披露

按照财务报表列报准则的规定，一般企业在资产负债表的附注中应当披露的内容有20余项，主要包括各种资产项目和负债项目的详细情况。现列示其中几个比较有代表性的项目的披露方法。

（1）应收账款的披露。应收账款披露主要采用按应收账款账龄结构及客户类别等分别编制明细表的形式进行。有关明细表的格式如表10－9和表10－10所示。

表 10-9　　应收账款按账龄结构的披露

账龄结构	期末账面余额	年初账面余额
1 年以内（含 1 年）		
1 年至 2 年（含 2 年）		
2 年至 3 年（含 3 年）		
3 年以上		
合计		

说明：企业有应收票据、预付账款和其他应收款的，比照应收账款进行披露。

表 10-10　　应收账款按客户类别的披露

客户类别	期末账面余额	年初账面余额
客户 1		
客户 2		
⋮		
其他客户		
合计		

说明：企业有应收票据、预付账款和其他应收款的，比照应收账款进行披露。

（2）存货的披露。存货的披露主要采用按存货的成本、存货跌价准备等分别编制明细表的形式进行。有关明细表格式如表 10-11 和表 10-12 所示。

表 10-11　　存货按成本的披露

存货种类	年初账面余额	本期增加额	本期减少额	期末账面余额
1. 原材料				
2. 在产品				
3. 库存商品				
4. 周转材料				
5. 消耗性生物资产				
⋮				
合计				

表 10-12　　存货跌价准备的披露

存货种类	年初账面余额	本期增加额	本期减少额		期末账面余额
			转回	转销	
1. 原材料					
2. 在产品					
3. 库存商品					
4. 周转材料					
⋮					
合计					

（3）固定资产的披露。固定资产的披露内容包括固定资产原价、累计折旧、减值

准备和账面价值等，通过编制统一的明细表进行披露，见表10－13。

表10－13　固定资产按原价、累计折旧额等的披露

项目	年初账面余额	本期增加额	本期减少额	期末账面余额
一、原价合计				
其中：房屋、建筑物				
机器设备				
运输工具				
⋮				
二、累计折旧合计				
其中：房屋、建筑物				
机器设备				
运输工具				
⋮				
三、固定资产减值准备累计金额合计				
其中：房屋、建筑物				
机器设备				
运输工具				
⋮				
四、固定资产账面价值合计				
其中：房屋、建筑物				
机器设备				
运输工具				
⋮				

此外，企业持有准备处置固定资产的，应当说明准备处置的固定资产名称、账面价值、公允价值、预计处置费用和预计处置时间等。

（4）短期借款和长期借款的披露。各种借款的披露格式如表10－14所示。

表10－14　各种借款的披露

借款种类	短期借款		长期借款	
	期末账面余额	年初账面余额	期末账面余额	年初账面余额
信用借款				
抵押借款				
质押借款				
保证借款				
合计				

此外，对于期末逾期借款，应分别对贷款单位、借款金额、逾期时间、年利率、逾期未偿还原因和预期还款期等进行披露。

虽然上述内容并非资产负债表附注的全部，但从中可以看出，报表附注的披露主

要采用了两种方式。一是数字描述方式，如对资产负债表中的“应收票据及应收账款”项目中的“应收账款”项目所反映的内容，可按应收账款的账龄结构和客户类别等设计相应格式的表格，并分别填列“期末账面余额”和“年初账面余额”等详细数字资料，可以起到对“应收票据及应收账款”项目中的“应收账款”项目反映的基本内容进行详细说明的作用。二是文字叙述和数字描述相结合的方式。如对资产负债表中的固定资产和各种借款等，除了采用列表方式分别对表中的相关项目数字进行详细说明外，还要对企业存在的准备处置的固定资产和期末逾期借款等情况，采用文字叙述的方式进行说明。目的是向财务报告使用者提供在报表中不能直接说明的情况，使其更加全面地了解企业相关交易或事项信息。

2. 利润表附注的披露

按照财务报表列报准则的规定，一般企业在利润表的附注中应当披露的内容有 10 余项，主要包括各种收入项目和费用项目的详细情况。现列示其中几项比较有代表性的内容的披露方法。

（1）营业收入的披露。营业收入的披露格式如表 10 - 15 所示。

表 10 - 15　营业收入的披露

项目	本期发生额	上期发生额
1. 主营业务收入		
2. 其他业务收入		
合计		

（2）投资收益的披露。投资收益的披露格式如表 10 - 16 所示。

表 10 - 16　投资收益的披露

产生投资收益的来源	本期发生额	上期发生额
1. 现金股利		
⋮		
合计		

（3）资产减值损失的披露。资产减值损失的披露格式如表 10 - 17 所示。

表 10 - 17　资产减值损失的披露

项目	本期发生额	上期发生额
一、存货跌价损失		
二、固定资产减值损失		
三、工程物资减值损失		
四、在建工程减值损失		
五、无形资产减值损失		
⋮		
合计		

(4) 所得税费用的披露。包括：1）所得税费用的组成（当期所得税和递延所得税）；2）所得税费用与会计利润的关系。

利润表附注的编报方法与资产负债表附注的编报方法基本相同：一是采用数字描述的方式；二是采用文字叙述和数字描述相结合的方式。但对某些内容，如对企业的所得税费用也可采用单纯的文字叙述方式进行披露。

思考题

1. 什么是财务报告？其含义有哪些？
2. 企业的财务报告由哪些部分组成？各自的作用是什么？
3. 怎样理解财务报告的主要作用？
4. 企业的财务报告可分为哪些种类？
5. 什么是财务报表的列报？财务报表的列报主要应遵循哪些要求？
6. 什么是资产负债表？主要作用有哪些？
7. 资产负债表的列示格式和内容是怎样的？
8. 列示资产负债表中各项目“期末余额”的方法有哪些？
9. 什么是利润表？利润表主要有哪些作用？
10. 利润表的列示格式和内容是怎样的？
11. 怎样列示利润表中各项目的“本期金额”？
12. 怎样理解利润表中“上期金额”概念？
13. 什么叫财务报表附注？附注披露有哪些基本要求？
14. 资产负债表附注的披露方式和内容主要有哪些？
15. 利润表附注的披露内容主要有哪些？

练习题

一、资产负债表

［目的］ 练习资产负债表有关项目数据的计算与列示方法。

［资料］

1. 假定在鸿达公司某年11月编制的资产负债表中，有些项目的“期末余额”栏数字未计算出来，如下表所示。

资产负债表

会企01表

编制单位：鸿达公司　　20××年11月30日　　单位：元

资产	期末余额	年初余额	负债及所有者权益	期末余额	年初余额
流动资产：			流动负债：		
货币资金			短期借款	100 000	

续前表

资产	期末余额	年初余额	负债及所有者权益	期末余额	年初余额
交易性金融资产	34 500		交易性金融负债		
应收票据	7 500		应付票据		
应收账款	24 000		应付账款		
预付款项			预收款项	13 500	
其他应收款	7 500		应付职工薪酬	4 500	
存货			应交税费	9 000	
持有待售资产			其他应付款	31 500	
一年内到期的非流动资产			一年内到期的非流动负债		
其他流动资产			流动负债合计		
流动资产合计			非流动负债：		
非流动资产：			长期借款	28 000	
长期应收款			应付债券	20 000	
长期股权投资	1 012 500		非流动负债合计		
固定资产			负债合计		
在建工程			所有者权益：		
无形资产	15 000		实收资本（或股本）	300 000	
研发支出			资本公积	66 000	
长期待摊费用	6 000		盈余公积	67 500	
其他非流动资产			未分配利润		
非流动资产合计			所有者权益合计	1 213 500	
资产总计			负债及所有者权益总计		

2. 本月与这些尚未填列项目有关的总账账户和明细账户的余额情况如下：

库存现金	1 500 元
银行存款	25 500 元
原材料	40 000 元
生产成本	5 000 元
库存商品	30 000 元
预付账款	20 000 元（借方余额）
其中：A 单位	10 000 元（贷方余额）
B 单位	30 000 元（借方余额）
固定资产	282 000 元
累计折旧	15 000 元
固定资产减值准备	6 000 元
应付票据	17 000 元
应付账款	53 000 元（贷方余额）
其中：G 单位	66 500 元（贷方余额）
H 单位	13 500 元（借方余额）

［要求］

(1) 计算资产负债表中尚未列示齐全的“货币资金”“预付款项”“存货”“流动资产合计”“固定资产”“应付票据”“应付账款”“未分配利润”等项目的数据，并填入表中的相应栏次。

(2) 计算资产负债表中的“合计”数和“总计”数，并将计算结果填入表中的相应栏次。

(3) 试说明资产负债表两方的“总计”是否相等？为什么双方“总计”是相等的？

二、利润表

［目的］ 练习利润表的编制方法。

［资料］

1. 假定鸿达公司某年11月有关收入类账户和费用类账户的发生额资料如下：

主营业务收入	915 000 元（贷方）
主营业务成本	600 000 元（借方）
税金及附加	12 500 元（借方）
其他业务收入	15 500 元（贷方）
其他业务成本	13 500 元（借方）
销售费用	16 500 元（借方）
管理费用	41 000 元（借方）
财务费用	25 500 元（借方）
投资收益	20 000 元（贷方）
营业外收入	2 500 元（贷方）
营业外支出	12 500 元（借方）

2. 假定该企业适用的所得税税率为25%。

［要求］

(1) 计算营业收入、营业成本和所得税费用等项目的金额。

(2) 列示该公司该年11月利润表中的“本期金额”栏的全部数据。

(3) 说明利润表中“上期金额”的基本列示方法。

(4) 试用计算公式写出“营业利润”“利润总额”“净利润”的计算过程。

第 11 章

会计处理组织程序

内 容 导 图

会计处理组织程序是指企业对交易或事项进行确认、计量、记录和报告的全过程。从会计方法应用的角度看，主要是利用会计凭证填制和审核、账簿登记和会计报表编制等方法，对企业发生的交易或事项进行处理的具体步骤。本章主要介绍会计处理组织程序的定义及其设计意义，在不同的会计处理组织程序下所采用的会计凭证、会计账簿和会计报表等载体，以及各种会计处理组织程序的内容、特点及其适用范围等。

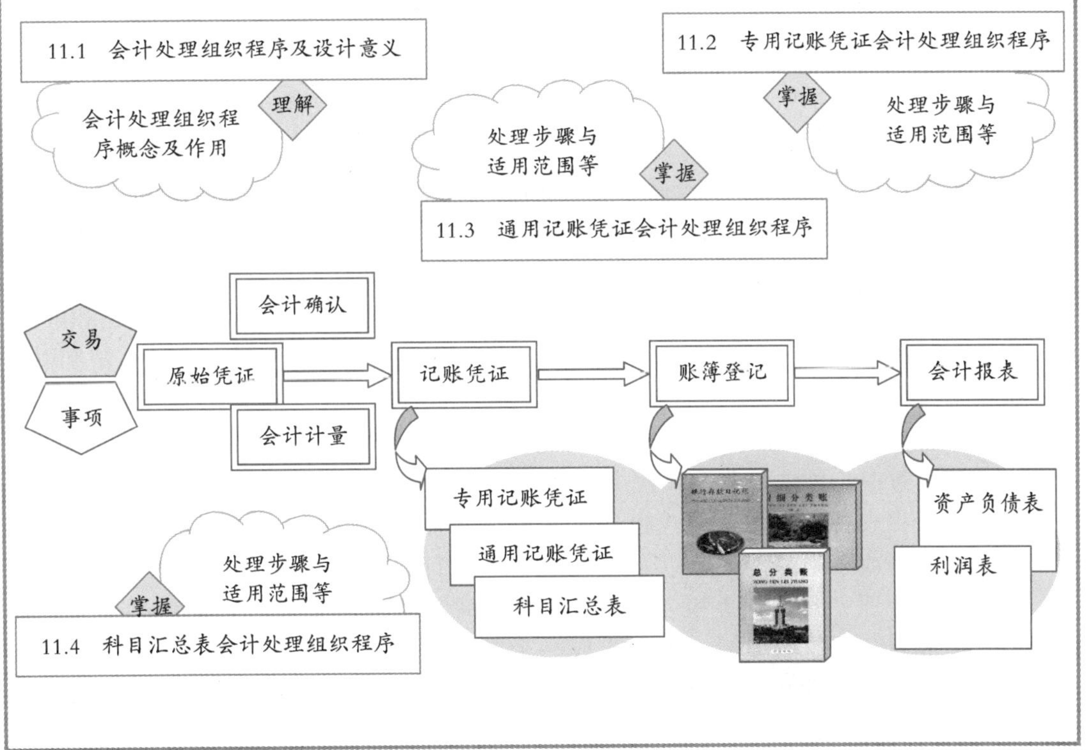

11.1 会计处理组织程序及设计意义

11.1.1 会计处理组织程序的定义与种类

1. 会计处理组织程序的定义

会计处理组织程序是包括交易或事项的确认、计量、记录和报告等诸多环节的处理过程。从会计记录和会计报告方法应用的角度看，主要是利用会计凭证填制和审核、账簿登记和会计报表编制等方法处理企业交易或事项的具体步骤。

对会计处理组织程序的基本含义可结合图11－1加以理解。

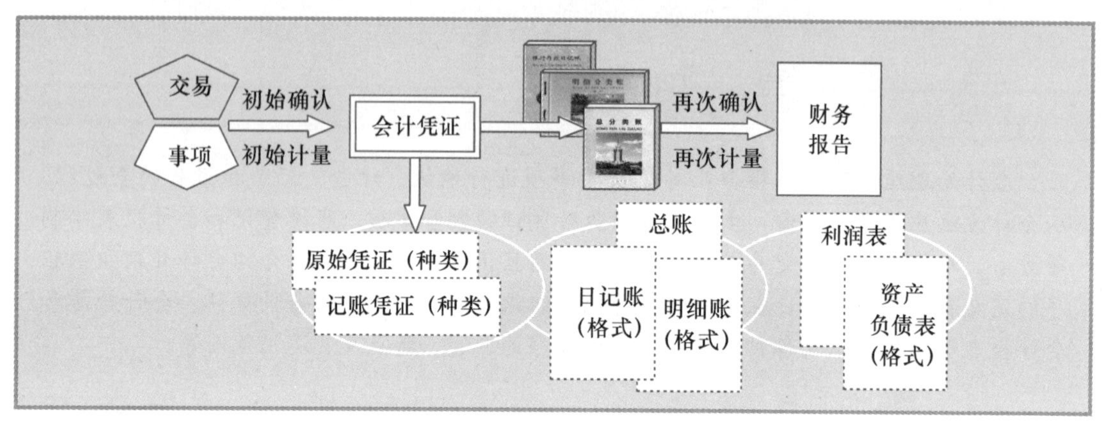

图11－1 会计处理组织程序的基本含义

企业交易或事项的会计处理需要经过一定的程序才能完成。如前所述，交易或事项的处理是以会计的初始确认为起点的，接下来还需要采用一定的方法进行初始计量，之后才能进入会计记录环节，记入有关账簿。在会计期末，经过再次确认和计量，将企业当期的交易或事项信息列示于财务报告文件并对外报告。以上是企业会计处理交易或事项的基本程序。

观察图11－1可见，在会计处理组织程序中，应用最多的是会计凭证填制和审核、会计账簿登记和财务报告编制三种方法。由此可以认为，会计凭证、会计账簿和财务报告是会计上记录、存储和报告会计信息的主要载体，以上三个载体的相互结合使用构成了企业一定会计期间完整的会计循环。

在实务中，可供企业选择使用的会计凭证（特别是其中的记账凭证）、会计账簿和会计报表种类较多，格式也各不相同。企业应根据自身经营活动的特点，考虑企业交易或事项的繁简，以及会计机构和会计人员设置的实际情况等，选择适用的会计凭证、会计账簿和会计报表，并合理地组织会计凭证的填制、会计账簿的登记和财务报告的编制，使之构成一个既相互独立又紧密联结的有机整体，利用这些载体对发生的交易或事项进行处理，进而形成各不相同的会计处理组织程序。

2. 会计处理组织程序的种类及其主要区别

（1）会计处理组织程序的种类。主要有专用记账凭证会计处理组织程序、通用记账凭证会计处理组织程序、科目汇总表会计处理组织程序等。各种会计处理组织程序虽然都包括会计确认、会计计量、会计记录和会计报告等诸多环节，但从会计方法应用的角度看，主要有以下三个环节：对发生的交易或事项，在会计上首先应取得原始凭证并据以填制记账凭证，根据记账凭证登记有关账簿（账户），在会计期末，根据账簿资料编制财务报告文件。总体而言，任何一种会计处理组织程序都是围绕以上三个方面进行的，这是所有会计处理组织程序的共同点。

（2）各种会计处理组织程序的主要区别，如图 11－2 所示。

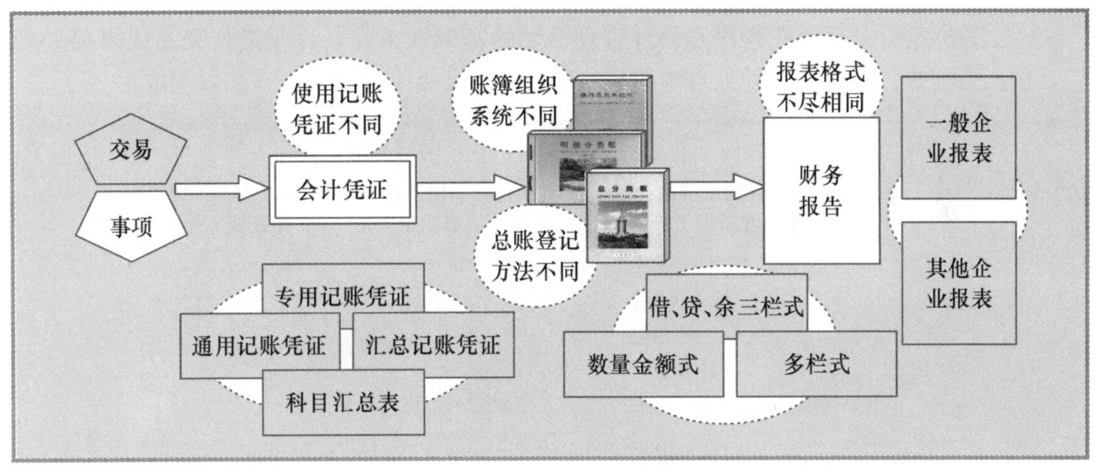

图 11－2　各种会计处理组织程序的主要区别

1）使用的记账凭证不同。记账凭证包括专用记账凭证、通用记账凭证、汇总记账凭证和科目汇总表等。在某一特定企业中，以上这些种类的记账凭证不可能全部采用，只能根据本企业的会计处理组织程序选择使用其中的一两种。一般而言，专用记账凭证与通用记账凭证不能在一种会计处理组织程序中并用；通用记账凭证和汇总记账凭证不能在一种会计处理组织程序中并用。专用记账凭证和汇总记账凭证（或科目汇总表）可以在一种会计处理组织程序中同时使用；通用记账凭证和科目汇总表可以在一种会计处理组织程序中同时使用。

2）账簿的组织系统不同。账簿的组织系统包括用以记录交易或事项的序时账簿（日记账）和分类账簿（总分类账、明细分类账），各种账簿的格式是不同的。在借贷记账法下设置的以上账簿中，序时账、总分类账和一部分明细分类账的格式均为借、贷、余三栏式，而其他明细分类账的格式还有数量金额式和多栏式等，这是由企业对各种交易或事项记录的不同要求所决定的。一般而言，企业必须设置的账簿有借、贷、余三栏式的序时账、总分类账和部分明细分类账，对另两种格式的明细分类账，企业可根据记录交易或事项的需要选择使用。

3）登记总分类账的方式不同。企业设置的分类账包括总分类账和明细分类账两大类（从一定意义上讲，序时账也是一种明细分类账）。其中，明细分类账要求根据专用（或通用）记账凭证逐笔登记（序时账是逐日逐笔登记），而总分类账既可逐笔登记，也可采用汇总登记的方法。汇总登记又可分为根据科目汇总表的汇总数字登记及根据汇总记账凭证的汇总数字登记两种。总分类账采用汇总登记方法，是某些会计处理组织程序的显著特点，也是区分各种会计处理组织程序的主要标志。

4）采用的报表格式不同。尽管企业按要求都要编制资产负债表和利润表等会计报表，但由于企业的组织形式、业务性质和主要经营活动内容不同，其报表格式及所包含的项目也有所不同。如一般企业的会计报表与商品流通企业的会计报表的组成内容差别较大，与金融、保险等企业的会计报表的组成内容差别更大。各企业应按照规范的格式要求与列示方法进行会计报表的编制。

11.1.2 建立会计处理组织程序的意义

建立会计处理组织程序是会计管理活动的基础性工作，也是进行交易或事项处理的必要前提。对建立会计处理组织程序的重要意义可结合图 11－3 加以理解。

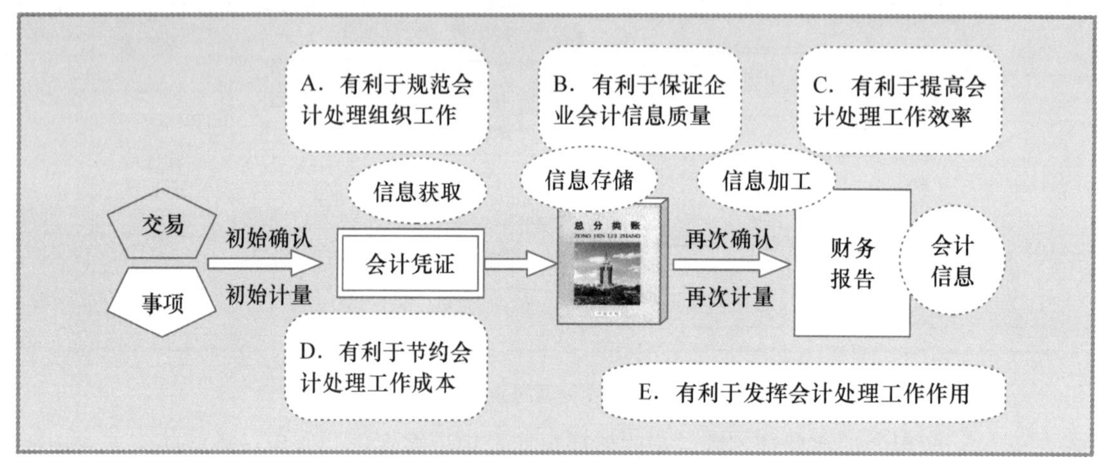

图 11－3　建立会计处理组织程序的重要意义

（1）有利于规范会计处理组织工作。企业交易或事项的会计处理需要企业内部各个部门之间、会计机构各有关会计人员之间的密切配合，只有建立起规范的会计处理组织程序，才能使交易或事项的经办人员、会计机构的会计人员有序可循，规范操作，按照各自的职责分工和规范要求，有条不紊地及时做好交易或事项各个环节的处理工作。

（2）有利于保证企业会计信息质量。保证会计信息质量是对处理交易或事项的最基本要求。会计凭证的取得与填制、账簿的登记和会计报表的编制，每一个环节都与会计信息质量息息相关。建立科学合理的会计处理组织程序，能够使会计信息的处理置于严密的系统控制之中，是会计信息质量达到规定要求的保障。

（3）有利于提高会计处理工作效率。按照既定的会计处理组织程序对交易或事项进行处理，各处理环节分工明确，责任清楚，约束力强，将会大大提高会计处理工作的效率，也可以为会计信息的及时报告提供有力保证。

（4）有利于节约会计处理工作成本。利用会计处理组织程序对交易或事项进行会计处理的过程，也是消耗人力、物力和财力的过程。例如，在手工记账的条件下，所使用的凭证、账簿和报表等都会发生印刷制作或购买等支出。合理选择适用的凭证格式、账簿和会计报表种类，在一定程度上会降低会计处理工作成本，节约会计处理方面的费用开支。

(5) 有利于发挥会计处理工作作用。就整个会计处理系统来看，交易或事项的处理主要体现在初始确认和计量与再次确认和计量上。对交易或事项的初始确认和计量主要解决会计记录的问题，是对会计信息进行积累的过程。再次确认和计量主要解决会计信息报告的问题，既是会计记录过程的延续，也直接关系到会计目标的实现。建立规范的会计处理组织程序，使会计能够在对外提供相关信息和对内加强企业自身经营管理等方面发挥积极作用。

11.2　专用记账凭证会计处理组织程序

11.2.1　专用记账凭证会计处理组织程序的定义及其采用的主要载体

1. 专用记账凭证会计处理组织程序的定义

专用记账凭证会计处理组织程序是根据交易或事项发生以后填制的各种专用记账凭证直接登记总分类账，并定期编制会计报表的一种会计处理组织程序。

2. 专用记账凭证会计处理组织程序采用的主要载体

在专用记账凭证会计处理组织程序下，需要设立完整的凭证、账簿与报表体系，具体采用的记账凭证、会计账簿和会计报表种类很多，格式各异（见图 11－4)。

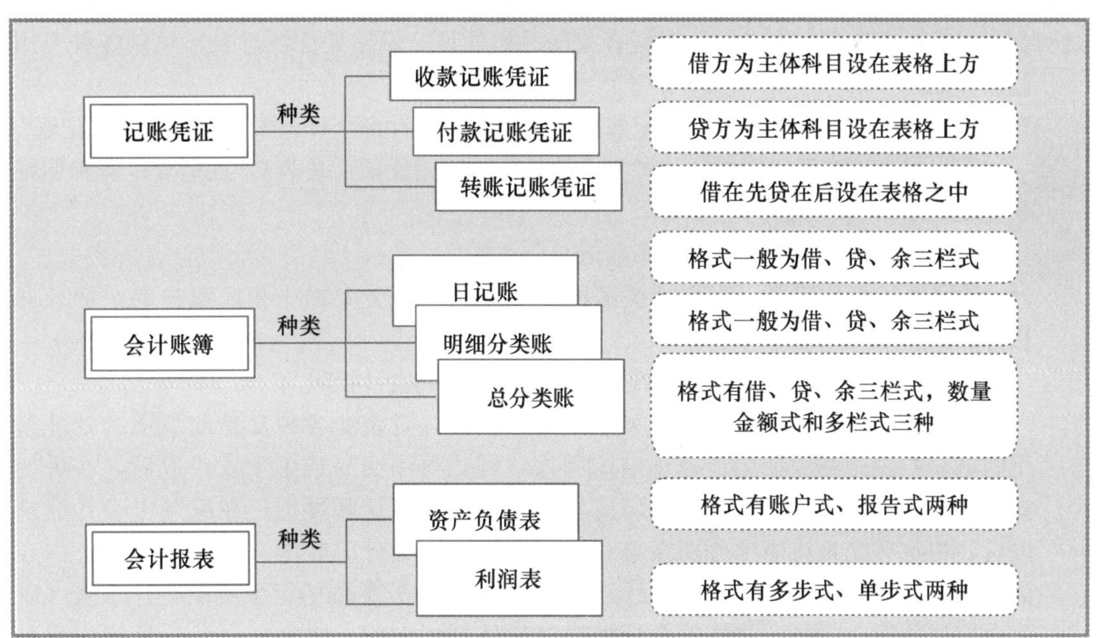

图 11－4　专用记账凭证会计处理组织程序采用的主要载体

应注意：记账凭证、会计账簿和会计报表的有关内容已经分别在第 5，6，10 章进行了全面介绍，在后续会计处理组织程序的内容也与这三章的内容有关。

由于企业会计准则已经对一般企业会计报表的种类和格式作了统一规范，因此，不论在哪种会计处理组织程序下，一般企业会计报表的种类与格式都没有大的差别。基于这一点，在后续学习会计处理组织程序内容的过程中，对会计报表的种类与格式等不再作更多探讨。

11.2.2 专用记账凭证会计处理组织程序的基本步骤及其评价

1. 专用记账凭证会计处理组织程序的基本步骤

专用记账凭证会计处理组织程序的基本步骤如图11-5所示。

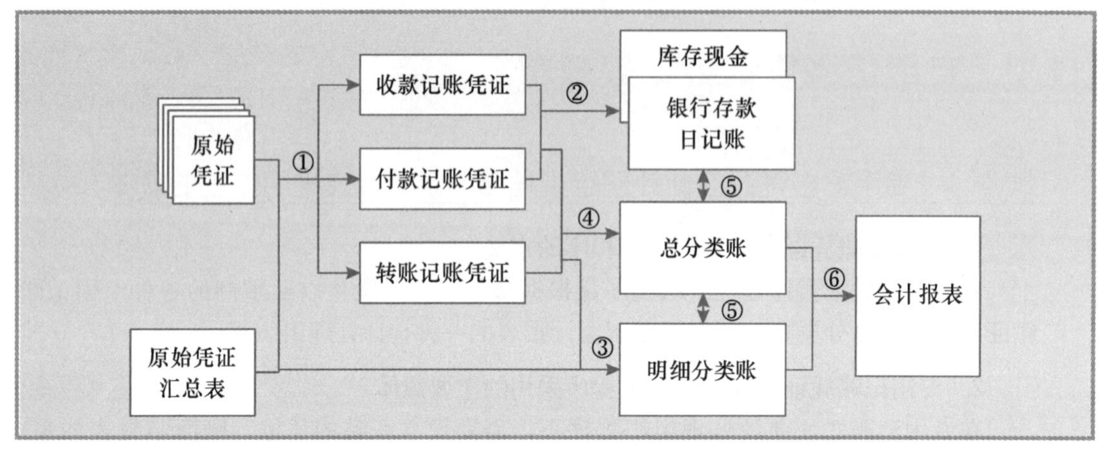

图11-5 专用记账凭证会计处理组织程序的基本步骤

①交易或事项发生以后，根据有关的原始凭证（原始凭证汇总表）填制各种专用记账凭证。

②根据收款记账凭证和付款记账凭证逐笔登记库存现金日记账和银行存款日记账。

③根据各种专用记账凭证并参考原始凭证（原始凭证汇总表），逐笔登记各种明细分类账。

④根据各种专用记账凭证逐笔登记总分类账。

⑤月末，将日记账、明细分类账的余额分别与总分类账中相应账户的余额核对相符。

⑥月末，根据总分类账和明细分类账的记录编制会计报表。

应提醒注意的是，在前面有关章节的举例中，对企业各种交易或事项的处理采用的就是专用记账凭证会计处理组织程序，即当每项交易或事项发生以后，在进行具体的账务处理前，首先要求确定应填制哪一种专用记账凭证；在编制出会计分录以后，将这些交易或事项分别在总分类账和部分明细分类账中进行登记（以上内容详见第5章至第9章）；月末，根据总分类账和明细分类账的记录编制会计报表（以上内容详见第10章）。这样的会计处理过程体现了专用记账凭证会计处理组织程序的基本步骤。

2. 专用记账凭证会计处理组织程序的特点及其评价

（1）专用记账凭证会计处理组织程序的特点。这种会计处理组织程序的特点是：

直接根据各种专用记账凭证逐笔登记总分类账。

各种会计处理组织程序在账务处理上的做法虽然各不相同，但也存在共同之处。比如，不论是在哪一种会计处理组织程序下，对各种日记账和明细分类账都要求逐笔登记。各种会计处理组织程序之间的主要区别在于对总分类账的登记方法。直接根据各种专用记账凭证逐笔登记总分类账，是专用记账凭证会计处理组织程序的独特做法，体现了这种会计处理组织程序的鲜明特点。

（2）对专用记账凭证会计处理组织程序的评价。

1）优点。a. 在专用记账凭证上能够清晰地反映账户之间的对应关系。在专用记账凭证会计处理组织程序下，当一笔交易或事项发生以后，利用一张专用记账凭证就可以编制出完整的会计分录，涉及几个会计科目（账户的名称）就填写几个会计科目，账户对应关系一目了然。b. 在总分类账上能够比较详细地反映交易或事项的发生情况。在专用记账凭证会计处理组织程序下，对各种日记账、明细分类账和总分类账都采取逐笔登记的方法，能够详细地反映所发生的交易或事项情况。c. 总分类账登记方法简单，易于掌握。与根据科目汇总表或汇总记账凭证登记总分类账的做法相比，根据专用记账凭证直接登记总分类账是最简单的一种登记方法，也比较容易掌握。

2）缺点。a. 总分类账登记工作量过大。对发生的每一笔交易或事项都要根据专用记账凭证逐笔在总分类账中进行登记，与登记日记账和明细分类账的做法一样，实际上是各种账户在登记过程中的重复记录，势必增加登记总分类账的工作量，特别是在交易或事项数量比较多的企业，这种重复登记的工作量会更大。b. 账页耗用多，预留账页多少难以把握。由于对企业发生的所有交易或事项都要在总分类账和明细分类账及日记账中重复登记，势必造成账簿设置过多，会耗用更多的账页，造成一定的账页浪费。如果在一个订本式账簿上设置多个总分类账账户，由于登记交易或事项的多少很难预先确定，对于每一个账户应预留多少账页很难把握，预留过多会形成浪费，预留过少又会影响账户登记上的连续性。

3）适用范围。专用记账凭证会计处理组织程序的优点较多，一般适用于规模较大、交易或事项数量比较多、记账凭证使用量比较大的企业。但受其缺陷所限，在实务中单纯使用这种程序的情形已不多见，因而是一种需要加以变革的会计处理组织程序。

11.3　通用记账凭证会计处理组织程序

11.3.1　通用记账凭证会计处理组织程序的定义及其采用的主要载体

1. 通用记账凭证会计处理组织程序的含义

通用记账凭证会计处理组织程序是根据交易或事项发生以后所填制的通用记账凭证直接登记总分类账，并定期编制会计报表的一种会计处理组织程序。

2. 通用记账凭证会计处理组织程序采用的主要载体

在通用记账凭证会计处理组织程序下，所采用的记账凭证、会计账簿和会计报表的种类及格式如图 11－6 所示。

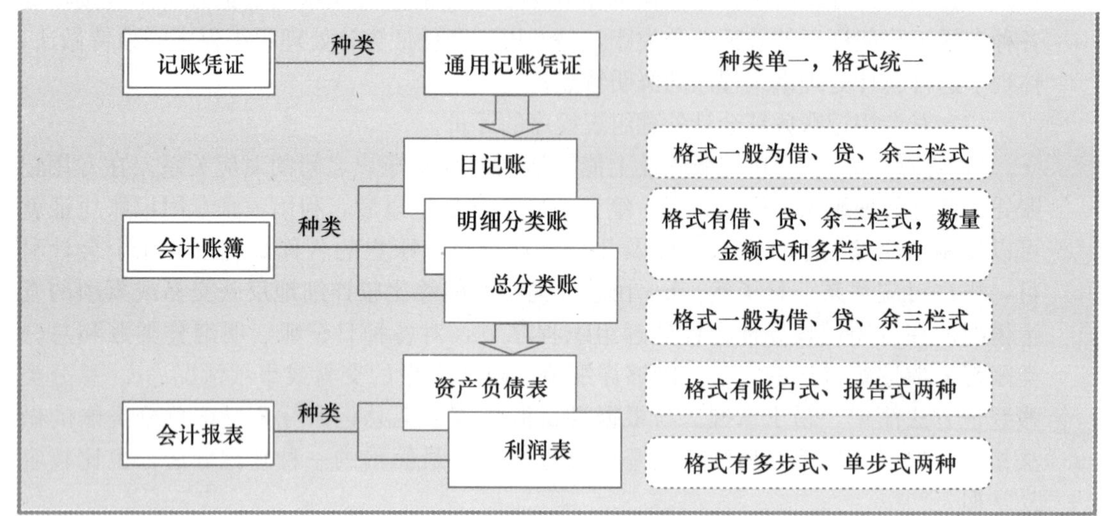

图 11－6 通用记账凭证会计处理组织程序采用的主要载体

通用记账凭证的有关内容已经在第 5 章中介绍，应注意本章与第 5 章内容上的连续性。

11.3.2 通用记账凭证会计处理组织程序的基本步骤及其评价

1. 通用记账凭证会计处理组织程序的基本步骤

通用记账凭证会计处理组织程序的基本步骤如图 11－7 所示。

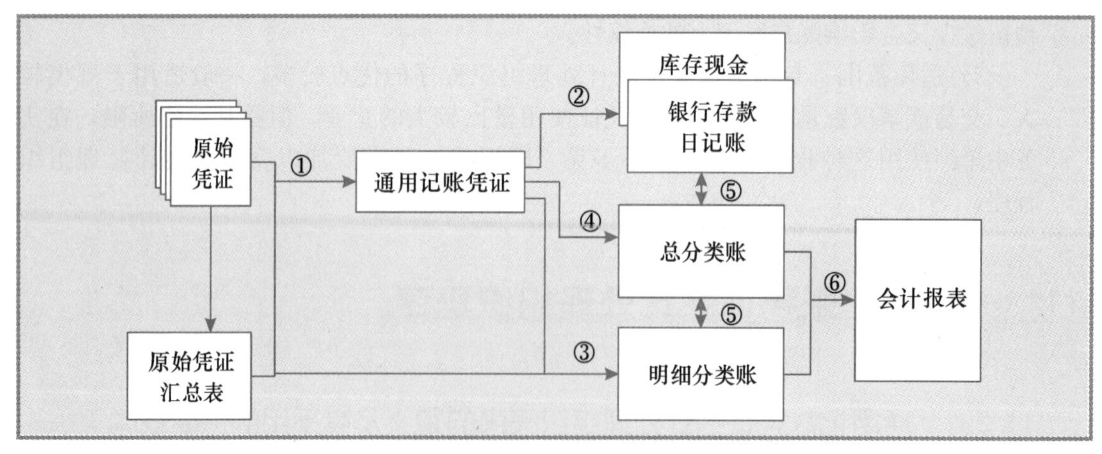

图 11－7 通用记账凭证会计处理组织程序的基本步骤

①交易或事项发生以后，根据有关的原始凭证或原始凭证汇总表填制通用记账凭证。

②根据通用记账凭证逐笔登记库存现金日记账和银行存款日记账。

③根据通用记账凭证并参考原始凭证或原始凭证汇总表，逐笔登记各种明细分类账。

④根据通用记账凭证逐笔登记总分类账。

⑤月末，将日记账、明细分类账的余额分别与总分类账中相应账户的余额核对相符。

⑥月末，根据总分类账和明细分类账的记录编制会计报表。

特别提示

通用记账凭证的广泛适用性　在之前有关章节的交易或事项处理举例中，极少用到通用记账凭证，但在实务中，通用记账凭证有着广泛的适用性。特别是在利用电子计算机进行交易或事项会计处理的企业，其机制记账凭证一般均采用通用记账凭证。

2. 通用记账凭证会计处理组织程序的特点及其评价

(1) 通用记账凭证会计处理组织程序的特点。这种会计处理组织程序的特点是直接根据通用记账凭证逐笔登记总分类账。

(2) 对通用记账凭证会计处理组织程序的评价。

1) 优点。与专用记账凭证会计处理组织程序的优点大体相同，即在记账凭证上能够清晰地反映账户之间的对应关系，在总分类账上能够比较详细地反映交易或事项的发生情况，总分类账登记方法简单，易于掌握。此外，由于该种程序减少了记账凭证的种类，在一定程度上可以节约会计处理成本。

2) 缺点。与专用记账凭证会计处理组织程序的缺点基本相同，即采用这种会计处理程序时总分类账登记工作量过大，账页耗用过多等。

3) 适用范围。记账凭证会计处理组织程序一般只适用于规模比较小、交易或事项数量比较少、记账凭证使用不多的企业，通常也为业务内容简单的行政事业等单位所使用。

11.4　科目汇总表会计处理组织程序

11.4.1　科目汇总表会计处理组织程序的定义及其采用的主要载体

1. 科目汇总表会计处理组织程序的定义

科目汇总表会计处理组织程序是根据各种记账凭证先定期（或月末一次）汇总编制科目汇总表，之后再根据科目汇总表登记总分类账，并定期编制会计报表的一种会计处理组织程序。科目汇总表会计处理组织程序是对专用记账凭证会计处理组织程序和通用记账凭证会计处理组织程序的发展。

在讨论以上两种会计处理组织程序的过程中我们看到，它们的共同缺陷是日记账、明细分类账及总分类账的重复记录，这不仅造成了账户登记上的重复劳动，而且意义

企业一定会计期间内所有总分类账户的借方发生额合计与其贷方发生额合计之间的相等关系，利用这种相等关系，可以对一定会计期间编制的全部记账凭证上所有账户的发生额进行试算平衡，借以检验根据日常发生的交易或事项填制的记账凭证的准确性，便于及时发现和纠正记账凭证在填制或凭证汇总过程中存在的错误。b. 可以保证总分类账登记的正确性。在科目汇总表会计处理组织程序下，登记总分类账之前能够通过科目汇总表的汇总结果对所填制的记账凭证准确与否进行验证，在确认所有账户借方、贷方发生额合计数相等的基础上再登记总分类账，一定程度上能够保证总分类账记录的正确性。c. 可大大减少登记总分类账的工作量。在科目汇总表会计处理组织程序下，可根据科目汇总表上有关账户的汇总发生额，在月中分次或月末一次登记总分类账，可以使登记总分类账的工作量大为减轻。

2）缺点。a. 编制科目汇总表的工作量比较大。在科目汇总表会计处理组织程序下，对发生的交易或事项首先要填制各种专用记账凭证（或通用记账凭证），在此基础上，需要定期对这些记账凭证进行汇总，编制作为登记总账依据的科目汇总表，增加了记账凭证汇总的工作量。b. 不能清晰地反映账户之间的对应关系。科目汇总表是按各个会计科目归类汇总其发生额的，在该表中不能清楚地体现各账户之间的对应关系，不能清晰地反映交易或事项的来龙去脉。

3）适用范围。科目汇总表会计处理组织程序具有能够进行账户发生额的试算平衡、减少总账登记的工作量等优点，不论其规模大小、交易或事项繁简，各类会计主体都可以采用。

特别提示

科目汇总表与记账凭证汇总表 在实务中，单纯使用专用记账凭证或通用记账凭证会计处理组织程序的企业已经很少。为避免各类账户之间的重复登记，解决总分类账登记工作量过大的问题，除采用科目汇总表汇总的做法外，还可采用编制记账凭证汇总表的做法，其汇总方法与科目汇总表相同，同样具有可以进行试算平衡并可据其登记总分类账的作用。

11.4.3 科目汇总表会计处理组织程序应用举例

例11-1

假定盛荣公司对日常交易或事项采用科目汇总表会计处理组织程序。按照这种程序对其2018年12月发生的交易或事项（假定为第7章中的例7-1至例7-90，其中不包括例7-79、例7-80和例7-83）进行会计处理。

（1）交易或事项发生以后，根据有关的原始凭证（或原始凭证汇总表）填制各种专用记账凭证。应注意为每一笔交易或事项所填制的专用记账凭证的种类。

（2）根据收款记账凭证和付款记账凭证逐笔登记库存现金日记账和银行存款日记账（见表11-1和表11-2）。

表 11-1　库存现金日记账

2018 年		凭证号	摘要	对方科目	借方	贷方	余额
月	日						
12	1		月初余额				2 900
		7-20	支付运输费	管理费用		150	2 750
		7-23	提取现金	银行存款	190 000		192 750
		7-24	发放工资	应付职工薪酬		190 000	2 750
		7-28	支付设备租金	制造费用		400	2 350
		7-42	支付商品运费	销售费用		300	2 050
		7-60	付设备清理费	固定资产清理		700	1 350
	31		本月合计		190 000	191 550	1 350

说明：在实务中“凭证号”栏应填写专用记账凭证的编号，为便于对照，这里填写的是交易或事项的顺序编号；另外，账页中的余额假定为该公司 12 月初的余额。其他账户同此。

表 11-2　银行存款日记账

2018 年		凭证号	摘要	结算凭证		对方科目	借方	贷方	余额
月	日			种类	号数				
12	1		月初余额						13 929 950
		7-1	收到投资			股本	2 400 000		
		7-5	借款存银行			短期借款	120 000		
		7-6	借款存银行			长期借款	200 000		
		7-7	发行债券收款			应付债券	500 000		
		7-10	偿还借款			长期借款		590 000	
		7-12	偿还债券			应付债券		860 000	
		7-13	付材料款			在途物资等		45 200	
		7-14	预付货款			预付账款		67 800	
		7-16	付运费			在途物资		4 800	
		7-18	偿还货款			应付账款		35 700	
		7-23	提取现金			库存现金		190 000	
		7-25	支付福利费			应付职工薪酬		26 600	
		7-27	付水电费			制造费用		800	
		7-32	销售产品			主营业务收入等	904 000		
		7-35	预收货款			预收账款	339 000		
		7-37	收回账款			应收账款	226 000		
		7-39	销售材料			其他业务收入等	11 300		
		7-41	付广告费			销售费用		4 000	
		7-44	付银行手续费			财务费用		500	
		7-45	出租包装物			其他业务收入等	22 600		
		7-47	付设备款			固定资产等		34 800	
		7-48	付设备款			工程物资等		57 000	

续前表

2018年		凭证号	摘要	结算凭证		对方科目	借方	贷方	余额
月	日			种类	号数				
		7-50	付安装费			在建工程		1 000	
		7-52	付工程物资款			工程物资等		169 110	
		7-54	付施工机械费			在建工程		5 000	
		7-56	付工程款			在建工程		200 000	
		7-61	处理残料			固定资产清理	6 500		
		7-63	购专利权			无形资产		200 000	
		7-65	支付研发费用			研发支出		20 000	
		7-72	购债券费用			交易性金融资产		51 000	
		7-73	购股票			交易性金融资产		82 000	
		7-76	股票处置款			交易性金融资产	50 000		
		7-77	收现金股利			应收股利	8 200		
		7-78	收债券利息			应收利息	4 800		
		7-82	缴纳所得税			应交税费		39 668.75	
		7-90	支付现金股利			应付股利		80 000	
	31		本月合计				4 792 400	2 764 978.75	15 957 371.25

说明：在实务中“结算凭证”栏应填写结算凭证种类和号数，在原来的例子中未涉及这方面的内容，故省略。

（3）根据各种专用记账凭证并参考原始凭证（或原始凭证汇总表），逐笔登记各种明细分类账。

在第7章的举例中，涉及登记明细分类账户的交易或事项较多，其中涉及“在途物资”“原材料”“生产成本”“库存商品”明细分类账户登记的情况可参见第8章有关部分，这里只列示“原材料”和“生产成本”所属的明细分类账户的登记情况。

1）“原材料”明细分类账户的登记及其余额情况，如表11-3、表11-4所示。

表11-3

数量单位：千克

材料名称：甲材料　　　　金额单位：元

2018年		凭证号	摘要	单价	借方		贷方		余额	
月	日				数量	金额	数量	金额	数量	金额
12	1		月初余额	19.40					1 000	19 400
		7-19	入库	20.60	2 000	41 200				60 600
		7-21	生产领用				1 485	30 000		30 600
		7-40	出售成本				446	9 000		21 600
		7-64	研发领用				495	10 000		11 600
	31		合计	20.20	2 000	41 200	2 426	49 000	574	11 600

说明：假定发出甲材料单位成本采用全月一次加权平均法计算（加权平均单价为20.20元），为与第7章举例在金额上保持一致，其数量采用折算方法，计算结果保留到整数，可能有一定误差。乙材料账页同此。

表 11-4

材料名称：乙材料　　　　数量单位：千克

2018 年		凭证号	摘要	单价	借方		贷方		余额	
月	日				数量	金额	数量	金额	数量	金额
12	1		月初余额	14.24					4 000	71 200
		7-19	入库	15.90	6 000	95 400				166 600
		7-21	生产领用				4 838	80 600		86 000
		7-64	研发领用				2 401	40 000		46 000
	31		合计	16.66	6 000	95 400	7 239	120 600	2 761	46 000

2）"生产成本"明细分类账户的登记，如表 11-5、表 11-6 所示。

表 11-5

产品名称：M 产品

2018 年		凭证号	摘要	借方			
月	日			直接材料	直接人工	制造费用	合计
12	1		月初余额	15 000	39 900	5 250	60 150
		7-21	材料费用	30 000			30 000
		7-22	生产工人工资		70 000		70 000
		7-26	生产工人福利费		9 800		9 800
		7-30	分配制造费用			10 500	10 500
		7-31	验收入库	45 000	119 700	15 750	180 450
			本月合计	0	0	0	0

说明："验收入库"一行的数字为红字，表示减少；余额为"0"说明 M 产品本月全部完工，没有在产品。

表 11-6

产品名称：N 产品

2018 年		凭证号	摘要	借方			
月	日			直接材料	直接人工	制造费用	合计
12	1		月初余额	8 000	11 400	1 500	20 900
		7-21	材料费用	80 000			80 000
		7-22	生产工人工资		100 000		100 000
		7-26	生产工人福利费		14 000		14 000
		7-30	分配制造费用			15 000	15 000
		7-31	验收入库	80 000	114 000	15 000	209 000
			本月合计	8 000	11 400	1 500	20 900

说明："验收入库"一行的数字为红字，表示减少；余额为"20 900"说明 N 产品本月末仍然有在产品。

（4）根据各种记账凭证汇总编制科目汇总表。

1）采用科目汇总表工作底稿对各科目的发生额进行汇总。

借方	库存现金		贷方
7-23	190 000	7-20	150
		7-24	190 000
		7-28	400
		7-42	300
		7-60	700
合计	190 000	合计	191 550

借方	银行存款		贷方
7-1	2 400 000	7-10	590 000
7-5	120 000	7-12	860 000
7-6	200 000	7-13	45 200
7-7	500 000	7-14	67 800
7-32	904 000	7-16	4 800
7-35	339 000	7-18	35 700
7-37	226 000	7-23	190 000
7-39	11 300	7-25	26 600
7-45	22 600	7-27	800
7-61	6 500	7-41	4 000
7-76	50 000	7-44	500
7-77	8 200	7-47	34 800
7-78	4 800	7-48	57 000
		7-50	1 000
		7-52	169 110
		7-54	5 000
		7-56	200 000
		7-63	200 000
		7-65	20 000
		7-72	51 000
		7-73	82 000
		7-82	39 668.75
		7-90	80 000
合计	4 792 400	合计	2 764 978.75

借方	交易性金融资产		贷方
7-72	50 000	7-76	40 000
7-73	80 000		
合计	130 000	合计	40 000

借方	应收票据		贷方
7-34	226 000		
合计	226 000		

借方	应收账款		贷方
7-33	226 000	7-37	226 000
合计	226 000	合计	226 000

借方	预付账款		贷方
7-14	67 800	7-15	67 800
合计	67 800	合计	67 800

借方	应收股利		贷方
7-75	8 200	7-77	8 200
合计	8 200	合计	8 200

借方	应收利息		贷方
7-74	4 800	7-78	4 800
合计	4 800	合计	4 800

借方	其他应收款		贷方
7-78	200 000		
7-70	190 000		
合计	390 000		

借方	在途物资		贷方
7-13	40 000	7-19	136 600
7-15	60 000		
7-16	4 800		
7-17	31 800		
合计	136 600	合计	136 600

借方	原材料		贷方
7-19	136 600	7-21	110 600
		7-40	9 000
		7-64	50 000
合计	136 600	合计	169 600

借方	周转材料		贷方
		7-46	12 000
		合计	12 000

借方	工程物资		贷方
7-48	50 500	7-49	50 500
7-52	150 000	7-53	150 000
合计	200 500	合计	200 500

借方	库存商品		贷方
7-31	389 450	7-38	1 314 450
合计	389 450	合计	1 314 450

借方	生产成本		贷方
7-21	110 000	7-31	389 450
7-22	170 000		
7-26	23 800		
7-30	25 500		
合计	329 300	合计	389 450

借方	制造费用		贷方
7-21	600	7-30	25 500
7-22	20 000		
7-26	2 800		
7-27	800		
7-28	400		
7-29	900		
合计	25 500	合计	25 500

借方	固定资产		贷方
7-2	180 000	7-59	100 000
7-47	30 900		
7-51	51 500		
7-55	190 000		
7-57	212 000		
合计	664 400	合计	100 000

借方	累计折旧		贷方
7-59	96 000	7-29	900
		7-58	1 600
合计	96 000	合计	2 500

借方	在建工程		贷方
7-9	12 000	7-51	51 500
7-49	50 500	7-55	190 000
7-50	1 000	7-57	212 000
7-53	185 000		
7-54	5 000		
7-56	200 000		
合计	453 500	合计	453 500

借方	固定资产清理		贷方
7-59	4 000	7-61	6 500
7-60	700		
7-62	1 800		
合计	6 500	合计	6 500

借方	无形资产		贷方
7-3	60 000	7-70	189 500
7-63	200 000	7-71	300 000
7-66	140 000		
合计	400 000	合计	489 500

借方	累计摊销		贷方
7-70	50 000	7-67	5 000
7-71	280 000	7-69	150 000
合计	330 000	合计	155 000

借方	研发支出		贷方
7-64	130 000	7-66	150 000
7-65	20 000		
合计	150 000	合计	150 000

借方	短期借款		贷方
		7-5	120 000
		合计	120 000

借方	应付账款		贷方
7-18	35 700	7-17	35 700
合计	35 700	合计	35 700

借方	预收账款		贷方
7-36	339 000	7-35	339 000
合计	339 000	合计	339 000

借方	应付职工薪酬		贷方
7-24	190 000	7-22	190 000
7-25	26 600	7-26	26 600
		7-53	35 000
		7-64	80 000
合计	216 600	合计	331 600

借方	应付股利		贷方
7-90	80 000	7-87	80 000
合计	80 000	合计	80 000

借方	应付利息		贷方
		7-8	7 500
		合计	7 500

借方	应交税费		贷方
7-13	5 200	7-32	104 000
7-15	7 800	7-33	26 000
7-17	3 900	7-34	26 000
7-47	3 900	7-36	39 000
7-48	6 500	7-39	1 300
7-52	19 110	7-43	100 000
7-82	39 078.75	7-45	2 600
		7-81	39 668.75
合计	86 078.75	合计	338 568.75

借方	长期借款		贷方
7-10	590 000	7-6	200 000
		7-9	12 000
合计	590 000	合计	212 000

借方	应付债券		贷方
7-12	860 000	7-7	500 000
		7-11	9 125
合计	860 000	合计	509 125

借方	股本		贷方
		7-1	2 000 000
		7-2	180 000
		7-3	60 000
		7-4	200 000
		合计	2 440 000

借方	资本公积		贷方
7-4	200 000	7-1	400 000
合计	200 000	合计	400 000

借方	盈余公积		贷方
		7-87	11 900.63
		合计	11 900.63

借方	主营业务收入		贷方
7-84	1 500 000	7-32	800 000
		7-33	200 000
		7-34	200 000
		7-36	300 000
合计	1 500 000	合计	1 500 000

借方	其他业务收入		贷方
7-84	230 000	7-39	10 000
		7-45	20 000
		7-68	200 000
		7-35	200 000
合计	230 000	合计	230 000

借方	投资收益		贷方
7-72	1 000	7-74	4 800
7-73	2 000	7-75	8 200
7-84	20 000	7-76	10 000
合计	23 000	合计	23 000

借方	资产处置损益		贷方
7-84	50 500	7-70	50 500
合计	50 500	合计	50 500

借方	营业外收入		贷方
7-84	1 800	7-62	1 800
合计	1 800	合计	1 800

借方	主营业务成本		贷方
7-38	1 314 450	7-85	1 314 450
合计	1 314 450	合计	1 314 450

借方	其他业务成本		贷方
7-40	9 000	7-85	172 000
7-46	12 000		
7-67	1 000		
7-69	150 000		
合计	172 000	合计	172 000

借方	税金及附加		贷方
7-43	100 000	7-85	100 000
合计	100 000	合计	100 000

借方	销售费用		贷方
7-41	4 000	7-85	4 300
7-42	300		
合计	4 300	合计	4 300

借方	管理费用		贷方
7-20	150	7-85	15 750
7-58	1 600		
7-66	10 000		
7-67	4 000		
合计	15 750	合计	15 750

借方	财务费用		贷方
7-8	7 500	7-85	17 125
7-11	9 125		
7-44	500		
合计	17 125	合计	17 125

借方	营业外支出		贷方
7-71	20 000	7-85	20 000
合计	20 000	合计	20 000

借方	所得税费用		贷方
7-81	39 668.75	7-85	39 668.75
合计	39 668.75	合计	39 668.75

借方	本年利润		贷方
7-85	1 683 293.75	7-84	1 802 300
7-86	119 006.25		
合计	1 802 300	合计	1 802 300

借方	利润分配		贷方
7-87	11 900.63	7-86	119 006.25
7-88	80 000	7-89	91 900.63
7-89	91 900.63		
合计	183 801.26	合计	210 906.88

提示：该账户贷方发生额大于其借方发生额，意味着有未分配利润：27 105.62 元（210 906.88—183 801.26）。

2）根据以上汇总结果编制科目汇总表，如表 11-7 所示。

表 11-7　　科目汇总表

编制单位：盛荣公司　　2018 年 12 月　　凭证编号：科汇 12

会计科目	本期发生额	
	借方	贷方
库存现金	190 000	191 550
银行存款	4 792 400	2 764 978.76
交易性金融资产	130 000	40 000
应收票据	226 000	0
应收账款	226 000	226 000
预付账款	67 800	67 800
应收股利	8 200	8 200
应收利息	4 800	4 800
其他应收款	390 000	0
在途物资	136 600	136 600
原材料	136 600	169 600
周转材料	0	12 000
工程物资	200 500	200 500
库存商品	389 450	1 314 450
生产成本	329 300	389 450
制造费用	25 500	25 500
固定资产	664 400	100 000
累计折旧	96 000	2 500
在建工程	453 500	453 500
固定资产清理	6 500	6 500

续前表

会计科目	本期发生额	
	借方	贷方
无形资产	400 000	489 500
累计摊销	330 000	155 000
研发支出	150 000	150 000
短期借款	0	120 000
应付账款	35 700	35 700
预收账款	339 000	339 000
应付职工薪酬	216 600	331 600
应交税费	86 078.75	338 568.75
应付股利	80 000	80 000
应付利息	0	7 500
长期借款	590 000	212 000
应付债券	860 000	509 125
股本	0	2 440 000
资本公积	200 000	400 000
盈余公积	0	11 900.63
利润分配	183 801.26	210 906.88
主营业务收入	1 500 000	1 500 000
其他业务收入	230 000	230 000
投资收益	23 000	23 000
资产处置损益	50 500	50 500
营业外收入	1 800	1 800
主营业务成本	1 314 450	1 314 450
其他业务成本	172 000	172 000
税金及附加	100 000	100 000
销售费用	4 300	4 300
管理费用	15 750	15 750
财务费用	17 125	17 125
营业外支出	20 000	20 000
所得税费用	39 668.75	39 668.75
本年利润	1 802 300	1 802 300
合计	17 235 623.76	17 235 623.76

（5）根据科目汇总表登记总分类账户。为简便起见，根据科目汇总表的汇总金额采用简化账页登记，并假定是全月一次性登记总分类账户。

会计科目：库存现金

日期		凭证号	借方	贷方	余额
12	1				2 900
12	31	科汇 12	190 000	191 550	1 350

会计科目：交易性金融资产

日期		凭证号	借方	贷方	余额
12	1				598 500
12	31	科汇 12	130 000	40 000	688 500

会计科目：应收账款

日期		凭证号	借方	贷方	余额
12	31	科汇 12	226 000	226 000	0

会计科目：应收股利

日期		凭证号	借方	贷方	余额
12	31	科汇 12	8 200	8 200	0

会计科目：其他应收款

日期		凭证号	借方	贷方	余额
12	1				10 000
12	31	科汇 12	390 000		400 000

会计科目：原材料

日期		凭证号	借方	贷方	余额
12	1				90 600
12	31	科汇 12	136 600	169 600	57 600

会计科目：工程物资

日期		凭证号	借方	贷方	余额
12	31	科汇 12	200 500	200 500	0

会计科目：生产成本

日期		凭证号	借方	贷方	余额
12	1				81 050
	31	科汇 12	329 300	389 450	20 900

会计科目：固定资产

日期		凭证号	借方	贷方	余额
12	1				14 079 600
12	31	科汇 12	664 400	100 000	14 644 000

会计科目：累计折旧

日期		凭证号	借方	贷方	余额
12	1				350 000
12	31	科汇 12	96 000	2 500	256 500

会计科目：无形资产

日期		凭证号	借方	贷方	余额
12	1				680 000
12	31	科汇 12	400 000	489 500	590 500

会计科目：银行存款

日期		凭证号	借方	贷方	余额
12	1				13 929 950
12	31	科汇 12	4 792 400	2 764 978.75	15 957 371.25

会计科目：应收票据

日期		凭证号	借方	贷方	余额
12	31	科汇 12	226 000		226 000

会计科目：预付账款

日期		凭证号	借方	贷方	余额
12	31	科汇 12	67 800	67 800	0

会计科目：应收利息

日期		凭证号	借方	贷方	余额
12	31	科汇 12	4 800	4 800	0

会计科目：在途物资

日期		凭证号	借方	贷方	余额
12	31	科汇 12	136 600	136 600	0

会计科目：周转材料

日期		凭证号	借方	贷方	余额
12	1				12 000
12	31	科汇 12		12 000	0

会计科目：库存商品

日期		凭证号	借方	贷方	余额
12	1				925 000
12	31	科汇 12	389 450	131 4450	0

会计科目：制造费用

日期		凭证号	借方	贷方	余额
12	31	科汇 12	25 500	25 500	0

会计科目：在建工程

日期		凭证号	借方	贷方	余额
12	31	科汇 12	453 500	453 500	0

会计科目：固定资产清理

日期		凭证号	借方	贷方	余额
12	31	科汇 12	6 500	6 500	0

会计科目：研发支出

日期		凭证号	借方	贷方	余额
12	31	科汇 12	150 000	150 000	0

会计科目：累计摊销

日期		凭证号	借方	贷方	余额
12	1				250000
12	31	科汇12	330000	155000	75000

会计科目：短期借款

日期		凭证号	借方	贷方	余额
12	31	科汇12		120 000	120 000

会计科目：应付账款

日期		凭证号	借方	贷方	余额
12	1				600 000
12	31	科汇12	35 700	35 700	600 000

会计科目：预收账款

日期		凭证号	借方	贷方	余额
12	1				69 600
12	31	科汇12	339 000	339 000	69 600

会计科目：应付职工薪酬

日期		凭证号	借方	贷方	余额
12	31	科汇12	216 600	331 600	115 000

会计科目：应付股利

日期		凭证号	借方	贷方	余额
12	31	科汇12	80 000	80 000	0

会计科目：应付利息

日期		凭证号	借方	贷方	余额
12	31	科汇12		7 500	7 500

会计科目：应交税费

日期		凭证号	借方	贷方	余额
12	31	科汇12	86 078.75	338 568.75	252 490

会计科目：长期借款

日期		凭证号	借方	贷方	余额
12	1				5 248 500
12	31	科汇12	590 000	212 000	4 870 500

会计科目：应付债券

日期		凭证号	借方	贷方	余额
12	1				900 000
12	31	科汇12	860 000	509 125	549 125

会计科目：股本

日期		凭证号	借方	贷方	余额
12	1				22 084 500
12	31	科汇12		2 440 000	24 524 500

会计科目：资本公积

日期		凭证号	借方	贷方	余额
12	1				200 000
12	31	科汇12	200 000	400 000	400 000

会计科目：盈余公积

日期		凭证号	借方	贷方	余额
12	1				707 000
12	31	科汇12		11 900.63	718 900.63

会计科目：主营业务收入

日期		凭证号	借方	贷方	余额
12	31	科汇12	1 500 000	1 500 000	0

会计科目：其他业务收入

日期		凭证号	借方	贷方	余额
12	31	科汇12	230 000	230 000	0

会计科目：投资收益

日期		凭证号	借方	贷方	余额
12	31	科汇12	23 000	23 000	0

会计科目：资产处置损益

日期		凭证号	借方	贷方	余额
12	31	科汇12	50 500	50 500	0

会计科目：主营业务成本

日期		凭证号	借方	贷方	余额
12	31	科汇12	1 314 450	1 314 450	0

会计科目：营业外收入

日期		凭证号	借方	贷方	余额
12	31	科汇12	1 800	1 800	0

会计科目：税金及附加

日期		凭证号	借方	贷方	余额
12	31	科汇12	100 000	100 000	0

会计科目：其他业务成本

日期		凭证号	借方	贷方	余额
12	31	科汇12	172 000	172 000	0

会计科目：管理费用

日期		凭证号	借方	贷方	余额
12	31	科汇12	15 750	15 750	0

会计科目：销售费用

日期		凭证号	借方	贷方	余额
12	31	科汇12	4 300	4 300	0

会计科目：营业外支出

日期		凭证号	借方	贷方	余额
12	31	科汇12	20 000	20 000	0

会计科目：财务费用

日期		凭证号	借方	贷方	余额
12	31	科汇 12	17 125	17 125	0

会计科目：所得税费用

日期		凭证号	借方	贷方	余额
12	31	科汇 12	39 668.75	39 668.75	0

会计科目：利润分配

日期		凭证号	借方	贷方	余额
12	31	科汇 12	183 801.26	210 906.88	27 105.62

会计科目：本年利润

日期		凭证号	借方	贷方	余额
12	31	科汇 12	1 802 300	1 802 300	0

（6）月末，将日记账、明细分类账的余额分别与总分类账中相应账户的余额核对相符。

在举例中，需要核对相符的内容较多，现只选择库存现金日记账、银行存款日记账、原材料和生产成本的明细分类账与其总分类账余额进行核对。可采用以下直接核对方法。

1）库存现金日记账月末余额为 1 350 元，“库存现金”总分类账月末余额也是 1 350 元，两者相符。

2）银行存款日记账月末余额为 15 957 371.25 元，“银行存款”总分类账月末余额也是 15 957 371.25 元，两者相符。

3）“原材料”明细分类账户：甲材料余额 11 600 元，乙材料余额 46 000 元，合计 57 600 元。“原材料”总分类账余额 57 600 元，两者相符。

4）“生产成本”明细分类账户：M 产品没有余额，N 产品余额 20 900 元，合计 209 00 元。“生产成本”总分类账余额 20 900 元，两者相符。

在以上日记账、明细分类账与其总分类账之间，不仅可以采用直接核对方法进行期末余额的核对，也可以采用在第 4 章中学过的总分类账户与明细分类账户发生额及余额试算表进行期初余额和本期发生额的核对，如表 11-8 所示。

表 11-8　　总分类账户与明细分类账户发生额及余额试算表　　单位：元

账户名称	期初余额		本期发生额		期末余额	
	借方	贷方	借方	贷方	借方	贷方
“库存现金”总分类账	2 900		190 000	191 550	1 350	
库存现金日记账	2 900		190 000	191 550	1 350	
“银行存款”总分类账	13 929 950		4 792 400	2 764 978.75	15 957 371.25	
“银行存款”明细分类账	13 929 950		4 792 400	2 764 978.75	15 957 371.25	
“原材料”总分类账	90 600		136 600	169 600	57 600	
明细分类账合计	90 600		136 600	169 600	57 600	
甲材料	19 400		41 200	49 000	11 600	
乙材料	71 200		95 400	120 600	46 000	
“生产成本”总分类账	81 050		329 300	389 450	20 900	
明细分类账合计	81 050		329 300	389 450	20 900	
M 产品	60 150		120 300	180 450	0	
N 产品	20 900		209 000	209 000	20 900	

（7）月末，根据总分类账和明细分类账的记录编制会计报表。

根据资产、负债和所有者权益类账户的月末余额编制资产负债表；根据收入、费用和利润类账户的本月发生额（或余额）编制利润表等。在科目汇总表会计处理组织程序下，编制资产负债表和利润表的方法与专用记账凭证会计处理组织程序相同，这里不再重复，可参见第10章的表10-4和表10-8。

思考题

1. 什么是会计处理组织程序？

2. 建立合理的会计处理组织程序有哪些意义？

3. 各类会计处理组织程序的主要区别有哪些？

4. 专用记账凭证会计处理组织程序下的凭证、账簿和报表的体系是怎样的？

5. 在专用记账凭证会计处理组织程序下，应按怎样的步骤进行交易或事项的处理？

6. 怎样评价专用记账凭证会计处理组织程序？

7. 在通用记账凭证会计处理组织程序下，应按怎样的步骤进行交易或事项的处理？

8. 怎样评价通用记账凭证会计处理组织程序？

9. 在科目汇总表会计处理组织程序下，交易或事项的处理步骤是怎样的？

10. 怎样评价科目汇总表会计处理组织程序？

图书在版编目（CIP）数据

基础会计/张捷，刘英明编著. —6版. —北京：中国人民大学出版社，2019.4
教育部经济管理类主干课程教材. 会计与财务系列
ISBN 978-7-300-26842-2

Ⅰ.①基… Ⅱ.①张…②刘… Ⅲ.①会计学-高等学校-教材 Ⅳ.①F230

中国版本图书馆CIP数据核字（2019）第055511号

教育部经济管理类主干课程教材·会计与财务系列
基础会计（第6版）
张　捷　刘英明　编著
Jichu Kuaiji

出版发行	中国人民大学出版社		
社　　址	北京中关村大街31号	**邮政编码**	100080
电　　话	010－62511242（总编室）		010－62511770（质管部）
	010－82501766（邮购部）		010－62514148（门市部）
	010－62515195（发行公司）		010－62515275（盗版举报）
网　　址	http://www.crup.com.cn		
经　　销	新华书店		
印　　刷	北京昌联印刷有限公司	**版　　次**	2010年1月第1版
规　　格	185 mm×260 mm　16开本		2019年4月第6版
印　　张	21.75 插页1	**印　　次**	2020年5月第5次印刷
字　　数	496 000	**定　　价**	49.00元

教师教学服务说明

中国人民大学出版社财会出版分社以出版经典、高品质的会计、财务管理、审计等领域各层次教材为宗旨。

为了更好地为一线教师服务，近年来财会出版分社着力建设了一批数字化、立体化的网络教学资源。教师可以通过以下方式获得免费下载教学资源的权限：

在中国人民大学出版社网站 www.crup.com.cn 进行注册，注册后进入“会员中心”，在左侧点击“我的教师认证”，填写相关信息，提交后等待审核。我们将在一个工作日内为您开通相关资源的下载权限。

如您急需教学资源或需要其他帮助，请在工作时间与我们联络：

中国人民大学出版社　财会出版分社

联系电话：010-62515987，62511076

电子邮箱：ckcbfs@crup.com.cn

通讯地址：北京市海淀区中关村大街甲 59 号文化大厦 1501 室（100872）